SPARK OF GENIUS

SPARK OF GENIUS
by Robert Root-Bernstein and Michèle Root-Bernstein

Copyright © 1999 by Robert and Michèle Root-Bernstein
All rights reserved.
This Korean edition was published by Eco's Library Publisher in 2007
by arrangement with Houghton Mifflin Company, Boston, MA
through KCC(Korea Copyright Center Inc.), Seoul.

이 책의 한국어판 저작권은 (주)한국저작권센터(KCC)를 통한
저작권자와의 독점 계약으로 에코의서재에 있습니다.
저작권법에 의해 보호를 받는 저작물이므로 무단전재와 복제를 금합니다.

ⓒ Marcel Duchamp / ADAGP, Paris - SACK, Seoul, 2007. ⓒ René Magritte / ADAGP, Paris-Paris-SACK, Seoul, 2007. ⓒ Georgia O'keeffe / ARS, New York-SACK, Seoul, 2007. ⓒ Colin Self / DACS, London - SACK, Seoul, 2007. ⓒ Jasper Johns / Lisensed by VAGA, New York, NY - SACK, Seoul, 2007. ⓒ 2007-Succession Pablo Picasso-SACK(Korea)

이 서적 내에 사용된 작품은 SACK을 통해 ADAGP, ARS, DACS, Succession Picasso, VAGA와 저작권 계약을 맺은 것입니다. 저작권법에 의하여 한국 내에서 보호를 받는 저작물이므로 무단전재와 복제를 금합니다.

생각의 탄생

로버트 루트번스타인 · 미셸 루트번스타인 지음 \ 박종성 옮김

에코의서재

■ 저자의 말

창조적 사고와 지식 대통합

이 책은 '창조적으로 생각하기'에 관한 책이다. 모든 분야에서 창조적 사고는 언어로 표현되기 전부터 나타나며, 논리학이나 언어학법칙이 작동하기 전에 감정과 직관, 이미지와 몸의 느낌을 통해 그 존재를 드리낸다. 창조적 사고의 결과로 나오는 개념은 공식적인 의사전달 시스템, 이를테면 말이나 방정식, 그림, 음악, 춤 등으로 변환될 수 있다.

이 변환의 산물은 각양각색이지만(그림, 시, 과학이론, 수학공식 등) 그 과정은 보편적이다. 한 분야의 창조적 사고를 배운다는 것은 다른 분야에서 창조적 사고를 할 수 있는 문을 여는 것과 같다.

창조적 사고에 대한 우리의 접근법은 통합적이고 모든 분야를 아우른다. 따라서 '종합적 이해'라는 직물을 짜기 위해서는 각 분야의 지식들이라는 실을 먼저 풀어놓지 않을 수 없다. 전문화 추세가 가속화되면서 지식은 파편화되고 있다. 오늘날 사람들은 너무나 많은 정보를 받아들이고 있지만 정작 그것들의 기원이나 의미는 무엇인지, 어디에 어떻게 사용할 것인지 등에 대해서는 거의 파악하지 못한다. 전문적 지식의 양은 늘어나는 데 비해 학문 간의 교류는 오히려 줄어들고 있어 종합적 이해력은 퇴보 일로에 있다. 현대사회는 지식의 풍요 속에서 오히려 암흑기를 맞고 있는 것이다.

이러한 역설은 오로지 새로운 방식으로 지식을 재통합하고, 이 통합을 이끌어낼 수 있는 신新르네상스인을 양성할 때 이겨낼 수 있다. 그 프로젝트에는 날줄과 씨줄이 있다. 창조적 사고의 본질을 이해하는 일이 날줄이라면, 창조적으로 생각할 줄 아는 사람을 길러내는 교육시스템에 대한 모색이 씨줄인 셈이다. 이 책의 앞부분에서 우리는 책을 '짜기 위한 베틀'을 놓을 것이며, 창조적 사고에 대해 현재 횡행하고 있는 오해들, 그리고 창조적 사고를 가로막고 있는 교육시스템에 대해 말할 것이다.

우리는 역사상 가장 위대했던 '정신'들의 경험을 둘러보는 것으로 이 책의 출발점을 삼을 것이다. 그들은 '생각하기'라는 것에 대해 어떻게 생각했으며 생각하는 법을 어떻게 배웠는지 알려줄 것이다. 창조적인 일을 할 때 사람들은 매우 다양한 방법으로 '생각의 도구'들을 사용한다. 이 도구들은 창조적 사고가 무엇인지에 관한 본질을 보여준다. 그것들을 통해 우리는 과학, 예술, 인문학, 그리고 공학기술 사이에 놀라운 연관성이 있음을 알게 될 것이다.

이 책의 뒷부분에서는 창조의 과정에서 개념들이 어떻게 변형되고 종합되는지를 다루고 있는데, 독자 여러분들은 날줄과 씨줄이 어떻게 엮여 '통합적 이해'라는 멋진 직물이 되는지 보게 될 것이다. 뿐만 아니라 이 책은 미래의 예술가, 과학자, 인문학자, 기술자들이 세계를 아름답게 만들기 위한 '출발점'이 될 것이다.

■ 추천의 글

세상을 바꾼 천재들의 창조적 섬광

이어령(전 문화부장관)

"아, 내가 써야 할 책이 먼저 나왔구나!"

이 원고를 받아든 순간 내 입에서 탄성처럼 흘러나온 말이었다. 분량이 녹록치 않았지만 나는 원고를 받자마자 단숨에 읽어 내려갔다. 놀랍게도 책의 내용은 내가 평소 강조해온 창조성의 원칙과 무척 닮아 있었다.

창조성을 발휘한다는 것은 '무엇'이 아니라 '어떻게'의 문제라고 나는 늘 생각해왔다. 창조적 발상의 근원은 '무엇을 끄집어낼 것인가'가 아니라 '어떻게 끄집어낼 것인가'에 달려 있다는 뜻이다. 내 경험을 놓고 말하자면, 서울올림픽 개회식 때 굴렁쇠 퍼포먼스를 생각해낸 것이 그렇다. 동양의 회화적 특성이 여백의 미에 있다는 것은 널리 알려진 일이다. 바로 그 여백의 사상을 텅 빈 운동장에서 굴렁쇠를 굴리는 소년을 통해 표현함으로써 세계의 주목을 받았던 것이다.

이 책은 음악, 미술, 과학, 수학, 문학 등 다양한 분야에서 창조성을 빛낸 천재적 인물들의 발상법을 주제로 삼고 있다. 레오나르도 다빈치, 아인슈타인, 스트라빈스키, 피카소, 마르셀 뒤샹, 버지니아 울프, 리처드 파인먼, 제인 구달 등 분석의 대상이 되는 인물들은 그야말로 창조의 드림팀이라 해도 과언이 아니다.

저자는 그들의 '생각법'을 관찰, 형상화, 추상, 패턴인식, 패턴형성, 유추, 몸으로 생각하기, 감정이입, 차원적 사고, 모형 만들기, 놀이, 변형, 통합 등 13단계로 나눠 논리정연하게 설명할 뿐 아니라 직관과 상상력을 갈고 닦아 창조성을 발휘하는 방법 또한 구체적으로 제시한다. 이를 통해 저자는 천재와 일반인의 차이란 타고난 재능이나 노력이 아닌, 남과 다른 나만의 독특한 '창조적 사고'를 기르는 데 있음을 주장한다.

예를 들어보자. 우리들 대부분은 음악을 듣고 그림을 본다. 하지만 창조적 천재들은 그림을 '듣고' 음악을 '본다'. 루치아노 파바로티는 피아노 앞에서 노래를 부르는 것보다 머릿속으로 음악을 '그리는' 경우가 더 많다고 한다. 청각적 형상화라는 것이다. 레오나르도 다빈치는 패턴인식을 이용해 새로운 생각을 떠올리곤 했다. 그는 산과 강, 바위를 보며 전투장면이나 기이한 얼굴을 연상하는 등 한 가지 형상에서 무한히 다양한 대상을 그려냈다.

그들은 마음의 눈으로 관찰하고, 머릿속으로 형상을 그리며, 모형을 만들고, 유추하여 통합적 통찰을 얻었다. 이들의 창조적 사고가 없었다면 문학, 예술, 과학 등 모든 분야에서 오늘과 같은 발전은 찾기 어려웠으리라.

그동안 우리는 정확한 답을 요구하는 교육방식과 규범에 얽매인 전체주의적 사고방식 속에서 창조적 사고를 하지 못하도록 제약을 받아왔다. 요즘 '교과목 통합'이라는 말이 유행처럼 번져가고 있지만 진정한 통합수업은 드문 데다, 모든 지식을 망라하고 아우를 수 있는 커리큘럼마저 전무하다시피 한 상태다. 그렇다면 우리는 어떻게 창조성을 길러야 할까?

최근 논술이 수험생과 학부모들 사이에 최대 관심사로 떠오르고 있지만 이는 책만 많이 읽는다고 해결되는 문제가 아니다. 중요한 것은 기존지식을 어떻게 활용하고 통합해 혁신적인 새 지식을 창조하느냐이다. 21세기를 살아가는 지혜로서 나는 '디지로그(디지털 기반과 아날로그 정서가 융합되는 첨단기술)'의 통합적 사상을 설파했다. 대부분의 사람들은 아날로그적 사고란 무조건 시대에 뒤떨어진 것이라 생각한다. 하지만 우리가 낡았다고 버린 것이 디지털적인 것과 어울릴 때 창조의 섬광을 일으키는 예는 많다. 스티브 잡스는 아이팟이란 세계적 히트상품을 만들어냈지만, 따지고 보면 이전에 이미 워크맨이 있었으며 소리바다 같은 인터넷 음악파일 다운로드 사이트가 있었다. 상상력이란 이렇듯 이미 있는 것들을 통합해 새것으로 만들어내는 능력을 의미한다.

20세기가 전문가의 시대였다면 21세기는 통합의 시대다. 이제 어느 것 하나만 잘하는 것으로는 살아남기 어렵다. 앞으로 지식사회를 선도해갈 인재들은 전문가들이 간과한 지식 대통합을 통해 분야를 넘나드는 창조적 사고를 해야 한다. 이러한 시점에서 이 책의 '탄생'은 오늘을 살아가는 젊은이들에게 참으로 반갑고도 귀한 선물이 될 것이다. 21세기 한국을 창조해나갈 미래 인재들에게 단 한 장의 '보물지도'를 손에 쥐어주라고 한다면 나는 서슴지 않고 이 책을 추천할 것이다. 두 저자가 찾아낸 직관과 영감과 통찰의 언어야말로 빛나는 창조성의 원천이라 할 수 있기 때문이다.

창작의 전제는 상상이지만 이 둘을 혼동해서는 안 된다. 창작이 이루어지려면 먼저 운좋은 발견이 필요할지도 모르나, 이 발견을 온전히 현실화하는 것이 창작이다. 우리가 상상하는 것은 반드시 구체적인 형태를 지녔다고 할 수 없으며 실체를 가진다고도 볼 수 없다. 하지만 창작은 실행과 분리해서는 생각조차 할 수 없는 법. 고로 우리에게 중요한 것은 막연한 상상이 아니라 창조적인 상상이다. 그것만이 우리를 관념의 단계에서 현실의 단계로 나아가게 해줄 것이기에.

- 이고르 스트라빈스키, 《음악의 시학》 중에서

■ 차례

저자의 말_5
추천의 글_7

'생각'을 다시 생각하기_17

'무엇'을 생각하는가에서 '어떻게' 생각하는가로_20 · 옥수수 유전자와 교감한 노벨상 수상자_21 · 리처드 파인먼은 문제를 풀지 않고 '느꼈다'_24 · 직관이 통찰로 이어진다_27 · 느낌·감정·직관의 사용법_30

상상력을 학습하는 13가지 생각도구_33

'환상'과 '실재' 사이의 단절_36 · 실패한 지식인의 전형, 버지니아 울프의 아버지_39 · 이해가 아니라 외워서 알게 되는 교육시스템_42 · 피카소는 상상이 사실보다 진실하다고 믿었다_45 · 창조를 이끄는 13가지 생각도구_47 · 생각의 도구들을 어떻게 사용할 것인가_52

생각도구 1 관찰_55

수동적인 '보기'가 아니라 적극적인 '관찰'_58 · 관찰은 눈으로만 하는 것이 아니다_63 · '그냥 듣는 것'과 '주의 깊게 듣는 것'의 차이_66 · 마르셀 뒤샹이 재발견한 일상의 가치들_69 · 괴테에서 헨리 밀러까지 관찰을 위한 예술훈련법_74 · 관찰을 통해 깨닫는 '세속적인 것의 장엄함'_78

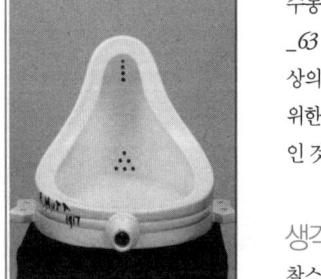

〈샘〉, 마르셀 뒤샹 작, 1917.

생각도구 2 형상화_81

찰스 스타인메츠의 사물을 그리는 능력_84 · 형상화는 세계를 재창조한다_88 · 당신은 북적거리는 파티에서 음악의 음계를 들을 수 있는가?_91 · 시각적으로 생각하는 사람, 비시각적으로 생각하는 사람_97 · 물리학을 '상상'한 아인슈타인_99 · 내면의 감각을 일깨우는 다양한 방법들_102

마르셀 뒤샹은 변기처럼 변형을 가하지 않은 오브제들을 통해 미술에 대한 보다 충격적인 재관찰을 시도했다(본문 72~73쪽).

생각도구 3 추상화_109

피카소는 눈이 아니라 마음으로 본 것을 그렸다_112 · 추상화는 곧 단순화이다_117 · 추상화의 본질은 한 가지 특징만 잡아내는 것_122 · 움직임도 추상화될 수 있다_124 · 분야 간 경계는 추상화를 통해 사라진다_128 · 추상화는 중대하고 놀라운 사물의 본질을 드러내는 과정_131

생각도구 4 패턴인식_135

아르침볼도의 정물화를 거꾸로 하면 무엇이 보일까_138 · 다빈치의 새로운 아이디어는 패턴인식에서부터_140 · 패턴인식과 시의 발견_142 · 음정배열의 조작으로 패턴을 발견한 쇤베르크_145 · 자연의 무질서 속에서 찾는 새로운 패턴_149 · 패턴의 부재인가, 아니면 패턴의 차이인가_152 · 체스 고수들은 패턴인식의 귀재들_156

〈정원사〉, 주세페 아르침볼도 작, 1590. 아르침볼도의 정물화는 그림을 거꾸로 했을 때 전혀 다른 패턴이 나타난다(본문 139쪽).

생각도구 5 패턴형성_161

크느그와레예의 움직이는 선들_164 · 대칭적인 패턴을 통해 독창적인 음악을 작곡한 바흐_166 · 푸리에 분석에서 전자공학까지, 패턴의 놀라운 변신들_172 · 가장 단순한 요소들의 결합이 복잡한 것을 생성한다_177 · 패턴은 문제에 대한 정답이 하나가 아님을 보여준다_181

생각도구 6 유추_187

양자론과 음악 사이의 유사성_190 · 헬렌 켈러는 보거나 듣지 못하는 세계를 어떻게 이해했나_194 · 유추와 닮음은 다르다_197 · 낙하하는 사과를 보고 중력의 법칙을 발견한 뉴턴_199 · 예술은 유추와 은유에 기반한다_201 · 음악적 유추를 통해 탄생한 에셔의 쪽매붙임작품_205 · 유추할 수 없다면 세계를 창조할 수 없다_209

헬렌 켈러는 유추의 힘을 통해 보거나 듣지 못하는 세계를 이해했다(본문 195쪽).

생각도구 7 몸으로 생각하기_213

침팬지는 어떻게 천장에 달린 바나나를 먹었나_216 · 몸의 움직임이 생각이 된다_218 · 몸으로 '느껴야' 하는 잭슨 폴록의 액션 페인팅_221 · 문제를 온몸으로 '느끼는' 과학자와 수학자들_225 · 생각하는 것은 느끼는 것이고, 느끼는 것은 생각하는 것_228 · 몸의 일부가 사라진 뒤에도 감각은 남아 있다_230 · 몸은 답을 알고 있다_234

마사 그레이엄은 몸의 움직임이 생각이 된다고 말했다(본문 219쪽).

생각도구 8 감정이입_239

대니얼 데이루이스는 극중 인물의 인생을 '살았다'_242 · 감정이입의 본질은 다른 사람이 되어보는 것_246 · 역사가들은 타인의 눈으로 보기 위해 '시대의 현장'으로 돌아간다_249 · 사냥에 성공하려면 사냥감처럼 생각하라_251 · 복잡한 침팬지 사회를 감정이입으로 연구한 제인 구달_255 · 대나무를 그리려면 먼저 내 안에서 그것이 자라나게 하라_258 · 가장 완벽한 이해는 '자신이 이해하고 싶은 것'이 될 때_262

생각도구 9 차원적 사고_265

공간을 입체적으로 생각한다_268 · 2차원 세계에서 우리는 어떻게 보일까_270 · 3차원 물체를 2차원 평면에 그리는 원근법의 발명_273 · 조지아 오키프가 꽃을 크게 그린 이유_277 · 시간은 단 한 가지 차원인가?_282 · 콜더의 등장과 움직이는 조각_283 · 조각을 볼 줄 모르는 형태맹들_285 · 차원적 사고를 훈련하는 기하학 모형_287

〈그랑드자트 섬의 일요일 오후〉, 조르주 쇠라 작, 1884-86. 화가 조르주 쇠라는 스케치를 그려봄으로써 완성된 그림의 모형으로 삼았다(본문 305쪽).

생각도구 10 모형 만들기_293

군사작전의 모형이 되는 전쟁게임_296 · 모형은 본질을 구현한다_300 · 완성된 그림의 모형이 된 쇠라의 스케치_302 · 중국의 귀부인들은 벌거벗은 인형으로 진료받았다_307 · 전염병 확산을 막은 공중위생 모형_310 · 모형의 수학화로 순수한 모형을 얻을 수 있다_313 · 세계를 이해하려면 모형을 만들라_317

생각도구 11 놀이_321

일 가지고 놀기_324 · 흔들리는 접시를 보고 전자궤도를 연구한 리처드 파인먼_326 · 콜더의 서커스 놀이와 움직이는 조각_330 · 현실을 가지고 놀았던 루이스 캐럴과 모리츠 에셔_335 · 젓가락 행진곡은 어떻게 탄생했나_338 · 창조적인 통찰은 놀이에서 나온다_345

생각도구 12 변형_351

라에톨리 발자국의 발견과 해석_354 · 사고의 변형에서 출발한 스트로브 발명_360 · 변형적 사고가 서로 다른 분야를 연결한다_365 · 언어로 표현된 문제는 방정식으로 전환될 수 있다_368 · 미시건 주립대학에서 행한 '음악적' 소변 분석_372 · 바흐의 다성음악을 이미지로 변형한 피올 클레_375 · 생각의 변형을 위해 우리가 할 수 있는 것들_379

원초적 본능에 충실한 놀이를 통해 새로운 작품을 창작한 필로볼러스 무용단(본문 347쪽).

생각도구 13 통합_387

감각과 의식이 교차하는 '우주적 동시성'의 세계_390 · 파란색은 첼로, 검은색은 베이스_393 · 생각의 본질은 감각의 지평을 넓히는 것_396 · 듣지 못하는 연주자 이블린 글레니의 공감각적 사고_401 · 상상하면서 분석하고, 화가인 동시에 과학자가 되라_405 · 느끼는 것과 아는 것이 하나로_408 · '모든 것'이 되지 않으면 '아무것'도 되지 못한다_410

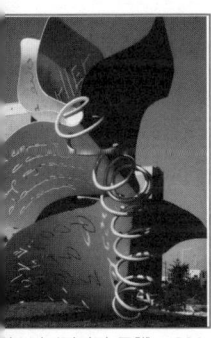

조각 〈찢어진 공책〉, 1996. 덴버그와 반 브뤼겐은 드로잉 조각품으로 구현하기까지 각 전 과정에서 사고의 변형을 보여주었다(본문 363쪽).

전인을 길러내는 통합교육_413

통합교육이 지향하는 8가지 기본목표_416 · 창조적인 인물은 일과 취미를 조화시킨다_420 · 전문가가 아니라 전인이 되라_425 · 교육의 목적은 전인을 길러내는 것_427

참고문헌_430
찾아보기_446

SPARK OF GENIUS
'생각'을 다시 생각하기

'무엇'을 생각하는가에서 '어떻게' 생각하는가로
옥수수 유전자와 교감한 노벨상 수상자
리처드 파인먼은 문제를 풀지 않고 '느꼈다'
직관이 통찰로 이어진다
느낌·감정·직관의 사용법

왼쪽부터: 어슐라 르귄, 아인슈타인, 바버라 매클린턱, 루이스 부르주아.

▶ 상상력과 직관을 통해 창조적인 통찰을 얻은 사람들

"소설가들은 말할 수 없는 것을 '말로써' 다룬다. 말은 내적인 느낌을 문자로 나타내는 기호일 뿐, 그 느낌의 본질은 아니다."
—소설가 어슐라 르귄

"옥수수를 연구할 때 나는 옥수수 체계의 일부가 되어 있었다."
—생물학자 바버라 매클린턱

"나는 직감과 직관, 사고 내부에서 본질이라고 할 수 있는 심상이 먼저 나타난다. 말이나 숫자는 이것의 표현수단에 불과하다."
—과학자 아인슈타인

"나는 오랫동안 깊이 생각했다. 그러고 나서 내가 말해야 할 것이 무엇이며, 또 그것을 어떻게 번역할 것인가를 고민했다."
—조각가 루이스 부르주아

최악의 과학자는 예술가가 아닌 과학자이며
최악의 예술가는 과학자가 아닌 예술가이다.
-물리학자 아르망 트루소

RETHINKING THINKING RETHINKING THINKING RETHINKING THINKING RETHINKING
■ ■

오늘날의 교육시스템은 문학, 수학, 과학, 역사, 음악, 미술 등 과목을 철저하게 분리 시켜 학생들에게 가르친다. 수학자들은 오로지 '수식 안에서', 작가들은 '단어 안에서', 음악가들은 '음표 안에서'만 생각하도록 강요받고 있다. 이것은 '생각하기'의 본질을 절반만 이해하고 있는 것이다. 그러나 '창조적인 사고'는 통찰을 서로 주고받는 데 있어 말이나 숫자만큼 중요하다. 통찰이라는 것은 상상의 영역으로 호출된 수많은 감정과 이미지에서 태어나는 것이므로 '느낌' 또한 커리큘럼의 일부가 될 필요가 있다.

> '무엇'을 생각하는가에서
> '어떻게' 생각하는가로

 누구나 생각한다. 그렇지만 누구나 똑같이 '잘' 생각하는 것은 아니다. 여기 요리의 대가에 견줄 수 있는 사고의 달인이 있다. 그는 여러 가지 정신적 재료들을 가지고 맛을 내고 섞고 조합하는 것에 도통한 사람이다. 우리가 어떤 '지적' 만찬을 준비한다면 그에게 부탁할 수밖에 없을 것이다.

 이 말은 '생각의 부엌'에서 그가 하는 일과 우리가 하는 일이 다르다는 뜻이 아니라 그가 더 잘한다는 뜻이다. 대가가 되려면 아주 재능 있는 사람이라 하더라도 상당히 오랫동안 수련해야 한다는 것을 우리는 잘 알고 있다.

 우리 역시 대가가 되고자 한다면 필요한 도구의 용법을 익히고, 정신적 요리법을 배우며 실력을 키워나가야 한다. 그러나 이 과정은 우리에게 '정신적 요리'가 의미하는 것이 무엇인지 다시 생각해볼 것을 요구한다. 그리고 이 '다시 생각하기'를 통해 정신적 요리법은 '무엇을 생각(요리)하는가'에서 '어떻게 생각(요리)하는가'로 초점이 옮겨진다.

 정신적 요리는 마음의 부엌에서 시작된다. 거기서 개념들은 절여지고 졸여지고 살짝 튀겨지기도 하며, 때로는 다져지고 구워지고 휘저어져 모양을 갖추게 된다. 마치 요리의 대가들이 어떤 재료는 조금만 뿌리고 어떤 재료는 듬뿍 넣는 등 변화무쌍한 동작으로 우리를 놀라게 하는 것처럼 창조적인 상상의 부엌에서도 예기치 못했던 일들이 계속 일어난다. 대단한 아이디어들이 기상천외한 방법으로 솟아오르고, 생각지도 못한 재료들과 섞이기도 한다. 요리법 자체만 들여다보아서는 완성된 요리가 어떨지 상상할 수 없다. 정신적 요리의 대가들은 요리가 어떤 맛일지 알아낼 수 있는 방법을 설명해주지 않는다. 그들은 가상으로 재료를 혼합한 것만 가지고도 어떤 맛이 나올지 직감으로 안다.

옥수수의 유전자와 교감한 노벨상 수상자

직감이란 쉽게 설명될 수 있는 것이 아니다. 훗날 유전학분야에서 노벨상을 받은 바버라 매클린턱Babara McClintock*이 젊은 시절 경험한 사례를 들어보자. 1930년 어느 날, 그녀는 코넬대학 주변의 옥수수밭에서 동료 과학자들과 유전학연구를 하고 있었다. 연구자들은 전체 옥수수의 절반 정도에서 열매를 맺지 못하는 꽃가루가 나올 것이라 예상했는데, 실제로는 삼분의 일 정도에서만 그 현상이 나타났다. 그 차이는 매우 중요한 것이어서 매클린턱은 무척 혼란에 빠져 있었다. 그녀는 옥수수밭을 떠나 언덕 위에 있는 연구실로 가면서 혼자 골똘히 생각하기 시작했다.

그러다가 30분쯤 후, 그녀는 펄쩍펄쩍 뛰며 옥수수밭으로 달려 내려갔다. "유레카, 답을 알아냈어! 왜 불임 꽃가루가 30퍼센트밖에 안되는지 알아냈다구!" 흥분하는 그녀에게 동료들은 시큰둥하게 대꾸했다. "그럼 증명해봐." 그런데 정작 그녀의 머릿속에서는 이 깨달음을 어떻게 설명해야 할지 방법이 떠오르지 않았다. 수십 년 후, 매클

*바버라 매클린턱
Babara McClintock
1902-1992, 미국 생물학자. 1983년 이동성 유전인자를 발견한 성과를 인정받아 노벨생리의학상을 수상했다.

우리가 무엇을 어떻게 알게 되었는지 설명할 수 없지만 알고 있다는 느낌을 갖게 되는 경우는 드물지 않다. 19세기의 위대한 수학자였던 칼 프리드리히 가우스는 자주 직관적으로 답을 알아내곤 했는데, 그때마다 이를 즉각 증명할 수는 없었다고 실토했다. "나는 상당히 오랫동안 내가 찾아낸 답이 도대체 어떻게 해서 나오게 되었는지는 알 수가 없었다."

화가 파블로 피카소는 그의 친구에게 "난 내가 쓰고 싶은 색을 고르기 전까진 내가 캔버스에 무엇을 그리려는지 모른다네. 매번 그림을 그릴 때마다 난 공중으로 도약하는 것 같은 느낌이 들어. 내가 제대로 착지할 수 있는지는 나도 알 수 없네. 내 작품이 어떻게 나오리라 비교적 정확하게 가늠하는 건 훨씬 뒤에나 가능하지"라고 말하고 있다. 작곡가인 이고르 스트라빈스키 역시 상상은 설명할 길 없는 갈망과 함께 시작한다고 생각했는데, "미지의 실체에 대한 직관적 파악은 이미 이루어졌으나 아직은 그게 무엇인지 해독할 수 없다"라고 했다.

린턱은 이렇게 회고했다. "문제를 풀다가 답이라고 할 만한 어떤 것이 갑자기 떠올랐다면, 그것은 말로 설명하기 전에 이미 무의식 속에서 해답을 구한 경우다. 나에겐 그런 일이 자주 일어났는데 그때마다 나는 그것이 정답이라는 것을 이미 알았다. 나의 확신은 절대적이었지만 말로 설명하진 않았다. 그럴 필요가 없었다. 그저 그게 답이라고 확신했을 뿐이었다."

안다는 것이 이처럼 모호하고 불분명한 방식으로 나타났기 때문에 본인들에게도 심각한 의문이 생겨났다. "문제를 푸는 모든 과정은 눈깜박할 사이에 이루어졌다. 답이 떠오르는 순간 나는 달렸다. 그리고 나서야 하나씩 차근차근 생각하기 시작하는데, 과정이 아주 복잡했다. 시간이 지나서야 나는 그 답을 어떻게 얻게 되었는지 알게 되었다. 나중에 도식을 가지고 풀자 답이 정확히 들어맞았다. 자, 그런데 나는 종이 위에 써보지도 않고 그걸 어떻게 알게 되었을까? 어떻게 해서 그토록 흥분하며 '유레카! 답을 알았어!'라고 자신있게 외칠 수 있었을까?"

매클린턱의 이러한 의문은 '창조적 사고'를 이해하는 데 있어서 가장 핵심이 되는 부분이다. 돌연한 계시와 통찰은 어디서 오는 걸까? 어떻게 우리는 말하거나 그리거나 쓸 수 없는 것들을 '아는' 걸까? 우리는 어떻게 느낌을 말로, 감정을 숫자로 옮길 수 있는 것일까? 우리는 과연 창조적 상상이란 것을 이해할 수 있을까? 만일 그게 가능하다면 우리는 그것을 연습하고 훈련하고 가르치고 배울 수도 있지 않을까?

철학자들과 심리학자들은 이런 문제들에 대해 수백 년 동안 끊임없이 숙고해왔다. 신경생물학자들은 뇌의 구조와 신경 시냅스 간의 연결구조에 대한 해답을 구하려고 애써왔다. 아직 완전한 답은 구해지지 않았다. 그런 가운데 창조적 사고를 이해하는 데 필요한 통찰력을 제공하는 요소들은 과소평가되고 또 간과되고 있다. 탁월한 사색가, 창작가, 발명가들의 경험이 그것이다. 그들의 내적 경험들은 창조적 사고와 관련된 모든 의문을 풀어주기에 충분치 않지만, 그 연구를 위한 중요하고 새로운 방법을 제시해줄 수는 있다. 무엇보다 그들의 경험은 사고 자체에 대한 기존의 관념이 충분하지 않음을 말해주고 있다. 왜냐하면 기존관념에는 언어로 표현할 수 없는 전前 논리적 사고의 형태가 누락되어 있기 때문이다.

일례로 물리학자 알베르트 아인슈타인Albert Einstein의 얘기를 들어보자. 대부분의 사람들은 아인슈타인이 물리학문제를 푸는 데 수학공식과 숫자, 복잡한 이론과 논리를 동원했을 것이라 생각한다. 실제로 하버드대학의 심리학 교수인 하워드 가드너Howard Gardner*가 최근에 쓴 책《열정과 기질 Creating Minds》에서도 아인슈타인을 '논리수학적 사고'의 전형으로 그리고 있다. 그러나 아인슈타인의 동료들은 그가 상대적으로 수학에 취약했으며, 자신의 작업을 진척시키기 위해 자주 수학자들의 도움을 받아야 했다고 말한다. 실제로 아인슈타인은 친구에게 보낸 편지에서 "수학이 애먹인다고 걱정하지 말게. 나는 자네보다 훨씬 심각하다네"라고 썼다.

그가 동료인 자크 아다마르Jaques Hadamard에게 털어놓은 대로라면 아인슈타인은 남다른 염력의 소유자였다고 볼 수 있다.

"언어라는 것, 글로 된 것이건 말로 된 것이건 간에 언어는 나의 사고과정 안에서 아무런 역할도 하지 못하는 것으로 보인다. 사고과정에 필수적인 역할을 수행하는 심리적인 실체들은 일종의 증후들이거나 분명한 이미지들로서, 자발적으로 재생산되고 결합되는 것들이다. 내 경우에 그 요소들이란 시각적이고 때로는 '근육까지 갖춘 것'들이다." 모종의 '사고실험 thought experiment'에서 그는 자신을 빛의 속도로 이동하는 광자光子**라고 상상했다. '광자'인 그가 보고 느끼

*하워드 가드너
Howard Gardner
1943- , 다중지능이론의 창시자이자 하버드대학 심리학과 교수. 교육과 인간에 대한 철학적 개념을 바꾼 역작《마음의 틀》을 통해 다중지능이론을 처음 제기하여 세계적인 반향을 불러일으켰다.

**광자 光子
빛의 에너지.

"과학적 방법으로 일을 한다는 것은 직관적으로 알아낸 것을 과학의 틀 속에 집어넣는 것이다."

는 것을 '상상'하고 나서 그는 또 다른 광자의 역할을 맡았고, 첫 번째 광자의 역할에서 경험한 것을 상상하려고 했다. 아인슈타인이 심리학자인 막스 베르트하이머Max Wertheimer에게 설명한 바에 따르면 그는 이 시각적이고 '근육질적인' 사고가 자신을 어디로 데려갔는지 매우 어렴풋하게 이해했을 뿐이라고 했다. 이를 아인슈타인의 표현 그대로 말하자면 "그 방향에 대한 느낌은 매우 표현하기 어려운 것"이었다.

매클린턱 역시 아인슈타인이 말한 광자개념에 해당하는 "유기체 느낌"에 대해 말하고 있다. 옥수수의 염색체를 연구하면서 그녀는 밭에 있는 모든 옥수수 개체를 한 줄기 한 줄기 다 알고 있었다. 그래야만 옥수수를 진정으로 '인식'할 수 있었기 때문이다. 그녀는 이렇게 말했다. "옥수수를 연구할 때 나는 그것들의 외부에 있지 않았다. 나는 그 안에서 그 체계의 일부로 존재했다. 나는 염색체 내부도 볼 수 있었다. 실제로 모든 것이 그 안에 있었다. 놀랍게도 그것들은 내 친구처럼 느껴졌다. 옥수수를 바라보고 있으면 그것이 나 자신처럼 느껴졌다. 나는 종종 나 자신을 잊어버렸다. 가장 중요한 것은 바로 이것, 내가 나 자신을 잊어버렸다는 것이다."

리처드 파인먼은 문제를 풀지 않고 '느꼈다'

*아서 C. 클라크
Arthur C. Clarke
1917- , 영국 출신 공상과학소설가. 대표작으로 《스페이스 오딧세이》, 《해저목장》 등이 있다.

"직관인가 수학인가?"라고 발명가이자 SF소설가인 아서 C. 클라크Arthur C. Clarke*는 묻는다. "우리는 진리를 찾아내기 위해 모형을 사용하는가? 아니면 진리를 알아낸 다음 이를 설명하기 위해 수학공식을 가동하는가?" 그에 대한 답은 이미 나와 있다. 후자다.

아인슈타인은 이를 다음처럼 설명했다. "직감과 직관, 사고 내부에서 본질이라고 할 수 있는 심상이 먼저 나타난다. 말이나 숫자는 이것의 표현수단에 불과하다." 이것은 수학이나 형식논리학이 아인슈타인에게 부차적인 수단이었음을 말해준다. "기존의 말이나 다른 기호들(추측컨대 수학적인 것들)은 이차적인 것들이다. 심상이 먼저 나타나서 내가 그것을 마음대로 부릴 수 있게 된 다음에야 말이나 기호가 필요한 것이다." 그러면서 그는 "과학자는 공식으로 사고하지 않는다"라고 말했다.

과학자들은 수학적 언어로 사고하지 않는다. 그러나 자신만의 직관적인 통찰을 객관적으로 납득할 수 있게 표현해야 한다. 매클린턱은 이렇게 말한다. "과학적 방법으로 일을 한다는 것은 내가 직관적으로 알아낸 어떤 것을 과학의 틀 속으로 집어넣는 것이다." 다른 과학자들도 직관적으로 깨달은 후에 논리적으로 표현하는 2단계 과정을 거친다고 말하며 매클린턱의 의견에 동의한다. 물리학자인 리처드 파인먼 Richard Feynman* 역시 "수학은 우리가 본질이라고 이해한 것을 '표현'하는 형식일 뿐이지 이해의 내용이 아니다"라고 말하고 있다. 직관적으로 문제를 보고 '느꼈던' 그는 "내가 문제를 푸는 과정들을 보면 수학으로 해결하기 전에 어떤 그림 같은 것이 눈앞에 계속 나타나서 시간이 흐를수록 정교해졌다"라고 말한다.

과학자들이 다른 사람들보다 논리적으로 생각한다는 일반적인 인식은 과장된 것이다. 창조적으로 생각한다는 것은 첫째, '느낀다'는 것이다. 이해하려는 욕구는 반드시 감각적이고 정서적인 느낌과 한데 어우러져야 하고 지성과 통합되어야 한다. 그래야만 상상력 넘치는 통찰을 낳을 수 있다. 실제로 생각과 감정, 느낌 사이의 연관성은 《데카르트의 오류 Descartes' Error》라는 책의 주제이기도 하다. 이 책은 마음(생각)과 몸(존재 혹은 감각)의 분리를 말한 철학자(데카르트)

"모든 학문분야에서 창조적 사고와 표현은 직관과 감정에서 비롯된다."

*리처드 파인먼
Richard Feynman
1918-1988, 미국 물리학자. 1942년부터 원자폭탄 제조를 위한 맨해튼 프로젝트에 참여했다. 캘리포니아 공대 교수를 역임하고, 양자전자기학 이론을 개발한 공로로 1965년에 노벨물리학상을 수상했다.

화가인 브리짓 라일리는 자신의 그림을 "나의 전 존재와 시각적 매개물 사이의 친밀한 대화"라고 묘사하고 있으며, "나는 이 매개체가 뿜어내는 시각적이고 정서적인 에너지를 구체화하려고 노력했다. 시각적인 느낌을 만들어내는 것이 내가 그림을 그릴 때의 주 관심사였지만, 그렇다고 해서 정서까지 배제하는 것은 아니었다. 내가 그림을 그리는 목적 중 하나는 관람객들로 하여금 이 두 가지, 즉 시각적 느낌과 정서적 반응을 하나이면서 같은 것으로 경험하게 하는 데 있었다"라고 말하고 있다.

*안토니오 다마지오
Antonio Damasio
미국 아이오와대학의 뇌과학자. 양전자방사 단층촬영을 이용해 감정에 따른 뇌의 변화를 추적해 행복의 경로를 추적했다. 그의 연구결과에 따르면 행복의 감정은 무의식적으로 육체적 느낌을 인지한 뒤 의식적으로 발생한다고 한다.

의 주장을 반박한 것이다. 이 책의 저자인 신경학자 안토니오 다마지오Antonio Damasio*는 갑작스러운 사고나 뇌졸중, 종양으로 정서적 감응구조가 총체적으로 바뀐 신경질환자들은 합리적으로 계획을 세우는 능력이 부족하다는 것을 알아냈다. 의사결정 과정에서 정서적으로 몰입할 수 없기 때문이다. 느낌과 직관은 '합리적 사고'의 방해물이 아니라 오히려 합리적 사고의 원천이자 기반이다. 다마지오에게 있어서 몸과 마음, 감정과 지력은 불가분의 것이었다. 우리는 그의 주장에 동의한다. 과학자들은 느낌으로 논리적 개념에 이른다. 그리고 모든 학문분야에서 창조적 사고와 표현은 직관과 감정에서 비롯된다.

많은 사람들은 이 사실을 놀라워한다. 허브 사이먼Herb Simon과 노엄 촘스키Noam Chomsky 같은 인지과학자들은 사고를 단지 귀납적이고 연역적인 절차나 언어학적 규칙으로 생각한다. 심지어 《열정과 기질》,《마음의 틀Frames of Mind》과 같은 저서에서 다양한 사고법의 개념을 진전시킨 하워드 가드너 같은 학자조차 창조적인 사람들의 사고는 자신을 표현하는 양식에 따라 분류될 수 있다고 주장한다. 가드너는 아인슈타인이나 매클린턱, 파인먼 같은 과학자는 논리수학적 사고를 하는 사람들로, 시인이나 작가들은 언어로 생각하는 사람들로 분류했다. 무용수는 몸짓으로, 화가들은 시각적으로 사고하며 심리학자는 개인의 내면을 사고하는 사람, 정치가는 개인과 개인 사이를 사고한다고 여겼다.

이러한 분류는 마치 제빵사가 빵을 만들기 위해 이스트를 사용한다는 말만큼이나 당연해보인다. 그러나 소다빵이나 납작빵을 만들 때는 이스트가 필요없다. 그리고 이스트로 말하자면 맥주나 시리얼 같은 다른 먹을거리를 만들 때도 쓰인다. 요리를 하든 생각을 하든 한 가지 재료만으로는 음식을 만들 수 없다. 사람들의 지적 과정 중에서 단 한 가지 요인만을 가지고 개인을 분류한다는 것은 아인슈타인을 처음부터 끝까지 논리수학적으로 사고하는 사람으로 규정하는 것만큼 그릇된 것이다.

직관이 통찰로 이어진다

대개 예술적인 착상은 비시각적인 형태로 나타난다. 그렇기 때문에 예술가들 역시 아인슈타인이나 매클린턱 같은 과학자들처럼 '전달 가능한 표현수단으로 번역translation을 해야' 한다. 화가이자 디자이너인 요제프 알베르스Josef Albers는 이 변환에 대해 간결한 말로 표현했다. "예술이란 물物적인 사실과 영적인 효과 사이의 불일치이며 삶에 대한 반응을 시각적 공식으로 나타낸 것이었다." 조각가 루이스 부르주아Louise Bourgeois*의 관점과 비슷하다. "나는 오랫동안 깊이 생각했다. 그리고 나서 내가 말해야 할 것을, 또 그것을 어떻게 번역할 것인가를 고민했다. 나는 내가 할 말을 조각으로 번역하기 위해 노력했다"라고 그녀는 말한다. 화가 막스 빌Max Bill 역시 예술의 목적을 언급하면서 "예술이란 인간 정신의 표현이며, 마음속에 이미 존재하고 있는 막연한 심상을 구체적인 형태로 가시화시킨 것"이라고 말했다.

"그림이나 스케치는 색과 공간과 빛과 움직임을 수단으로 삼아 어떤 것을 구체화하는 도구다"라고 조지아 오키프Georgia O'Keeffe**는 쓰고 있다. "오래전에 나는 깨달았다. 내가 보고 즐긴 것을 있는 그대로 그림으로 옮겨놓는다 하더라도 그때 내가 받은 느낌을 관람객들에게 그대로 다시 줄 수 없다는 것을 말이다. 결국 나는 내가 받았던 느낌과 똑같은 것을 새로 만들어야만 했다. 이것은 복사가 아니었

시인 에드워드 E. 커밍스는 시인들이 문법이나 통사론의 규칙을 사용해서 시어를 다듬는다는 추정에 대해 반박한다. 그는 "예술가는 묘사하는 사람이 아니며 느끼는 사람이다"라고 말하는데, 역시 시인인 게리 스나이더는 이 주장에서 좀더 나아간다. "나는 내가 경험한 것들을 내 안에서 전부 되살려낼 것이다. 난 글로 표기된 모든 것을 잊어버릴 것이며 그것들의 배후에 있는, 언어로 표현되기 이전의 것들과 직접 접촉할 것이고 그것들을 다시 경험하고 느낄 것이다. 이런 과정을 통해 나는 다시 '살아갈' 것이다."

*루이스 부르주아
Louise Bourgeois
1911- , 프랑스 태생의 미국 조각가. 20세기 후반 설치미술의 선구자이기도 하다. 소르본대학에서 수학과 기하학을 전공했지만 예술로 방향을 선회했다.

**조지아 오키프
Georgia O'Keeffe
1887-1986, 미국 화가. 자연에서 영감을 받은 그림을 주로 그렸다. 추상적 환상주의를 창시하여 20세기 미국 미술계에서 독보적 위치를 차지하고 있다.

"말은 느낌을 나타내는 기호일 뿐 그 느낌의 본질은 아니다. 말은 이해를 위한 표현수단이지 느낌의 구현이 아니기 때문이다."

다." 그녀의 이러한 말은 결국 예술이 제시하는 이미지가 어떤 느낌이나 개념, 감각의 직접적인 반영이 아니라는 것을 의미한다. 이는 과학자가 창안한 공식이 그의 생각을 그대로 표현한 것이 아닌 것과 같다.

말을 통해 표현을 하는 사람들도 말만 가지고 사고하거나 개념을 만들어내는 경우는 드물다. 소설가 도로시 캔필드 피셔Dorothy Canfield Fisher는 이렇게 말한다. "나는 어떤 장면을 강렬한 이미지로 만들어낸다. 만일 그 장면을 절대적이고 완전한 이미지로 형상화하지 못한다면 나는 아무것도 쓰지 못할 것이다. 그렇지 않으면 내가 잘 알지 못하는 장소와 사람들, 삶에 대해 글을 쓰지 못할 거라는 뜻이다." 작가 이사벨 아옌데Isabell Allende*의 말을 들어보자. "책은 내 마음에서 생겨나는 게 아니라 뱃속 어딘가에서 떠오른다. 그것은 내가 접근하지 못한 대단히 어둡고 비밀스러운 장소에 숨겨져 있으며 내가 그저 모호한 느낌으로만 짐작하는 것, 아직 형체도 이름도 색깔도 목소리도 없는 그런 것이다." 처음 경험한 충동이나 영상, 느낌을 말로 나타낼 수 없다. 그러나 결국에 가서 그것들은 말로 표현된다. 시인과 작가들이 이미지와 느낌을 재현하면서 겪게 되는 문제를 과학자들과 예술가들도 경험하게 된다. 내적인 느낌을 다른 사람들이 받아들일 수 있는 외적인 언어로 변환(번역)해낼 수 있을까 하는 문제가 그것이다.

SF소설가인 어슐라 르귄Ursula LeGuin**은 소설가들이 이런 변환을 시도할 때 나타나는 아이러니를 지적하고 있다. "소설가들은 말할 수 없는 것을 '말로써' 다룬다. 그런데 그들의 전달매체는 소설이다. 소설은 말로 만드는 것이다. 그래서 말은 역설적으로 사용된다. 왜냐하면 말에는 기호언어적 용법과 함께 상징적, 혹은 은유적 용법이 있기 때문이다." 즉, 말은 내적인 느낌을 문자로 꾸밈없이 나타내는 것

*이사벨 아옌데
Isabell Allende
1942- , 칠레 작가. 피노체트의 쿠데타로 숙부인 아옌데 대통령이 살해되자 베네수엘라로 망명하였다. 마술적 사실주의와 페미니즘을 잘 결합한 것이 특징이며 주요 작품으로 《영혼의 집》, 《파울라》 등이 있다.

**어슐라 르귄
Ursula LeGuin
1929- , 미국 작가. 세계적인 판타지 작가로, 그의 대표작 《어스시의 마법사》는 《반지의 제왕》, 《나니아 연대기》와 함께 세계 3대 판타지문학으로 불린다.

이면서 동시에 표현을 하는 기호일 뿐 그 느낌의 본질이 아니라는 것이다. 또한 말은 이해를 위한 표현수단이지 느낌의 구현이 아니다. 그래서 문학비평가 스티븐 스펜더Stephen Spender*는 말로 표현되지 않는, 단지 암시된 어떤 것을 단어를 가지고 나타내려는 시도야말로 "시가 행하는 무시무시한 도전"이라고 말한다. "내가 쓰고 싶은 시를 설명하는 것은 참으로 쉬운 일이다. 그러나 막상 시를 쓰는 것은 대단히 어려운 일이다. 쓴다는 것은 추상적으로 다가오는 내적인 느낌을 심상으로 만들어 이를 체험해야 한다는 말일 텐데, 그런 노력이야말로 일생에 걸쳐 얼마나 큰 인내와 관찰력을 요구하고 있는가?"

'이미지의 논리', '심상의 체험', '상상하는 삶이 요구하는 인내와 관찰', 이런 말들을 스타니슬라브 울람Stanislaw Ulam의 용어를 빌어 표현하자면, '초超논리'가 보다 적절한 이름일 것이다. 이것들은 아무것도 증명할 수 없다. 그것은 새로운 생각과 개념을 발생시킬 뿐, 그것들의 타당성이나 유용성을 보장하진 않는다. 이런 종류의 사고는 아직 제대로 연구된 바 없다. 그저 공식적인 의사소통 언어라기보다는 비언어적이고 비수학적이며 비기호적인 것이라는 정도로만 알려져 있다.

이런 상태에서 우리가 이 책을 통해 도전하려는 것은 느낌과 이미지와 감정의 초논리를 이해하고 설명하는 일이다. 만일 울람의 말이 옳다면 그 결과는 수천 년 전에 아리스토텔레스Aristoteles가 체계화한 상징논리학만큼 혁명적이고 근본적인 것이 될 것이다. 실제로 초논리는 아리스토텔레스의 논리학이 적용되는 '밖으로 분명히 드러나 있는 생각'의 기원과 특질을 설명해줄 것이다.

그런 초논리에 대해 현재 가장 근접한 개념은 '직관'이다. 아인슈타인은 "오직 직관만이 교감을 통하여 통찰력으로 이어질 수 있다. 연구의 성과는 면밀한 의도나 계획에서 오는 게 아니라 가슴으로부

19세기 수학자 앙리 푸앵카레는 저서 《과학과 방법》에서 다음과 같이 쓰고 있다. "우리가 뭔가를 증명할 때는 논리를 가지고 한다. 그러나 뭔가를 발견할 때는 직관을 가지고 한다. 논리학이라는 스승은 우리에게 장애물을 피해갈 수 있는 길을 알려주었다. 그러나 이것은 우리가 애초에 원했던 목표 지점에 이르는 길을 가르쳐주지는 않았다. 그러기 위해서는 멀리 떨어져 있는 목표 지점을 보는 것이 필요한데, 이 목표지점을 보라고 가르치는 스승은 논리학이 아니고 바로 '직관'이기 때문이다. 직관이 없는 기하학자는 문법에는 통달했지만 사고는 빈약한 소설가처럼 될 것이다."

*스티븐 스펜더
Stephen Spender
1909-1995, 영국의 시인이자 문학비평가. T. S. 엘리엇 이후 새로운 시단을 형성한 세력으로 주목받았다. 고백적이고 서정성이 짙은 시들을 남겼다.

터 바로 나온다"라고 말했다. 물리학자인 막스 플랑크Max Planck*는 이를 다음과 같이 표현한다. "과학자에게는 예술적인 상상력이 필요하다." 실로 과학자와 예술가는 친척관계라고 해도 무방한데, 왜냐하면 그들의 통찰은 느낌과 직관의 영역에서 발생하여 동일한 창조적 경로를 거쳐 의식 속에 출현하기 때문이다.

"어떤 연구의 성과는 면밀한 의도나 계획이 아니라 가슴으로부터 나온다."

| 느낌 · 감정 · 직관의 사용법

소위 '창조적인 작업'을 할 때 과학자나 수학자, 예술가(작곡가, 작가, 조각가 등)들은 우리가 '생각을 위한 도구'라고 부르는 공통된 연장을 사용한다. 이 도구들 속에는 정서적 느낌, 시각적 이미지, 몸의 감각, 재현 가능한 패턴, 유추 등이 포함된다. 그리고 상상을 동원하는 모든 사람들은 이 생각도구를 가지고 얻어낸 주관적인 통찰을 객관적으로 표현하기 위해 공식적인 언어로 변환(번역)하는 방법을 배운다. 이를 통해서 그들의 생각은 다른 사람들의 마음속에 새로운 생각을 불러일으키게 된다.

그동안 수많은 과학자나 예술가들이 창조행위의 보편성에 주목해왔다. 1980년에 열린 제16차 노벨회의에 모인 과학자들과 음악가들, 철학자들은 물리학자 프리먼 다이슨Freeman Dyson의 말을 인용하며, "과학과 예술이 유사하다는 말은 '창조'와 '행위'에 관한 한 매우 유효하다. 창조라는 점에서 둘은 매우 비슷하다. 장인의 경지에 이른 창조행위가 주는 미적 쾌감은 과학분야에서도 대단히 강력하다"라고 입을 모았다.

한 음악가는 과학자와 예술가의 사고과정이 놀랄 만큼 흡사하다는 것은 개인적 차원뿐만 아니라 사회적 차원에서도 맞는 말이라고 주

*막스 플랑크
Max Planck
1858–1947, 독일 물리학자. 양자론의 창시자로, 1918년에 노벨물리학상을 수상했다.

장한다. 과학자들이 '공통적인 문제해결법'이라고 인식하는 것을 예술가들은 '공유된 영감'으로 이해한다. 그러나 과학이든 예술이든 모든 '해답'은 동일한 창조행위를 통해 구해진다.

면역학연구로 노벨상을 수상한 샤를 니콜Charles Nicolle은 다음과 같이 말하고 있다. "새로운 사실의 발견, 전진과 도약, 무지의 정복은 이성이 아니라 상상력과 직관이 하는 일이다. 그런데 상상력이나 직관은 예술가나 시인들과도 밀접한 관련을 맺고 있다. 현실로 이루어지는 꿈과, 무언가를 창조할 듯한 꿈은 같은 것이다." 프랑스의 물리학자인 아르망 트루소Armand Trousseau도 이 말에 동의한다. "모든 과학은 예술에 닿아 있다. 모든 예술에는 과학적인 측면이 있다. 최악의 과학자는 예술가가 아닌 과학자이며 최악의 예술가는 과학자가 아닌 예술가이다."

그동안 우리가 창조과정의 보편성에 주목해왔다고는 하지만 그 주목이 '보편적'이었던 것은 아니다. 직관적인 생각도구가 학문에 공통적으로 사용될 수 있음을 알고 있는 사람들은 많지 않다. 근시안적인 인식과 태도는 철학자들이나 심리학자들뿐만 아니라 교육자들에게도 나타난다. 유치원에서 대학원에 이르기까지 모든 교육단계의 커리큘럼이 과정이 아닌 결과에 의해 규정되어 어떻게 여러 과목으로 나뉘고 있는지 보라. 교육의 시작단계에서부터 학생들은 문학, 수학, 과학, 역사, 음악, 미술 등으로 분리된 과목을 공부한다. 마치 그 과목이란 것이 본질적으로 별개의 것이고 상호배타적이기라도 한 것처럼 말이다.

요즘 유행하는 '교과목 통합'이라는 거창한 구호에도 불구하고 진정한 통합수업은 드물 뿐 아니라, 모든 지식을 망라하고 아우를 수 있는 커리큘럼은 아예 생각조차 되지 않고 있다. 더구나 가장 중요하다고 할 수 있는, 한 학문과 다른 학문을 엮어줄 수 있는 직관적인 생

> "새로운 사실의 발견, 전진과 도약, 무지의 정복은 이성이 아니라 상상력과 직관이 하는 일이다."

> "최악의 과학자는 예술가가 아닌 과학자이며 최악의 예술가는 과학자가 아닌 예술가이다."

각도구는 철저하게 무시되고 있다. 수학자들은 오로지 '수식 안에서', 작가들은 '단어 안에서', 음악가들은 '음표 안에서'만 생각해야 하는 것이다. 각 학교와 대학들은 필요한 재료의 절반만을 사용하는 요리법을 고집하고 있다. '생각하기'의 본질을 절반만 이해하기 때문에 교사들은 가르치는 방법의 절반만 이해하고 학생들은 배우는 방법의 절반만 이해하게 되는 것이다.

분리된 과목과 공식언어체계에만 기반을 둔 현행 교육이야말로 '창조적 사고과정'이라는 대단히 중요한 부분을 빠뜨리고 있는 주범임이 분명하다. 교사들은 학생들에게 수학적이고 통사론적 논리를 가르치면서도 느낌과 직관의 초논리는 무시한다. 우리는 말과 숫자를 통해 배우고 평가받아왔으며, 또 그것을 통해 사고하는 것을 불변의 전제로 받아들인다. 그렇지만 학교교육에 대한 이런 잘못된 생각이 더 이상 커져서는 안 된다. 그렇기 때문에, '창조적 사고'라는 직관적인 '방언(수학공식이나 논리 같은 공식언어가 아닌)'을 이해하고 설명하는 것은 매우 중요하다. 이 방언은 서로 통찰을 주고받는 데 있어서 말이나 숫자만큼 중요하다. 본래 통찰이라는 것은 상상의 영역으로 호출되는 수많은 감정과 이미지 속에서 태어나는 게 아니던가. 따라서 '느낌'도 필히 커리큘럼의 일부가 되어야 한다. 학생들은 몸으로 느껴지는 것에 대해 어떻게 주목하고 그 느낌을 발전시키며 사용해야 하는지 반드시 배워야 한다.

다행히 의학을 비롯한 다양한 학문분야에서 학문적 사고의 기반으로 직관의 중요성을 재인식하기 시작했다. 우리가 창조적 상상력의 기반이 되는 느낌과 감정과 직관의 사용법을 배워야 하는 것은 절대적인 명령과 같다. 그것이 '정신적 요리', 혹은 교육의 요체다.

SPARK OF GENIUS
상상력을 학습하는 13가지 생각도구

'환상'과 '실재' 사이의 단절
실패한 지식인의 전형, 버지니아 울프의 아버지
이해가 아니라 외워서 알게 되는 교육시스템
피카소는 상상이 사실보다 진실하다고 믿었다
창조를 이끄는 13가지 생각도구
생각의 도구들을 어떻게 사용할 것인가

왼쪽부터: 버지니아 울프, 모리츠 에셔, 파블로 피카소, 지앤 뱀버거.

▶ 환상과 실재 사이에 다리를 놓은 사람들

"나는 책을 읽을 때 등장인물에게 완전히 감정이입하곤 했다. 때로는 나 자신을 잊고 그들의 세계 속으로 빠져들 때도 있었다."
- 소설가 버지니아 울프

"고등학교 때 내 수학성적은 형편없었지만 그럼에도 불구하고 나는 수학을 직관적으로 '이해'하고 있었다."
- 화가 모리츠 에셔

"예술은 진실을 깨닫게 만드는 거짓말이다."
- 화가 파블로 피카소

"오늘날의 교육은 이론을 가르치면서도 이를 실제세계에 적용하는 방법은 가르치고 있지 않다. 이것은 상상력 결핍으로 이어진다."
- 교육학자 지앤 뱀버거

존재하지 않는 것을 상상할 수 없다면 새로운 것을 만들어낼 수도 없으며
자신만의 세계를 창조하지 못하면 다른 사람이 묘사한 세계에 머무를 수밖에 없다.
―화가 폴 호건

SCHOOLING THE IMAGINATION SCHOOLING THE IMAGINATION SCHOOLING THE

사진, 드로잉, 글은 잉크나 은으로 얼룩져 있는 종이에 지나지 않는다. 이를 '실재'로 받아들일 수 있느냐는 이것들이 상징하는 감각적, 정서적, 경험적인 느낌들을 재창조해낼 수 있는 기술에 달려 있다. 이것들이 진실이 되려면 우리 자신의 내부에 그것들을 받아들여야만 한다. 생산적인 사고는 내적 상상과 외적 경험이 일치할 때 비로소 이루어진다.

역사 속에서 가장 창조적인 사람들은 실재와 환상을 결합하기 위해 13가지 생각의 도구들을 이용했다. 이 도구들은 관찰, 형상화, 추상화, 패턴인식, 패턴형성, 유추, 몸으로 생각하기, 감정이입, 차원적 사고, 모형 만들기, 놀이, 변형, 그리고 통합이다.

'환상'과 '실재' 사이의 단절

내가 대학을 다닐 때의 일이다. 당시 존이라는 친구가 있었는데 이 친구는 우리 대학 역사상 가장 총명한 학생들 중 하나였다. 공부밖에 모르고 책벌레였던 그는 전 과목에서 늘 상위권을 차지했다.

기계학에 관한 연속강의가 끝나고 몇 주가 지난 후 물리학과동(棟) 건물을 나오는 길에 존이 우리를 실망시키는 일이 벌어졌다. 존은 키가 크고 마른 편이었지만 그렇다고 픽픽 쓰러지는 약골도 아니었다. 그가 오래된 강의실의 육중한 참나무 문을 힘껏 밀었지만 문은 아무리 해도 열리지 않았다. 그러다가 우리들 중 누군가가 손잡이 부분을 한번 밀자 강의실 문은 너무도 쉽게 활짝 열렸다.

"어떻게 그렇게 쉽게 열었지?" 존이 어리둥절한 얼굴로 묻자 우리 중 누군가 이렇게 대답했다. "농담하냐? 얼마 전에 기계학 강의에서 문과 관계되는 물리학원리를 배웠잖아." 실제로 존은 그와 관련된 방정식을 완전히 마스터했고 중간고사에서는 사상 최고의 점수를 받았었다. 그런 그가 원리를 모르다니. 그러나 존은 영문을 모르겠다는 얼굴로 머리를 긁적거렸다. "난 정말 이해를 못하겠다구."

우리는 그에게 단서를 주었다. "넌 문 가장자리가 아니라 가운데를 밀었잖아."

"그래서?"

"손잡이가 왜 문 가운데가 아닌 가장자리에 붙어 있다고 생각하냐?"

1961년에 노튼 저스터가 발표한 고전적인 판타지소설 《유령 요금소》에서 주인공은 말과 숫자의 왕국을 통합하기 위해 모험에 찬 여정을 떠난다. '시각의 숲'을 거쳐 '실재의 도시'로 향하던 그는 장대한 건물들이 멀리 서 있는 모습을 보게 된다. 길 안내자 알렉 빙스는 그것이 신기루인 '환상의 도시'라고 알려준다. 이 말에 마일로의 동행이었던 험버그는 있지도 않은 것을 무슨 수로 볼 수 있냐고 묻지만 알렉은 이렇게 대답한다. "존재하는 사물을 보려면 반드시 눈을 떠야 하지만, 존재하지 않는 것은 눈을 감아도 볼 수 있지. 그래서 실재하지 않는 것이 실재하는 것보다 더 쉽게 보이는 거야."

"그래야 걸어 잠그기에 편하니까 그런 거 아니야?"

"그야 물론이지. 그런데 거기에 어떤 물리학원리가 개입되어 있는지 모르겠어?" 질문을 받은 존이 어깨를 으쓱해보였다. 진짜로 아무 생각이 나지 않는다는 표정이었다. 그런 수재가 이토록 쉬운 원리를 납득하지 못한다는 것은 믿을 수 없는 일이었다.

"토크! 존, 토크 말야!" 답답해진 우리가 이구동성으로 외쳤다.

토크Torque란 물체를 회전시키는 힘을 말한다. 우리는 대개 렌치를 사용하거나 문을 여닫는 행위를 통해서 토크를 운동감으로 이해한다. 우리는 문을 열 때 경첩이 달린 쪽에서 먼 쪽을 밀수록 문이 쉽게 열린다는 것을 경험으로 안다. 또 자루가 긴 렌치를 쓸수록 힘을 덜 들이고 볼트를 풀 수 있다는 것도 안다. 그 원리는 지렛대의 원리와 유사하다.

존은 그제서야 뭔가 깨달았다는 표정을 지었다. 그는 계산을 하기 시작했다. 만일 문의 크기를 x로 놓고 회전축에서부터 힘이 가해지는 지점까지의 거리를 y로 놓으면…… 문의 가운데가 아닌 가장자리에 힘을 가할 경우 적은 힘으로 문을 열 수 있다는 답이 나온다. 존은 불과 몇 분 만에 계산을 끝냈다. 문제는 존이 머릿속에 있는 이론과 자신이 겪고 있는 실제세계의 물리학적 경험을 연결시키지 못한다는 데 있었다. 그는 물리학 시험에 나온 토크문제를 수학공식을 이용해 풀긴 했지만, 그때는 그저 토크방정식의 '환상'을 보았다고 해야 할 것이다. 존에게 그런 수학문제들은 실생활에서 존재하지 않았다. 그는 자신이 지닌 엄청난 지식과 계산능력을 일상에서의 행동과 결부시킬 수가 없었다. 그의 '환상'은 '실재'와 연결되어 있지 않았다. 불행하게도 많은 학생들에게 공부와 실제생활은 이처럼 별개이다.

전자의 발견으로 노벨물리학상을 받은 실험물리학자 조지프 J. 톰슨Joseph J. Thomson*도 케임브리지대학에서 물리학을 강의하면서 비슷한 일을 경험했다. 그의 말에 따르면 많은 학생들이 렌즈에 관한 복잡하고 어려운 문제는 잘 풀면서도 막상 렌즈를 이용해 촛불을 관찰하라고 시키면 렌즈의 어느 쪽으로 촛불을 들여다봐야 하는지도 몰랐다는 것이다. 그는 수학이라는 것이 단지 시험지에 답을 써내는 용도로만 쓰인다고 여기는 학생들의 생각이 상당히 흥미로웠다고 말하고 있다.

수학자 앙리 푸앵카레Henri Poincaré** 역시 같은 말을 하고 있다. "중등교육을 받은 학생들이 학교에서 배운 기계학 지식을 실생활에 전혀 응용하지 못한다는 사실은 매우 충격적이다. 그들에게 있어서 과학의 세계와 실제세계는 방수벽으로 막아놓은 것처럼 완전히 단절되어 있었다."

이와 같은 학교지식과 실제경험 간의 단절현상은 오늘날 교육에 만연해 있다. 하버드대학의 심리학 교수인 레온 아이젠버그Leon Eisenberg도 한 심포지엄에서 이런 현상을 지적하고 있다. 그는 미적분학에 능통한 MIT 학생들조차 막상 이를 물리학에 응용하려고 할 때는 속수무책인 경우가 많다고 했다.

일류대학에서 물리학 강의를 듣는 학생이라면 상대성이론을 나타내는 아인슈타인의 방정식을 수학적으로 풀 수 있는 실력을 지니고 있다. 그러나 이 방정식을 실생활에 적용시킬 수 있는 학생은 몇 명 되지 않는다. 단지 소수만이 아인슈타인이나 리처드 파인먼, 볼프강 파울리Wolfgang Pauli, 시릴 스탠리 스미스Cyril Stanley Smith 같은 물리학의 대가들처럼 자신들이 수학적·물리학적으로 이해하고 있는 것을 자유자재로 응용할 수 있을 뿐이다. 너무나 많은 학생들이 조지프 J. 톰슨이나 앙리 푸앵카레, 그리고 내 친구 존의 사례에서 보는 것처럼 수학이 무엇을 '전달'하고자 하느냐를 배우지 못하고 그저 전달언

*조지프 J. 톰슨
Joseph J. Thomson 1856–1940, 영국의 실험물리학자. 양극선 연구로 입자를 질량에 의해 분리하는 법을 창안하고 네온의 등위원소 분리에 성공하였다. 1906년 노벨물리학상을 수상했다.

**앙리 푸앵카레
Henri Poincaré 1854–1912, 프랑스 수학자. 19세기에 가장 위대한 수학자로 손꼽힌다. 제타-푸크스 함수이론을 발전시켰고, 광학, 전기학, 열역학 등 다양한 분야에 기여했다.

어로서의 수학을 배울 뿐이다. 그들은 총명하다고는 하나 반만 아는 헛똑똑이일 뿐이다.

실패한 지식인의 전형, 버지니아 울프의 아버지

이러한 문제는 과학분야에만 국한된 것이 아니다. 인문학의 주된 학습법도 실재를 알려주기보다는 의사전달과 분석에만 치우쳐 있어 똑같은 실패가 되풀이된다. 그 결과 예술가나 작가의 꿈을 가진 학생들이 정신적 불구가 되어버린다.

작가인 버지니아 울프Virginia Woolf*는 아버지에게서 이 같은 실패의 전형을 발견하고 있다. 울프의 아버지인 레슬리 스티븐Leslie Stephen**은 당대에 손꼽히는 걸출한 교양이이었다. 그는 《영국인명사전Dictionary of National Biography》의 편집인이었을 뿐 아니라 위대한 문학가가 되고자 끊임없이 노력했던 사람이었다. 그러나 그가 남긴 것은 무미건조하고 분석적인 비평이 전부였다.

울프의 회상에 따르면 아버지 스티븐은 철학자로서도 작가로서도 항상 패배의식을 안고 있는 사람이었다. 그는 학문적으로 눈부신 성취를 이루었지만 정작 딸에게는 자신이 그저 그런 이류 지성인에 불과했음을 고백했다고 한다. 아버지의 사후에 울프는 그가 지니고 있었던 불일치, 다시 말해 비평능력과 창작능력 사이의 불일치에 대해서 숙고하게 된다. 그녀가 분석적 사고라는 측면에서 아버지를 보았을 때, 그는 날카롭고 명징하고 군더더기 없는, 그야말로 케임브리지적인 분석정신의 경탄할 만한 전범이었다. 하지만 실생활 측면에서 보면 매우 조야하고 고리타분한 사람이어서 아버지의 내면에는

*버지니아 울프
Virginia Woolf
1882–1941, 영국 소설가. '의식의 흐름' 기법을 사용하여 뛰어난 작품들을 남겼다. 소녀 시절부터 앓아온 신경증으로 1941년 우즈강에 투신하여 생을 마감했다. 주요 작품으로 《등대로》, 《댈러웨이 부인》, 《자기만의 방》 등이 있다.

**레슬리 스티븐
Leslie Stephen
1832–1904, 영국 문학자이자 철학자. 정치, 종교, 문예 등 다양한 방면에서 활약했고, 방대한 분량의 《영국인명사전》의 초대 편집장이 되어 첫 26권을 완성했다.

뛰어난 초상화가와 색분필을 가지고 낙서나 하고 있는 어린애가 동시에 들어 있는 것 같았다고 그녀는 적고 있다.

울프는 아버지가 받은 케임브리지의 교육이 일방적이고 두뇌만 집중적으로 사용토록 하여 정신을 불구로 만드는 교육이었다고 비판하고 있다. 그녀의 아버지가 받은 교육이 음악, 미술, 연극, 여행 같은 여가활동에 대한 심각한 결핍증을 불러왔고 그 결과 지적 편중과 좁은 시야를 갖게 했다는 것이다.

19세기 중반 케임브리지나 다른 영국대학에서 치러졌던 시험들은 극심한 경쟁심을 유발하는 것이었고, 개인의 명예와 직결되었기 때문에 스티븐이 이런 편협한 분석능력만을 갖게 된 것은 우연이 아니었다. 트라이포스Triposes로 알려진 이 시험은 주로 암기와 빠른 구두답변으로 이루어졌는데, '주입식' 공부에 강했던 스티븐은 143명의 영재들 중에서 20등을 차지했다. 훗날 케임브리지대학 교수가 되어서도 그는 학생들에게 항상 시험만 생각하고, 책에만 매달리며, 학사학위를 따기 전까진 아무것도 즐기지 말라고 충고했다.

이런 식으로 학교공부에만 과도하게 매달린 스티븐에게 예술에 할애할 시간이 남아 있을 리 만무했다. 그는 문학비평이 아닌 다른 분야, 즉 미술이나 음악, 연극, 오페라 같은 분야에는 스스로를 필리스틴 사람Philistine*이라고 부를 정도로 무지했다. 심지어 그는 예술가들이란 지나치게 감정적이고 개인적 세계에 매몰되는 존재라서 차라리 예술행위의 유혹에서 멀찌감치 떨어져 있는 것이 다행이라고 말할 정도였다.

실제로 스티븐은 나이가 65세쯤 되자 주변과 완전히 격리되는 신세가 되고 말았다. 그의 분별력은 급격히 사그라들었고, 자신의 감정을 직시하지 않고 거부하며 오히려 허위의식으로 위장했다. 그는 자신이 말하고 행하는 바에 대해 특별히 의식하지 않았으며, 다른 사람

*필리스틴 사람
Philistine
원래 유대인의 오랜 라이벌 종족으로, 미적 우아함을 적대시하는 무교양 속물주의자를 일컫는다.

이 무엇을 느끼는지에 대해서도 전혀 관심이 없었다. 스스로의 감정과 느낌을 진지하게 받아들일 능력도 마음도 없었기 때문에 자신의 생각이 다른 사람에게 영향을 줄 수 있다는 것도 생각하지 못했다. 또한 시나 소설 쓰기처럼 타인의 마음을 움직일 수 있는 어떤 일도 할 수가 없었다.

이와는 대조적으로 그의 딸 울프는 괄목할 만한 문학적 성취를 이룩했다. 그녀의 작품은 문장력이 뛰어났을 뿐 아니라 문학적으로도 대단히 혁신적이었다. 아버지가 한계와 진부함 속에 머물러 있었다면 그녀는 역대 어느 작가보다도 모험적이고 창의적이었다. 아버지가 대학에 보내주지 않았을 때만 해도 울프는 좌절감 속에서 하루하루를 보냈다. 하지만 그녀는 정규교육에 얽매이지 않고 독학을 했던 것이 결과적으로는 가치를 따질 수 없을 정도로 귀한 것이었음을 뒤늦게 깨닫게 되었다.

"케임브리지대학의 교육은 학생들이 두뇌만 집중적으로 사용토록 하여 정신을 불구로 만들었다."

울프는 집에서 폭넓고 종합적인 방법으로 학습했다. 어린 시절부터 그녀는 아버지가 읽어주는 월터 스콧Walter Scott의 소설이나 제인 오스틴Jane Austen, 윌리엄 셰익스피어William Shakespeare 등의 고전들을 접했다. 또한 사우스 켄싱턴 박물관의 기계전시실이나 자연사박물관의 곤충실 같은 데서 시간을 보내기도 했고, 잠들기 전 형제들과 함께 지어낸 이야기를 가족신문에 싣기도 했다. 그녀의 모든 학습경험은 아인슈타인과 마찬가지로 몸을 통해서 이루어진 것이었다.

울프는 책을 읽을 때 등장인물에게 완전히 감정을 이입할 수 있었으며 종종 자기 자신을 잊고 그들의 세계 속으로 빠져들곤 했다. 그녀의 아버지 스티븐은 딸이 열한 살쯤 되었을 때 그녀가 장차 당대를 주름잡을 작가가 되리라는 것을 깨달았다. 열다섯 살 무렵부터 그녀는 역사, 전기, 여행과 모험담, 시, 소설, 에세이 작문 등을 독학으로 공부하기 시작했다. 그녀는 정작 수학이나 아버지에게 배웠던 독일어 공부에서는 별다른 성과를 내지 못했다. 그렇지만 그리스어와 라틴어를 가르쳤던 개인교사로부터는 책 제본에 대해 배웠고, 대학에 다니던 오빠가 집에 올 때면 문학에 대해 열띤 토론을 벌이기도 했다. 그녀는 최고의 문학작품들을 따라 써보는가 하면 언니들이 그림 그리는 것을 옆에서 지켜보기도 했다. 이를 통해 울프는 문학의 '무엇'뿐만 아니라 '어떻게'를 체득할 수 있었다. 그녀에게 소설은 단순히 읽을거리가 아니라 써야 할 무엇이었다.

이해가 아니라 외워서 알게 되는 교육시스템

울프가 '무엇'과 '어떻게'를 분리하는 제도권 교육을 피할 수 있었던 것은 참으로 운이 좋았다고 할 수 있다. 소설이나 조각, 음악작품을 단순한 하나의 대상, 다시 말해 분석하기 위한 '무엇'으로 보거나 듣는 것은 환상을 받아들이는 것이다. 실재는 예술이 '어떻게' 발생하고 삶과 어떤 연관성을 맺고 있는지 우리가 이해할 때라야만 경험할 수 있다. 교육철학자 존 듀이John Dewey*는 자신의 명저《경험으로의 예술 Art as Experience》에서 종래의 예술교육이 과학교육의 전철을 그대로 답습하면서 실패했다고 말하고 있다. 그는 그 실패가 이론과 실천 간의 연계를 드러내지 않고 은폐하는 데서 비롯되었다고 지적한다. 듀이에 따르면 우리가 예술작품을 감상할 때 그것을 형성한 근원적인 경험으로부터 멀어질수록, 예술과 무관한 영역 속에 작품을 고립시키게 된다고 한다. 그렇게 되면 '경험을 정련하고 강조한 결과물인 예술작품'은 '경험을 이루어내는 매일매일의 사건, 행위, 고난'과 아무런 관련이 없어지게 된다.

*존 듀이
John Dewey
1859-1952, 미국 철학자이자 교육학자. 프래그머티즘을 확립하여 보편적 교육학설을 창출하였다. 주요 저서로는 《논리학 탐구의 이론》, 《경험으로의 예술》 등이 있다.

교육에서 '무엇'과 '어떻게'의 결별은 곧 어떤 것을 '안다'는 것과 '이해한다'는 것이 분리되는 결과로 나타난다. 학생들은 이해함으로써 앎에 이르는 게 아니라 외움으로써 알게 되는 것이다. 물리학지식에 해박했던 존이나 문학에 관해서라면 모르는 게 없었던 레슬리 스티븐의 경우가 그렇다. 어떤 것을 '이해'하지 못한다는 것은 그것을 실제로 '어떻게' 응용해야 할지를 모른다는 것이며, 그것을 '어떻게' 다루어서 새로운 것을 만들어내야 할지를 모른다는 것이다. 그들의 지식은 실로 허약하며 쓸모없고, 교육적 실패의 결과물에 불과하고 겉만 번지르르한 '학문적 성취'의 외장일 뿐이다.

한편 실재와 '환상의 부재'를 동일시하도록 가르치는 것은 지금까지 말한 것들과는 반대되는 또 하나의 교육적 실패인데 지난 수 년간 관심을 끌어온 주제이기도 하다.

교육심리학자 지앤 뱀버거Jeanne Bamberger는 일상생활에서는 똑똑한 아이들이 학교성적은 아주 신통치 않은 사례를 숱하게 보아왔다 그녀는 이 아이들이 아인슈타인처럼 물리학원리만을 따로 공부하는 것은 힘들어하면서도 실제생활에서는 그것들을 잘 이해하고 있음을 알았다. 예를 들어 지렛대를 다룰 때 그 아이들은 움직이려는 돌에서 적절하게 떨어진 위치에 받침대를 놓았다. 어떤 물리학원리가 개입되었는지는 잘 설명하지 못했지만 그 아이들의 표현에 따르면 마치 시소놀이처럼 느낌으로 그냥 안다는 것이었다. 이 아이들에게 이론적 지식이라는 '환상'이 없다는 것은 그들이 '학문적 행위를 수행'하는 데는 실패하고 있음을 나타낸다. 왜냐하면 자신들이 무엇을 하고 있는지, 또 그것이 어떤 원리로 되는 것인지 다른 사람에게 설명하지 못하기 때문이다.

그러나 이 아이들은 첫 장에서 소개한 과학자들과 예술가들이 가졌던 시원始原적인 통찰, 아직 표현하기는 이르지만 개념의 씨앗과도

" '이해'하지 못한다는 것은 실제로 그것을 '어떻게' 응용해야 할지 모른다는 것이다."

같은 '실재'를 이해하고 있었다. 뱀버거는 이 아이들이 경험으로 습득한 '손지식hand knowledge'을 가지고 있고, 이는 학교에서 배우는 '기호적 지식symbolic knowledge'만큼 강력하다는 결론을 내리고 있다. 뱀버거는 이처럼 경험에 기반한 이해를 가리켜 '빈약하긴 하나 질 높은 이해'라고 말한다.

아인슈타인부터 화가 모리츠 C. 에셔Maurits C. Escher*에 이르기까지 창조적인 사람들의 학교성적은 대체로 변변치 못했다. 에셔는 고등학교 시절 자신이 계산과 대수에는 아주 젬병이었고 기하학은 그나마 상상력이 요구되는 과목이었기에 좀 나았다고 회고한다. 그럼에도 불구하고 수학은 그가 나중에 디자인을 하는 데 도움을 주었다고 말한다. 특히 그에게 큰 영향을 미친 것은 결정학結晶學, crystallography**이었다.

이 영향이라는 것은 매우 상호적이다. 면적 나누기, 붙이기, 대칭 만들기에 대한 그의 직관적 이해는 탁월하고 수준 높은 것이어서, 오히려 많은 수학자와 과학자들이 수학적·과학적 개념을 그림으로 나타낼 때 에셔의 작품을 활용하기도 했다. 학교에서 수학성적은 형편없었지만 그가 수학을 '이해'하고 있었다는 것을 그를 가르친 교사들은 전혀 짐작할 수 없었을 것이다.

이 얘기는 "그냥 시소놀이처럼 느낌으로 안다"라고 말했던 아이의 사례와 정확히 일치한다. 뱀버거는 "그 아이들은 무게×거리 같은 공식을 배웠다. 그러나 그것은 아이들이 직접 느끼고 본 것과는 동떨어져 있는 것이었다. 가르치는 선생들조차도 일상과 학교지식을 항상 분리시키고 있다"라고 말한다. 실제로 많은 교사들이 학생들에게 모빌 만들기나 조립하기를 과제로 내면서도 정작 본인들은 하지 못했다고 뱀버거는 지적한다. 그들이야말로 이론은 알지만 이를 실제 세계에 적용하지 못하는 사람들이다. 그들에게 있어 실재와 환상은

*모리츠 C. 에셔
Maurits C. Escher
1898-1972, 네덜란드 태생의 화가, 판화가, 그래픽 아티스트. 쪽매붙임 작품들로 유명하다.

**결정학
結晶學, crystallography
결정의 기하학적 특징, 내부구조 및 그 성질들에 관하여 연구하는 자연과학.

학생들처럼 분리되어 있다.

피카소는 상상이 사실보다
진실하다고 믿었다

우리는 이제 존과 레슬리 스티븐의 학습에서 무엇이 잘못되었는지를 알게 되었다. 둘 다 과학, 철학, 문학, 역사의 분야에서 다른 사람의 생각을 자신에게 '주입'시키는 데는 뛰어났다. 그러나 둘 다 미술이건 기계건 실제로 무엇인가를 행하는 능력은 절대적으로 부족했다. 그들에게는 취미가 없었다. 그들은 손으로나 마음으로나 무엇을 만들어내지 못했다. 한마디로 그들은 상상력이 부족했고 마음과 몸, 지성과 직관을 연결하는 능력이 결핍되어 있었다. 그들은 '사실'을 습득했지만 그것의 의미는 상상해내지 못했다. '알기'와 '이해하기', 그리고 환상과 실재를 분리시킨 교육은 그들의 총명한 머리를 한쪽만 쓰게 만들었다.

그 결과는 심각한 장애로 나타난다. 상상할 수 없다면 창조할 수 없다. 작가이자 화가인 폴 호건Paul Horgan*에 따르면 존재하지 않는 것을 상상할 수 없다면 새로운 것을 만들어낼 수 없으며, 자신만의 세계를 창조해내지 못하면 다른 사람이 묘사하고 있는 세계에 머무를 수밖에 없다. 그렇게 된다면 자기 자신의 눈이 아닌 다른 사람의 눈으로 실재를 보게 된다. 더 나쁜 것은 환상을 볼 수 있는, 통찰력을 갖춘 마음의 눈을 계발하지 않는다면 육체의 눈으로 아무것도 볼 수 없다는 것이다.

일류 과학자들은 이 사실을 알고 있다. 그들에게 있어서 환상은 실재에 의해 끊임없이 단련되어야 하며, 이론은 항상 실험과 관찰에 의

앞서 예로 든 《유령 요금소》에서 마일로는 실재의 도시에서 수많은 사람들이 빌딩 사이와 거리 위로 왕래하지만 정작 그들은 빌딩과 거리를 보지 못한다는 것을 알게 된다. 그토록 바빠 움직이면서도 보고자 하는 것은 정작 보지 못한 채 살아가는 것이다. 동행인 험버그는 "그럴 거라면 차라리 환상의 도시에 사는 게 낫겠네. 그러면 자기들이 어디 사는지 보이기는 할 텐데"라고 빈정거린다. 그러자 길 안내자인 알렉이 이렇게 대꾸한다. "그들 중에 많은 수가 이미 그곳에 살고 있다네. 그러나 보이지만 존재하지 않는 곳에 사는 것은 보이지 않지만 존재하는 곳에 사는 것만큼이나 좋지 않다네."
결국 마일로는 환상과 실재 속에서 동시에 살아야 함을 알게 된다. 환상과 실재는 동전의 양면과 같다. 환상 없이는 실재의 명확한 파악이 불가능하다. 그 반대의 경우도 마찬가지다.

*폴 호건
Paul Horgan
1903-1995, 미국 작가이자 화가. 저서 《위대한 강》으로 1955년 퓰리처상을 수상했다.

"자신만의 세계를 창조하지 못하는 사람은 다른 사람이 묘사하고 있는 세계에 머무를 수밖에 없다."

하루는 피카소가 기차를 타고 어딘가로 가고 있었다. 그런 경우에 흔히 일어나는 일이지만 옆 좌석의 신사와 얘기를 나누게 되었다. 그 승객은 자신과 대화를 나누고 있는 상대가 누군지 알고 나자 현대예술이 실재를 왜곡하고 있다면서 불평을 늘어놓기 시작했다. 그러자 피카소는 그에게 실재라는 것의 믿을 만한 본보기가 있다면 그것을 보고 싶다고 했다. 승객은 지갑 크기의 사진을 한 장 꺼내며 이렇게 말했다. "이거요! 진짜 사진이죠. 내 아내와 정말 똑같은 사진이오." 피카소는 그 사진을 여러 각도에서 주의 깊게 들여다보았다. 위에서도 보고, 아래로도 보고, 옆에서도 보고 나서 피카소는 말했다. "당신 부인은 끔찍하게 작군요. 게다가 납작하고요."

해 검증되어야 하는 것이다. 작가나 예술가들도 같은 이야기를 한다.

판타지 작가 어슐라 르귄은 소설가들 역시 진실을 열망하고, 알고자 하고, 말하고 싶어 하며, 그것에 헌신하려고 한다고 말한다. "그러나 그들은 진실을 있는 그대로 서술하는 것이 아니라 결코 존재하지 않았던 사람과 장소, 일어난 적 없는 사건들을 우회적이고 독특한 방식으로 '꾸며내는' 것으로 이를 만들어낸다. 그들은 이 모든 허구들을 아주 상세하고 길게, 대단한 열정을 가지고 이야기한다. 한 보따리의 거짓말을 다 쓰고 나서 그들은 이렇게 외친다. '여기에 진실이 있다!'라고." 르귄은 더 나아가 작가들이 하는 '거짓말의 연속'은 갖가지 '사실'들이 뒷받침해준다고 주장한다. 지각심리학자인 리처드 그레고리 Richard Gregory는 '허구'를 '허위'와 동일시하는 것은 잘못이라고 한다. 허구와 사실을 서로 맞춰보고 대조함으로써 작가들은 진실에 가까운 근사치를 얻게 된다. 그러나 궁극적인 견지에서 볼 때, 상상으로 꾸며낸 허구는 사실 이상의 것이다. 왜냐하면 창조의 과정이 개입되었기 때문이다.

예술뿐만 아니라 과학에서도 마찬가지다. 루이 파스퇴르 Louis Pasteur는 실험자가 가진 '환상'은 그의 능력에서 가장 많은 부분을 차지하고 있다고 말한다. 아인슈타인 역시 "창조적인 일에는 상상력이 지식보다 더 중요하다"라고 단언한다. 피카소 Picasso는 "예술은 사람들이 진실을 깨닫게 만드는 거짓말"이라고 했다. 수많은 과학자, 예술가들과 마찬가지로 그는 상상력이 단순히 진실을 발견하게 하는 것이라고는 생각하지 않았다. 그는 상상력이 진실을 '이룬다'고 생각했다.

상상력 부재는 레슬리 스티븐의 문제이자 존의 문제였다. 우리가 감각기관을 통해 직접 받아들이는 것들, 즉 일출과 일몰, 문, 사진이나 드로잉, 종이 위에 휘갈겨쓴 글씨들은 전혀 실재가 아니다. 좀더 정확히 말하자면 그것들은 자체만 가지고서는 우리에게 실재가 될 수 없다. 우리가 '이해'를 창출하기 위해서는 이런 것들을 '상상력'을 빌어 해석해야만 한다.

모든 과학과 예술이 이 사실을 증명하고 있다. 문은 단순히 경첩에 매달려 있는 나무판이 아니다. 그것은 회전력과 크기의 관계를 구체적으로 보여주는 본보기이고 또한 목재와 손재주와 실용적 목적이 결합된 것이기도 하다. 그것은 출구나 입구가 될 수도 있고 예술적인 디자인 작품이 될 수도 있다. 이토록 여러 가지 방법으로 문을 생각한다는 것은 그만큼 여러 가지 방법으로 그것을 지각하도록 요구한다. 존에게는 이것이 너무 어려웠으리라.

지구는 우리가 보는 것과는 다르게 태양 주위를 돈다. 그리고 태양계의 중심은 지구가 아닌 태양이다. 사진, 드로잉, 글 같은 것들은 잉크나 은으로 얼룩져 있는 종이에 지나지 않는다. 이것들이 그 이름에 값하는 하나의 실재로서 다시 태어나는 곳은 우리들 마음속이다. 그리고 그것의 탄생은 이것들이 상징하는 감각적이고 정서적이며 경험적인 느낌들을 재창조해낼 수 있는 우리들의 기술에 달려 있다. 그것들은 진실의 반지를 끼고 있는 허구다. 이 진실이란 우리가 우리 내부에 받아들여야만 '진실'이 되는 어떤 것이다. 생산적인 사고는 내적 상상과 외적 경험이 일치할 때 이루어진다.

"예술은 사람들이 진실을 깨닫게 만드는 거짓말이다."

창조를 이끄는
13가지 생각도구

교육자나 독학자, 부모들이 맡아야 하는 일이 바로 이것이다. 실재와 환상, 이 둘을 재결합하는 일. 창조성이 뛰어난 사람들은 그들의 말과 행동을 통해 그 방법을 알려준다. 그들이 각자 발견한 것들을 한군데로 모은 것이 이 책에서 말하는 '생각의 도구들'인데, 이것이야말로 창조적 이해의 핵심이다. 이 도구들은 관찰, 형상화, 추상화, 패턴인식, 패턴형성, 유추, 몸으로 생각하기, 감정이입, 차원적 사고, 모형 만들기, 놀이, 변형, 그리고 통합이다.

세상에 관한 모든 지식은 처음에는 관찰을 통해 습득된다. 보고, 듣고, 만지고, 냄새 맡고, 맛을 보고, 몸으로 느끼는 것들 말이다. 이런 느낌과 감각을 다시 불러내거나 어떤 심상으로 만들어 머릿속에 떠올리는 능력이 바로 형상화다. 실제로 과학자나 화가, 음악가들은 그들이 실제로 보지 못한 것을 마음의 눈으로 보고, 아직 세상에 나온 적이 없는 노래나 음악을 들을 수 있으며, 한번도 만진 적 없는 어떤 것들의 질감을 느낄 수 있다.

그런데 이 감각적 경험과 감각적 형상은 너무 많고 복잡하기 때문에 창조적인 사람들은 필수적인 생각도구로서 추상화를 활용한다. 피카소 같은 화가건 아인슈타인 같은 과학자건 헤밍웨이Hemingway 같은 작가건 간에 그들은 복잡한 사물들을 단순한 몇 가지 원칙들로 줄여나갔는데, 추상화는 바로 이것을 일컫는다.

이 단순화는 자주 패턴화와 짝을 이룬다. 이 패턴화는 다시 두 부분으로 나뉜다. 첫째, 패턴인식은 자연의 법칙과 수학의 구조를 발견하는 일뿐만 아니라 언어와 춤, 음악의 운율을 발견하는 것이고, 그림의 경우 화가의 형식적 의도를 감지하는 일과 관련되어 있다. 패턴을 안다는 것은 새로운 것을 창조하는 첫 걸음이다. 음악이나 미술, 공학, 혹은 무용, 그 어떤 분야이건 간에 기발한 패턴을 형성한다는 것은 단순한 요소들을 예상 외의 방법으로 조합하는 것에서 출발한다.

보다 흥미로운 것은 패턴이 스스로 패턴을 만들어낸다는 것이다.

게다가 패턴 속에 들어 있는 패턴을 인식한다는 것은 곧 유추로 이어진다. 명백히 달라 보이는 두 개의 사물이 중요한 특질과 기능을 공유하고 있음을 깨닫는 일이야말로 세계에서 가장 위대한 문학과 예술작품, 불후의 과학이론, 공학적 발명을 이루어내는 일의 중심에 놓여 있는 것이다.

생각도구들은 언어와 상징 이전의 것이다. 바로 몸으로 생각하기가 정확히 그런 것인데, 생각이란 것이 먼저 감각과 근육, 힘줄과 피부를 타고 느낌으로 다가오기 때문일 것이다. 사람들이 의사표현의 수단으로 말과 공식을 발견하기 훨씬 이전부터 수많은 창조적인 사람들은 어떤 생각의 덩어리가 솟아오름을 '느끼고' 있었던 것이다.

몸의 감각과 근육의 움직임, 감정들은 보다 정련된 사고의 단계로 뛰어오르게 하는 도약대 역할을 한다. 운동선수와 음악가는 동작의 느낌을 상상하고, 물리학자와 미술가는 몸 안에서 전자나 나무의 움직임과 긴장을 감지한다. 감정이입은 몸으로 생각하는 것과 긴밀하게 연결되어 있다. 많은 창조적인 사람들은 뭔가를 생각할 때 자기 자신을 잊는다고 말한다. '나'를 잊고 '그것'과 하나가 되는 것이다.

배우들은 맡은 배역을 자신의 일부로 만든다. 과학자나 의사, 화가 역시 배우들처럼 일종의 연기를 통해 다른 사람이나 동물, 나무, 전자, 별이 된다. 생각도구 가운데 공간적 경험에 근거하고 있는 것이 있는데 바로 다차원적으로 생각하는 것이다. 다차원적 사고란 어떤 사물을 평면으로부터 끌어내어 3차원 이상의 세계로, 지구로부터 우주로, 시간을 통과하여 심지어 다른 세계로 옮길 수도 있는 상상력을 일컫는다. 이것은 생각도구들 중에서 가장 알려지지 않은 도구지만 공학, 조각, 시각예술, 의학, 수학, 천문학분야에서 반드시 필요한 능력이다. 평면적 차원의 '그림'을 보다 높은 차원 속으로 옮겨 해석하는 행위이기 때문이다.

지금까지 개괄한 생각도구는 아주 기본적인 것들이다. 그중 어떤 것도 다른 것들과 따로 떨어져서 존재할 수 없다. 몸으로 생각하기는 이미지를 만들어내는 일과 분리될 수 없다. 유추는 패턴인식과 패턴형성에 의지하고 있다. 패턴화는 다시 관찰에 의지하고 있다. 그럼에도 불구하고 배우고 실습하는 과정에서는 각각의 생각도구들을 분리할 수 있다.

그 밖의 생각도구들은 보다 높은 단계의 것들로서, 기본적인 생각도구들을 기반으로 통합한 것들이다. 어떤 대상과 개념을 모형으로 만드는 것은 다차원적 사고, 추상화, 유추, 손재주의 결합을 요구하는 작업이다. 시인과 작가들은 앞세대의 작가들이 남긴 전범을 보면서 장르의 패턴을 익힌다.

화가나 조각가들은 대형작품을 제작하는 준비단계로 스케치를 하거나 작은 모형을 만든다. 무용수들은 일반 사람들의 동작에서 안무를 뽑아낸다. 의사들은 특수한 인체모형을 놓고 시술과정을 배운다. 엔지니어들은 작업모형을 다루면서 설계를 검토한다.

놀이는 또 다른 통합적인 생각도구로 몸으로 생각하기, 감정이입, 역할 연기와 모형 만들기 등의 생각도구들을 바탕으로 이루어진다. 놀이는 작업에 즐거움을 불어넣어주며 관습적인 절차나 목표, 게임의 법칙 등을 크게 중시하지 않는다. 무슨 일이 일어날지 궁금하다는 이유만으로 기존 과학과 예술, 기술의 한계에 장난스럽게 도전한다는 것은 기발한 생각들이 탄생하는 가장 흔한 방법 중의 하나이다.

그리고 변형은 하나의 생각도구와 다른 생각도구 사이, 그리고 생각의 도구들과 공식적인 의사전달언어 사이에서 일어나는 변환과정이다. 생활에서 우리는 마음이나 몸에서 느껴지는 불편함을 통해 문제를 포착한다. 그러나 그 해결책에 대해서는 말이나 동작, 혹은 방정식을 가지고 논리적으로 표현해야 한다. 느낌에서 의사전달로 이

"많은 창조적인 사람들은 생각을 할 때 자신을 잊는다고 말한다."

행하는 데에는 거쳐야 할 일련의 단계가 있기 때문이다.

우선 문제를 이미지나 모형으로 변환하고, 면밀한 관찰과 실험을 통해 패턴을 찾아내고, 패턴 중에서 가장 중요한 것들을 가지고 추상화하여 그것을 다시 모형으로 만든다. 그런 다음 감정이입과 역할 연기를 통해 다양한 해결책들을 모색하며 '놀아'본다. 그러고 나서 마지막으로 자신이 깨달은 것을 가장 잘 표현해줄 수 있는 '언어'를 찾는다. 변형은 나머지 다른 생각도구들을 한데 엮어서 하나로 기능하는 전체로 만들고 각각의 기술을 다른 기술들과 상호접합시킨다.

끝으로 가장 중요한 통합은 지금까지 설명한 생각도구들의 완결이라고 할 수 있다. 왜냐하면 이해한다understanding는 것은 항상 통합적이며 많은 경험의 방식들을 결합하는 일이기 때문이다. 통합에는 두 개의 기본적인 요소가 있다. 하나는 공감각共感覺, synesthesia으로, 이는 동시에 복수적으로 감각하는 것을 일컫는 신경학적·예술론적 용어다. 어떤 소리는 색채를 유발하며 어떤 맛은 촉각이나 기억을 불러낸다. 통합은 지식의 통합을 전제로 한다. 통합된 지식 안에서는 관찰, 형상화, 감정이입과 기타 생각도구들이 유기적으로 작용한다. 이 작용은 앞서 설명한 변형의 경우에서처럼 순차적으로 이루어지는 것이 아니라 동시다발적으로 이루어지며 기억, 지식, 상상, 느낌 등 모든 것들이 따로따로가 아닌 전체로, 그리고 몸을 통해서 이해된다. 이 단계에서 토크를 숫자로 표시하는 방정식이 실제로 문을 열 때 손에 느껴지는 회전력으로 직접 다가온다. 우리는 이것을 몸과 마음, 감각과 분별력을 이어주는 '통합적 이해unified understanding', 혹은 종합지綜合知, synosia라고 부르는데 이것이야말로 생각도구를 가르치는 일의 최종목표라고 할 수 있다.

생각의 도구들을
어떻게 사용할 것인가

이상 열세 가지 생각도구와 관련해서 여섯 개의 중요한 점들을 거론하지 않을 수 없다. 첫째, 우리의 이론은 창조적인 사람들이 실제 사용했던 사고방법에 크게 의존하고 있다. 조각가 브렌트 콜린스Brent Collins는 우리가 말한 생각도구의 틀 안에서 자신의 창작과정을 수행하고 이해하고 있다. 그는 작품을 만드는 과정에서 이러한 생각도구들이 어떻게 쓰이는지 다음과 같이 말한다. "맨 처음에 나는 평면적인 형판을 만들어본다. 조각작품을 이루는 전체적인 수학논리를 이 형판에서 읽는다. 형판은 조각을 만들기 위해 필요한 공간적 사고의 지침을 준다. 그런 다음 보통의 목공도구를 가지고 작업에 들어간다. 그러면서 점차 나는 내 작품의 완성본을 머릿속으로 떠올려볼 수 있게 되고 '느낄 수' 있게 된다. 선형線形 패턴이 추상의 형태로 나타난다." 그는 차원으로 생각하기, 모형 만들기, 몸으로 생각하기, 형상화, 추상화, 통합 등 우리가 말한 거의 모든 생각도구들을 사용하고 있다. 우리가 앞으로 인용할 다른 사람들의 경우도 거의 비슷하다.

둘째, 우리는 이러한 생각도구에 주목한 최초의 사람들이 아니다. 한 세기 전에 우생학자 프랜시스 갤턴Francis Galton은 당시 천재로 불리던 사람들을 연구했다. 그의 관찰에 의하면 그 천재들은 사물을 머릿속으로 상상하는 데 능했고, 몸으로 생각했으며, 수리적인 관념들을 구체적인 것으로 변형시키는 경향을 보였다. 갤턴의 이 작업은 우리가 창조적 사고를 연구하는 데 도움이 되는 귀중한 통찰을 제공해주었다. 현재와 과거의 창조적인 인물들을 연구하면서 우리는 창조적 상상에 대한 갤턴의 생각을 한층 더 확장해나갔다. 이 책에서 기술하고 있는 생각의 도구들은 창조적인 사람들이 본인 스스로 사용한다고 말한 것들이며, 그들의 창작과정을 연구해본 결과 우리는 그들이 정말로 이것들을 사용했음을 확인하게 되었다.

셋째, 우리는 이 생각도구들이 환상과 실재 사이에 다리를 놓아 통합적 이해를 가능하게 해줄 것이라고 생각한다. 금속학자이면서 인문학자, 또 화가이기도 했던 시릴 스탠리 스미스는 생각의 도구들이 그 본질상 실제적인 것과 상상의 것, 창조된 것들 사이에 영속적인 연결망을 만들어준다고 했다. 생각도구란 사물을 통합하는 것이다.

넷째, 우리는 이 생각도구들이 지식을 습득하는 데 중요한 역할을 한다고 주장하고 싶지는 않다. 이 도구들은 유전적인 지능을 알아내거나 특정한 뇌의 기능을 밝혀내는 일에 사용되지는 않을 것이다. 이것들은 뇌의 해부학적 구조나 신경단위체계와는 관련이 없다. 생각도구들은 글자 그대로 '도구'일 뿐이다. 이것들은 빗자루나 칼, 강판, 압설자, 믹서 등과 똑같다. 실천력과 결심만 있으면 누구나 이 도구들의 사용법을 배울 수 있다. 우리는 이 도구들이 논리학 같은 분석도구나, 말이나 방정식 같은 의사전달도구들과 병행적으로 사용되기를 원한다. 이 생각도구들은 보조적인 것이지 다른 인지기술을 대체하는 것이 아니기 때문이다.

다섯째, 주방기구를 능숙하게 다룬다고 해서 요리법을 혁신시킬 수 있는 게 아니듯이 독창성은 쉽게 얻어지는 게 아니다. 그러나 그럼에도 불구하고 어떤 요리사나 '생각하는 사람'도 장비 다루는 법을 연습하지 않는다면 창조적으로 될 수 없다. 생각도구들은 창조성에 있어 필수적이다. 그리고 이 도구들은 혁신적인 결과를 염두에 두고 사용되어야 한다.

끝으로, 이 도구들을 일터나 집에서 사용할 수 있지만 가장 중요한 쓰임새는 교육에 있다. 우리의 교육시스템이란 것은 우리들의 인지

"생각의 도구들은 실제적인 것과 상상의 것 사이에 영속적인 연결망을 만들어준다."

> "생각도구에 숙달된다고 해서 이것이 과학이나 예술, 기타 다른 분야에서의 혁신을 담보해주지는 않는다."

적·창조적 이해를 구현하고 있어야 한다. 우리가 창조적 사고를 이해하는 데 실패한다면 창조적인 인간을 육성하는 교육시스템 자체를 포기해야 한다.

역으로 창조성의 본질을 이해하고 있는 사회라면 교실에서 그것(창조성)을 키워낼 수 있다. 우리는 이 도구들이 지성과 상상력을 동시에 배양시키기를 원한다. 그리하여 마음의 지식과 몸의 지식이 어떻게 결합되는지, 그리고 많은 예술가와 과학자, 무용가, 공학자, 음악가, 발명가가 생각하고 창조하여 우리의 삶을 밝게 비추었던 저 '놀라운 것'들이 어떻게 탄생되었는지 그 광휘로운 세부를 드러내 주기를 희망한다.

이것은 불가능하고 몽상적인 바람인가? 아마 그럴지도 모르겠다. 지식은 점점 더 빠르게 파편화되고 있고 진정한 이해는 점점 더 보기 드문 일이 되고 있다. C. P. 스노우 C. P. Snow가 말한 '분리된 두 문화'들은 점점 더 수가 늘어나서 상호소통이 되지 않고 있다. 우리에게 주어지는 정보는 점점 더 많지만 정작 우리는 그것을 점점 더 적게 이해하고 이용한다. 만일 사회가 '통합적 이해'에 이르는 통로를 대중에게 열어주지 않는다면 정보혁명은 쓸모없는 것이 될 뿐만 아니라 인류문명에도 커다란 위협이 될 것이다.

우리는 생각도구를 가지고 환상과 실재를 통합함으로써 이해에 도달해야 한다. 우리의 목표는 결코 쉬운 것이 아니다. 그러나 우리가 정확한 위치에 손을 대고 문을 밀면 앞날은 활짝 열릴 것이다.

SPARK OF GENIUS
생각도구 1 관 찰

'수동적인 '보기'가 아니라 적극적인 '관찰'
관찰은 눈으로만 하는 것이 아니다
'그냥 듣는 것'과 '주의 깊게 듣는 것'의 차이
마르셀 뒤샹이 재발견한 일상의 가치들
괴테에서 헨리 밀러까지 관찰을 위한 예술훈련법
관찰을 통해 깨닫는 '세속적인 것의 장엄함'

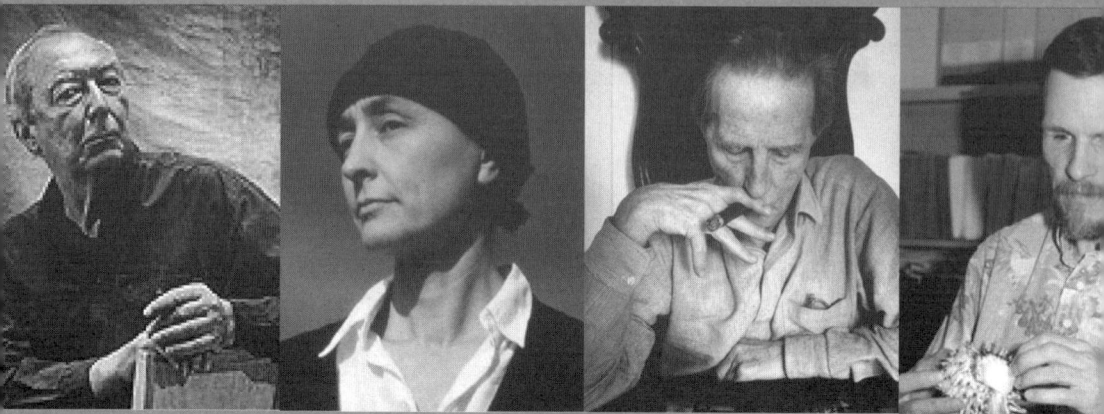
왼쪽부터: 재스퍼 존스, 조지아 오키프, 마르셀 뒤샹, 제라트 버메이.

▶ 수동적인 '보기'와 적극적인 '관찰'을 구분한 사람들

"내 작업은 눈에 익숙한 것들을 내가 어떻게 보는지를 '보는' 지점에서 시작된다."
- 화가 재스퍼 존스

"나는 그전에도 천남성을 많이 보아왔지만 그 꽃을 그렇게 집중해서 들여다본 것은 그때가 처음이었다."
- 화가 조지아 오키프

"당신이 보고 있는 것들에 대해 생각해보라. 자신이 가장 생각하지 않는 것들에 대해 가장 많이 생각하라."
- 화가 마르셀 뒤샹

"나의 세계가 남들과 다른 것은 소리, 냄새, 형상의 요철, 질감으로 느껴지는 것이 전부였다."
- 생물학자 제라트 버메이

음악은 우리에게 '그냥 듣는 것'과
'주의 깊게 듣는 것'을 구분하도록 한다.
–작곡가 이고르 스트라빈스키

OBSERVING OBSERVING OBSERVING OBSERVING OBSERVING OBSERVING

모든 지식은 관찰에서부터 시작된다. 관찰은 수동적으로 보는 행위와 다르다. 예리한 관찰자들은 모든 종류의 감각정보를 활용하며, 위대한 통찰은 '세속적인 것의 장엄함', 즉 모든 사물에 깃들어 있는 매우 놀랍고도 의미심장한 아름다움을 감지하는 능력에 달려있다. 만일 우리가 무엇을 주시해야 하는지, 또 어떻게 주시해야 하는지를 알지 못한다면 주의력을 집중시킬 수가 없다. 그래서 관찰은 생각의 한 형태이고, 생각은 관찰의 한 형태이다.

수동적인 '보기'가 아니라
적극적인 '관찰'

　모든 지식은 관찰에서부터 시작된다. 우리는 세계를 정밀하게 관찰할 수 있어야 한다. 그래야만 행동의 패턴들을 구분해내고, 패턴들로부터 원리들을 추출해내고, 사물들이 가진 특징에서 유사성을 이끌어내고, 행위모형을 창출해낼 수 있으며, 효과적으로 혁신할 수 있다. 그래서 이 장에 들어가기 전에 먼저 독자들의 관찰력을 테스트해보고자 한다.

　자, 텔레비전을 켜고 관찰한 것을 묘사해보라. 무슨 프로그램에서 누가 누구에게 뭐라고 말했는지 같은 것 말고, 현재 켜져 있는 텔레비전 자체의 특징을 묘사하라. 화면이나 몸체, 버튼처럼 표면적인 것보다 더 본질적인 것을 관찰해야 한다. 관찰한 것에 대해 메모를 하고 스케치를 하라. 그런 다음 이 장을 다 읽고, 어떻게 했더라면 관찰을 다르게 할 수도 있었을지에 대해 생각해보라.

　현대화가들의 많은 놀라운 작품들은 '수동적인 보기'가 아닌 '적극적인 관찰'의 산물이다. 재스퍼 존스 Jasper Johns*가 그린 소재들, 이를테면 플래시나 전구, 미국국기 같은 것들은 '보기가 어렵기 때문에' 소재로 선택된 것들이다. 존스는 이렇게 말한다. "어느 순간 내가 주변에 있는 것들을 잘 보지 않는다는 것을 알게 되었다. 그러나 그럼에도 불구하고 난 그것들을 '인식'한다. 보지 않아도 인식은 하는 것이다. 우리는 국기를 국기로 인식한다. 하지만 어떤 사물을

*재스퍼 존스
Jasper Johns
1930– , 미국 화가. 팝아트의 선구적인 작품들을 발표했다. 국기, 표적, 알파벳, 숫자 등 신변의 제재를 채택해서 사물과 회화 이미지로 융합한 새로운 분야를 개척했다.

그림 1-1. 재스퍼 존스의 미국국기 연작들. 왼쪽: 〈국기〉,1954-55, 오른쪽: 〈세 개의 국기〉 1958.

인식하기 위해 그 표면을 보는 경우는 드물다. 나는 이런 점에 흥미를 느꼈다. 나의 그림 작업은 내가 익숙한 것들을 어떻게 보는지를 '보는' 지점에서 시작된다. 그것은 단순히 사물을 바라보는 지점이 아니다."

존스의 미국국기 연작물은 유령처럼 보이는 갖가지 환영과 치밀하게 짜여 있는 표면으로 이루어져 있다. 우리가 잘 알고 있다고 생각하는 대상을 반복적으로 제시하고 변형시킴으로써 그는 우리가 그동안 보아온 것에 대해 다시 생각하고 다시 보도록 만든다.

존스가 주장하는 대로, 예술가들도 관찰하는 법을 배워야 한다. 많은 예술가들은 '보기'와 '관찰'의 차이를 인식하게 된 순간을 잘 기억하고 있다. 화가 조지아 오키프에게 이 순간은 고등학교 2학년 때, 미술선생님이 교실로 천남성Jack-in-the-Pulpit*을 들고 왔을 때였다.

선생님은 천남성을 높이 들고 그것의 이상한 모양과 색깔들의 미묘한 차이를 지적하셨다. 진하고 수수한 흑보랏빛이 온통 녹색인 주위를 뚫고 나와 있는데 녹색이라는 것도 연백색이 감도는 꽃부분의 녹색에서부터 잎사귀의 짙은 녹색에 이르기까지 다양한 농담을 보이고

"내 작업은 눈에 익숙한 것들을 내가 어떻게 보는지를 '보는' 지점에서 시작된다."

*천남성
Jack-in-the-Pulpit
산지의 습지에서 자라고 길이가 약 15-50cm인 식물. 꽃은 5-7월에 피고 그 상부에 꽃을 덮는 포가 있다. 옥수수 같은 열매가 달린다.

그림 1-2. 왼쪽에서 오른쪽으로: 〈천남성 II〉, 〈천남성 IV〉, 〈천남성 VI〉, 조지아 오키프 작, 1930.

있었다. 선생님은 꽃을 덮고 있는 자줏빛이 도는 포를 들추고 그 안의 천남성 꽃을 보여주셨다. 그전에도 천남성을 많이 보긴 했지만 그 꽃을 그렇게 집중해서 들여다본 것은 그때가 처음인 걸로 기억한다. 그때부터 나는 어떤 사물이든지 매우 주의 깊고 세밀하게 보기 시작했다. 그림을 그려야겠다는 의지를 가지고 어떤 유기체의 외형과 색채에 주목하게 된 계기가 된 것이다.

그 수업에서 너무도 강렬한 인상을 받은 오키프는 이후 계속해서 천남성을 관찰하기 시작한다. 물론 다른 꽃이나 두개골, 풍경, 심지어는 마천루에 이르기까지 그녀 이전에는 누구도 그래본 적이 없는 방법으로 관찰을 한다. 숨을 거두기 직전에 그녀는 '관찰'에 관해 몇 마디의 말을 힘겹게 짜냈다. "아직도…… 그렇게…… 아무도 꽃을 보진 않아…… 정말로…… 그건 너무 작아…… 시간이 없어…… 보려면 시간이 걸려, 친구가 되려면 시간이 걸리는 것처럼 말이지······."

오키프의 이 말은 분야를 막론하고 관찰이라는 행위에 딱 들어맞는다. 시인이며 예술비평가이자 애호가였던 허버트 리드Herbert Read*는 관찰이 후천적으로 습득할 수 있는 기술이라고 쓰고 있다. 그의 말에 따르면 원래 집중력이 뛰어난 사람, 선천적으로 관찰한 것을 잘 그려낼 수 있는 사람은 물론 따로 있지만 대부분의 경우 눈이나 다른 감각기관은 훈련될 수 있다는 것이다.

작금의 화가들은 그림을 그리는 재능과 관찰력이 불가분의 관계가 있다는 것을 알고 있다. 실제로 많은 화가들은 "손이 그릴 수 없는 것은 눈이 볼 수 없는 것이다"라는 말을 믿고 있다.

앙리 마티스Henri Matisse는 친구와 함께 파리의 거리에서 지나가는 사람들의 실루엣을 몇 초 안에 그리는 연습을 하곤 했는데, 그러기 위해서는 행인들의 몸짓과 자세에 나타나는 특징을 순간적으로 파악해야만 했다. 관찰력은 마티스의 스승인 외젠 들라크루아 Eugène Delacroix도 중시한 능력이었다. 그는 5층에서 떨어지는 사람이 바닥에 완전히 닿기 전에 그를 그려내지 못하면 걸작을 남길 수 없다고 말하기도 했다.

빈센트 반 고흐Vincent van Gogh의 목표는 뭔가를 써내려가듯 쉽게 뭔가를 그리는 것이었고 자신이 본 것을 나중에 마음대로 재현할 수 있도록 '잘' 보는 능력을 갖는 것이었다. 고작 하루, 그것도 오후 나절 본 것만 가지고 완성한 고흐의 몇몇 명작을 보면 그가 원하던 능력을 성공적으로 갖게 되었음을 알 수 있다.

글쓰기에도 예리한 관찰의 기술이 요구된다. 시인 에드워드 E. 커밍스Edward E. Cummings**는 자신을 태양 아래 있는 모든 것을 관찰하는 사람으로 규정한 바 있다. 작가 존 도스 파소스John Dos Passos의 기억에 따르면 두 사람이 같이 산책을 할 때마다 커밍스가 종잇조각

피카소는 추상화가로 유명하지만 미술을 처음 배울 때는 세밀화를 사실적으로 그려내곤 했다. 미술선생님이었던 피카소의 아버지는 피카소에게 비둘기 발만 반복해서 그리도록 시켰다. "열다섯 살이 되자 나는 사람의 얼굴, 몸체 등도 다 그릴 수 있게 되었다. 그동안 비둘기 발밖에 그리지 않았지만 어느 때는 모델 없이도 그릴 수 있었다." 이처럼 그는 한 사물을 관찰함으로써 다른 것들도 묘사할 수 있게 된 것이었다.

*허버트 리드
Herbert Read
1893-1968, 영국의 시인이자 예술비평가. 예술을 과학이나 철학처럼 유익한 지식의 자주적 형식이라고 논했다. 주요 저서로는 《벌거벗은 용사》, 《예술의 의미》 등이 있다.

**에드워드 E. 커밍스
Edward E. Cummings
1894-1962, 미국 시인이자 소설가. 모더니즘의 영향을 받아 시각에 호소하는 실험적인 시를 썼다.

에 뭔가를 적고 스케치를 하곤 했다고 한다. 소설가 서머싯 몸Somerset Maugham*은 "사람을 끊임없이 탐구하는 것은 작가의 필수적인 자세다"라고 했는데 그 말은 사람의 외관뿐만 아니라 대화, 행동까지 관찰해야 한다는 뜻이었다. 그는 "간접적으로 전해지는 얘기라도 몇 시간 동안 들어줄 수 있어야 무심결에 새어나오는 중요한 단서를 포착해낼 수 있다"라고 말하고 있다.

작가들에게 관찰력이 얼마나 중요한가는 새삼스럽게 말할 필요도 없다. '진짜처럼 보이는' 플롯의 전개를 위해서는 사람들이 다른 사람의 말과 몸짓과 행동에 어떤 반응을 보이는지를 알아야만 한다. 독자들의 감각에 자극을 주기 위해서는 감각 자체를 알아야 한다. 작가는 경험을 향유할 뿐만 아니라 그것을 관찰하고 분석한다.

소설가 다프네 뒤 모리에Daphne Du Maurier**는 그녀가 십대 시절 자기 자신과 곧잘 나누곤 했던 혼란스러운 대화에 대해 말하고 있는데, 그때 그녀는 대화자로서의 의식과 이를 관찰하는 자로서의 의식이 동시에 작용하고 있음을 깨달았다고 한다.

열여덟 살 먹은 소녀의 무의식 어딘가에 배아胚芽단계의 작가가 들어앉아서 미동도 하지 않은 채 담임 여교사의 시시각각 변하는 기분을 관찰하고, 주시하고, 감지하고 있었다. 그녀는 자신의 삶이 다소 불만스러웠고 젊은 동거남에게도 권태를 느끼고 있었다. 이 생각의 씨앗이 다른 생각으로부터 떨어져나와 발아하고, 의식의 표면으로 뚫고 나와 다른 관찰로부터 비롯된 생각들과 결합하고, 이 결합된 생각들이 오랫동안 잊고 있었던 책들에 나오는 등장인물과 섞이려면 5년이나 20년, 혹은 그 이상의 시간이 걸릴 터였다. 그러나 이 생각들이 결국에 가서는 하나의 단편이나 장편소설로 나오게 될 것이었다.

*서머싯 몸
Somerset Maugham 1874-1965, 영국 소설가이자 극작가. 탁월한 심리분석으로 인간 본성에 대한 통찰을 다룬 작품을 썼다. 주요 작품으로 《인간의 굴레》, 《달과 6펜스》 등이 있다.

**다프네 뒤 모리에
Daphne Du Maurier 1907-1989, 영국 소설가이자 극작가. 영국 공포소설의 전통에 심리주의적 기법을 가미한 작품을 썼다. 대표작으로 《레베카》가 있다.

뒤 모리에의 자전적인 책들은 그녀가 목격하고 기억 속에 저장해 둔, 그러다가 변형되어 훗날 그녀 소설의 세부를 이루게 되는 사건들로 가득 차 있다. 예를 들어 나이 차이가 많은 배실 래트본 경에게 홀딱 빠져버린 십대 소녀의 실화는 《레베카Rebecca》라는 소설로 탄생했다. 그녀의 집, 페리 사이드, 메너빌리 등의 장소는 뒷날 이 소설에 나오는 맨덜리라는 지명이 된다. 또한 실제로 그 근방에서 일어났던 선박사고는 소설에 묘사된 세부 내용의 바탕이 되고 있어 작품의 실재감을 높여주고 있다.

"5층에서 떨어지는 사람이 바닥에 완전히 닿기 전까지 그를 그려내지 못하면 걸작을 남길 수 없다."

관찰은 눈으로만 하는 것이 아니다

관찰은 과학에서도 가장 기본적인 것이다. 조지아 오키프와 마찬가지로 다수의 과학자들도 관찰력의 비결은 시간과 참을성에 있다고 믿었다. 곤충학자 칼 폰 프리시Karl von Frisch는 자신의 관찰능력이란 대단한 것은 아니고 단지 움직이지 않고 돌 틈에 몇 시간 동안 누운 채로 생물을 끈질기게 주시하는 힘일 뿐이라고 말한다. 그의 말에 따르면 행인들이 무신경하게 못 보고 지나치는 순간, 세계는 참을성 많은 관찰자에게 그 놀라운 모습을 드러낸다고 한다. 벌이 추는 춤을 언어로 보고 해독한 성과 역시 그가 가진 관찰의 힘에서 비롯된 것이다.

동물심리학자 콘래드 로렌츠Konrad Lorenz는 동물들의 행동을 이해하려면 그 아름다움을 감식할 수 있는 미적 감각이 필요하다고 했다. 바로 이것이 참을성이라는 미덕을 선물하게 되고 그로 인해 동물들로부터 뭔가 의미 있는 것을 발견해낼 때까지 끈질기게 볼 수 있다는 것이다. 하버드대학의 지질학자 너대니얼 셰일러Nathaniel Shaler는 학생 시절 한 가지 표본을 반복해서 보라는 지시를 받은 적이 있었는데 자꾸 보다 보니 눈에 잘 뜨이지 않던 것들, 이를테면 물고기의 양쪽 비늘의 배열이 다른 것 등이 분명하게 보이더라는 것이다.

그러나 단순히 참을성 있게 보는 것만으로 끝나는 것은 아니다. 무엇을 보는지, 무엇을 찾으려 하는지가 중요하다. 고생물학자 엘윈 시몬스Elwyn Simons는 화석을 찾아내는 진짜 기술은 빠르고 예리한 시각적 식별력에 있다고 말하는데, 이는 화석을 찾는 작업이 얼핏 보기에 무작위적이고 평범한 지형에서 질서를 찾아내는 일이기 때문이다. "장구한 시간에 걸쳐 풍화된 돌들로 뒤덮인 이집트 사막에 이빨 화석 하나가 있다 한들 눈에 잘 뜨이지 않는다. 그건 마치 책 한 권에 단 한번 나오는 단어를 책장을 획획 넘기면서 찾는 일과 같다."

열대조류 전문가인 생물학자 저레드 다이아몬드Jared Diamond는 현장탐사작업을 하려면 먼저 자신이 느낀 빠르고 작은 움직임이 새의 움직임인지 나뭇잎의 움직임인지를 분간하는 능력을 익혀야 한다고 말한다. 숲에서 새를 추적하건, 들판에서 곤충을 관찰하건, 암석층에서 화석을 찾아내건 간에 이런 날카로운 관찰력이 가장 중요하다. 들라크루아나 마티스, 반 고흐와 마찬가지로 과학자들도 순간적으로 사물의 정수를 잡아내는 것을 배워야 한다.

하지만 과학에서건 다른 분야에서건 관찰은 시각분야에만 국한되지 않는다. 다이아몬드는 청각적 관찰도 크게 강조하고 있다. "뉴기니의 밀림은 너무 빽빽해서 새를 볼 수가 없다. 단지 귀로 새소리를 들을 수 있을 뿐이다. 오직 소리에만 의지해서 새를 식별해야 한다. 다행히 나는 음악을 좋아해서인지 몰라도 새소리를 잘 구분할 수 있는 밝은 귀를 갖고 있다. 어느 날 아침 열대우림으로 들어가서 다음 날 아침이 되기 전에 그곳을 빠져나왔는데, 아침 7시 30분까지 나는 총 57종의 새소리를 듣고 무슨 새인지 알아냈다. 눈으로는 한 마리

"관찰의 진짜 기술은 빠르고 예리한 시각적 식별력에 있다. 그것은 책 전체에 단 한번 나오는 단어를 찾기 위해 책장을 획획 넘기는 일과 같다."

도 보지 못했다."

만일 다이아몬드의 말을 믿기 어렵다면 자기 작품 속에 새의 노랫소리를 삽입한 작곡가 올리비에 메시앙 Olivier Messiaen*의 경우를 생각하면 된다. 그는 한번 듣는 것만으로 프랑스 텃새 50여 종을 식별해낼 수 있었고 조금만 더 주의 깊게 들으면 세계 각지의 새 550여 종의 소리를 구분해낼 수 있었다. 대부분의 사람들은 적어도 57가지 악기의 소리를 구별할 수 있고 전화로 들리는 목소리만으로 누가 전화하는지 알아낼 수 있다. 직업음악가들은 같은 종류의 악기라 하더라도 샘플이 다를 때 나타나는 소리의 차이를 귀신 같이 잡아낸다.

또한 시력을 상실한 사람들은 일반인들보다 뛰어난 청력을 보인다. 18세기 소설가 헨리 필딩 Henry Fielding**에게는 런던의 치안판사를 지낸 존이라는 배다른 형제가 있었다. 시각장애인이었던 그는 3천 명 이상의 범죄자들 목소리만 듣고 그가 누군지 알아맞혔다고 한다.

한 감각기관이 마비되면 다른 감각기관의 의존도가 높아질 수밖에 없다. 우리가 흔히 무시해버리는 감각 자극을 이용할 수 있다면 훌륭한 통찰을 얻을 수 있다. 생물학자 제라트 버메이 Geerat Vermeij의 이력은 이런 사실을 뒷받침한다.

아주 어렸을 때 시력을 상실한 그는 나머지 감각에 의존하며 살아야 했다. "전에는 그냥 무시해버렸던 것들이 이제는 특별한 의미를 갖게 되었다. 내 세계는 컴컴하거나 희망이 없는 것이 아니었다. 전과 다름없이 찬란했다. 단지 소리, 냄새, 형상의 요철이나 질감으로 느껴지는 것이 달랐을 뿐이었다. 눈으로는 볼 수 없지만 남은 모든 감각기관이 협력해 더할 나위 없이 생생한 세계의 모습을 나에게 보여주었다"라고 그는 말한다.

현재 캘리포니아대학의 생물학과 교수로 재직하고 있는 그는 아프

*올리비에 메시앙
Olivier Messiaen
1908-1992, 프랑스 음악가. 1936년 '젊은 프랑스'를 결성하여, 당시의 신고전주의 경향에 반대하는 '살아 있는 현대 음악'을 제창했다.

**헨리 필딩
Henry Fielding
1707-1754, 영국 소설가. 영국 소설 확립기의 대표적인 작가로, 씩씩한 남성의 활약상을 묘사하는 데 뛰어났다. 대표작으로 《톰 존스》가 있다.

버메이는 조개껍질의 경우 오직 촉각으로만 관찰할 수 있는 비밀이 있다고 한다. 사람들은 눈으로 보아서 한대 수역의 조개들이 장식이 없고 우중충한 색을 띠는 데 비해 열대바다에 사는 조개들이 색깔이 밝고 문양도 복잡하다는 것을 알아차린다. 그러나 버메이는 손으로 만져보는 것만으로 찬물에 사는 조개의 껍질이 단단하고 매끄러운 반면 따뜻한 물에 사는 조개의 껍질은 백악성분이 많이 들어 있다는 것을 알게 되었다. 버메이는 우리와는 아주 다른 방식으로 조개껍질을 경험한 것이다. 우리의 눈이 주로 이차원적으로 본다면 그는 손으로 형태를 더듬음으로써 3차원적으로 지각을 했다. 이런 점은 관찰자로서의 그에게 상당히 유리한 조건을 제공했다.

*로베르트 슈만
Robert Schumann
1810-1856, 독일 작곡가. 낭만주의와 슈베르트의 영향을 받았다. 스승 비크의 딸 클라라와의 사랑과 결혼은 음악사에서 매우 유명하다.

리카, 남아메리카, 남태평양의 해안을 자주 찾아다니며 그 분야의 혁신적인 연구로 세계적인 명성을 얻고 있다.

처음부터 버메이는 그 직업에 뛰어난 관찰력이 필요하다는 것을 알고 이렇게 말했다. "자연에 관한 많은 지식은 책에서 얻어진다. 그러나 이렇게 획득된 지식은 한번 걸러져야 한다. 그런 점에서 관찰을 대체할 만한 것은 아무것도 없다." 그는 눈으로 보는 대신에 손으로 만져서 관찰을 했다. 그런데 그의 말에 따르면 조개 정도의 크기라면 손을 이용한 관찰이 아주 적합하다는 것이다. 그는 시각으로는 얻을 수 없는 통찰을 촉각을 이용해 얻고 있었다.

이런 사례들은 우리가 단 한 가지 감각에만 의지해서 관찰하면 안 된다는 것을 경고한다.

'그냥 듣는 것'과 '주의 깊게 듣는 것'의 차이

다행히도 많은 학과에서 비시각적인 관찰기술을 훈련시키고 있다. 19세기 작곡가인 로베르트 슈만Robert Schumann*은 소리에 대한 귀의 감응능력은 음악적인 훈련뿐만 아니라 일상의 소리를 듣는 것으로도 향상될 수 있다고 했다. 매일매일의 시각적 관찰이 화가들에게 유용한 것처럼 매일매일의 청각적 관찰은 음악가들에게 새로운 악상을 제공해줄 수 있다. 작곡가인 게오르크 필립 텔레만Georg Philipp Telemann은 민속음악가들의 즉흥연주를 들어보면 단 일주일 만에 한평생 쓸 만큼의 음악 아이디어를 얻을 수 있을 것이라고 했다. 졸탄 코다이Zoltán Kodály나, 벨라 바르토크Béla Bartók, 조지 거쉰George Gershwin, 애런 코플랜드Aron Copland, 다리우스 미요Darius Milhaud 등

많은 작곡가들은 민속음악가들을 관찰했을 뿐만 아니라 그들의 주제에 나타나는 음악적 잠재력을 간파했다.

그래서 이고르 스트라빈스키Igor Stravinsky*는 음악 자체, 특히 현대음악은 우리로 하여금 '그냥 듣는 것'과 '주의 깊게 듣는 것'을 구분시켜준다고 했다. 이것은 현대미술이 우리에게 '그냥 보기'보다는 '주목하기'를 더 요구하는 이치와 같다. 그의 말에 따르면 음악은 항상 청중에게 '흘려 듣는 자'가 아닌 '경청자'가 될 것을 요구하며 음악과 적극적인 관계를 맺을 것을 명령한다는 것이다.

'주목하기'와 '그냥 보기', '흘려듣기'와 '경청하기'의 관계는 무용이나 다른 행위예술에서의 '수동적인 움직임'과 '적극적인 동작' 간의 관계와 같다. 현대무용의 개척자인 도리스 험프리Doris Humphrey는 사람의 육체적·감정적 행위를 예리하게 관찰하려면 밝은 눈과 좋은 귀를 가져야 하고, 관찰한 것들에 의거해 몸으로 이미지를 만들어내야 한다고 주장한다.

마사 그레이엄Martha Graham** 역시 "무용가는 '듣는 자세' 위에 자신의 전부를 던져 자신만의 예술을 구축한다"라고 했다. 안무가 얼윈 니콜라이Alwin Nikolais***는 이것을 단순히 스튜디오에서 연습만 한다고 되는 기술이 아니라고 말했다.

무용가는 지각능력과 기술적인 동작능력에서 모두 감각적으로 특별해야 한다. 그저 단순하게 이동하는 것과 계획이 세밀하게 짜여 있는 여행을 비교해보자. 그 차이는 헌터대학에서 42번가로 곧장 가는 사람과 브로드웨이를 걷고 있는 사람의 차이를 생각해보면 분명해진다. 한 사람은 주변에 뭐가 있는지 전혀 신경을 쓰지 않는다. 오로지 목적지에 도달하려는 생각밖에 없다. 그냥 한 장소에서 다른 장소로 이동하는 것뿐이다. 다른 한 사람은 눈을 크게 뜨고는 맑은 머리로 그

*이고르 스트라빈스키
Igor Stravinsky
1882-1971. 러시아 태생의 미국 작곡가. 발레곡 〈불새〉, 〈페트르쉬카〉로 성공을 거두었고, 대표작 〈봄의 제전〉으로 당시 전위파의 기수로 주목받았다.

**마사 그레이엄
Martha Graham
1894-1991. 미국 현대무용가. 근육의 수축과 이완을 사용한 극적인 무용을 표현하여 새로운 형태의 움직임을 창조했다. 그녀의 독특한 기교와 방법론은 전 세계의 무용수와 안무가들에게 많은 영향을 끼쳤다.

***얼윈 니콜라이
Alwin Nikolais
1910-1993. 미국 안무가이자 무대연출가. 〈만화경〉, 〈알레고리〉 등의 작품으로 미국 현대무용에서 선구자적인 역할을 했다.

가 지나치는 모든 것들을 관찰하고 느낀다. 그는 단순히 움직이는 것이 아니라 하나의 '동작'을 실행하고 있는 것이다.

연극연출가인 콘스탄틴 스타니슬라브스키Konstantin Stanislavsky*와 리처드 볼레슬라브스키Richard Bolesavsky는 연기를 배우는 학생들이 일상생활에서 우연히 부딪치는 모든 것들을 감지할 수 있어야 한다고 주장한다. "그것들은 배우의 감각과 근육에 기억으로 저장된다. 배우의 영감을 자극하는 유일한 것은 그가 매일매일 살아가면서 행하는 지속적이고 예리한 관찰이다."

심지어 냄새나 맛도 관찰에서 중요한 역할을 한다. 향수제조업자나 향기치료사, 포도주 시음인, 양조장인, 요리사 등의 직업에 종사하는 사람들은 미각과 후각을 이용한다. 제빵사는 기분 좋은 이스트 냄새를 금방 알아낸다. 세균학자인 존 케언즈John Cairns는 자기 직업이 가진 매력 중의 하나로 박테리아 군체의 냄새를 맡을 수 있다는 점을 들고 있다. "멋진 냄새지요. 아침에 실험실로 들어서면 이 친근한 냄새가 날 반겨준답니다." 실제로 많은 미생물들의 경우 냄새 이외에 식별해낼 방법이 없다.

생물학자인 톰 아이스너Tom Eisner는 냄새를 맡음으로써 어느 때는 유혹적이고, 어느 때는 자극적인 냄새를 풍기는 곤충들 간의 화학적인 의사전달과 자기방어 시스템에 관해 십여 가지의 발견을 하기도 했다. "나는 본래 '코가 달린 인간'이 아니라 '인간이 달린 코'라고 할 수 있다"라고 그는 농담을 한다. 향수제조업자였던 그의 아버지는 "향기 나는 지하실"에서 그에게 후각의 중요성을 가르쳤다고 한다. 아이즈너는 어렸을 적에 자기 집을 방문한 손님들의 냄새를 맡곤 했다고 고백하고 있다.

이는 필라델피아에 있는 모넬 화학감각센터 등지에서 몇몇 의사들

"연기를 배우는 학생들은 일상생활에서 우연히 부딪치는 모든 것들을 감지할 수 있어야 한다."

*콘스탄틴 스타니슬라브스키
Konstantin Stanislavsky 1863-1938, 러시아 연극연출가. '메소드' 이론을 창안하였고, 배우의 내면적 기관과 신체적 기관을 동시에 훈련해야 한다고 역설했다.

이 진단을 내릴 때 쓰는 습관이기도 하다. 냄새는 의학적 판단을 내리는 데 단서가 된다. 이를테면 스트레스는 사람의 체취를 증가시킨다. 이스트 감염 때도 그렇고, 당뇨성 케토시스 환자의 경우 숨을 쉴 때 아세톤 냄새가 난다. 신장질환이 있는 사람은 숨을 쉴 때 암모니아와 유사한 합성물질로 인해 생선 냄새가 난다. 그러나 우리는 위험신호가 되는 이런 냄새정보들을 대개는 무시한다.

맛도 진단에 이용될 수 있다. 고대의 의사들은 환자들의 고름과 오줌의 맛을 보는 실습을 했다. 당뇨환자의 오줌이 달다는 것은 수천 년 전부터 알려진 사실이다. 요즘 의사들은 간단한 화학테스트로 이를 알아내지만 W. E. B. 베버리지W. E. B. Beveridge 같은 세균학자들은 저서 《과학적 탐구의 기술The Art of Scientific Investigation》에서 직접 맛을 보는 옛날방식이 아직도 쓸모가 있다고 상술하고 있다.

우연히 사용하든 목적을 가지고 사용하든, 맛보기 같은 전통적인 방법은 자연현장이나 실험실 안뜎에서 아직도 사용되고 있다. 이떤 고고학자는 벽돌 부스러기의 맛을 보는 것으로도 로마시대에 세워진 수로의 축조연대를 알아맞힐 수 있다고 장담한다. 이미 로마시대 수로의 맛을 다 보았기 때문이다. 어떤 화학자들은 사카린과 아스파탐을 우연히 맛봄으로서 이 물질들이 달다는 것을 발견하기도 했다.

마르셀 뒤샹이 재발견한 일상의 가치들

예리한 관찰자들은 모든 종류의 감각정보를 활용한다. 위대한 통찰은 '세속적인 것의 장엄함sublimity of the mundane', 즉 모든 사물에 깃들어 있는 매우 놀랍고도 의미심장한 아름다움을 감지할 줄 아는 사람들에게만 찾아온다.

사람들은 그토록 숱하게 욕조에 들어가면서도 몸을 담글 때 수면이 높아지는 것을 중요하게 생각하지 않았다. 물질의 비중이 배수량과 관련 있음을 간파한 사람은 수학자 아르키메데스Archimedes였다. 많은 사람들이 망치질을 했지만 그 소리를 유념해서 듣지는 않았다. 쇠막대기건, 마림바의 나무키건, 첼로의 현이건 간에, 물체의 길이가 음의 높낮이와 관련이 있음을 맨 처음 알아낸 것은 대장장이의 망치질 소리를 주의 깊게 듣고 있던 피타고라스Pythagoras였다. 사람들은 수없이 하늘을 쳐다보았지만 하늘이 왜 파란지에 대해선 누구도 의문을 제기하지 않았다. 여기에 의문을 가졌던 최초의 인물은 18세기 물리학자 존 틴달John Tyndall이었고, 그는 하늘의 색깔이 대기 중의 먼지나 다른 입자들과 부딪쳐 산란하는 햇빛에 의해 결정된다는 것을 밝혀냈다. 그가 개발한 몇 가지 기술은 오늘날 우리가 대기오염도와 물의 청정도를 측정하는 데 쓰이고 있다.

생화학자인 알베르트 스젠트 기요르기Albert Szent-Györgyi는 일상적인 관찰을 통해 비타민 C를 발견했다. "내가 색깔을 너무 좋아했기 때문에 그러지 않았나 싶다. 나는 아직도 색깔을 좋아한다. 색깔은 나를 어린아이처럼 즐겁게 만든다. 나의 첫 번째 의문은 왜 바나나가 상하면 껍질이 갈색으로 변하는가였다." 그는 식물이 함유하고 있는 폴리페놀이라는 화합물이 산소와 작용하면 일종의 딱지인 갈색이나 검은색 물질을 만들어낸다는 것을 밝혀냈다.

이 발견을 통해 기요르기는 그 다음 단계의 사고를 할 수 있었다. "식물은 두 종류가 있다. 상하면 검게 변하는 것과 상해도 색의 변화가 일어나지 않는 것. 그렇다면 왜 상해도 색이 변하지 않는 식물이 있는가?" 답은 그 식물 안에 당 같은 화합물인 비타민 C가 있기 때문이었다. 이런 식물이 지닌 비타민 C는 폴리페놀이 산소와 작용해서

산화되는 것을 막아주기 때문에 갈색이나 검은색의 보호물질이 필요 없었다. 그래서 겉이 상했을 때 색이 변하는가(바나나) 변하지 않는가(오렌지)를 단순히 보는 것만으로도 과일들의 비타민 C 함유량을 알 수가 있는 것이다.

'세속적인 것의 장엄함'을 발견하는 일은 과학자에게만 국한되지 않는다. 현대미술의 많은 영역에서 일상적인 현상의 가치를 재발견하는 일이 주목을 받고 있다. 스트라빈스키는 "진정한 창조자는 가장 평범하고 비루한 것들에서도 주목할 만한 가치를 찾아낸다"라고 했다. 무용가 머스 커닝햄Merce Cunningham*은 선구적인 안무작품에서 '작은 동작'을 추구했는데 이는 그가 스튜디오 창문으로 내다본 거리 사람들의 동작에서 따온 것이었다(그들은 대개 큰 동작으로 옮겨가기 직전의 동작들이었다). 아무리 기묘한 동작이라 하더라도 거기엔 누군가가 발견하고 활용할 수 있는 '표현의 아름다움'이 있는 것이다.

무용가 애니 힐프린Anna Halprin은 "누구든 동작을 통해 의사전달을 할 수 있는 사람은 무용수다"라고 말했다. 마크 모리스Mark Morris**는 일상의 동작, 예를 들어 껌을 씹거나, 으쓱대며 걷거나, 농구장에서 십대 소년들이 공을 다루는 동작을 이용해 춤을 만들어왔다. 그는 우리의 모든 동작에 아름다움이 있고 모든 것에는 반드시 분명하지는 않아도 어떤 의미가 있다고 깨닫게 만든다.

이런 것들은 확실히 르네 마그리트René Magritte***가 그린, 이제는 고전이 된 그림의 본질이기도 하다. 〈이미지의 반역The Treason of Images〉은 파이프를 묘사한 그림인데, 거기에는 "이것은 파이프가 아니다Ceci n'est pas une pipe"라고 적혀 있다. 이 명백한 모순은 '파이프'란 단어가 파이프 자체가 아닌 것처럼 파이프 그림 역시 파이프 자체가 아니라는 사실에 주목하게 만든다. 수 세기 동안 서구의 미술은 '눈속임 사실주의trompe l'oeil realism'의 실현을 목표로 삼아왔다. 그

*머스 커닝햄
Merce Cunningham
1919- , 미국 무용가이자 안무가. 마사 그레이엄의 수제자로, 현대무용에 우연성과 즉흥성을 도입했고 다른 장르와의 적극적인 혼합을 시도했다. 비디오 아티스트 백남준과 많은 공동작품을 발표하기도 했다.

**마크 모리스
Mark Morris
1956- , 미국 현대무용가이자 안무가. 마크 모리스 댄스 그룹을 결성하여 사랑과 죽음을 주제로 한 군무를 르네상스와 바로크시대에 유행한 카논형식에 맞추어 표현했다.

***르네 마그리트
René Magritte
1898-1967, 벨기에 화가. 초현실주의 운동에 참여했고, 신선하고 시적인 이미지의 화풍으로 널리 알려졌다.

그림 1-3. 〈이미지의 반역〉, 르네 마그리트 작, 1928-29.

럼에도 불구하고 시각적 이미지는 단지 하나의 기호일 뿐 자연 그 자체는 아니다.

마르셀 뒤샹Marcel Duchamp*의 기성품들 ready mades은 눈을 치우는 삽이나 변기처럼 변형을 가하지 않은 오브제들인데, 이는 보다 충격적인 미술의 재관찰이라 할 수 있다. 그가 찾아낸 오브제들은 관람객들을 향해 이렇게 말을 건다. "당신이 보고 있는 것들에 대해 생각해보라. 당신이 가장 생각을 하지 않는 것들에 대해 가장 많이 생각해보라." 많은 사람들은 뒤샹의 오브제는 단지 수백 년 동안 발전되어온 미술기법에 대한 조롱일 뿐이라고 폄하한다. 그러나 뒤샹은 이렇게 반박한다. "나는 그림이 다시 한번 사람의 마음에 봉사하도록 했을 뿐이다." 만일 생각을 조금만 달리 해본다면 그의 말뜻을 충분히 이해할 수 있을 것이다. 그 후 재스퍼 존스나 클래스 올덴버그Claes Oldenburg** 같은 많은 화가들이 우리에게 국기나 포크, 접시, 햄버거, 야구방망이, 티백의 얼룩 같은 것들을 주의 깊게 보라고 요구하고 있다. 일상품이 아닌 관찰대상으로.

관찰하는 것과 관찰한 것을 일정한 방식으로 표현하는 것은 마음이 하는 일이다. 만일 우리가 무엇을 주시해야 하는지, 또 어떻게 주시해야 하는지를 알지 못한다면 우리는 주의력을 집중시킬 수가 없

*마르셀 뒤샹
Marcel Duchamp
1887-1968, 프랑스 태생의 미국 화가. 다다이즘과 초현실주의에 참여하여 인간의 감정과 욕망을 기계적 이미지로 표현했다.

**클래스 올덴버그
Claes Oldenburg
1929- , 미국 조각가. 팝아트의 대표적인 작가로, 일상적인 환경 속에서 충격을 던져주는 작품을 주로 시도했다.

다. 하버드대학의 심리학 교수인 루돌프 아른하임Rudolf Arnheim은 1969년에 쓴 저서 《시각적 사고Visual Thinking》에서 "사고라고 부르는 인지작용은 지각 너머의, 지각보다 상위에 있는 정신적 과정이 아니라 지각 자체를 이루는 본질적 요소다"라고 적고 있다.

예를 들어보자. 하루는 우리 부부의 친구인 밥이 조깅하러 나가는 길에, 운동화 하면 딱 떠오르는 상표의 하얀색 운동화를 찾으려고 신발장을 뒤졌다. 신발장 안에는 정장용 검은 구두, 갈색 구두, 샌들, 슬리퍼, 파티용 구두 등 각종 신발이 다 있었지만 그가 찾는 운동화는 보이지 않았다. 분명히 그는 그 신발을 별 생각 없이 어딘가에 두었을 터였다. 그런데 어디에 두었더라? 다른 벽장과 침대, 소파 밑을 뒤지려고 하는 순간 해답이 떠올랐다.

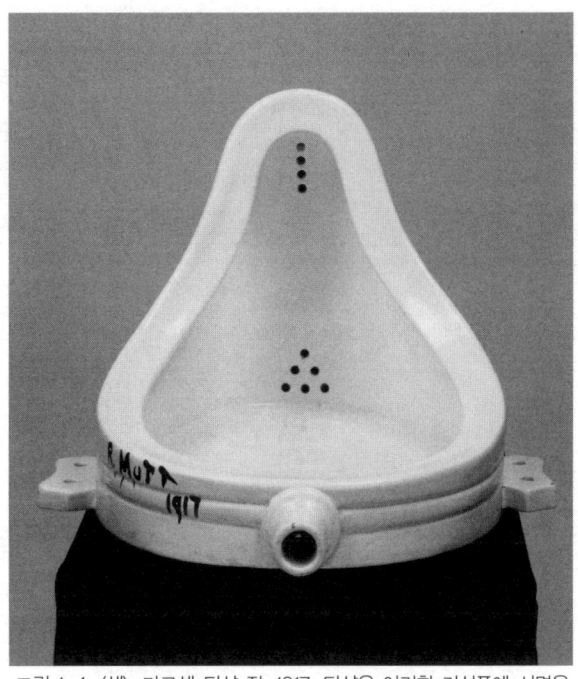

그림 1-4. 〈샘〉, 마르셀 뒤샹 작, 1917. 뒤샹은 이러한 기성품에 서명을 하는 것만으로도 일상적인 사물을 예술작품으로 만들 수 있다며 회화의 관습적인 언어에 도전했다. 뉴욕의 앙데팡당전에 출품한 이 작품 역시 커다란 논란을 불러 일으켰다.

그는 하얀색 신발을 찾았지만 막상 그 밑창은 검은색이었던 것이다. 운동화는 아까 그가 찾지 못한 신발장에서 즉각 발견되었다. 하얀색만을 찾는 마음에 그 신발은 미처 보지 못했던 것이다. 신발이 어떠어떠한 모양이리라고 미리 짐작한 그의 생각은 그의 관찰력에 영향을 끼쳤다.

객관적 관찰은 가능한 것이 아니다. 소설가 존 스타인벡John Steinbeck과 생물학자 에드워드 리켓Edward Ricketts이 멕시코의 코르테즈해海에서 지낸 바다생활에 대해 쓴 책에 보면 다음과 같은 구절이

"당신이 보고 있는 것들에 대해 생각해보라. 그리고 자신이 가장 생각하지 않는 것들에 대해 가장 많이 생각해보라."

나온다. "우리가 보고, 기록하고, 구축한 모든 것들은 모든 지식의 틀이 뒤틀리는 것처럼 왜곡되곤 한다. 첫째는 우리 시대와 종족의 집단적 압력과 시대적 흐름 때문이고, 둘째는 우리들 각자가 가진 개별적 성향 때문이다." 그들은 논픽션 책을 쓰면서도 거기서 자신들이 말하는 '진실'이란 소설을 쓸 때와 마찬가지로 선입견의 지배를 받고 있다는 점을 이해했다. 의심할 바 없이 독자가 읽고 있는 이 책의 경우도 마찬가지다. '생각'에서 무엇이 중요한가를 관찰하는 우리의 행위도 우리 자신이 갖고 있는 정신적 편견과 개인적인 경험에 의해 확실히 영향을 받고 있는 것이다.

그래서 '관찰'은 '생각'의 한 형태이고 생각은 관찰의 한 형태다. 결국 관찰행위의 목적은 감각적 경험과 지적 의식을 가능한 한 가깝게 연결하는 데 있다. 조각가 베벌리 페퍼 Beverly Pepper는 "어떤 것을 그릴 수 있다고 해서, 그리는 행위가 당신을 화가로 만들어 주는 게 아니다. 예술은 당신 머릿속에 있는 것이고 그것은 당신이 어떻게, 무엇을 생각하느냐의 문제다"라고 말하고 있다.

이와 비슷하게 생화학자 스젠트 기요르기는 이렇게 말한다. "발견은 모든 사람들이 보는 것을 '보고', 아무도 생각하지 않는 것을 '생각하는' 것으로 이루어져 있다"라고 말한다. 이처럼 '관찰'은 감각작용을 '이해'하는 일이다.

"우리가 보고, 기록하고, 구축한 모든 것들은 왜곡되곤 한다."

| 괴테에서 헨리 밀러까지
| 관찰을 위한 예술훈련법

따라서 관찰하기 위해서는 눈, 귀, 코, 손을 훈련시키듯 마음을 훈련해야 한다. 그렇다면 이 훈련을 어떻게 할 것인가.

추리작가 아서 코난 도일Arthur Conan Doyle은 미술이 관찰기술을 숙달시킨다는 가설을 세우고 있다. 주인공 셜록 홈즈가 자신의 뛰어난 추리력이 화가 집안 출신의 할머니에게서 연유했다고 설명하는 것이 바로 그 점이다. 허버트 리드가 1943년에 펴낸 고전적 저서 《예술을 통한 교육Education Through Art》이나 모리스 브라운Maurice Brown과 다이애너 코르제닉Diana Korzenik이 쓴 《예술창작과 교육Art Making and Education》을 보면, 시각예술이 어느 정도까지는 시각적 인지능력을 향상시키는 데 유용하다는 사실이 밝혀지고 있다.

재스퍼 존스 같은 현대미술가들도 미술의 그러한 기능을 인정하고 있다. "미술행위 속에는 수련이 포함되는데 이 수련이라는 것은 미술적 재능을 계속해서 살아 있도록 만든다. 수련의 대상은 마음, 귀, 무엇이든 가능하다. 그런 것들을 단련시킴으로써 감각은 우리의 삶에서 일어나는 어떤 것에도 감응할 수 있게 된다."

루이 모르깅Louise Morgan은 회기이지 소설가인 윈드햄 루이스Wyndham Lewis과 이런 대화를 나누었다. "당신의 그림은 소설을 쓰는 데 도움을 주고 있군요." 모르강의 말에 루이스는 이렇게 대답했다. "물론 그렇습니다. 조소나 그림의 관점에서 생각을 하는 습관은 틀림없이 작가로서 글을 쓰는 일에 영향을 주죠. 만일 당신이 나처럼 두 가지 일을 해본다면 맨 먼저 하게 되는 일이 바로 '보는' 일일 겁니다. 내가 하는 일의 처음과 끝은 눈을 쓰는 일이에요. 데생기술은 전적으로 과학적인 것이라고 할 수 있습니다. 그것은 소설을 쓰는 일에 도움이 됩니다. 정밀관찰을 할 수 있도록 마음을 훈련시키는 모든 것들은 다 소설 쓰기에 도움이 되죠."

수많은 시인과 소설가들이 시각예술을 공부한 것은 결코 우연이 아니다. 그 면면을 살펴보면 우리가 익히 아는 문장가들이 망라되어 있다. 윌리엄 블레이크William Blake, J. W. 괴테J. W. Goethe, 윌리엄

탐정소설의 주인공 셜록 홈즈는 한번 힐끗 보는 것만으로 어떤 상황이 벌어졌는지, 관련된 인물은 어떤 사람인지 파악할 수 있는 뛰어난 관찰력의 소유자로 그려진다. 홈즈는 에딘버러 병원의 병리학 교수 조지프 벨 박사를 모델로 했다고 전해지는데, 도일은 소설 《그리스어 통역자》편에서 화자인 왓슨의 입을 빌어 이렇게 말하고 있다. "사례가 내게 했던 말로 미루어볼 때 자네의 관찰재주와 특별한 추리력은 자네 스스로 행한 체계적 훈련에서 비롯된 것임이 분명하네."
그러나 홈즈는 왓슨의 말을 부정한다. "어느 정도까진 그렇다고 할 수 있지. 그러나 나의 그런 성향은 이미 내 핏속에 있는 거라네. 아마 프랑스 화가 베르네의 누이였던 할머니로부터 물려받은 것일 게야. 미술적인 피는 아주 기묘하게 발현되기 쉽다네."

"그리지 못한 것은 보지 못한 것이다."

M. 새커리William M. Thackeray, G. K. 체스터튼G. K. Chesterton, 토머스 하디Thomas Hardy, 브론테Bronte 자매들, 미하일 레르몬토프Mikhail Lermontov, 앨프레드 테니슨Alfred Tennyson, 조지 뒤 모리에George Du Maurier, 시어도어 H. 화이트Theodore H. White, J. R. R. 톨킨J. R. R. Tolkein, 브루노 슐츠Bruno Schulz, 루드비히 베멜먼스Ludwig Bemelmans, 헨리 밀러Henry Miller, 에드워드 E. 커밍스 등. 작가가 관심을 갖는 미술분야가 그림 그 자체보다 형태와 스타일을 관찰하는 쪽에 국한된 경우가 많다 하더라도, 시인 로버트 로웰Robert Lowell의 경우에서 볼 수 있듯이, 작가들에게 "그런 공부는 차라리 시에 좀더 가까워 보였고 바로 그 지점에서 글을 쓰기 시작했다"라고 할 수 있다.

많은 과학자들 역시 관찰력을 기르는 방법의 하나로 미술을 들고 있다. 그들은 "그리지 못한 것은 눈으로 보지 못한 것이다"라는 논지를 계속 반복하고 있다. 신경해부학자 산티아고 라몬이카할Santiago Ramón y Cajal*은 이렇게 말한다. "만일 우리 연구가 자연사와 관련된 대상을 다루는 것이라면 관찰에는 스케치가 필수적으로 따라야 한다. 어떤 것을 묘사하는 일은 주의력을 훈련시키고 강화시키며 현상 전체를 보게 만든다. 그렇기 때문에 모름지기 뛰어난 관찰자라면 스케치에도 능숙해야 하며 이 점에는 이견이 있을 수가 없다."

해부학자 프랜시스 세이모어 헤이든Francis Seymour Haden**도 이 의견에 전적으로 동의한다. 그는 당시의 화가들이 필수적으로 해부학을 공부했던 것처럼 자신이 가르치는 모든 학생들에게 미술을 공부하도록 시켰다. 그래야만 관찰능력과 손기술이 는다고 생각했기 때문이다. 그는 "환자의 얼굴에 나타나는 질병의 상태를 얼마나 빨리 눈으로 파악하고 그것들을 얼마나 정확하게 묘사하느냐, 또 그러기 위해 손을 얼마나 잘 훈련시키느냐는 정밀하고 안전하게 집도하는 능력과 직결된다"라고 썼다.

*산티아고 라몬이카할
Santiago Ramón y Cajal 1852–1934, 스페인의 신경해부학자. 신경이 서로 접하고 있는 독립된 신경단위인 뉴런으로 이루어져 있음을 주장했으며, 이 공로로 1906년 노벨 생리의학상을 수상했다.

**프랜시스 세이모어 헤이든
Francis Seymour Haden 당대를 선도하던 해부학자 중 한 사람. '영국왕립화가, 동판화가, 판화가협회'를 설립했다.

실제로 많은 위대한 과학자들은 공식적인 미술교육을 받은 것으로 알려져 있다. 루이 파스퇴르, 조지프 리스터Joseph Lister, 프레더릭 밴팅Frederick Banting, 찰스 베스트Charles Best, 앨버트 마이컬슨Albert Michelson, W. 로렌스W. Lawrence, W. 헨리 브래그W. Henry Bragg, 메리 리키Mary Leakey, 데스몬드 모리스Desmond Morris, 콘래드 로렌츠, 버트 홀도블러Bert Holldobler 같은 과학자들이 바로 그들인데, 면면도 매우 화려하다. 비록 오늘날 과학자나 의사들에게 드로잉을 가르치는 강의는 과거에 비하면 드물어졌지만 내과의사인 에드먼드 펠레그리노Edmund Pellegrino의 말에 따르면 그 유용성만큼은 아직도 널리 받아들여지고 있다.

"어떤 것을 묘사하는 일은 주의력을 훈련, 강화시키며 현상 전체를 보게 만든다."

"임상의의 기술은 그의 필수적인 진단기구인 눈에서부터 이루어진다. 임상의와 화가는 둘 다 특별한 시각적 감지능력을 필요로 한다는 공통점을 갖고 있다. 둘 다 본다. 그러나 보긴 보되, 겉으로 보이는 것 너머에 있는 것을 봐야 한다. 화가인 파울 클레Paul Klee*는 '미술은 보이는 것을 표현하는 것이 아니라 어떤 것을 보이게 하는 것이다'라고 말하기도 했다. 임상의 역시 눈앞에 드러난 증상의 표층을 뚫고 들어가, 그 아래에서 무슨 질병이 환자를 괴롭히고 있는지 파악해야 한다."

관찰은 음악을 공부하면서도 키울 수 있다. 재러드 다이아몬드가 새소리를 식별해낼 수 있었던 것이 음악공부 덕분이었다고 했던 말을 떠올려보자. 새 관찰자들은 녹음해놓은 새소리를 반복해서 들어 귀를 훈련시킨다. 아주 미세한 차이라도 분명하게 느낄 때까지 비교하고 대조하며 새소리를 듣는 것이다. 실제로 피터슨 필드 가이드사Peterson Field Guides社에서는 〈소리로 관찰하는 새〉시리즈를 낸 적이 있다. 이것은 소리만 가지고 새들을 식별해내는 방법을 가르치는 카세트테이프이다. 많은 연구결과들은 보기 위해서 눈을 훈련해야 하

*파울 클레
Paul Klee
1879–1940, 스위스 화가. 현대 추상회화의 시조이다. 주요 작품으로 〈새의 섬〉, 〈항구〉, 〈죽음과 불〉 등이 있다.

는 것처럼 제대로 듣기 위해서는 귀를 아주 정교하게 훈련해야 한다는 것을 알려주고 있다. 많은 음악가들의 사례는, 비록 몇몇은 천부적으로 완벽한 능력을 타고났지만, 후천적 노력에 의해서도 그런 능력을 가질 수 있다는 것을 보여준다.

음악비평가들은 수많은 연주를 듣고 비교하고 또 비교하는 것만이 일급 연주자와 평범한 연주자를 구분하는 기준이 된다고 말한다. 그것만이 아주 미세한 질적 차이를 감지할 수 있게 해준다는 것이다. 한편으로, 청진기로 환자의 가슴이나 배를 톡톡 쳐보고 환자의 상태를 정확히 알아내는 최고의 의사들은 음악공부를 했거나 듣기 훈련을 적극적으로 하고 있는 사람들이라는 연구결과도 있다. 한 심장전문의는 여러 종류의 심장이상 소리를 고음질로 녹음해서 운전하는 중에 틀어놓기도 한다.

"관찰은 보이는 것을 표현하는 게 아니라 어떤 것을 보이게 하는 것이다."

관찰을 통해 깨닫는 '세속적인 것의 장엄함'

이런 이유들로 해서 우리는 모든 과목에서 학생들에게 관찰연습을 시켜야 한다고 생각한다. 모든 학생들은 감각을 예리하게 다듬을 필요가 있다. 어떤 박물관에서는 물체를 구멍에 넣어두고 헝겊으로 덮은 다음 방문자에게 손으로만 만져서 관찰하고 알아맞혀보라고 한다. 그런 연습은 집이나 교실에서도 할 수 있다. 눈가리개를 하고 나무껍질, 잎사귀, 씨, 나무열매, 새의 깃털, 조개껍질, 각기 다른 천 종류, 단추를 비롯한 수십 가지의 물건들을 관찰하고, 냄새 맡고, 손으로 만져서 알아맞힐 수 있다.

우리는 허브나 향신료를 직접 보지 않고도 어떤 맛과 냄새를 갖고 있는지 알 수 있다. 또 눈을 감은 채 소리만 듣고 주위의 상황을 마음으로 구성해보는 것도 좋은 실험이 된다. 어둠 속을 걸어갈 때 사람들은 공간감각과 촉각에 의지한다. 텔레비전을 보지 않고 소리만 듣거나 반대로 소리를 끄고 화면만 보는 것도 관찰력을 기르는 좋은 방법이다. 대개의 경우 화면이나 소리 중 어느 한쪽을 전혀 엉뚱하게 상상한 것으로 밝혀진다.

물건들을 수집하는 것, 이를테면 우표, 동전, 곤충, 단추, 야구카드, 엽서, 책, 사진, 인쇄물, 그림 같은 것들을 모으는 것도 시각적 관찰력을 증대시키는 아주 좋은 방법이다. 진정한 수집가가 되려면 물건의 질과 종류의 차이를 잘 감별하는 능력이 필요하다. 그러려면 평가와 수집에 필요한 눈과 마음 모두를 길러야 한다. 만일 돌이나 조개껍질, 깃털, 뼈, 직물, 털실, 만년필 등을 수집한다면 촉각을 발달시킬 수 있을 것이다. 또 뒤뜰이나 숲, 동물원에 있는 동물이나 새소리, 도시의 소음, 포크송, 록 음악, 재즈 등의 소리도 녹음할 수 있을 것이다. 향수가게나 야채가게에서 나는 다양한 종류의 냄새를 기억하거나 맛과 냄새만 가지고 치즈나 초콜릿, 커피와 차, 포도주의 종류를 알아맞혀보려고 시도해보는 것도 좋다.

우리는 또한 '세속적인 것의 장엄함'을 알아낼 수 있도록 훈련할 필요도 있다. 스타니슬라브스키나 볼레슬라브스키가 제자들에게 누차 강조하듯이 '모든 주의력을 모아야' 하는 것이다. 어떤 대상물을 골라 그것의 형태, 선, 색, 소리, 촉감적 특징, 냄새, 심지어 맛까지 머릿속에 집어넣은 다음 그것을 치우고 세부사항들을 하나씩, 최대한 많이 떠올려보라. 지각한 것들을 적거나 그려보고 다시 대상물로 돌아가서 관찰하고 대조하라. 스타니슬라브스키는 "이런 노력들이 대상을 보다 정밀하고 효과적으로 관찰하도록 해줄 것이다. 그리하여 그것을 정확히 평가하고 특성을 제대로 규정할 수 있게 될 것이

예술이 과학적 관찰력을 향상시킨다는 이론은 역으로도 성립된다. 작가나 화가들은 자연사나 의학 혹은 해부학을 공부함으로써 도움을 받는 경우도 많다.

서머싯 몸은 작가에게 의학을 공부하는 것만큼 유용한 교육도 없다고 단언했다. 그는 말했다. "작가들은 병실에서 날것 그대로의 인간 본성을 볼 뿐만 아니라 필요한 과학지식을 충분히 얻음으로써 이 시대에 가장 중요한 삶의 측면에 대해 무지하지 않게 된다."

시인 메리앤 무어는 브린머 대학에서 생물학을 전공했는데, 그녀 역시 과학공부가 시를 쓰는 데 영향을 주었다고 말한다. "나는 생물학 강의가 시와 마찬가지로 나를 즐겁게 해준다는 것을 알았다. 사실 나는 의학을 전공할까 진지하게 고려한 적도 있다. 시의 속성인 정밀함, 축약해서 진술하기, 그리기, 밝혀내기, 상상력 자유롭게 풀어주기 등이 내게 비친 의학의 모습이었다."

다"라고 말했다.

자, 이제 장의 첫머리로 돌아가서 텔레비전을 묘사해보자. 노트를 펼치고 처음 관찰하면서 빠뜨린 게 얼마나 많은지 보자. 대부분의 사람들처럼 모든 묘사를 눈으로만 하지 않았는가? 관찰이 지나치게 피상적이지 않았는가? 텔레비전의 소리도 관찰했는가? 버튼의 딸깍거리는 소리, 화면이 켜지거나 꺼질 때 나는 펑 소리, 수상기 위에 놓인 정물의 작은 소리는? 텔레비전의 여기저기를 두드려서 재질과 구조를 알아보았는가? 냄새는 어떤가? 오존 같이 확 풍기는 전하, 뜨뜻한 전자소자의 냄새, 플라스틱 향을 맡아보았는가? TV를 만져보았는가? 부품별로 어떤 질감의 차이를 느꼈는가? 화면이 켜지거나 꺼질 때, 정전기로 인해 팔의 털이나 머리카락이 서는 것을 감지했는가? 소리가 울리면서 나는 느낌은 어떠했는가? 각각의 버튼이 어떤 기능을 하고 있는지 손으로 만져 구별해보았는가? 관찰할 때 수상기 앞으로 얼마나 가까이 다가갔는가? 영상을 이루는 아주 미세한 붉은색, 녹색, 파란색 화소들이 보일 만큼 가까이 다가갔는가? 화면의 높이를 대각선의 길이로 나누면 중용치(0.616 : 1.000)에 가깝다는 것을 알아냈는가? 화면이 어떻게 휘어져 있고 그것이 어떻게 영상을 변형시키는지 보았는가? 화면이 꺼졌을 때 비친 자신의 모습이 무슨 색깔이었는지 보았는가? TV가 5층 창문에서 바닥으로 떨어질 때까지의 시간 동안 이 모든 것을 그림으로 그리고 글로 메모할 수 있을 만큼 당신은 예리한 관찰자인가?

텔레비전처럼 세속의 물건에도 지각할 것들은 너무나 많다. 그 속에서 어떤 '잠재된 것들'을 발견하려면 매일매일 새로운 관찰을 하겠다는 참을성과 끈기를 길러야 한다. 우리의 교육목표 중 하나가 평생 배우는 사람을 만들어내는 것이라면, 관찰력을 연마하는 것보다 더 좋은 훈련이 뭐가 있겠는가?

SPARK OF GENIUS
생각도구 2 **형상화**

찰스 스타인메츠의 사물을 그리는 능력
형상화는 세계를 재창조한다
당신은 북적거리는 파티에서 음악의 음계를 들을 수 있는가
시각적으로 생각하는 사람, 비시각적으로 생각하는 사람
물리학을 '상상'한 아인슈타인
내면의 감각을 일깨우는 다양한 방법들

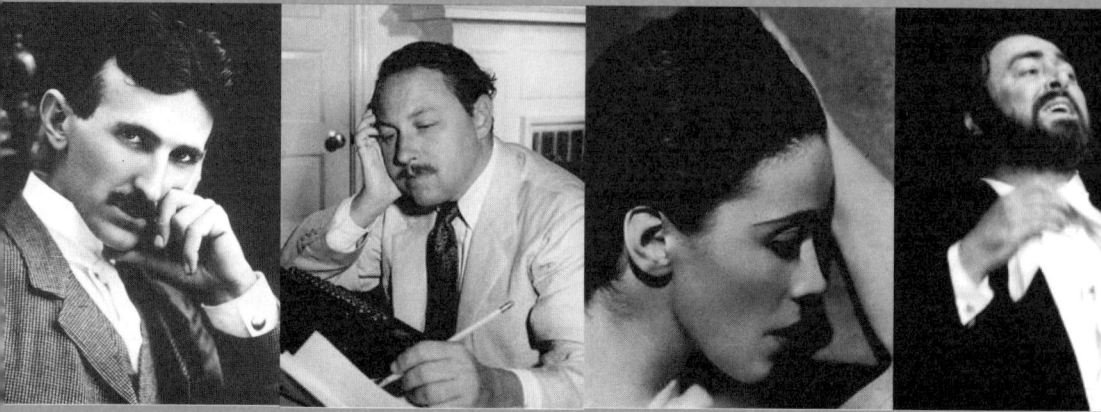

왼쪽부터: 니콜라 테슬라, 테네시 윌리엄스, 마사 그레이엄, 루치아노 파바로티

▶ 사물의 모습을 상상 속에서 그려낸 사람들

"나는 어떤 생각이 떠오르면 그것의 모양을 당장 머릿속에서 그려본다. 그리고 상상 속에서 구조를 바꾸거나 작동을 시켜본다."
— 공학자 니콜라 테슬라

"침묵 속에서 음악을 들을 때 나는 마음으로 뿐만 아니라 내 몸으로도 그것을 느꼈다."
— 무용가 마사 그레이엄

"나는 피아노 앞에서 실제 노래를 부르는 것보다 머릿속으로 음악연습을 더 많이 한다. 가수라면 음악을 볼 수 있어야 하기 때문이다."
— 테너가수 루치아노 파바로티

이미지를 만든다는 것은
그 자체로 시의 생명이자 정점이다.
−시인 존 드라이든

IMAGING IMAGING IMAGING IMAGING IMAGING IMAGING IMAGING IMAGING

■ ■

형상화라는 것은 현상을 그대로 재현하는 것에서부터 특이한 추상능력, 감각적인 연상에 이르기까지 망라된다. 형상화는 시각과 청각은 물론, 후각과 미각, 몸의 감각까지 동원해서 이루어지기 때문에 우리는 내면의 눈, 내면의 귀, 내면의 코, 내면의 촉감과 몸감각을 사용할 구실과 기회를 만들어야 한다. 또한 형상화할 때 마음에 떠오른 모든 이미지들은 다른 전달수단으로 변환할 수 있어야 하는데, 그 전달수단은 말, 음악, 동작, 모형, 회화, 도형, 영화, 조각, 수학 논문 등 매우 다양하다.

찰스 스타인메츠의
사물을 그리는 능력

찰스 스타인메츠Charles Steinmetz*는 그레이엄 벨Graham Bell이나 토머스 에디슨Thomas Edison만큼 유명하지는 않지만 현대생활에 그가 끼친 영향은 그들 못지않게 지대하다. 스타인메츠는 발전기와 변압기, 일반 배전장비를 발명한 사람이다. 그 덕분에 벨의 전화기나 에디슨의 전구가 어느 집에서나 사용할 수 있게 된 것이다.

제너럴 일렉트릭사의 동료들은 스타인메츠를 '연방대법원'이라고 불렀다. 그가 풀 수 없는 문제라면 누구도 풀 수 없었기 때문이다. 1894년, 기술자 두 명이 몇 주간 붙잡고 씨름했지만 풀지 못한 어려운 문제를 그에게 내밀었다. "직경이 2인치인 쇠막대기에 드릴로 2인치짜리 구멍을 내서 반으로 자른다고 할 때, 깎여나가는 쇠의 양은 얼마나 되는가?" 하는 문제였다. 비용문제에 민감한 회사의 입장에서는 비싼 쇠에 구멍을 낸다는 것은 물질적·금전적 손실을 의미하는 것이니만큼 이 문제는 매우 중요한 것이었다.

문제를 낸 두 사람은 스타인메츠가 책상 앞에 앉아서 종이를 꺼내 쇠막대기 도형을 그리고 일련의 복잡한 계산을 할 것으로 생각했다. 그렇지만 그의 첫 번째 관심사는 구멍이 뚫을 때 밀려나가는 쇠뭉치의 모양을 어떻게 정할까였다. 이것은 두 사람이 전혀 생각하지 못한 부분이었다. "구형도 아니고 원통형도 아니고 일종의 마름모형일세. 기본모양을 알지 못하면 그것의 입체형을 알아낼 수 없을 뿐 아니라

*찰스 스타인메츠
Charles Steinmetz
1865–1923, 독일 태생의 미국 전기공학자. 제너럴 일렉트릭사 설립 당시에 고문기사로 임명되었다. 그 후 유니온 대학의 교수를 겸임하면서 미국 최고의 전기공학자로 이름을 떨쳤다.

체적을 계산할 수도 없거든."

스타인메츠의 동료들은 항상 그를 믿음직스럽게 생각하고 있었다. 그렇지만 이런 그들조차 '연방대법원'이 담배를 몇 모금 피우는 사이에 "여보게들, 답은 5.33세제곱인치라네"라고 말하자 자신의 귀를 의심했다. 놀랍게도 그는 이 모든 것, 다시 말해 쇠막대기의 구멍에서 빠져나온 쇠뭉치의 모양, 그것의 입체형, 그리고 이어지는 계산식까지 머릿속으로 '보았던' 것이다.

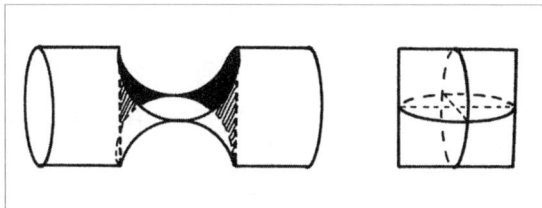

그림 2-1. 스타인메츠가 상상한 쇠막대기와 구멍의 모양.

스타인메츠에게는 비범한 형상화능력, 즉 어떤 사물의 모습을 상상 속에서 그려내는 능력이 있었다. 이런 재능은 다른 위대한 발명가들, 예를 들면 그의 동료이자 경쟁자로, 교류전기 전동기와 발전기를 발명한 니콜라 테슬라Nikola Tesla* 같은 사람들에게서도 공통적으로 나타나는 능력이었다. 테슬라는 자서전에서 "나는 어떤 생각이 떠오르면 머릿속에서 즉시 그것의 기본모양을 상상으로 그려본다. 상상 속에서 그것의 구조를 바꿔보기도 하고 한번 작동을 시켜보기도 한다. 중요한 것은 내가 실물이나 형체 없이 그 모든 것을 상상 속에서 한다는 것이다"라고 적고 있다.

심리학자들은 시각형 사고자visual thinker는 세 가지 유형이 있다고 한다. 자신이 어떤 유형인가를 알아보기 전에, 먼저 삼각형 하나를 상상해보자. 어떤 방법을 사용하든지 삼각형 모양을 마음속에 떠올려보는 거다. 어떻게? 개중에는 마음속으로 삼각형을 '볼 수' 없는 사람들이 있다. 그들은 종이 위에 그림을 실제로 그려보아야만 삼각형을 볼 수 있다. 반면 어떤 사람들은 눈을 감고 마음의 눈으로 삼각형을 본다. 다른 것들이 눈에 들어오면 마음속으로 삼각형을 상상하는 데 방해가 되기 때문이다. 그들은 눈을 감은 뒤 눈꺼풀의 안쪽에

*니콜라 테슬라
Nikola Tesla
1856–1943, 크로아티아 태생의 미국 전기공학자. 에디슨 회사에서 발전기와 모터를 연구했으며 교류 전동기, 발전기, 테슬라 변압기 등을 발명했다.

서 삼각형의 영상을 투사한다. 어쩌면 삼각형을 그리는 대로 눈동자가 따라 움직이는지도 모른다. 드물게도 극히 소수의 사람들은 눈을 뜬 채로 삼각형의 모습을 떠올릴 수 있다. 이들은 다른 것을 보고 있다가도 그 위에 삼각형의 상을 겹쳐놓을 수 있다. 이들 중의 일부는 삼각형의 크기나 색깔, 원근까지도 조정할 수 있다. 그들은 삼각형을 빙빙 돌리거나 위로 떠오르게 만들기도 하고, 다른 상들을 뚫고 지나가게 할 수도 있다. 스타인메츠나 테슬라는 바로 이 정도 수준의 사람들이다. 그러나 삼각형 실험은 지극히 단순하다. 진실로 스타인메츠나 테슬라의 능력을 알고 싶다면, 다음 문제들이 제시하는 3차원 영상을 상상해보자.

    A. 위에서 볼 때와 모든 측면에서 보았을 때 원 모양인 물체는 무엇인가?
    B. 위에서 볼 때와 모든 측면에서 보았을 때 정사각형인 물체는 무엇인가?
    C. 모든 측면에서 보았을 때 삼각형인 물체는 무엇인가?

만일 당신이 구, 정육면체, 사면체(삼각뿔)라고 각각 답을 했다면, 제대로 맞힌 것이다. 자, 계속 해보자!

    D. 위에서 볼 때는 원모양, 모든 측면에서 볼 때는 정사각형인 물체는 무엇인가?
    E. 위에서 볼 때는 정사각형, 모든 측면에서 볼 때는 삼각형인 물체는 무엇인가?
    F. 위에서 볼 때는 삼각형, 모든 측면에서 볼 때는 정사각형인 물체는 무엇인가?

G. 위에서 볼 때는 원모양, 모든 측면에서 볼 때는 삼각형인 물체는 무엇인가?

자, 이제 실력이 보다 뛰어난 시각형 사고자를 위해서 좀더 복잡한 도형을 생각해보자.

H. 위에서 볼 때는 원모양이고, 한 측면에서 보면 원모양이지만 다른 측면에서 보면 사각형인 물체는 무엇인가?
I. 위에서 볼 때는 삼각형, 모든 측면에서 보면 원모양인 물체는 무엇인가?
J. 위에서 볼 때는 원모양, 한 측면에서 보면 삼각형, 나머지 측면에서 보면 사각형인 물체는 무엇인가?

이런 물체들이 정말로 존재할 수 있는지(특히 마지막 것) 의심하는 사람들을 위해서 이 장의 맨 마지막에 해답 그림을 실었다. 실제로 H의 경우(한 측면에서 보면 사각형, 다른 측면에서 보면 원모양인 물체)는 앞서 체적을 계산하는 문제에서 스타인메츠가 상상했던, 쇠막대기에서 드릴로 도려낸 쇠뭉치의 모양을 그대로 나타낸다. 쇠막대기의 단면은 둥글다. 드릴도 둥글다. 그러나 쇠뭉치의 종단면 모양은 사각형이다. 우리는 스타인메츠가 쇠막대기 문제를 접하기 전에 이런 놀이를 해보았으리라고, 그래서 문제를 쉽게 풀었을 것이라고는 생각하지는 않는다. 우리는 여러 가지 정사각형, 직사각형, 원, 타원형과 다면체를 머릿속에서 조합해봄으로써 실제로 존재하는 모든 기하학적인 입체를 만들 수 있다. 만일 당신이 이런 종류의 놀이를 좋아한다면 우리는 형상화능력 테스트를 위해 더 복잡한 문제를 낼 수도 있다. 혹시 이런 연습이 어렵겠다는 생각이 들어도 낙담할 필요는 없다. 극히 소수의 사람들만이 다른 사람들보다 뛰어난 형상화능력을 타고나며, 대부분의 사람들은 연습을 통해 능력을 키울 수 있기 때문이다. 연습을 많이 하면 할수록, 수많은 발명가와 수학자, 물리학자, 화가, 작가, 무용가들이 해왔던 '시각형 사고' 과정에 참여할 기회가 많아지고 그것에 대해 더 많은 것을 이해하게 될 것이다.

형상화는 세계를 재창조한다

> "이미지를 만들어낸다는 것은 그 자체만으로 시의 생명이자 정점이다."

형상화imaging는 많은 분야에서 보편적으로 쓰이는 생각의 도구다. 통계를 보면 발명가뿐만 아니라 과학자들 사이에서도 직업적 성공과 시각형 사고 사이에 밀접한 상관관계가 있다는 것이 증명되고 있다. 리처드 파인먼 역시 머릿속으로 정교한 영상을 떠올리는 능력이 있다. 그는 한 인터뷰에서 이렇게 말하고 있다. "저는 답의 형태적 특징을 먼저 봅니다. 특징을 잡아낸다는 것은 그림 그리는 데 절대적으로 필요한 거죠." 파인먼이 밝힌 대로 그는 어떤 문제를 풀 때 먼저 머릿속으로 이미지를 다듬는 작업을 했다. 그러고 난 뒤에 그 답을 이미지 형태에서 방정식 형태로 변환시켰다. "저는 사고의 대부분을 그런 그림을 좀더 구체적으로 만드는 작업으로 채우죠. 물론 맨 마지막에는 수학이 등장합니다. 수학은 머릿속의 그림을 사람들에게 전달하고 이해시키는 데 효과적인 도구이기 때문입니다."

하버드대학 스미소니언 천체물리학센터의 천체물리학자인 마거릿 겔러Magaret Geller도 이와 비슷한 말을 한다. "모든 과학자들이 심상을 품는 것은 아닙니다. 그러나 저는 심상이 떠오르지 않으면 문제를 풀 수가 없습니다. 그게 저의 문제해결방식이죠." 과학자를 포함한 많은 사람들에게 있어 좋은 시각형 사고자가 되는 것과 예술적인 감각이 발달하는 것은 불가분의 관계에 있다. 겔러는 또한 이렇게 말한다. "저는 대체로 시각적 사고를 한다고 할 수 있어요. 제 주변에서 느껴지는 시각적 암시에 대단히 민감하게 반응합니다. 저의 시각적 기억력은 매우 뛰어나고 관찰력 역시 아주 좋은 편이에요. 제가 만일 과학자가 되지 않았더라면 아마 디자인 계통의 일을 했을 겁니다."

겔러처럼 시각적 능력과 예술에 대한 흥미를 모두 가지고 있는 과학자들은 매우 많다. 노벨상 수상자를 포함한 40명의 과학자들을 대상으로 조사한 결과, 우리는 예술적 조예와 시각적 사고능력, 과학적 성취도 사이에 상당히 밀접한 관련성이 있음을 발견했다. 과학분야에서 형상화를 잘하는 사람은 예술활동에서도 형상화능력이 뛰어나고, 이런 경우 어느 한쪽의 활동이 다른 쪽 활동에 도움을 준다.

형상화는 작가들 사이에서도 중요한 생각도구가 된다. 시인 스티븐 스펜더는 시작詩作을 가리켜 '이미지들의 논리' 작업이라고 표현했다. 그에게 시는 매우 생생한 기억, 대개는 시각적인 기억에서부터 출발했기 때문이다. 물론 이 시각적 기억은 풍부한 표현력을 가진 문어文語로 형상화된다.

우리가 첫 장에서 말한 바와 같이, 심상에 의지한 사고는 시인들 세계에선 보편적인 것이다. 시인 존 드라이든John Dryden은 "이미지를 만들어낸다는 것은 그 자체만으로 시의 생명이자 정점이다"라고 선언한 바 있다. 퓰리처상 수상자인 도널드 머리Donald Murray는 자신이 '언어형' 사고자가 아님을 발견했다. 오히려 그는 자신의 사고가 언어의 기록이 아닌 어떤 '보는' 과정, 즉 심상에 의지하고 있는 것임을 알게 되었다.

많은 소설가들 역시 시각형 사고자들이다. 찰스 디킨스Charles Dickens는 자신의 소설이 머릿속으로 '보았던' 것을 글로 적은 것에 불과하다고 밝혔다. 마찬가지로, 테네시 윌리엄스Tennessee Williams*

화가의 경우 형상화능력에 의존하는 경향은 더욱 뚜렷하다. 그들은 색과 선과 형태로써 자신을 표현하기 때문이다. 그러나 예술분야에서 형상화라는 것은 반드시 회화적 표현에만 관련이 있는 것은 아니다.

그것은 몸동작이나 언어적 묘사와도 관련이 있다. 미국의 안무가 애너 소콜로우의 말에 따르면 무용수는 동작이라는 관점에서 형상화를 하는데 이는 화가가 색과 선, 그것들의 배치라는 관점에서 형상화를 하는 것과 유사하다. 마사 그레이엄의 수많은 제자들(소콜로우도 그 중 하나였다)은 그녀의 수업과 안무가 제자들의 상상력을 깨우기 위한 이미지들로 넘쳐났다고 말하고 있다.

*테네시 윌리엄스
Tennessee Williams 1911-1983. 현대 미국의 대표적인 극작가. 《욕망이란 이름의 전차》로 퓰리처상을 받았고, 전후 미국 연극계를 대표하는 인물이 되었다.

그림 2-2. 윌리엄스의 희곡을 원작으로 한 영화 〈욕망이란 이름의 전차〉에서 주연을 맡았던 영화배우 비비안 리. 그녀는 이 작품으로 그해 아카데미 여우주연상을 수상했다.

는 희곡 《욕망이라는 이름의 전차A Streetcar Named Desire》가 하나의 심상에서 비롯되었다고 말한다. "나는 젊음의 막바지에 이른 한 여인을 떠올렸다. 그녀는 창문 옆 의자에 고적하게 앉아 있다. 달빛이 흘러들어와 그녀의 쓸쓸한 얼굴을 비춘다. 그녀 옆에는 결혼할 남자가 서 있다."

실제로 직업작가나 아마추어 작가들이 글자 그대로 책의 줄거리를 이미지 형태로 미리 그려보는 것은 드문 일이 아니다. 새커리는 책을 쓰기 위해 글뿐만 아니라 그림으로 메모를 했고 브론테 자매나 생텍쥐페리Saint-Exupéry, 에드워드 리어Edward Lear, 조지 뒤 모리에, 윈드햄 루이스, D. H. 로렌스와 J. R. R. 톨킨도 마찬가지였다. G. K. 체스터튼도 소설 《격노한 신사와 그의 희생자Enraged Gentleman and His Victim》의 사례에서 보는 것처럼, 표현하고 싶은 등장인물들의 행동을 밑그림으로 먼저 그린 다음 글로 옮기곤 했다.

헨리 밀러 역시 《남회귀선Tropic of Capricorn》을 구상할 때, 미술적 재능이 있는 다른 작가들과 마찬가지로 책의 주제와 등장하는 사건들을 그림과 표로 만들었다. 메리앤 무어Marianne Moore 역시 화가가 되기 위해 대학에 갔지만 자신이 시와 희곡 쓰기를 더 좋아하고 그것에 재능이 있다는 것을 알게 되었다. 그녀 역시 어떤 장면을 이미지로 형상화하는 능력을 갖고 있었다. 형상화는 단순히 사물의 기하학적 형태를 보는 일을 넘어서 사람들과 그들을 둘러싼 세계environment를 재창조하는 데까지 이른다.

그림 2-3. G. K. 체스터튼의 〈격노한 신사와 그의 희생자〉 스케치.

> 당신은 북적거리는 파티에서
> 음악의 음계를 들을 수 있는가?

분명히 많은 발명가와 과학자, 화가들은 형상화가 중요한 생각도구라는 것을 알고 있다. 그러나 시각적인 이미지를 그려내는 것은 여러 종류의 형상화 중 하나일 뿐이다. 1990년에 쓴 《이미지와 이해 Images and Understanding》라는 책에서 호레이스 바로우Horace Barlow와 콜린 블랙모어 Colin Blackmore, 미랜다 웨스턴스미스Miranda Weston-Smith는 이미지가 그림의 형태 말고도 비시각적인 방법으로 지각되고 전달된다고 힘주어 말하고 있다. 책의 내용을 잠시 인용해보겠다. "화가, 디자이너, 엔지니어들이 공통적으로 고민하는 오래된 문제가 있다. 누군가의 마음속에 있는 생각이나 사실을 어떻게 다른 사람의 마음에 옮겨놓는가? 어떻게 이 마음의 수혈은 이루어지는가? 그것은 이미지를 통해서다. 거기에는 그림이나 도형의 형태도 있지만 말,

"형상화는 단순히 사물의 기하학적 형태를 보는 일을 넘어 사람들과 세계를 재창조하는 데까지 이른다."

시연試演, 음악이나 춤의 형태도 있다."

우리는 마음의 눈으로 볼 뿐만 아니라 마음의 귀로도 들으며, 냄새와 맛과 몸의 느낌을 '상상'하기도 한다. 이런 모든 감각을 통해 형성되는 것들은 상상이나 이미지의 전달과 관계가 있다. 이를 다른 말로 표현하면, 우리가 눈으로 관찰을 한다면 시각적 이미지를 만들어낼 것이고 우리가 손을 써서 관찰한다면 손의 위치, 손의 움직임에 대한 이미지와 함께 촉각적인 이미지를 만들어낼 것이다. 만일 우리가 코로 관찰한다면 냄새의 이미지를 만들어낼 것인데 이것은 과학적 발명과 예술적 발상에서 중요한 역할을 한다. 요컨대, 우리는 관찰할 수 있는 것을 상상할 수 있다. 그리고 그 상상을 통해 형상화가 이루어진다.

> "우리는 관찰할 수 있어야 상상할 수 있다. 그리고 그 상상을 통해 형상화가 이루어진다."

사람들은 일을 하면서 매우 다양한 이미지들을 사용하지만 그럼에도 불구하고 비시각적 형상화능력, 특히 냄새나 맛과 관련된 연구는 거의 없다. 블라디미르 나보코프Vladimir Nabokov*도 그랬지만, 때때로 어떤 작가들은 소설의 아이디어가 혓바닥 위에서 녹고 있는 비스킷이나 발 아래 느껴지는 울퉁불퉁한 자갈 포장도로처럼 '살아 있는 감각'으로부터 튀어나온다고 말한다.

냄새나 맛에 의한 형상화 사례가 빈약한 것은 우리가 관찰하고 상상할 때 이런 감각들보다 시각을 더 많이 활용하기 때문이다. 우리는 뒤에서 다룰 '몸의 운동감에 의한 형상화' 부분에서 비시각적 이미지를 통한 사고의 사례를 보다 확실하고 풍부하게 제시할 것이다. 여기서는 청각적 형상화, 즉 듣는 것을 통해 이미지를 떠올리는 것에 대해 주로 생각해보겠다.

시각적 형상화능력을 판단하는 간단한 실험은 청각적 형상화능력을 측정하는 데도 사용할 수 있다. 당신은 책을 읽을 때 어떤 소리를 듣게 되는가? "반짝반짝 작은별"을 읽을 때 이 단어들이 당신의 머

*블라디미르 나보코프
Vladimir Nabokov
1899–1977, 러시아 태생의 미국 소설가. 나비 수집가로도 유명하다. 중년 남성의 성도착을 그린 심미주의적 장편소설 《롤리타》로 세계적인 반향을 일으켰다.

릿속에서도 멜로디로 울리는가? 당신이 지금 어떤 멜로디를 듣고 있다면 머릿속에서 펼쳐지는 음계들을 '들으려고' 애써보라. "도, 레, 미, 파, 솔, 라, 시, 도." 당신은 조용히 듣고 있나? 아니면 콧노래를 흥얼거리며 듣기 시작했나? 당신은 라디오나 북적거리는 파티에서 흘러나오는 음악의 음계를 들을 수 있는가? 만일 머릿속에서 작더라도 '온전한' 청각적 이미지를 만들어낼 수 있다면, 그리고 들리는 음악을 콧노래로 따라하거나 악기로 연주하면서 머릿속으로 소리와 가락을 재현할 수 있다면 당신은 상당한 능력을 갖추고 있는 셈이다.

애런 코플랜드는 이렇게 주장했다. "전반적으로 일반인들에게는 들리지 않는 소리 이미지를 상상하는 능력이 없다." 우리들 중에서 악보를 읽으면서 머릿속으로 음악을 들을 수 있는 사람은 별로 없다. 전문음악가라면 전에 연주해본 적이 있는 음악의 이미지를 머릿속에서 만들 수 있을 것이다. 그러나 음악적 훈련을 받지 않은 사람들에게는 어려운 일이다.

이와 대조적으로 어떤 사람들은 그리 힘들이지 않고도 음표를 '들을 수' 있다. 마치 삼각형의 상을 머릿속에서 자유자재로 움직이고 변형시키는 사람들처럼 그들도 음악선율을 들을 때 음조와 리듬을 바꿔가며, 음의 진행방향대로 듣기도 하고 그 반대로 듣기도 한다. 실제로 청각적 형상화능력이 아주 뛰어난 사람들은 위대한 발명가들이 기계 전체를 이미지로 만드는 것처럼 교향곡 전체를 청각적 이미지로 만들어서 '볼 수' 있다.

소리로 생각하기는 일류 음악가들이 '소리를 안 내고 연습하는 것'이 어떤 것인지 말해준다. 그들은 자신들의 곡을 상상한다. 마치 운동선수가 머릿속으로 동작을 연습하는 것과 같다.

피아니스트인 알리시아 드 라로차Alicia de Larrocha는 순회공연을 떠나기 위해 공항에서 대기하던 중 마음이 돌연 음악으로 가득 차던 순

베토벤은 말했다. "나는 악상을 악보로 옮기기 전에 아주 오랫동안, 어느 때는 하루 종일이라도 머릿속에 품고 있곤 한다. 그 과정에서 많은 부분을 바꾸기도 하고, 어떤 것은 버린다. 내가 만족할 때까지 계속 반복한다. 그리고 나서 나는 작품을 정밀하게 다듬는다. 악곡의 이미지를 모든 각도에서 보고 듣는 것이다. 그것은 마치 조각품과 같다. 그리고 나면 이 곡을 악보로 옮겨 적는 일만 남게 된다."

베토벤의 이미지 형상화 능력이 뛰어났다는 사실은 그가 아주 심한 청각장애자였음에도 불구하고 위대한 음악을 작곡할 수 있었던 이유를 잘 설명해준다. 그는 귀로 더 이상 들을 수 없게 되었을 때도 마음으로 소리를 들었다. 소리의 이미지야말로 곡을 이루는 모든 것이다. 작곡가가 실제로 듣느냐 듣지 않느냐는 문제가 되지 않는다.

간이 있었다고 말한다. "저는 연주할 곡을 (머릿속으로) 듣고 있었어요. 그러면서 왼손으로는 모든 음표와 악절, 화음을 연습했죠." 같은 이유로 데이비드 바일런David Bar-Illan은 소리 안 나는 피아노로 연습을 한다. "저는 소리 없이 연습하는 동안에도 마음으로는 음악을 듣고 있습니다"라고 그는 말한다. 무용가 마사 그레이엄도 춤 연습을 하기 전에 마음으로 음악을 들으며 깊은 상념에 빠져들곤 했다. "침묵 속에서 음악을 들을 때, 저는 마음으로 들을 뿐만 아니라 몸으로도 느낍니다"라고 그녀는 말한다.

그레이엄이 밝힌 대로 대부분의 이미지는 다감각적polysensual으로 만들어진다. 무용수는 마음으로 듣는 음악을 춤으로 연기한다. 또한 운동감각적이거나 청각적 형상화에는 자주 시각적 형상화가 동반한다.

스트라빈스키 역시 어떤 상황이나 행동에 대한 정밀한 이미지를 만드는 것으로 작곡을 시작한다. "〈페트루슈카Petrushka〉에 쓰일 음악을 작곡할 때 어떤 인형의 모습이 떠올랐다. 그 인형은 갑자기 생명체가 되어 움직이더니 악마처럼 아르페지오(펼침화음)를 퍼부어대며 오케스트라를 약올리기 시작했다. 그러자 오케스트라는 위협적인 트럼펫 소리로 응수했다. 끔찍한 소음이 절정에 달했고 결국 그 가엾은 인형은 우울하면서도 성난 모습으로 쓰러졌다." 발레감독 세르게이 디아길레프Sergey Diaghilev에게 헌정하는 폴카를 쓸 때 스트라빈스키는 디아길레프가 야회복을 입고 모자를 쓴 채 채찍을 휘두르며 기수를 다그치는 곡마단장인 양 상상하고 곡을 썼다고 한다. 그는 페트루슈카와 폴카를 작곡하면서 음악적 주제가 마음속에 하나의 이미지를 만들어냈고, 이것이 작곡의 기초가 되었다는 점을 분명히 밝히고 있다.

많은 음악가들은 시각적·청각적 형상화를 통해 전 악보를 머릿속에 저장할 수 있다. 테너 루치아노 파바로티Luciano Pavarotti*는 내셔널 퍼블릭 라디오National Public Radio와 가진 한 인터뷰에서 이렇게 말한 적이 있다. "저는 머릿속으로 음악을 연습합니다. 피아노 앞에서 실제노래를 부르는 것보다 더 많이요. 음악을 봐야만 해요. 그리고 그 곡을 머릿속에 집어넣어야 합니다. 아주 정확하게 말하자면 사진처럼 그대로 말이죠."

소리를 음표로 옮겨 적는 일은 역으로 악보를 소리로 표현하는 일만큼이나 일반인들의 눈에 놀라운 일로 비쳐진다. 작곡가인 아서 호네거Arthur Honegger는 사람들에게 가장 많이 듣는 질문이 "악보를 보면 그 악보가 표현하고 있는 음악이 실제로 들리나요?"라고 말한다. 대부분의 음악가들은 이 질문에 '예'라고 대답할 것이다. 실제로 코플랜드는 연주를 해보지 않은 상태에서 어떤 소리가 나올지 상상하는 능력 유무가 전문음악가와 아마추어 음악애호가를 나누는 기준이 된다고 생각한다. 이 능력이 정말 놀라운 것으로 나타나는 경우도 있다. 헨리 코웰Henry Cowell**은 음악을 연주로 듣는 것보다 악보로 읽는 것을 더 좋아했는데 그 이유는 그러는 것이 음악소리를 자신의 마음속에서 완벽하게 통제할 수 있기 때문이었다고 한다. 실제연주에서는 그게 가능하지 않다는 것이 그의 얘기다.

음악가들, 특히 작곡가들은 눈으로 '듣고' 귀로 '보는' 능력을 마치 일반인들이 일상생활에서 소리와 글자를 연결시키는 것과 같은 방법으로 배양한다. 읽을 수 있다는 것은 청각적인 이미지를 만들어 내는 데도 도움이 된다. 사람들은 대체로 종이에 글을 쓸 때 이에 상응하는 내면의 소리를 '듣기' 때문이다. 작가들은 이런 능력을 상당한 수준으로까지 발달시킨다. 테네시 윌리엄스는 배우들이 무대에서 실제로 내는 것과는 다른, 극중 인물의 고유한 목소리와 말투를 상상할 수 있었다. 그는 자신에게 내면의 귀가 있어 희곡이 무대 위

"침묵 속에서 음악을 들을 때 나는 마음으로 음악을 들었을 뿐만 아니라 내 몸으로도 그것을 느꼈다."

*루치아노 파바로티
Luciano Pavarotti
1935–2007, 이탈리아 테너가수. 높은 음역에서 멀리 뻗어나가는 맑고 깨끗한 음색이 최대 장점이다. 플라시도 도밍고, 호세 카레라스와 함께 세계 3대 테너로 불린다.

**헨리 코웰
Henry Cowell
1897–1965, 미국 작곡가이자 피아니스트. 개성이 뚜렷하고 진보적인 음악가로, 바로크 시대 대표적인 관현악 음악인 합주 협주곡을 부활시키기 위해 노력했다.

에서 상연될 때 어떤 소리로 나타나게 될지 잘 알고 있었다고 말했다. 그는 자기 내면의 귀와 감각을 충족시키기 위해 희곡을 썼노라고 말할 정도였다.

윌리엄스는 형상화를 극단에까지 몰고 간 경우다. 그는 희곡을 써 나가면서 자신이 직접 연기하기도 했다. 그는 이렇게 말한다. "희곡을 쓸 때면 마치 불을 훤히 밝힌 무대를 보는 것처럼 모든 상황이 다 보인다. 로마에 있을 때 나는 쓴 글을 한 줄씩 큰 소리로 읽곤 했다. 그것을 들은 집주인 여자는 곧잘 이렇게 말했다. '저런, 윌리엄스 씨가 드디어 미쳐버렸네! 소리소리 지르면서 방 안을 어슬렁거리고 있잖아!' 그녀는 내가 착란상태에 빠져 있다고 생각한 것이다."

과학자들 역시 사고할 때 시각적, 운동감각적, 청각적 이미지들을 모두 동원한다. 첫 장에서 본 바와 같이 아인슈타인은 시각과 운동감각적 이미지에 크게 의지했다. 그러나 한편으로는 청각적 이미지에도 기대고 있다. 아인슈타인의 친지들은 그가 물리학연구가 잘 풀리지 않을 때면 바이올린이나 피아노를 연주하곤 했다고 회상한다. 아인슈타인의 아들은 이렇게 말하고 있다. "아버지는 연구가 막다른 길에 봉착했거나 난관에 부딪혔다고 느낄 때 음악에서 안식처를 구하셨어요. 아버지는 그걸 통해서 당신의 난제들을 풀어나가셨죠. 아버지는 자주 깊은 상념에서 빠져나와 피아노를 연주하고, 음표 몇 개 그려놓고 나서 다시 연구실로 들어가시곤 했어요."

심지어 아인슈타인은 유명한 일본인 음악교사 스즈키 신이치 Suzuki Shinichi*에게, 상대성이론은 직관에 의해 떠오른 것이며 이 직관이 작동하도록 뒤에서 힘을 밀어준 것이 음악이었다고 말할 정도였다. 그는 "부모님들은 내가 여섯 살 때부터 바이올린을 배우도록 하셨다. 내 발견들이라는 것은 음악적 지각의 결과물이다." 실제로 아인슈타인은 피아노를 "내 오랜 친구"라고 불렀다. 혼자서는 좀처

*스즈키 신이치
Suzuki Shinichi
1898-1998, 일본의 세계적인 음악교육가이자 교육이론가. 시범과 반복을 중심으로 하는 스즈키 메소드를 창시했다.

럼 할 수 없지만 그것을 통해서라면 자기 자신에게 말을 걸고 노래할 수 있는 친구라는 것이었다.

시각적으로 생각하는 사람, 비시각적으로 생각하는 사람

이제 우리는 형상화가 창조적인 인물들의 사고과정에서 중요한 역할을 한다는 것을 알게 되었다. 그러나 아직 그것이 각각 어떻게 작동하는지에 대해 자세하게 안다고는 할 수 없다. 형상화라는 것은 어찌 보면 시각이나 청각, 그 밖의 뛰어난 감각을 이용한 일종의 개인적이고 개별적인 속기술 같은 것이다. 거기에는 현상을 그대로 재현하는 것에서부터 특이한 추상능력, 감각적인 연상에 이르기까지 망라되어 있다. 이미지에 의지하는 정도는 사람마다 다르다 개인에 따라서, 또한 그가 추구하는 바에 따라서, 특정한 이미지가 더 중요해질 수가 있다.

물리학자 피터 캐루터 Peter Carruther 역시 시각형 사고자인데 그는 이른바 '그림형 pictorial' 학자들 그룹과 '수학형 mathematical' 학자들 그룹을 따로 놓고 보았다. 수학형 물리학자들은 캐루터가 '물리학적 직관'이라고 부르는 시각형 사고 경향을 갖고 있지 않다. 앨런 라이트먼 Alan Lightman과 로버타 브로어 Roberta Brawer가 그들의 책 《기원들 Origins》에서 인터뷰한 저명한 천체물리학자의 절반가량은 시각적 이미지에 아무런 관심이 없었다. 자연과학의 여러 분야, 이를테면 양자역학 같은 분야를 주도하는 학자들은 형상화 자체를 인정하지 않고 있다. 프리먼 다이슨은 엄격하게 기호 중심적인 이 분야의 접근법을 어떤 새로운 공식언어의 습득 같은 것에 비유하고 있다. 말하자면 양자역학을 이해하는 사람은 그것을 다른 지각형태나 언어로 옮기려고 해선 안 되며, 양자역학을 이해하는 것은 다른 것을 거치지 않고 곧바로 수학적으로 이해하는 것을 말하는 것이다. 그런데 이것이야말로 음악가들이 오케스트라의 연주 없이도 악보를 '듣는 것'과 같다.

백여 년 전에 앙리 푸앵카레 Henri Poincaré*는 시각적으로 사고하는 학자들과 그렇지 않은 학자들과의 분열현상을 최초로 감지했다. 창조성에 대해 방대한 저술을 했던 푸앵카레는 자신의 논지를 주장하기 위해 네 명의 동료를 사례로 들었다. 칼 바이어스트라스 Karl Weierstrass, 게오르크 리먼 Georg Riman, 소푸스 리 Sophus Lie, 소피아 코발레프스카야 Sophia Kowalewskaja가 그들이다. "바이어스트라스는 모든 것을 연속성과 분석의 관점에서 보았다. 그의 모든 책에는 그림이 하나도 없다. 반대로, 리먼은 기하학을 이용했다. 그의 개념은 각각 그림들로 되어 있어서 누구라도 한번 이해하면 절대 잊을 수 없었다. 리도 그림으로 사고한 반면 코발레프스카야는 논리적으로 생각하는 사람이었다"라고 푸앵카레는 쓰고 있다.

오늘날에도 수학자들을 시각형 사고자와 비시각형 사고자로 나누는 것은 여전하다. 파인먼은 대수학문제를 의도적으로 기하학문제로 전환시키면서 "문제를 볼 수 있는가?" 하고 자문하고 있다. 이와는 대조적으로 천문학자인 프레드 호일 Fred Hoyle은 "스스로 시각적 사고능력이 없다고 시인하면서 "나는 모든 기하학문제를 대수학적으로 풀어야만 했다"라고 말하고 있다.

푸앵카레는 학자들이 시각적 이미지를 선호하거나 선호하지 않는 것처럼 학생들에게도 그와 같은 경향이 있음을 알았다. "학생들을 보고 있으면 그들 역시 마찬가지다. 어떤 학생들은 문제를 '분석'해서 풀고 어떤 학생들은 '모양'을 가지고 푼다. 전자는 '공간적으로 보는' 능력이 없고 후자는 긴 계산에 쉽게 싫증을 내고 포기하기도

*앙리 푸앵카레
Henri Poincaré
1854-1912, 프랑스 수학자. 19세기 최고 수학자로 일컬어진다. 파리대학 교수를 역임했으며, 수학의 전 분야에 능통한 마지막 학자로 기억되고 있다.

한다. 그렇지만 이 두 종류는 모두 과학의 진보에 똑같이 필요한 것이다."

실제로 이 두 가지 유형의 사고방식은 모든 학문분야에서 다 필요하다고 할 수 있다. 누군가가 대수학문제를 기하학으로 푼다면 누군가는 기하학문제를 대수학으로 푼다. 누군가가 실재를 이해하기 위해 방정식을 사용한다면 또 누군가는 그림을 이용한다. 만일 이 그림이 시각과 청각은 물론 후각과 미각, 몸의 감각까지 동원해서 이루어지는 것이라면 이런 다감각적 이미지야말로 제대로 활용할 경우 추상에 머무르고 있는 현재의 교수법에 훌륭한 보완재가 될 것이다.

물리학을 '상상'한 아인슈타인

누구나 광범위한 형상화기술을 접할 수 있어야 하고, 그것들을 숙지할 기회를 가능한 한 많이 가져야 한다. 다행히도 형상화기술은 습득이 가능하고 지속적으로 연습한다면 실력이 늘 수도 있다. 아인슈타인이 다녔던 스위스 주립학교의 학생들은 알파벳의 ABC를 배우는 것처럼 시각형 사고의 ABC를 열심히 연마하고 있었다.

이 학교의 설립자인 요한 페스탈로치 Johann Pestalozzi는 '시각적인 이해'를 가르치는 일이 다른 어떤 교육보다 선행되어야 한다고 믿었다. 그는 1801년에 쓴 고전적인 교육소설인 《게르투르드는 어떻게 자녀들을 가르쳤나 How Gerturude Taught Her Children》에서 말과 수라는 것은 그에 앞서 형성된 '시각적인 기반' 위에 순차적으로 견고하게 연결되어야 한다고 주장했다. 이 학교에서 어린 아인슈타인이 배운 것은 현대의 과학자들이 '사고실험'이라고 부르는 것이었는데 이는

'어떤 물리학적인 상황을 구체적인 형체가 있는 것처럼 보고, 느끼고, 조작하고, 변화를 관찰하되 이 모든 것을 머릿속에서 상상하는 것'을 말한다.

주의 깊은 부모와 가정환경 덕분에 형상화기술을 쌓을 수 있었던 사람들도 많다. 천체물리학자 마거릿 겔러의 어머니는 딸의 예술적 성향을 이끌어냈으며 아버지는 3차원 물체를 이미지로 떠올릴 수 있는 능력을 키워주었다. 노벨상을 받은 화학자 피터 미첼Peter Mitchell 은 형이 일하던 작업장에서 물건 쌓기 놀이를 하면서 형상화능력을 길렀다. 그는 훗날 이렇게 회상했다. "나는 어렸을 때 항상 작은 엔진 따위를 만들며 놀았다. 내 생각에 이런 것들이 '생각하는 사람'으로서의 나를 만들지 않았나 싶다. 왜냐하면 그런 걸 통해서 형태들 사이의 관계성을 알게 되었으니까. 물론 화학을 공부하면서도 이런 깨달음은 중요했다. 공간에서 나타나는 원자들 간의 관계성에 대해 생각하게 된 것이다."

이런 어린 시절의 경험들은 많은 저명한 과학자나 발명가들 사이에선 흔한 일이다. 누구나 다 스타인메츠나 테슬라처럼 비범한 능력을 타고나지는 않았겠지만 누구든지 스스로 만들거나 그리거나 간단한 두뇌훈련을 통해서 형상화기술을 발전시킬 수 있다.

이 후천적 학습은 반드시 어린 시절에 해야만 하는 것은 아니다. 앨라배마의 오펠리카에 위치한 오번대학 공대생들은 한 학기가 시작될 때 '시각적 사고력' 테스트를 받는다. 그 결과 기하학적이거나 시각적으로 생각하는 학생그룹과 분석적이거나 대수학적으로 문제를 푸는 학생그룹이 분명하게 나뉜다. 그런 다음 모든 학생들이 2차원, 3차원 드로잉과 영상기술에 대한 집중강좌를 듣게 된다. 이 강좌가 끝날 때쯤이면 분석적이거나 대수학적인 재능이 뛰어난 학생들도 그에 못지않은 시각적 사고력을 보여주게 된다. MIT나 스탠퍼드대

추상적인 관념을 구체적인 사물로 바꿔서 떠올려보는 간단한 시도만 가지고도 효과를 볼 수 있다. 캘리포니아 공대의 생물학자인 제임스 보너는 그의 화학교수였던 로스코 딕커슨에게 과학적인 상황을 이미지로 만드는 방법을 처음 배웠다. 그는 이렇게 설명한다.

"그분께서 매일 하신 말씀이, 뭔가를 생각한다고 했을 때는 이게 물질적으로 어떻게 구현되는지를 볼 줄 알아야 한다는 거였어요. 결국 내가 배운 것은 문제들을 눈에 보이는 것으로 만들라는 것이었죠. 그렇지 않으면 추상적으로 되고 마니까. 그런 점에선 방정식의 의미 같은 것도 시각적으로 만들 필요가 있었죠."

"사고실험이란 어떤 물리학적인 상황을 구체적인 형체가 있는 것처럼 보고, 느끼고, 조작하고, 변화를 관찰하되, 이 모든 것을 머릿속에서 상상하는 것이다."

학의 '시각적 사고력' 강좌의 결과들도 비슷하다. 이것이 시사하는 것은 도안, 제도, 드로잉, 회화, 사진술 등을 제대로 연마하면 성인들도 얼마든지 형상화능력을 향상시킬 수 있다는 것이다.

많은 미술교사들도 제자들에게 시각적 상상력을 연습하라고 가르친다. 나보코프는 좋은 독자가 되기 위해서는 좋은 작가만큼이나 미술교육이 필요하다고 충고한다. 좋은 독자라면 반드시 자신들이 읽고 있는 것을 볼 줄 알아야 하며 소설에 나오는 방과 옷과 등장인물들의 행동을 시각적으로 떠올릴 수 있어야 한다는 것이다. 한편으로 시각, 청각, 고유수용감각proprioceptive sensation* 등에 항상 집중하는 연습을 통해 시각적 사고능력을 키울 수도 있다. 결국 상상은 경험이라는 기반 위에서 이루어지는 것이다.

청각적 형상화기술 역시 연습을 통해 습득될 수 있다. 로저 세션스 Roger Sessions**는 작곡가의 작곡능력은 상상력만큼 향상된다고 말하고 있다. 그는 '경험'이라는 것이 일가를 이룬 작곡가와 이제 막 시작한 초보 작곡가에 의미하는 바가 각각 다르다고 본다. 연습과 상상력 훈련을 통해 성장함에 따라 경험이 보다 중요한 역할을 하게 되고 창작행위에 필수적인 것이 되어가는 것이다. 또 해럴드 샤피로Harold Shapero가 충고하길, 이런 청각기술을 발달시키기 위해서는 작곡가 지망생들이 잘 알려진 작품으로 상상의 연주를 하게 해야 한다고 한다. 그러고 나서 그것을 실제연주와 비교해보는 것이다. 이런 훈련은 마음의 귀와 눈을 단련시킨다.

시인 에이미 로웰Amy Lowell 역시 시 낭송을 듣거나 문학작품을 낭독하는 것 역시 형상화기술을 증진시킬 수 있다고 말한다. 어린이들에게 책을 읽어주는 것이 지력知力을 촉진시킨다는 결과가 나오는 것도 같은 이유일 것이다. 시 낭송이나 소설 낭독에 귀를 기울일 때 내면의 소리는 커지고 눈은 종이책에서 해방된다. 그 결과 이미지를

*고유수용감각
proprioceptive sensation
운동감각이나 평형감각, 내장감각 등의 신체 내부 감각. 우리가 걷거나 물체를 들 때 물체의 무게에 따라 적당한 힘으로 들어올리는 행위는 신체의 관절이나 근육 속에 근육의 수축·이완상태나 관절상태의 변화를 감지하는 세포들이 있기 때문에 가능하다.

**로저 세션스
Roger Sessions
1896-1985, 미국 작곡가. 초기에는 낭만적인 경향을 보여주다가 엄격한 음악어법을 구사한 작품들을 발표했다. 주요 작품으로 오페라 〈루클루스의 심판〉, 〈몬데주마〉 등이 있다.

만들어내는 일에 집중할 수 있게 된다.

실제로 문학작품 낭독을 듣는 일은 사람의 목소리로 듣건, 테이프에 녹음된 소리로 듣건, 나이를 불문하고 누구에게나 유용하다. 텔레비전이나 영화, 비디오, 컴퓨터 애니메이션도 청각적·시각적 '그림'을 제공한다는 점에서는 좋은 점이 있다. 그러나 이런 기성 이미지에 전적으로 의지하게 되면 스스로 이미지를 상상해내는 힘이 자라지 않거나 사라질 수도 있음을 감안해야 한다.

내면의 감각을 일깨우는 다양한 방법들

이 책에서 우리가 제안하는 모든 것은 전 교육과정의 학생들이 형상화능력을 배양시키는 데 쓸 수 있다. 나이의 많고 적음에 상관없이 관찰기술을 연마할 수 있듯이 형상화기술도 발달시킬 수 있다. 이 일은 매우 간단하다.

첫째, 자신의 시각적, 청각적, 기타 감각적 이미지를 인식해보라. 방금 열쇠를 어디에 두고 왔는지 마음의 눈으로 보라. 읽고 있는 소설을 마치 영화로 보는 것처럼, 아니면 그것을 라디오로 듣고 있는 것처럼 머릿속에 생생하게 떠올려보라. 바나나, 눈, 고양이를 상상할 때 머릿속에서 그것들을 보고 듣고 냄새 맡고, 심지어 맛까지 보려고 노력해보라.

둘째, 하고 싶은 것을 무엇이든 마음껏 해보라. 만일 당신이 가장 좋아하는 영화장면을 다시 떠올리고 싶다면 그것이 완전히 자신의 것이 될 때까지 머릿속으로 다시 쓰고 다시 '보라'. 만일 소리를 이미지 형태로 사고하고 싶다면 가장 좋아하는 노래나 협주곡의 선율뿐만 아니라 화성을 머릿속에서 떠올리거나 들으려고 해야 한다.

셋째, 예술을 하라. 그러나 음악이나 춤, 회화나 요리에 관한 것을 '배우기만' 하지 말라. 직접 그리고, 작곡하고, 시를 쓰고, 음식을 만들어보라. 그러는 가운데 이미지가 저절로 떠오른다. 아마도 당신은 색으로 사고하지 않고서는 그림의 색을 고르지 못할 것이며, 소리로 혹은 소리에 관해 사고하지 않고는 피아노 건반 위의 선율을 짚어낼 수 없을 것이다. 닭고기와 어울리는 맛에 관해 사고하지 않고는 닭고기 요리를 완성하지 못할 것이다. 이렇듯 행위들을 하기 전에 과정을 먼저 상상하고 그 과정을 떠올리려고 노력하라.

마지막으로 내면의 눈, 귀, 코, 촉감과 몸감각을 사용할 구실과 기회를 만들라. 다른 사람을 시켜서 수학과 과학문제를 구술로 내게 하고, 연극대본을 읽으면서 다른 목소리를 듣고 다른 표정을 보라. 음악을 들으면서 느끼고 상상하는 일에 집중하라. 다른 기술도 그렇지만 이것을 일관성 있고 끊임없이 연습할 때 보다 강력한 이미지를 보다 빠르게 만들어낼 수가 있다.

그러나 이러한 형상화기술이 늘면 늘수록 이미지를 다른 사람에게 전달하는 데는 어려움을 겪는다. 최초에 떠오른 생각의 즉시성과 완결성은 그에 수반되는 이미지, 느낌, 감정과 더불어 희미해지고 사라지거나 왜곡될 수도 있다. 그래서 많은 창조적인 사람들은 보다 직접적인 전달 communication 형태를 희구해왔다.

소설가 마거릿 드래블 Magaret Drabble 은 예술이 이미지를 전달하는 수단으로 활용되는 데 대해 회의적이었다. "화가들과 마찬가지로 작가들도 그림으로 사고하는 경향이 있다. 비록 시각예술이나 문학, 영화가 사적이고 내밀한 심상들을 보여주는 것이기는 하나 이것들 역시 아무리 능숙하게 표현한다 해도 간접적인 전달형태라는 한계에서 벗어나지 못한다"라고 그녀는 쓰고 있다. 그래서 드래블은 일종의 꿈꾸는 기계를 상상한다. "자신이 꿈꾼 상들을 바로바로 기록해주

사이버네틱스의 창시자인 노버트 위너가 직접 경험한 바에 따르면, 수학과 과학언어를 사용해서 청각연습을 하는 것도 형상화능력을 키울 수 있다고 한다. 그는 어렸을 때 눈에 심각한 질병이 생기는 바람에 여섯 달 동안 책을 읽지 못했다.
"그래서 아버지가 수학을 가르쳐주셨지요. 대수와 기하 모두 귀로 배웠어요. 화학도 그렇게 배웠지요. 그 상황에서는 책으로 공부를 못하니까 아버지가 말로 하시는 것에 대해서만 생각할 수밖에 없었던 거지요."
'시각적'인 과목을 눈으로 보지 않고 공부하는 것은 이점이 있다. 기하학 도형을 종이 위에 그린 다음 머릿속으로 다시 그려보자. 상상에 수반되는 이미지와 느낌은 도형을 묘사할 때 사용하는 말의 소리와 연결되고, 이때 보다 깊고 넓은 이해가 눈을 뜨게 된다.

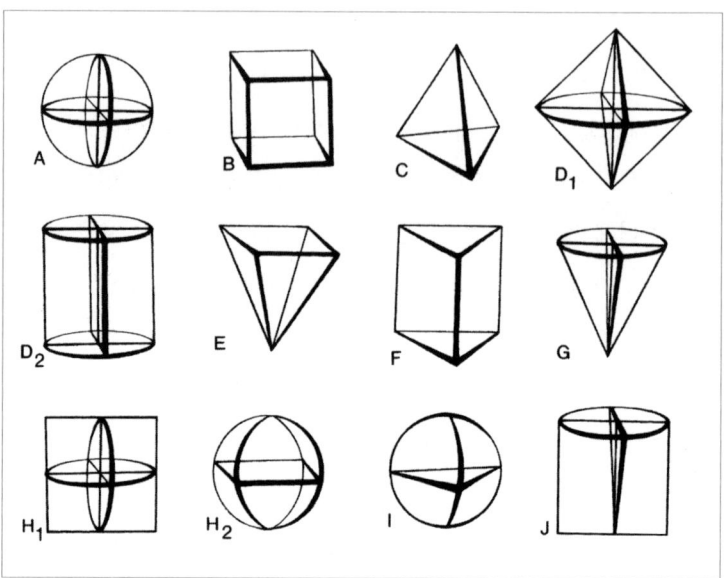

그림 2-4. 도형 상상하기 문제들의 해답. 어떤 문제들은 여러 개의 해답이 있으므로 여기에 제시된 것 외에는 독자 스스로 알아내보시라.

"색으로 사고하지 않고는 그림을 칠할 색을 고르지 못할 것이며, 소리로 사고하지 않고서는 피아노 건반 위의 선율을 짚어낼 수 없다."

고, 눈을 뜨자마자 그것들을 조회해볼 수 있게 하는 기계 말이다."

니콜라 테슬라도 같은 생각을 갖고 있었다. 그는 "언젠가는 마음속에 품고 있는 이미지를 스크린에 투사해서 보이도록 하는 것이 가능할 것"이라고 생각했다. "만일 그런 진보가 이루어진다면 모든 인간관계에 혁명적인 변화가 일어날 것이다. 이런 놀라운 일이 제때 이루어질 것이고 그럴 수 있다고 확신한다. 그렇게 되도록 나는 많은 생각을 쏟아부을 것이다"라고 그는 덧붙인다.

우리는 아직 '원시단계'에 있기 때문에 마음에 떠오른 모든 이미지들을 다른 전달수단으로 변환(번역)해야 한다. 그 전달수단에는 말, 음악, 동작, 모형, 회화, 도형, 영화, 조각, 수학공식 등이 있다. 그렇지만 우리는 불평하지 말아야 한다. '직접 형상화 direct-imaging' 능력이 부족했기 때문에 우리에게 대단한 표현수단이 생긴 것이니까.

■ 부록

대수학적 사고 vs 기하학적 사고

　다음은 흐르는 노를 젓다 강물에 모자를 빠뜨린 사람에 관한 유명한 문제다. 어떤 사람이 강에서 보트를 타고 노를 저어가고 있는데 강물의 유속은 시속 3킬로미터다. 이 사람은 강을 거슬러 올라가고 있는 중인데, 그가 노 젓는 속도는 거스르는 강물의 속도보다 시속 2킬로미터 빠르다. 그는 모자가 강에 빠진 뒤 30분이 지나서야 자신이 모자를 잃어버렸다는 것을 깨닫게 되었다. 만일 그가 보트를 돌려서 강이 흐르는 방향으로 지금까지와 같은 속도로 노를 저어가 모자를 집어오는 데까지 시간이 얼마나 걸릴까?

　이 문제에 대한 대수적 접근법은 주요 매개변수를 찾아 방정식을 만들고 미지수를 해결하는 방식으로 나아가게 된다. 강에 떨어진 모자는 시속 3킬로미터의 속도로 30분을 흘러갔으니 1.5킬로미터를 떠내려갔다. 노 젓는 사람은 시속 2킬로미터의 속도로 30분을 거슬러 올라갔으니 처음에 모자가 떨어진 곳에서부터 1킬로미터 상류에 있다. 그러므로 없어진 것을 알게 된 시점에서 이 사람과 모자 사이의 거리는 2.5킬로미터다. 그는 보트의 방향을 돌렸다. 원래 그는 시속 2킬로미터의 속도로 강을 거슬러 올라가고 있었다. 강물이 시속 3킬로미터의 속도로 그와 반대방향으로 흘러갔음을 고려한다면, 강속을 상대적으로 놓고 보았을 때 그의 노 젓기 속도는 시속 5킬로미터였다는 계산이 나온다. 이제 흐르는 강물을 타고 같은 속도로 노를 젓는다면 그가 낼 수 있는 전체 속도는 그의 노 젓기 속도인 시속 5킬로미터 더하기 강물의 속도인 시속 3킬로미터, 따라서 시속 8킬로미터가 된다. 한편 모자는 시속 3킬로미터의 속도로 하류로 계속 흘러가는 중이다. 이 사람이 모자를 다시 집을 때까지 필요한 시간을 t라고 하자. 그가 모자를 잡을 때까지 걸리는 총 시간은 다음과 같다.

$$(8km/hr)t = 2.5km + (3km/hr)t$$

노 젓는 사람과 모자 사이의 거리는 모자를 집으러 가는 동안 모자가 떠내려간 거리를 합산한 것이다. 이런 식으로 이 방정식을 풀면 다음과 같은 해답이 나온다.

$$(8km/hr)t - (3km/hr)t = 2.5km, t = 0.5hr$$

즉, 30분이 정답이다.

이 문제에 대한 기하학적 접근은 이것을 형상화하는 것이다. 뛰어난 시각형 사고자라면 이 정도의 문제는 간단한 상대성이론의 묘수를 가지고 풀 수 있다. 그는 강을 거스르며 노 젓는 사람 대신 빠르게 움직이는 열차의 승객을 상상할 것이다. 그리고 열차가 가는 반대방향으로 객차통로를 걸어가다가 어느 한 객차 안에 모자를 떨어뜨린 것으로 본다. 30분을 걷고 나서야 모자가 없어진 걸 깨달은 그는 모자를 찾기 위해 다시 몸을 돌려 객차통로를 되짚어간다. 이때 그가 같은 속도로 걷는다면 얼마나 더 걸어야 하나? 정답은 물론 30분이다. 기차나 강물이 움직이고 흘러간다는 사실은 문제와 아무 관계가 없다. 강물을 기차로 놓고 노 젓는 사람을 기차 위를 걷는 사람으로 생각한다면 아까와 같은 30분이라는 답이 금방 나온다.

비록 대수학적 접근과 기하학적 접근의 결과는 같지만, 그 방법은 분명히 다르다. 대수학자들은 기하학자들이 답을 증명하지 않았다고 비난할 것이다. 왜냐하면 어떤 계산식이나 일반원리도 보이지 않기 때문이다. 반대로 기하학자들은 대수학자들이야말로 직관적으로 답을 구할 수 있는 문제를 공연히 계산하려 한다고 빈축을 놓을 것이다.

기하학적으로 사고한 아인슈타인과 파인먼의 난제는 물리적 증명을 요구하는 사람들을 만족시키기 위해 직관적인 생각을 분석적이고 대수학적인 형태로 바꿔 전달해야 한다는 것이었다. 반면에 호일의 문제는 그의 대수학적 공식들이 시각적·기하학적으로 생각하는 사람들에게는 아무 의미가 없는 것이었다. 오직 극소수의 사람들만이 이 두 가지 접근법 사이를 쉽고 기민하게 왕래하며 상호전환할 수 있다. 그런 '변형transformation'은 종종 발전과 도약의 중요한 계기가 된다. 이것은 뒤에 나오는 이 책의 변형 편에서 본격적으로 다루겠다.

SPARK OF GENIUS
생각도구 3 **추상화**

피카소는 눈이 아니라 마음으로 본 것을 그렸다
추상화는 곧 단순화이다
추상화의 본질은 한 가지 특징만 잡아내는 것
움직임도 추상화될 수 있다
분야간 경계는 추상화를 통해 사라진다
추상화는 중대하고 놀라운 사물의 본질을 드러내는 과정

왼쪽부터: 파블로 피카소, 윌라 케이터, 찰스 토머슨 R. 윌슨, 새뮤얼 존슨.

▶ 추상화를 통해 새롭고 다의적인 통찰과 의미를 발견한 사람들

"당신들은 보고 있어도 보고 있지 않다. 그저 보지만 말고 생각하라. 표면적인 것 배후에 숨어 있는 놀라운 속성을 찾으라."
- 화가 파블로 피카소

"추상화는 없어도 되는 관습적 형식과 무의미한 세부를 골라내고 전체를 대표하는 정신만을 보존하는 일이다."
- 소설가 윌라 케이터

"나는 내가 관찰하고 생각한 것 중에서 가장 중요한 한 가지 요소를 제외하고는 모두 다 버렸다."
- 물리학자 찰스 토머슨 R. 윌슨

"문학이 하는 일은 개체가 아닌 종을 들여다보는 것이며, 전체를 포괄하는 특성과 주된 현상에 주목하는 것이다."
- 시인 새뮤얼 존슨

추상이란 어떤 대상의 전체를 재현하는 것이 아니라
눈에 덜 띄는 한두 개의 특성만을 나타내는 것이다.

ABSTRACTING ABSTRACTING ABSTRACTING ABSTRACTING ABSTRACTING
▪ ▪

과학자, 화가, 시인들은 모두 복잡한 체계에서 '하나만 제외하고' 모든 변수를 제거함으로써 핵심적 의미를 발견하려고 애쓴다. 현실이란 모든 추상의 종합이며, 이 가능성을 알아냄으로써 우리는 현실을 보다 잘 이해할 수 있다. 즉, 진정한 의미에서 추상화란 현실에서 출발하되, 불필요한 부분을 도려내가면서 사물의 놀라운 본질을 드러나게 하는 과정이라고 할 수 있다. 그러므로 우리가 궁극적으로 할 일은 추상화 자체의 본질을 찾아내는 것이다.

> 피카소는 눈이 아니라
> 마음으로 본 것을 그렸다

우리가 살고 있는 현대사회에서 '추상'은 너무 흔한 것이어서 그다지 주목의 대상이 되지 않는다. 우리는 어디서나 추상미술을 본다. 우리가 종종 읽는 책이나 요약된 논문도 일종의 추상이라 할 수 있다. 우리는 자주 어떤 개념이나 이론에 추상이라는 호칭을 부여하는데, 그것들이 실제의 전모가 아니기 때문이다. 그럼에도 불구하고 추상화抽象化가 일어나는 과정은 거의 설명이 불가능하고, 추상의 결과물 중에서 많은 것들이 인식되지 못한 채 그대로 묻히고 만다.

이 책을 잠시 옆으로 밀쳐두고 오렌지 한 개를 온갖 방법으로 '추상화'해보라. 그런 다음 사람을 추상화하라. 다시 다른 사물들을 가능한 한 많이 추상화해보라. 할 만큼 했다고 생각이 들면 책으로 다시 돌아오라.

이 연습을 어디서부터 어떻게 해야 할지 감을 잡을 수 없다고 해서 좌절할 필요는 없다. 이제까지 실험해본 바에 따르면 화가나 작가, 교사 같은 전문가들도 이 연습을 하는 데 어려움을 겪었다. 그들은 추상화라는 것이 무엇인지는 알고 있었다. 그럼에도 불구하고 그들 중 아주 소수만이 우리가 흔히 추상미술이라고 할 때의 '추상'에 값하는 결과를 보여주었으며 그보다 더 극소수의 사람들만이 상상력 넘치는, 제대로 된 추상을 창조해냈다.

이 연습을 통해 대부분의 사람이 그려낸 것은 흔하고 진부한 시각적 추상들이었다. 오렌지를 오렌지색이 칠해진 원으로 표현하거나, 사람을 추상화할 경우 막대기 모양이나 몸은 없으면서도 행복한 표정을 짓고 있는 머리로 표현한다. 그 화학적 구성이나 생태계에서 맡고 있는 생물학적 역할까지는 아니더라도, 오렌지와 사람의 촉감, 냄새, 동작, 소리 등을 추상화한 사람

그림 3-1. 〈화가와 모델〉, 파블로 피카소 작, 1932.

은 별로 없다. 어느 누구도 드로잉이 아닌 음악이나 춤, 말, 혹은 수數로 추상화를 하겠다는 생각을 하지 않는다. 이 모든 의사전달매체들이 추상을 표현하는 데 사용될 수 있음에도 불구하고 막상 추상화과정에서는 배제된다. 추상화과정은 일반인들이 잘 인식하지 못하고 있을 뿐 아니라 제대로 이해하지도 않고 있는 것이 분명하다.

　어쩌면 몇몇 대가의 사례가 추상화의 인식과 이해에 도움이 될지도 모르겠다. 첫째는 1927년에 피카소가 연인 마리 테레즈 발터Marie-Thérèse Walter가 뜨개질하는 모습을 스케치한 경우다. 그러나 그는 그녀를 그리고 있는 자신의 모습을 그렸다. 그 그림 안에는 그가 스케치하는 캔버스가 그려져 있다. 그러므로 이 그림은 그림을 그리는 과정을 그린 그림이 되는데 피카소가 가장 좋아한 주제 중 하나였다. 캔버스에 그려지고 있는 마리 테레즈의 모습은 마구 그린 직선과 곡선의 연속체에 불과했다. 피카소는 도대체 무엇을 그렸나?

　같은 시기에 물리학자 찰스 토머슨 R. 윌슨Charles Thomason R. Wilson*은 소립자subatomic의 사진을 찍었다. 우리는 대부분 이 입자들이 큰 덩어리로부터 떨어져나온 작은 조각일 거라고 생각한다. 그

*찰스 토머슨 R. 윌슨
Charles Thomason R. Wilson 1869-1959, 영국 물리학자. 콤프턴 산란을 실증한 공로를 인정받아 1927년 노벨 물리학상을 수상했다. 뇌우의 전기적 구조에 관한 학설을 발표했다.

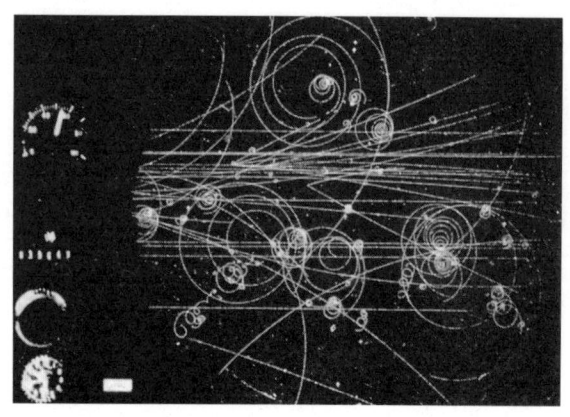

그림 3-2. 윌슨이 찍은 구름상자 안의 소립자 궤적, 1970.

런데 실제로 윌슨이 현상한 사진은 피카소가 그린 마리 테레즈의 모습과 놀라우리만치 비슷했다. 3차원으로 존재하는 나선형 무리와 소용돌이 문양들은 기괴한 용수철처럼 보인다. 이 사진에 나타난 소립자 궤적의 연구를 통해 윌슨은 노벨상을 수상했다. 그러나 이런 이미지들이 원자와 무슨 관계가 있단 말인가?

수십 년이 지난 후 피카소의 팬이던 시인 에드워드 E. 커밍스는 난해한 퍼즐작품을 하나 내놓았다. 그의 작품은 아래의 모습처럼 선이 아닌 단어로 이루어졌다.

"추상은 어떤 대상의 전체를 재현하는 것이 아니라 눈에 덜 띄는 한두 개의 특성만을 나타내는 것이다."

<pre>
          I
         l(a
         le
         af
         fa
         ll
         s)
        one
         l
        iness
</pre>

피카소의 스케치나 윌슨의 사진, 커밍스의 시를 그냥 한번 보는 것 만으로는 뭐가 뭔지 알 길이 없다. 문제는 이것들이 믿을 수 없을 정도로 단순하기 때문에 구조를 파악하기 어렵다는 데 있다. 그러나 화가, 과학자, 시인이 무엇을 나타내려 했는지 이해한다면 그 의미는 대단히 명확해진다.

　놀랍게도 커밍스의 시는 피카소가 그린 〈화가와 모델 Artist and Model〉의 언어적 등가물이다. 마치 천둥이 번개의 청각적 등가물인 것과 같다. 게다가 윌슨의 사진은 커밍스의 시와 피카소의 그림이 남기고 있는 잔상처럼 보인다. 이 세 사람은 자신들이 관찰하고 생각한 것 중에서 가장 중요한 한 가지 요소를 제외하고는 모두 다 버렸다. 그들은 복잡한 시각적, 물리적, 정서적 관념들을 제거해가면서 결국은 아무것도 걸치지 않은 이미지들만 남기고 있다. 단순성을 통해 이 이미지들은 순수의 힘을 보여주고 있다. 바꿔 말해 그들은 '추상화'를 한 것이다.

　피카소가 그린 마리 테레즈의 스케치를 이해하는 열쇠는 추상이 대상의 전체를 재현하는 것이 아니라 눈에 덜 띄는 한두 개의 특성만을 나타내는 것이라는 점을 깨닫는 데 있다. 피카소는 모델 자신보다는 그녀가 머물고 있는 공간에 주목했다. 이 그림을 해석하는 데 있어서 가장 중요한 것은 다른 모델들과는 달리 마리 테레즈가 어떤 동작을 취하고 있었는지 인식하는 일이다. 마리 테레즈가 뜨개질을 하는 동안 뜨개바늘이 앞뒤로 움직이면서 옷 속으로 들어갔다 나왔다 하고 있다. 그녀는 실타래를 매만지기도 하고 바닥에 떨어지면 집으려고 손을 뻗기도 하고 자신이 옷에 넣고 있는 문양을 점검하기도 한다. 만일 피카소가 그녀의 몸에다 움직임의 궤적을 나타내는 발광 표시기라도 부착했다면 아주 복잡한 그림이 나타났을 것이다.

　한편 피카소는 자신과 모델의 실제모습을 그려보임으로써 자신이

물리학자 베르너 하이젠베르크는 추상화를 일컬어 "한 가지 관점 아래 어떤 대상이나 대상집단을 놓아두고 그 대상이 가진 다른 모든 속성을 무시하는 것이며, 추상의 본질은 다른 속성에 비추어 특히 중요하다고 생각되는 한 가지 특징만 잡아내는 데 있다"라고 했다.

피카소는 추상화를 그리는 목적을 말하면서 이보다 분명하게 정의를 내리고 있다. "나는 누드를 '말하고' 싶다. 누드를 위한 누드는 그리고 싶지 않다. 오직 나는 가슴을, 발을, 손을, 배를 말하고 싶은 것이다. 그것들을 말하는 방법을 찾는 것, 그것뿐이다." 그는 하이젠베르크가 자연의 법칙을 찾으려 했듯이 시각언어의 본질을 추구했다.

마음만 먹는다면 그녀와 똑같은 초상화를 그릴 수도 있었다는 점을 시사하고 있다. 그러나 그는 그렇게 하지 않았다. 결국 그의 스케치가 말하고자 하는 것은 마리 테레즈의 또 다른 실체다. 그것은 그녀의 실제모습만큼 흥미로우며 더 중요한 것은 그녀가 전혀 예기치 않았던 모습으로 나타났다는 것이다. 피카소는 우리에게 이렇게 훈계한다. "당신들은 보고 있지만 보고 있는 게 아니다. 그저 보지만 말고 생각하라! 표면적인 것 배후에 숨어 있는 놀라운 속성을 찾으라! 눈이 아니고 마음으로 보라!"

> "표면적인 것 배후에 숨어 있는 놀라운 속성을 찾으라! 눈이 아니고 마음으로 보라!"

커밍스의 시는 피카소나 윌슨의 작품만큼이나 강력한 추상이다. 실제로 이 시는 그것들과 연관이 있다. 한때 중국의 표의문자에 빠져 있었던 피카소는 이렇게 말한 적이 있다. "내가 중국인으로 태어났더라면 화가가 아닌 작가가 되었을 것이다. 나는 그림을 '쓰고' 싶다." 윌슨의 명성이 소립자들로 하여금 스스로의 필적(흔적)을 벽(필름)에 남기도록 한 데서 온 것처럼, 시인으로서 커밍스의 평판은 단어를 가지고 그림을 '쓰는', 그것도 표의문자가 아닌 영어로 쓰는 방법을 알아냈다는 데서 나온다.

우선 커밍스의 시가 글자나 단어가 아니고 하나의 이미지라는 점을 생각해야 한다. 시는 알파벳 l로 시작하는데, 이 글자는 숫자 1로도 읽을 수 있다. 이 글자, 또는 숫자야말로 커밍스가 행한 추상화의 본질이다. 그는 양쪽 의미(글자와 숫자)를 모두 이용하며 장난을 친다. 그는 역시 시의 구조를 가지고도 장난을 치는데, 그것을 가리켜 '시 그림 poempictures'이라고 부른다. 단어라는 것은 말로 하면 들리는 것이지만 써놓으면 보이는 것이기도 하다. 이 시에서 단어들은 상당히 주도면밀하게 배치되어 있다. 시인은 "나뭇잎이 떨어진다 a leaf falls"라고 적고 있다.

독자들은 이 단어 조각들이 '떨어지는' 모습을 흉내 내고 있음을 알아챘을 것이다. 독자의 눈은 책장을 가로지르며 이리저리 움직인다. 마치 떨어지는 나뭇잎을 따라가는 듯하다. 이 기법은 커밍스가 다른 시에서도 사용하고 있는데, 예를 들어 〈여치 *Grasshopper*〉라는 시는 독자의 눈이 책장 여기저기로 뛰어다니게 만든다. 다음에 'one'이라는 단어가 나온다. 그리고 첫 글자인 l을 반복하고, 'iness'가 나오는데, 이것은 'I-ness'를 소문자로 쓴 것이라 생각된다. 즉, I(나)는 하나인 것, 홀로의, 단독의, 잎이 무성하던 나무라는 집에서 떨어져 나온 나뭇잎 하나와 같은 것이다. 더구나 첫 글자 l에 시 끝부분의 one과 l, iness를 결합하면 '외로움loneliness'이라는 단어가 생겨난다. 이것은 나무에 남아 있는 동료 잎사귀들과 헤어진 나뭇잎의 상태이며, 고독한 개인의 상태를 뜻하기도 한다.

커밍스가 신조어를 자주 만들어낸다는 것을 아는 독자라면 괄호 다음의 글자만 가지고 'oneliness'라는 단어를 읽어낼 수도 있을 터인데, 이것 역시 '하나'의 상태를 나타낸다. 보다 심오하게 본다면, 책장에 나타난 전체 시의 모양은 숫자 1의 모습과 같은데, 이 형태 속에 '하나one', '외로움loneliness', '홀로인 나I-ness'라는 뜻이 내포되어 있는 것으로 볼 수도 있다. 이 몇 글자 속에 그토록 많은 의미가 들어 있다니 실로 놀랍지 않은가!

추상화는 곧 단순화이다

모든 추상화는 단순화다. 피카소나 윌슨, 커밍스가 한 것과 같은 뛰어난 추상작업은 그때까지 드러나지 않던 특성과 관계를 단순화를 통해 드러내는 일이었으며, 그 결과 새롭고 다의적인 통찰과 의미를 전달할 수 있었다. 위 사례들이 알려주는 또 다른 진실은 가장 단순

> "가장 뛰어난 추상작업은 드러나지 않은 특성과 관계를 단순화를 통해 드러내는 일이다."

모든 장르의 예술가들이 형상화능력에 의존하고 있다는 것은 놀랄 일이 아니다. 이 경향은 화가의 경우에 더욱 뚜렷하다. 그들은 색과 선과 형태로써 자신을 표현하기 때문이다.

그러나 예술분야에서 형상화라는 것은 반드시 회화적 표현에만 관련되어 있는 것은 아니다. 그것은 몸동작이나 언어적 묘사와도 관련이 있다. 미국의 안무가 애너 소콜로우의 말에 따르면 무용수는 동작이라는 관점에서 형상화를 하는데, 이는 화가가 색과 선, 그것들의 배치라는 관점에서 형상화를 하는 것과 유사하다. 마사 그레이엄의 수많은 제자들(소콜로우도 그중 하나였다)은 그녀의 수업과 안무가 제자들의 "상상력을 깨우기 위한 이미지들로 넘쳐났다"고 회고한다.

한 추상이 파악하거나 고안하기가 가장 어려운 반면 가장 중요한 통찰을 품고 있다는 것이다.

수학을 예로 들어보자. 수학은 오로지 추상의 장場이다. 수의 개념은 언제, 어디서, 무엇에나 적용이 가능한 추상의 진수다. 우리는 수를 현실세계와는 별도의 장에서 다룰 수 있다. '무nothing' 그 자체는 하나의 추상인 영zero이며, 실재하지 않는 것인 동시에 모든 수의 기반이 된다.

이론물리학자 폴 디랙Paul Dirac*은, "수학은 모든 종류의 추상적 개념을 다루기에 특히 적합한 도구다. 수학의 세계에는 어떠한 제한도 없다"라고 주장한다. 더 나아가 수학자 필립 데이비스Philip Davis와 로이벤 허시Reuben Hersh는 추상화는 지성 그 자체의 특징이거나 그것과 동의어라고 단언한다.

모든 과학이론과 법칙은 놀랄 만큼 강력하고 통찰력 넘치는 추상이다. 중력장 안에서는 어떤 물체든지 모양, 크기, 밀도, 색, 조직, 단단함, 구성 등과는 상관없이 점집합point mass**으로 표시된다. 물리학자들은 생쥐조차 다리라는 용수철 위에 얹혀 있는 점집합으로 간주한다. 그들은 생쥐가 얼마나 높이 점프할 수 있는지를 아주 정밀한 방정식으로 설명한다. 마찬가지로 속도, 가속도, 온도, 밀도의 개념 등의 추상은 너무나 보편적인 것이어서 모든 것에 적용이 가능하다.

말 역시 추상을 빌어 발설된다. 수많은 단어들, 예를 들어 사랑, 진실, 명예, 의무 등은 대단히 복잡한 개념들을 나타내고 있다. 작가는 세상에 존재하는 방대한 텍스트에서 이런저런 단어를 추출(추상)하여 서술문장으로 만들어낸다.

그러나 문학에서의 추상이란 그 이상의 깊이가 있다. 새뮤얼 존슨Samuel Johnson***은 문학에서 이루어지는 추상화를 두고 이렇게 말한다. "문학이 하는 일은 개체가 아닌 종種을 들여다보는 것이며, 전체

물리학자이자 발명가인 미첼 윌슨은 다음과 같이 썼다. "위대한 과학자가 되기 위해 필요한 것을 말해본다면, 우선 매우 복잡한 것들을 이해하는 능력은 필요없다는 것이다. 오히려 그 반대다. 가장 복잡한 것처럼 보이는 무엇을 간파해서 한순간에 그 저변에 깔려 있는 단순성을 파악해내는 능력이 필요한 것이다."

*폴 디랙
Paul Dirac
1902-1984, 영국 물리학자. 양자역학연구의 업적을 인정받아 1933년 노벨물리학상을 수상했다.

**점집합
point mass
실제적인 물체를 구성하는 무한히 작은 점들.

***새뮤얼 존슨
Samuel Johnson
1709-1784, 영국 시인이자 평론가. 17세기 이후 52명의 전기와 작품론을 정리한 《영국시인전》으로 유명하다. 1995년에 《워싱턴 포스트》지가 최고의 저자로 선정하였다.

를 포괄하는 속성과 주된 형상에 주목하는 것이다. 이 과정에서 작가는 한 종을 특징짓는 데 영향을 주지 못하는 미미한 차이는 무시해야 한다." 이와 비슷하게 소설가 윌라 케이터Willa Cather는 다음과 같이 결론짓는다. "예술작업의 보다 높은 단계는 단순화다. 그것은 실로 고급 예술 작업의 전부라고 해도 무방하다. 없어도 되는 관습적 형식과 무의미한 세부를 골라내고 전체를 대표하는 정신만을 보존하는 일이다."

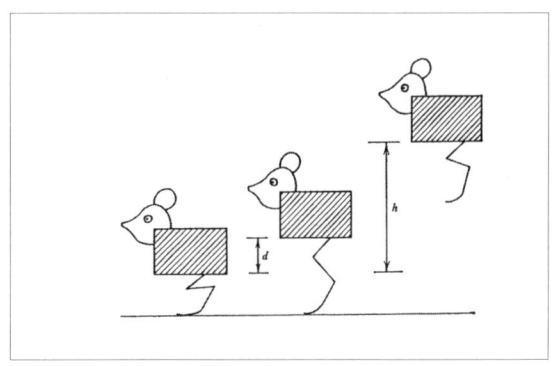

그림 5-3. 점프하는 생쥐의 모습.

몸 언어 역시 추상이다. 실제로 몸으로 말하기는 아주 기본적인 것이어서 셈법과 마찬가지로 이질적인 문화 사이에서도 통용된다. 세계 어딜 가나 사람들은 말이 통하지 않을 때 몸짓을 사용한다. 얼굴을 찡그리거나 제스처를 이용해서 자신이 원하는 바를 표현하는 것이다. 또한 우리는 일본의 노能나 서구의 발레, 현대무용 같이 몸으로 표현되는 정화된 언어, 즉 몸짓 하나, 동작 하나에 의미가 응축되어 있는 언어를 만나기 위해 돈을 지불하기도 한다. 다른 분야도 그렇지만 무용에서 추상은 본질에 닿아 있으며 개념을 정제한다. 조각가 헨리 무어Henry Moore*의 말을 빌자면 무용은 "가장 위대한 직접성과 강렬함"을 낳는다.

이 본질적인 직접성은 우리의 삶 곳곳에 스며들어 있다. 우리는 휘파람을 불 때 곡의 일부를 발췌하는 식으로 관현악 대작이나 팝 음악을 추상화한다. 또한 우리는 막 읽은 책을 누군가에게 요약해서 말해주면서 추상화를 한다. 또한 보고 싶은 TV프로그램을 선택할 때도 TV가이드나 신문에 실린 한 줄짜리 안내기사를 보고 고르는데, 이것 역시 추상이라 할 수 있다. 우리는 신문이나 잡지의 헤드라인을 보고

*헨리 무어
Henry Moore
1898-1986, 영국 조각가. 유기적이고 단순한 원초적 형체로 대상의 내적 생명력을 표출하였다. 1948년 베니스 비엔날레에서 국제조각대상을 받았다.

> "보다 높은 단계의 예술은 없어도 되는 관습적 형식과 무의미한 세부를 골라내고 전체를 대표하는 정신만을 보존하는 일이다."

서 그 기사를 읽을지 말지를 결정하는 식으로 추상에 의존한다. 학생들 역시 셰익스피어의 고전희곡 원본보다 요약본을 더 자주 찾는다. 캐리커처 역시 추상의 일종이며 어떤 개인의 '이니셜'이라고 할 만하다. 심지어 경구도 추상의 한 형태로 볼 수 있다. 연륜이 가져다준 지혜와 경험을 몇 단어로 축약해서 표현하는 것이니까 말이다. "제때의 한 바늘이 그 뒤의 아홉 바늘을 던다" 같은 영어속담처럼.

이 모든 숫자, 단어, 몸짓 등은 너무도 기초적이고 단순해서 크게 두드러져 보이지 않는다. 그러나 추상의 본질이란 것은 우리가 혼잣말로 "우리 아이는 할 수 있어"라고 말하는 것과 다르지 않다. 우리는 우리가 항상 추상을 '사용'하고 있다는 걸 알고 있지만 아주 극소수만이 새로운 수학을 고안하고, 새로운 자연법칙을 발견하며 새로운 각도에서 인물의 그림을 해석하고, 새로운 몸짓언어를 개발해낸다. 그런 일들은 이루기 어렵고 성공사례 또한 매우 드물다.

피카소는 단순하고 군더더기 없는 그림을 배우는 과정이 얼마나 힘든 일이었는지 거듭 언급하고 있다. 그는 그 과정을 하나씩 익혀야 했다. 커밍스 역시 그의 창작노트를 보더라도 시가 '단순성'을 획득하기까지 얼마나 힘들게 노력했는가가 잘 나타나 있다. 그는 자신이 본 현실의 복잡함과 혼란스러움을 그대로 표현하고 전달하는 것이 오히려 쉬운 일이었다고 말한다.

추상화는 다른 모든 분야의 사람들에게 어려운 일이다. 마크 트웨인Mark Twain이나 어니스트 헤밍웨이를 비롯한 많은 작가들은 편집자에게 원고가 지나치게 길어져서 유감이라는 편지를 썼다. 그들은 한결같이 시간이 좀더 있었더라면 길이가 절반으로 줄어들었을 것이라고 말하고 있다. 윈스턴 처칠Winston Churchill은 5분짜리 얘깃거리를 가지고 하루종일 떠들 수는 있지만, 말할 시간이 5분밖에 주어지지 않는다면 그걸 위해서 하룻동안 꼬박 준비해야 한다고 했다. 시인 에드윈 A. 로빈슨Edwin A. Robinson은 젊어서 짧은 시를 쓰다가 점점 긴 시를 썼는데 이런 말을 남겼다고 한다. "나이가 예순이 넘고 보니 시를 짧게 쓰는 것이 너무 힘들구나."

이처럼 글쓰기의 본질은 종이 위에 단어를 늘어놓는 것이 아니라 불필요한 것들을 골라내고 버리는 데 있다. 교사들은 막 배우기 시작한 아이들을 가르치는 것이 어느 정도 배움이 진척된 아이들을 가르치는 것보다 훨씬 어렵다고 한다. 이유는 그 아이들이 기본적으로 알아야 할 것들을 단순화시켜 가르치기 힘들기 때문이다.

우리는 과학수업이 처음 시작될 때 흥미로운 사실을 발견하게 된다. 단순한 중학교 과학교과서에도 위대한 과학자들의 업적이 실려있다. 갈릴레오Galileo, 뉴턴Newton, 다윈Darwin, 파스퇴르, 멘델Mendel, 퀴리Curie, 왓슨Watson, 크릭Crick 등의 업적에 대해 잠시라도 생각해본다면 놀라게 될 것이다. 대개의 사람들은 과학의 가장 중요한 발전들이 가장 복잡한 것이라고 막연히 짐작하지만 알고 보면 그것은 가장 단순한 것들이다.

기초원리는 저변의 단순성에서 태어난다. 그러나 현실의 복잡성을 꿰뚫고 단순한 원리를 발견하는 일은 위대한 천재성을 요구한다. 피카소는 가장 추상적인 것이야말로 현실성의 정점에 있는 것이라고 하지 않았던가. 그런가 하면 물리학자 베르너 하이젠베르크Werner Heisenberg는 "더 큰 일반성을 향해 한 걸음 내딛는 것은 추상성 속으로 한 걸음 내딛는 것이다.

보다 정확하게 말하면, 추상화가 고도화될수록 일반화의 영역은 더 확대된다"라고 썼다. 리처드 파인먼은 이보다 간결하게 적어놓고 있다. "현상은 복잡하다. 법칙은 단순하다. ……버릴 게 무엇인지 알아내라."

"글쓰기의 본질은 종이 위에 단어를 늘어놓는 것이 아니라 불필요한 것들을 골라내고 버리는 데 있다."

추상화의 본질은
한 가지 특징만 잡아내는 것

그러나 추상화한다는 게 무엇인지, 그게 왜 중요한지를 깨닫는 것은 문제해결의 절반에 불과하다. 나머지 절반은 어떻게 해야 복잡한 현상 뒤에 숨어 있는 단순한 개념들을 알아내느냐 하는 것이다. 어떻게 알 것인가? 다행히도 많은 창조적 인물들은 자신이 어떻게 추상화를 했는지 자세하게 기록으로 남겨놓고 있다.

대다수 사람들이 저지르는 실수는 현실을 무시하면서 추상화를 시작한다는 것이다. 대상을 관찰하는 것은 어떤 예술가에게든 가장 우선적으로 해야 하는 중요한 일이다. 심지어 브리짓 라일리Bridget Riley* 같은 화가들, 즉 그림을 그리는 목적이 "실제로 경험하지 않고도 감각을 일깨울 수 있도록 감각을 항상 열린 상태로 두는 것"에 있는 화가들도 현실을 지각하는 일은 첫 번째 과제다. 그런 다음에야 추상화가 이루어지는 것이다.

피카소는 다른 화가들에게도 주의를 주고 있는데, 그의 말에 따르면 "추상에 도달하기 위해서는 항상 구체적인 실재로부터 시작해야 한다. 뭔가 실체가 있는 것에서 출발해야만 나중에 실재의 흔적들을 제거해나갈 수 있다. 그리고 그런다 해도 큰 위험은 없다. 왜냐하면 그 오브제가 표방하는 이념은 아무리 지운다 해도 지워지지 않는 표시를 남길 테니까. 어쨌든 현실이야말로 화가가 그림을 시작하게 되는, 마음이 흥분되고 감정이 동요되는 출발점이 된다"라는 것이다.

자신의 말 그대로 피카소는 그 유명한 황소 연작물을 시작하면서 처음에는 황소의 모습을 아주 사실적으로 묘사했다. 그는 황소의 몸에서 펑퍼짐한 부분들이 형태를 만들고 있다는 점에 흥미를 느끼고 이 부분에 초점을 맞추면서 연작을 그려나갔다. 그러다가 평면들의

---

*브리짓 라일리
Bridget Riley
1931– , 영국 화가. 옵아트의 대표적인 작가다. 흰색과 검은색으로 된 작은 세모꼴의 배열과 줄무늬 모양의 곡선으로 파도의 효과를 시각적으로 주었다. 대표작에 〈흐름〉 등이 있다.

그림 3-4. 〈황소〉, 피카소 작, 1946.

가장자리와 모서리에서 황소의 특징이 가장 잘 드러난다는 것을 알게 된 그는 간단한 외곽선 몇 개로 황소를 처리한 그림을 그렸다. 그리고 종국에 가서는 황소의 몸을 이루는 요소들은 대부분 제거하고 머리의 특징을 잡아낸 그림을 그렸다.

몸을 구성하는 특징이 사라졌음에도 불구하고 이 그림은 '황소다움'의 본질을 보여준다. 그림이 황소를 표현하고 있음을 알아내는 데는 별 문제가 없는 것이다. 피카소에게 있어서 황소다움이란 머리의 크기나 몸뚱이에 있는 게 아니라 뿔처럼 아주 단순한 것에 깃들어 있었다.

'추상화'는 다양하게 활용할 수 있는 생각의 도구다. 어떤 대상이나 이념의 다른 측면들을 드러내는 추상화의 방법은 헤아릴 수 없이 많다. 추상화의 결과물은 대체로 관찰과 단순화의 대상이 되는 사물의 특징에 많이 의존하게 된다. 앙리 마티스 역시 자신만의 독특한 방법으로 추상화를 했다. 만년에 그는 지병으로 병상에 누워 지냈기 때문에 그림을 그릴 수 없었다. 그래서 그는 그림을 그리는 대신 가

그림 3-5. 달팽이의 기초적인 추상을 보여주는 앙리 마티스의 스케치, 1952-1953.

"현실이란 모든 가능한 추상의 총체이며, 이 가능성을 알아냄으로써 우리는 현실을 보다 잘 이해할 수 있다."

위를 이용해서 다수의 콜라주 작품을 만들어냈다. 훗날 유명해진 달팽이를 주제로 한 작품들은 그의 추상화기법을 잘 보여준다. 그의 가위질은 달팽이가 어떻게 우아한 추상이 되어가는지를 알려준다. 그 중 하나를 보면, 우리는 그가 달팽이의 만곡선을 따라 잘라 종잇장처럼 편다면 어떤 모양이 될지를 상상했다는 것을 알 수 있다. 다른 작품에서 그는 한쪽 끝을 묶은 종이철을 나선모양으로 만들어 '달팽이다움'의 본질을 표현하고자 했다. 이 두 가지 과정에서 그가 의도한 것은 달팽이의 복잡한 모양을 하나하나 분절시키는 것이었다.

이와 같은 사례에서 우리가 배울 수 있는 것은 어떤 대상이든 수많은 추상이 가능하고 추상 하나하나가 숨은 진실을 비춰준다는 것이다. 현실이란 모든 가능한 추상의 총체이며, 이 가능성을 알아냄으로써 우리는 현실을 보다 잘 이해할 수 있다.

움직임도 추상화될 수 있다

또 다른 추상의 예는 발명가, 과학자, 화가들이 모두 동시에 관련된 것인데, 어느 한 분야의 추상화과정이 진행되어 분야 간의 경계를 넘어서는 경우다. 가장 중요하고 혁명적인 사례가 20세기 가장 난해한 그림 중의 하나로 손꼽히는 마르셀 뒤샹의 〈계단을 내려오는 누

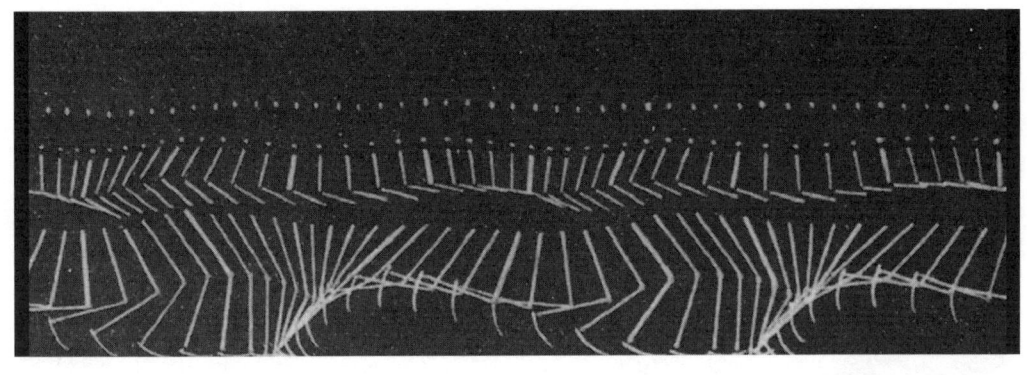

드〈Nude descending a Staircase〉다.

프랑스의 생리학자 E. J. 마레Marey*는 사람이 움직일 때 뼈나 관절의 위치가 어떻게 변하는지 알고 싶어 했다. 그는 모델에게 전신을 덮는 검은 옷을 입힌 다음, 그 옷 위에 사지의 주요한 뼈를 따라 하얀 선을 그었고 주요 관절부에 하얀 점을 크게 찍었다. 마레는 모델을 검은 배경 앞에서 움직이게 한 다음 연속사진을 찍었다. 사진에 나타난 모습은 육체가 사라진 점과 선의 집합이었다. 추상이 된 것이다 (그림 3-6 참조).

아마추어 화가이기도 했던 생리학자 폴 리셰Paul Richer는 마레의 추상적인 사진이 담고 있는 정보가 사상 최초로 사람의 동작에 대한 정확한 물리적 역학분석을 가능하게 할 만큼 중요한 것임을 직감했다. 그는 마레의 사진을 분석해서 사람이 움직일 때 몸에 가해지는 힘과 다양한 동작에서의 무게중심점, 상대속도 등을 계산해냈다.

계몽주의 철학자들이 꿈꾸었던 '기계로서의 인간'이라는 개념은 유추와 추상 모두를 뜻하고 있는 것이다. 이제 생리학자들은 인간의 몸을 기계적으로 분석할 수 있게 되었다. 몸은 기계몸체, 팔다리와 관절은 레버, 동작은 힘과 속도, 가속도의 작용에 해당한다고 볼 수

그림 3-6. 위: 마레가 찍은 움직이는 사람의 기하학적인 연속사진 일부, 아래: 검은 옷을 입은 모델.

*E. J. 마레
E. J. Marey
1830–1904, 프랑스 생리학자. 생리현상 연구를 위해 표도법을 완성하여 보급시켰고, 그 방법을 통해 심장의 운동과 근육의 수축에 관해 연구했다.

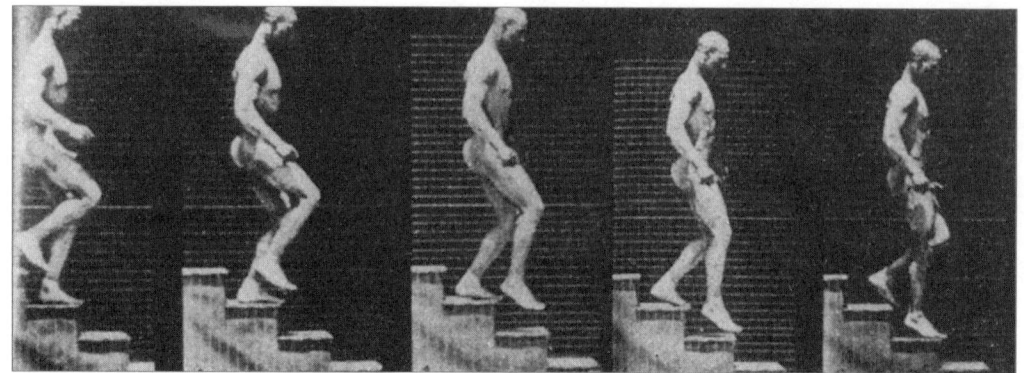

그림 3-7. 〈계단을 내려오는 사람〉, 머이브리지 작.

있다. 추상은 눈에 보이는 것을 넘어서 상상의 영역으로 옮겨갔다.

놀랄 일은 아직 남아 있다. 20세기 초의 화가들은 생리학자들만큼 움직임에 관심을 갖고 있었다. '어떻게 하면 고정된 캔버스에 움직이는 대상을 효과적으로 묘사할 수 있을까?' 라는 것이 그들의 주된 물음이었다. 그런 점에서 머이브리지의 작업은 단서를 제공했다고 할 수 있다.

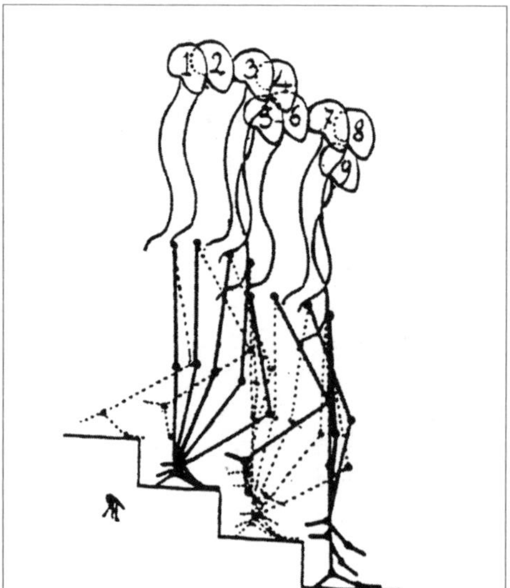

과감한 화가들은 생리학자들의 뒤를 따라 움직임을 추상화하기 위한 작업을 시작했다. 그중 한 사람이 마르셀 뒤샹이었는데, 그의 작업은 예술이 신성시하는 것들에 대한 끊임없는 도전의 연속이었다. 뒤샹은 머이브리지, 마레, 리셰의 작품들을 소장하고 있었기 때문에 이들의 작품이 〈계단을 내려오는 누드〉에 영향을 끼쳤다는 것은 분명해보인다(그림 3-9 참조).

뒤샹의 그림과 리셰의 역학적 스케치를 비교해보라. 우리가 뒤샹이 그림을 그린 동기와 문제의식을 모른다면 〈계단을 내려오는 누드〉는 혁

그림 3-8. 계단을 내려오는 사람을 스케치한 폴 리셰의 그림.

명적인 작품을 넘어서 아예 해석 불가능한 작품이 되었을 것이다. 그러나 전후 맥락을 알고 나면 그의 추상화는 충분히 이해할 수 있고 또 이해할 수밖에 없다.

움직임에 대한 머이브리지와 마레의 연구는 우리의 시각에 충격을 던져주었다. 두 선구자가 이뤄낸 사진기법상의 혁신은 몇몇 발명들로 이어졌다. 영화산업 기자재의 발전이 이루어지면서 연속사진기법이 빠르게 흡수되었고, 그 결과 동영상들이 선보이게 되었다.

MIT대학의 해럴드 에드거튼Harold Edgerton은 정지동작stop-action 사진술을 발명해서 신속하게 움식이는 물체의 인상을 기록했다. 만화영화 제작자들은 동작포착motion-capture기법을 발전시켰는데, 마치 마레의 모델이 점과 선이 그려진 옷을 입은 것처럼 실제배우들이 몸의 주요 부위에 작은 센서를 달고 움직이게 했다.

그림 3-9. 〈계단을 내려오는 누드 #2〉, 마르셀 뒤샹 작, 1912.

여기서 발생한 입체정보는 컴퓨터로 처리되어 만화영화 주인공들의 움직임이 실감나게 보이도록 했다. 안무가 머스 커닝햄은 이 기법을 자신의 무용작품 〈두발동물Biped〉에 도입했다. 무용수들이 센서를 달고 춤을 추면 바로 컴퓨터 처리되어 똑같이 움직이는 만화 동영상이 무대 뒤의 스크린에 영사된다. 결국 무용수는 자신들의 추상이라고 할 수 있는 만화 동영상적 자아와 함께 춤을 춘 것이다.

분야 간 경계는
추상화를 통해 사라진다

〈계단을 내려오는 누드〉에서도 알 수 있듯이 추상화과정은 모든 분야에서 동일하게 행해질 뿐 아니라 분야 간에 상호작용하기도 한다. 화가가 새로운 추상방법을 고안해내면 과학자와 기술자가 그 혜택을 입기도 하고, 반대로 과학자나 기술자가 다른 형태의 추상을 발견하면 화가들이 서둘러 작업에 도입하기도 한다. 모든 과학실험이나 이론은 추상화나 시만큼 추상이다. 과학자, 화가, 시인들은 모두 복잡한 체계에서 '하나만 제외하고' 모든 변수를 제거함으로써 의미를 발견하려고 애쓴다. 과학에서 실험이란 예술에서의 새로운 시도에 해당하는 것으로서 가장 중요한 것을 추려내기 위한 양식화된 과정이다.

이 과정은 보편적이기 때문에 어느 한 분야에서 추상화방법을 배우는 것은 다른 모든 분야에서 추상을 이해하는 열쇠가 된다. 스젠트 기요르기의 글은 명확하고 군더더기 없기로 유명한데 그런 그마저도 가장 명료한 과학논문으로 오토 바르부르크Otto Warburg*의 논문을 들었다. 누군가가 명료함의 비결을 물었을 때 바르부르크는 이렇게 대답했다. "저는 열여섯 번이나 고쳐씁니다." 스젠트 기요르기는 그 비결을 자기 식으로 응용했다. "글을 처음 쓰기 시작하면 머릿속에 떠오르는 것은 모두 다 씁니다. 그런 다음 쓴 종이를 치우죠. 그러다가 한 달 후에 처음 쓴 것은 보지 않고 다시 씁니다. 두 번째 글이 첫 번째 글과 다르면 처음부터 다시 씁니다. 그렇게 해서 열여섯 번쯤 쓰게 되는데, 글이 더 이상 달라지지 않을 때까지 쓰는 셈이죠." 스젠트 기요르기의 경우 글을 거듭 써갈수록 말하고자 하는 것에서 불필요한 것들은 사라지고 본질만 남게 되는 것이다.

1878년에 머이브리지는 단순하고도 알쏭달쏭한 문제에 도전했다. 그 문제는 "달리는 말의 네 다리가 동시에 땅에서 떨어지는 순간이 있는가?"였다. 머이브리지가 혁신적인 생각을 내놓을 때까지 이 문제를 풀 길은 없는 듯 보였다. 그는 시간을 고정시킬 필요가 있다고 생각하고 당시 새로운 발명품이던 카메라를 이용하기로 했다. 그러나 문제는 말의 다리가 동시에 공중에 뜬다는 것을 보여주기 위해선 시간을 연속적인 순간으로 나누어 고정시켜야 한다는 것이었다. 당시에는 그런 기능을 갖춘 카메라가 없었기 때문에 그는 여러 대의 카메라를 일렬로 세운 다음 한번 건드리면 카메라들을 수분의 일초 간격으로 연속 작동시키는 장치를 장착했다. 숱한 시도 끝에, 머이브리지는 질주하는 말이 어느 한 순간에선가는 반드시 네 다리를 모두 땅에서 뗀다는 것을 사진으로 증명했다.

*오토 바르부르크
Otto Warburg
1883-1970, 독일의 생화학자. 1931년 노벨 생리의학상을 수상했다.

걸러내기 과정은 모든 언어적 묘사에 적용될 수 있다. 다음에 제시하는 예는 내 아내이자 연구동반자이기도 한 미셸이 연속적으로 쓴 관찰보고서인데, 처음에 뒤죽박죽이던 관찰과 생각(Ⅰ)들이 점차 정리되고 간결해지고 있다. 그 과정을 보면 먼저 관련된 시각적 이미지와 생각을 강조하거나 끌어내는 단계(Ⅱ)가 있고, 마지막에 필수불가결한 단어들의 조합을 통해 가장 중요한 것을 끄집어내고 있다(Ⅲ).

물에 침식된 돌의 관찰

Ⅰ

호수에서 건진 매끈한 돌인데 한쪽 표면에 둥글게 움푹 파인 곳이 있다. 이 둥근 함몰부위 안쪽에 보면 다른 색깔이 납작한 형태로 도드라져 보이는데, 마치 다른 돌이 안에 들어 있는 것 같다. 이 돌의 다른 쪽에는 회색에 가까운 검정색이 둥근 모양으로 침식된 밝은 회색 표면에서부터 배어나와 있다. 또 다른 쪽에는 동굴이나 천공穿孔처럼 보이는 깊은 구멍이 있다. 세포나 아메바 같기도 하다. 그 가운데 핵이 있고 갖가지 '물질'들이 원형질 속을 떠다니는 것 같다. 어떻게 해서 물결이 이런 무늬를 돌에 남겼을까? 돌은 손바닥보다 작다. 바닥 부분은 무늬가 다른데, 남아메리카나 아프리카 지도 같은 선이 그어져 있다. 손도끼 머리 같기도 하고 부메랑처럼 보이도 한다. 어떻게 해서 이런 게 생겼는지 모르겠다.

Ⅱ

이 돌은 어디서 왔을까. 손바닥만 한 이 돌의 둥근 함몰부, 달 표면처럼 구멍이 뚫려 있는, 별처럼 차가운 물질, 미지의 세계를 그린 지도, 심연으로부터 솟아오른 고대의 세포.

III

아메바는 돌로 이루어져 있다. 그 중심부의 핵도 돌이고 원형질 전부도 돌인 차가운 돌.

언어적인 묘사는 점차 간결해지고 일종의 시 형태로 응집되면서 각각의 단어는 보다 큰 외연과 중요성을 갖게 된다. 문학적 글쓰기를 하건, 과학적 연구결과를 기록하는 글을 쓰건, 이것이 글쓰기의 진실이다. 많은 과학자들도 기술적인 단어와 개념 역시 시어의 엄격성과 간결성을 갖추어야 한다고 말한다.

1956년 노벨상 수상 강연에서 화학자 시릴 힌셀우드Cyril Hinshelwood는 말했다. "과학도 진실에 보다 가깝게 접근해야 한다는 절대적 명령에 복종해야 하는 만큼 그 자체가 많은 시적인 요소를 내포하고 있다."

산티아고 라몬이카할은 과학적 관찰과 미술 사이의 경계선이 추상을 거치면서 사라진다는 것을 보여주었다. 신경해부학자였지만 미술에도 재능을 보였던 그는 십대 시절에는 회화를 공부했고 20세기 초에는 처음으로 스페인에서 컬러사진을 찍었다. 그는 자신이 연구한 뇌의 해부도를 직접 그렸다. 사람들은 그가 그 그림을 즉석에서 그렸을 것이라고 추정했으나 그들의 생각은 빗나간 것이었다. 라몬이카할은 뇌와 척수부위의 실물을 준비하거나 관찰하면서 오전을 보냈다. 그리고 점심식사 후에야 기억하고 있는 것을 그리곤 했다.

그는 그림과 실물을 비교했다. 거기서 나타나는 차이점을 분석하고 다시 그렸다. 이 과정을 여러 차례 반복했다. 그가 기억에 의지해 그린 그림이 실물에서 보았던 본질을 포착했다고 생각했을 때가 되어서야 작업은 비로소 끝이 났다. 그렇기 때문에 그의 그림은 특정한 뇌의 특정 부위를 묘사한 것이 아니라 어떤 개체의 뇌를 채집해 절개

하더라도 나타나는 보편적인 모습을 보여주고 있다. 저마다 특성 있는 개별 뇌라는 구체적 현실 저변에서 '해부라는 추상적인 현실'을 표현한 것이다.

불필요한 세부가 많은 일반적인 표본사진과는 달리 라몬이카할의 간결한 그림은 어지러운 표본의 세부들 사이에서 학생들이 무엇을 봐야 하는지를 가르쳐주고 있다. 마티스가 그 강의를 들었다면 잘 이해했을 것이다. 그 역시 라몬이카할과 같은 방법으로 학생들을 가르쳤기 때문이다. 마티스는 학생들에게 자주 말하곤 했다. "가장 이상적인 것은 3층짜리 스튜디오를 갖는 것이다. 1층에서는 모델을 두어 그림수업을 하고, 2층으로 올라가면 아주 가끔 1층에 내려와 모델을 보고 가고, 3층에선 아예 모델을 보지 않고 그림수업을 하는 것이다."

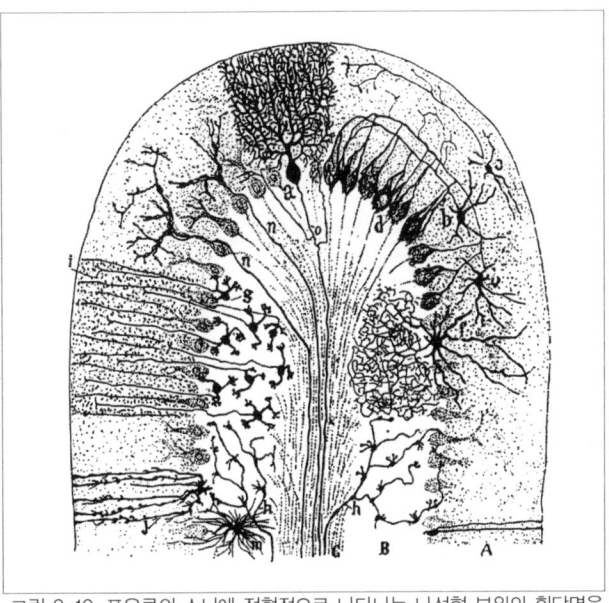

그림 3-10. 포유류의 소뇌에 전형적으로 나타나는 나선형 부위의 횡단면을 도식화한 산티아고 라몬이카할의 그림.

"과학자, 화가, 시인들은 모두 복잡한 체계에서 '단 하나의 변수'만 제외하고 모두 제거함으로써 의미를 발견하려고 애쓴다."

추상화는 중대하고 놀라운 사물의 본질을 드러내는 과정

추상화는 현실에서 출발하지만, 불필요한 부분을 도려내가며 본질을 드러나게 하는 과정이다. 추상화는 화가도, 작가도, 과학자도, 수학자도, 무용수도 모두 한다. 그리고 그 방법은 기본적으로 동일하다.

우리도 모두 추상화를 할 수 있다. 이 장에서 다룬 추상의 사례들, 피카소의 〈황소〉나 〈물에 침식된 돌의 관찰〉 등을 참고하면 된다. 방법은 추상화 주제를 잡고 그에 맞는 도구를 선택하는 것이다. 먼저 주제에 대해 현실적으로 생각하라. 그 다양한 특성과 특징을 두루 생각하라. 가장 본질적이라고 생각되는 것을 잡으라. 그 다음 시간이나 공간의 거리를 두고, 추상화의 결과로 나타날 수 있는 것을 생각하고 거듭 생각하라.

"추상화는 현실의 불필요한 부분을 도려내면서 중대하고 놀라운 본질을 드러나게 하는 과정이다."

추상을 하고, 몸짓으로, 노래로, 산문으로, 시로 나타내어 개념과 은유를 추출해내라. 그림을 그리거나 혹은 과학적인 성향이 강한 편이라면 간단한 실험 또는 수학공식을 가지고 실습해볼 수도 있다. 무용수라면 사람이나 동물의 움직임을 그대로 흉내 내면서 종을 특징짓는 본질을 찾아낼 수 있을 것이다. 새소리, 바람소리, 회전목마 소리의 정수를 음악으로 묘사해보라. 최대한의 감수성과 의식을 최소한의 어휘로 전달하는 방법을 찾으라.

추상화를 시작하기에 너무 이른 때도 없고 너무 늦은 때도 없다. 초등학생들은 자신의 방에서, 혹은 듣고 읽은 이야기에서, 또는 하루일과 중에서 가장 중요한 것이 무엇인지를 한 가지 찾아내어 표현하는 것을 배울 수 있다. 고학년이라면 어떤 물체나 개념에서 다소 불분명해보이더라도 보다 근본적이고 놀라운 특질을 추출해낼 수 있다.

대가들의 추상화 사례를 보면서 영감을 얻으라. 그들을 따라해보라. 오렌지나 사람 같은 대상을 거듭 추상화함으로써 자신이 얼마나 잘할 수 있는지 시험해보라. 당신이 추상해낸 것은 그동안 간과한 것이 아니었는가? 오렌지주스? 심장박동? 화학성분 목록? 당신은 피카소처럼 상당히 오랜 시간에 걸쳐 다양한 추상을 진행시킬 수 있는가?

이 질문에 딱 떨어지는 정답은 없다. 오직 끊임없이 이어지는, 보다 단순하면서도 심오한 진실에 대한 탐색이 있을 뿐이다. 궁극적으로 문제가 되는 것은 추상화 자체의 본질을 찾아내는 것인데, 이것이야말로 자신이 밟아가고자 하는 길을 밝게 비추는 빛이 될 것이다.

SPARK OF GENIUS
생각도구 4 패턴인식

아르침볼도의 정물화를 거꾸로 하면 무엇이 보일까
다빈치의 새로운 아이디어는 패턴인식에서부터
패턴인식과 시의 발견
음정배열의 조작으로 패턴을 발견한 쇤베르크
자연의 무질서 속에서 찾는 새로운 패턴
패턴의 부재인가, 아니면 패턴의 차이인가
체스 고수들은 패턴인식의 귀재들

왼쪽부터: 모리츠 에셔, 막스 에른스트, 아놀드 쇤베르크, 뉘슬라인 폴하르트.

▶ 패턴의 발견으로 새로운 창조를 한 사람들

"나는 구름이나 나뭇결처럼 겉보기에 무질서한 패턴 속에서 동물모양을 즐겨 찾아내곤 했다."
 -화가 모리츠 에셔

"폭우로 해안가 여관에 갇혀 오도가도 못하게 되었을 때, 나는 우툴두툴한 나무바닥에 종이를 대고 그 위를 문질러 소일하면서 새로운 패턴들을 발견했다."
 -화가 막스 에른스트

"작곡가들은 왼쪽에서 오른쪽으로 읽어나가는 음의 순서보다 음표들 사이의 관계에 관심이 더 많다."
 -작곡가 아놀드 쇤베르크

"가장 중요한 것은 특정한 조각 하나가 아니라 전체 그림을 가늠할 수 있을 만큼의 충분한 조각들과 그것들 사이의 연관성을 찾아내는 것이다."
 -과학자 뉘슬라인 폴하르트

벽의 복잡한 문양 속에서 형상들을 발견하는 것은
시끄러운 종소리 속에서 우리가 아는 이름이나 단어를 찾아내는 일과 같다.
 −화가 레오나르도 다빈치

RECOGNIZING PATTERN RECOGNIZING PATTERN RECOGNIZING PATTERN RECOGNIZING

■ ■

패턴을 알아낸다는 것은 다음에 무슨 일이 일어날지 예상하는 것이다. 우리는 패턴에서 지각과 행위의 일반원칙을 이끌어내어 이를 예상의 근거로 삼는다. 그런 다음 새로운 관찰결과와 경험을 예상의 틀 안에 끼워넣는다. 이 관찰과 경험의 틀을 흔드는 무엇인가가 일어나게 될 때 우리는 또 다른 패턴을 만들어내며, 새로운 발견은 이런 순간에 이루어진다.

아르침볼도의 정물화를 거꾸로 하면 무엇이 보일까

우리는 매순간 보고 듣고 느끼는 무질서한 사건들을 분류해서 체계화한다. 호레이스 저드슨Horace Judson이 《해법찾기 The Search for Solutions》라는 책에서 주장한 바에 따르면, 패턴을 알아낸다는 것은 다음에 무슨 일이 일어날지 미리 아는 것을 의미한다. 패턴인식능력은 예측과 기대형성능력의 기초가 된다.

1976년에 쓴 《창조의 행위 The Act of Creation》라는 책에서 아서 쾨슬러Arthur Koestler*는 유머의 특질을 이루는 '패턴'은 과학과 예술을 포함하는 모든 창조행위의 특질이 된다고 했다.

우리는 패턴에서 지각과 행위의 일반원칙을 끌어내며 이것을 '예상'의 근거로 삼게 된다. 그 다음 새로운 관찰결과와 경험을 이 예상의 틀 안에 끼워넣는다. 이 관찰과 경험의 틀을 흔드는 무엇인가가 일어나게 될 때 우리는 또 다른 패턴을 만들어내며, 발견이란 이 순간에 이루어진다. 이탈리아의 르네상스시대 화가인 주세페 아르침볼도Giuseppe Arcimboldo**의 정물화는 유머에 대한 시각적 등가물이 된다(그림 4-1 참조).

처음에 우리가 보게 되는 것은 그릇에 담겨 있는 채소들이다. 그러나 그것을 거꾸로 해서 보면 전혀 다른 패턴을 볼 수 있다. 아르침볼도의 의도가 무엇이었는가를 감지하면 비로소 우리가 정물의 한 가지 특성에만 주목했음을 알게 된다. 애초에 우리가 지각했던 정물들

"패턴을 알아낸다는 것은 다음에 무슨 일이 일어날지 미리 아는 것이다."

*아서 쾨슬러
Arthur Koestler
1905-1983, 헝가리 태생의 영국 작가. 주요 작품으로 〈한낮의 어둠〉, 〈야누스〉 등이 있다.

**주세페 아르침볼도
Giuseppe Arcimboldo
1527?-1593, 이탈리아 화가. 동물과 식물을 아울러 사람의 머리를 형용한 환상화 〈여름〉, 〈겨울〉 등으로 유명하다. 초현실주의가 융성하면서 재평가되었다.

사이의 회화적 연관성은 새로운 패턴에서
아무런 기능도 하지 못한 채 사라져버린다.
이 그림을 보는 사람들은 심리학자들이 '게
쉬탈트 쉬프트gestalt shift'라고 부르는 것, 즉
하나의 감각정보가 동일하지 않은 복수의
의미를 내포하고 있는 현상을 겪게 된다.

패턴인식의 대가인 화가 모리츠 C. 에셔
는 이 기술을 매일 연습했다. 그의 아들은
훗날 아버지의 작품을 이렇게 회고했다.
"아래층에 있던 작은 욕실 벽은 녹색과 노
랑, 빨강, 갈색의 소용돌이 문양으로 장식되
어 있었는데…… 아버지는 연필로 강조선
을 그려넣기도 하고 또 다른 부분에는 음영
을 넣기도 하셨다. 나중에 보니 그것은 웃는
것 같기도 하고 슬픈 것 같기도 하고 어떻게
보면 기괴해보이기도 하고 또 엄숙하게 느
껴지기도 한 얼굴들이 나타났다." 몇 달간의 작업 끝에 그 벽은 많은
얼굴들로 살아 숨쉬게 되었다고 한다.

그림 4-1. 〈정원사〉, 주세페 아르침볼도 작, 1590. 그림을 거꾸로 보면 사람의 얼굴이 나타난다.

에셔는 또한 구름이나 나뭇결 같이 무질서해보이는 패턴 속에서
동물모양을 즐겨 찾아내곤 했다. 에셔의 작품 속에서도 나타나는 이
러한 패턴인식기술은 타일 붙이기tilings나 쪽매붙임기법tessellation*과
잘 결부되어 있다. 그가 찾아낸 동물모양을 본다면 모양이 아무리 복
잡해도 그 아래에는 단순하면서도 대칭적인 패턴이 깔려 있음을 우
리는 곧 알게 된다. 에셔의 천재성은 반복되는 정형의 다각형 속에서
물고기, 새, 도마뱀, 천사, 악마 등 그 밖에 예상하지 못한 경이로운
것들을 보는 능력에 있었다. 결과적으로 그는 우리에게 이런 것들을

*쪽매붙임기법
tessellation
도형을 이용해 틈이나 겹침 없이 평면 또는 공간을 완전히 메우는 미술장르.

보는 방법을 가르쳐주었다(그림 4-3 참조).

다빈치의 새로운 아이디어는 패턴인식에서부터

패턴 속의 패턴을 찾아내는 일은 많은 예술가들을 자극한다. 19세기의 유리공예가였던 에밀 갈레Emile Gallé는 유리를 불었을 때 나오는 기상천외한 모양과 효과에서 일정한 패턴을 찾고자 했다. 그는 벽지의 대리석 무늬가 수천 개의 신기한 형상, 혹은 석양의 구름, 거대한 양 우리로 변한다고 말했다.

초현실주의 화가 막스 에른스트Max Ernst*는 폭우로 인해 해안가 여관에 갇혀 오도가도 못하게 되었을 때 불현듯 나무가 깔린 방바닥에서 한 가지 영감을 받게 된다. 그는 우툴두툴한 나무바닥에 종이를 대고 연필로 그 위를 문질렀다. 그러자 서로 들어맞지 않는 상像들이 비현실적으로 이어진 무늬가 나타났다. 그는 당시 일을 이렇게 회상했다. "호기심이 솟고 흥분으로 가슴이 뛰었다. 나는 눈에 띄는 것이라면 무엇이든 거기에 대고 작업을 계속했다. 나뭇잎과 잎맥, 마대자루의 해진 가장자리, '현대' 유화의 붓놀림 자국, 실타래에서 풀린 무명실까지 대상을 가리지 않았다."

에른스트는 곧 패턴에 대한

*막스 에른스트
Max Ernst
1891-1976, 독일의 화가이자 조각가. 초현실주의에 적극 참여했고 프로타주를 고안하여 새로운 환상회화의 영역을 개척했다.

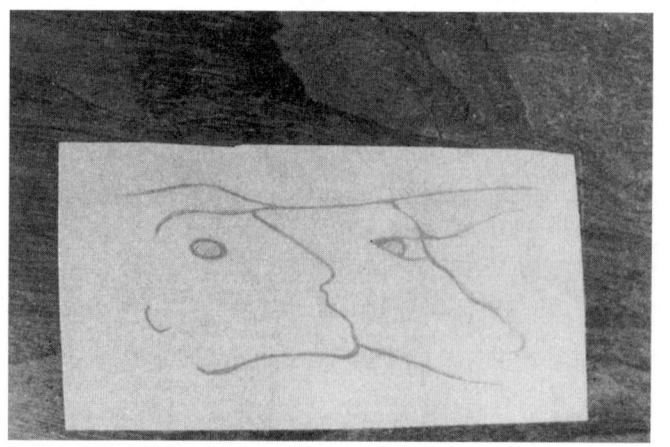

그림 4-2. 곡식 알갱이 속의 얼굴들.

열광을 밑거름 삼아 몇 가지 새로운 미술기법을 만들어냈는데 이는 현대미술에 예기치 않은 혁명을 몰고 왔다. 에른스트가 개발한 기법으로 프로타주 frottage가 있는데, 이것은 어떤 물체 위에 종이를 놓고

그림 4-3. 〈피라니아와 바다가재〉, 로버트 루트번스타인(저자)이 제작한 에셔 스타일의 쪽매붙임 작품.

연필이나 크레용으로 그 위를 문질러서 질감을 표현하는 것이다. 그라타주grattage는 질감이 거친 물체 위에 캔버스를 덮고 그 위에 물감을 칠하는 것이고 데칼코마니decalcomania는 종이 위에 무작위로 물감을 떨군 후 그 위에 종이를 올려놓고 가볍게 문질러서 무늬를 떠내는 것을 말한다. '로르샤흐형 얼룩 Rorschach-type blots'은 바로 이 데칼코마니 기법으로 만들어지는 것인데, 종이 한 장을 놓고 한가운데 잉크나 물감을 떨구고 그것을 반으로 접은 다음 다시 펴는 것이다. 여기서 생기는 선, 질감, 모양은 여러 가지 해석이 가능하다. 이 경우 관찰자들은 각자 인식하는 이미지의 의미를 나름대로 해석하는 것은 물론, 어떤 면에서는 그 이미지를 '만든다'고도 볼 수 있다.

레오나르도 다빈치Leonardo Da Vinci 역시 '패턴인식'을 이용하여 새로운 생각을 내놓곤 했다. '마음을 일깨워 발명하는 방법'에 대해서 그는 이렇게 말하고 있다. "벽에 낀 얼룩이나 종류가 다른 돌들이 만들어내는 문양 속에서 하나의 장면을 떠올릴 수 있다. 산과 강, 바위,

나무, 평야, 넓은 계곡, 언덕으로 이루어진 풍경과의 유사성도 발견할 수 있다. 그런가 하면 전투장면이나 움직이는 형상, 기이한 얼굴과 의상, 그 밖에 어떤 완벽한 형상으로도 환원될 수 있는 무한히 다양한 대상들이 보일지도 모른다."

다빈치는 자신의 '발명기제'를 시각적으로뿐만 아니라 청각적으로도 사용했다. 이탈리아 궁정에서 열리는 여흥이나 즉흥연주회에 참여할 만큼 뛰어난 음악가이기도 했던 그는 패턴을 발견하는 데 있어서 눈만큼 귀도 예리해질 수 있음을 깨달았다. "벽의 복잡한 문양 속에서 형상을 발견하는 것은 마치 시끄러운 종소리 속에서 우리가 상상할 수 있는 이름이나 단어를 찾아내는 일과 같다"라고 그는 말하고 있다.

패턴인식과 시의 발견

실제로 모든 임의적인 리듬과 소리에서 패턴을 찾기란 예삿일이 아니다. 사람들은 샤워기의 물소리에서 전화벨 소리나 문자메시지 전달음을 떠올리기도 한다. 우드척Woodchuck*이 내는 츠크-츠크-츠크 소리나 박새의 치-카-디이-디이-디이 소리를 들으면서 사람들은 자신들의 영어 이름이 어디서 유래되었는지 알게 된다. 모든 언어에는 특정한 소리를 모방한 의성어 단어들이 있다. 영어에서 보면, 시냇물의 '졸졸burble', 뱀의 '쉿hiss', 쇳조각의 '쨍그렁clang' 같이 소리를 묘사한 단어들이 있다.

좀더 복잡한 패턴들도 일상적인 말과 글에 들어 있다. 구어체 영어에서는 많은 단어들의 액센트가 뒤쪽에 있는 2음절로 이루어져 있다. 이러한 2음절은 약강격弱强格의 각운脚韻이나 굿바이goodBYE, 페

*우드척
woodchuck
북미에 사는 다람쥐과의 작은 동물.

어웰fareWELL, 아듀aDIEU 같은 단어를 만들어낸다. 이러한 리듬이 특별히 흔한 이유는 바로 자연음, 이를테면 심장박동이나 숨소리—bah-BUM, bah-BUM, bah-BUM—를 흉내 내고 있기 때문이다. 게다가, 우리가 여러 단어들을 엮을 때 약강격의 각운은 소리가 올라가고 내려감에 따라 반복된다. 규칙적으로 반복되는 약강격리듬을 가지고 완전한 문장을 쓰거나 말하는 것은 그리 어렵지 않다.

윌리엄 워즈워스William Wordsworth*의 시 한 구절을 살펴보자. "나는—**방황**했지—**외롭**게— 한 조각 **구름처럼** i WANdered LONEly AS a CLOUD." 강약격리듬에서 2음절 각운은 "WANder"에서처럼 첫 번째 음절에 액센트가 놓이고, 약약강격리듬인 3음절 각운은 "BREEZE"처럼 세 번째 음절에 액센트가 있다. 강약약격의 3음절 각운에서는 첫 번째 음절에 액센트가 있다. "DAFFodils"가 좋은 예이다. 강강격에선 "HEAR! HEAR!"에서처럼 양쪽 음절에 모두 강세가 있다. 이런 패턴을 인식한다면 우리는 어디에서나 시를 '발견'할 수 있다.

사실 '시의 발견' 자체가 문학형식이다. 여기에 절대적인 규칙은 없다. 그러나 시를 발견하는 사람들은 모든 종류의 산문이나 신문기사, 광고문안, 책 등에서 시적인 글귀를 찾아내고 또 우연히 보기도 한다. 그러면 그들은 글귀를 재구성하거나 약간의 변형을 가해 그것이 품고 있는 시적 특성을 강화하고 강조한다. '시 발견'에 있어서 주목할 만한 것은 같은 단어라도 다르게 배열될 경우 아주 상이한 패턴을 드러낸다는 것이다.

론 파제트Ron Padgett가 편찬한 《교사와 작가를 위한 시 형식 핸드북The Teachers and Writers Handbook of Poetic Forms》에서는 학생들에게 머리만 써서 리듬패턴을 공부하면 안 된다고 가르친다. 그 책에 따르면 차라리 비밥이나 모던재즈를 듣고 춤을 추는 것이 더 좋은 학습방법이라고 한다. 리듬은 두뇌가 아닌 귀와 발을 통해 더욱 잘 익힐 수 있

*윌리엄 워즈워스
William Wordsworth
1770–1850, 영국 낭만파 시인. 범신론적 자연관에 기초한 시를 발표하여 영문학에만 그치지 않고 유럽문화사에 있어 큰 의의를 지닌다. 1843년부터 계관시인을 지냈다.

는 것이다. 실제로 음악이나 춤, 시 같은 다른 전달매체 사이에서 패턴들이 어떻게 연관되는지를 안다는 것은 메타패턴meta-pattern*을 인지하는 첫 걸음이 된다.

사진작가 안셀 애덤스Ansel Adams**는 뛰어난 피아니스트이기도 했는데, 전문음악가가 되고자 했던 십대 시절 문득 음악적 패턴이 음표라는 시각적 패턴과 연결되었다는 것을 깨달았다고 회고한다. 그는 이것을 몇십 년이 흐른 뒤에도 또렷이 기억해낼 수 있었다. 그가 존경했던 피아노교사는 애덤스에게 악절에서 나타나는 음표들의 높낮이가 언덕의 오르막 내리막길이나 물체의 상승 하강과 어떻게 유사한지 생각하라고 조언하며 그 모습을 건반 위로 옮겨보라고 권했다.

모든 음악가들에게 음악패턴을 본다는 것은 음악을 듣는 것만큼 중요하다. 그들은 음악패턴을 연속적인 움직임으로, 다시 말해 운동감각적 패턴으로 보거나 느낄 수 있다. 피아니스트 미샤 디히터 Mischa Dichter는 자신이 음악을 어떻게 외우는지 설명하고 있다. 처음에 그는 해당 작품의 화성부를 형성하는 청각적·시각적 구조를 주시한다. "내 머리가 화성구조나 멜로디패턴 같은 몇 개의 큰 덩어리들에 고정되어 있는 동안 내 손은 덩어리들의 시각적 상像을 거의 완성한다. 화성은 물론 이 덩어리들을 연주하고 있는 손 자체까지 그 상 안에 들어오는 것이다."

연습을 하는 목적은 시각적, 청각적, 운동감각적 패턴을 모두 엮어서 하나의 완전무결한 메타패턴을 만들어내는 데 있다. 애덤스는 이렇게 쓰고 있다. "모든 것들은 크고 단순한 창조적 패턴으로 묶이는데, 이것은 높은 수준의 기억과 이해, 감수성을 나타낸다."

"시에 있어서 같은 단어가 다르게 배열될 경우 아주 상이한 패턴을 드러내게 된다."

*메타패턴
meta-pattern
패턴들을 서로 연결시켜주는 패턴.

**안셀 애덤스
Ansel Adams
1902-1984, 미국 사진작가. 미국 서부에서 활동한 사진작가들이 모여 만든 F64 그룹을 결성했다. 자연의 웅장함과 신비로움을 주로 찍었다.

> 음정배열의 조작으로
> 패턴을 발견한 쇤베르크

패턴과 메타패턴을 인지한다는 것은 다감각적 관찰은 물론, 개념적 분석까지 종종 요구한다. 작곡가이자 지휘자인 레너드 번스타인 Leonard Bernstein*은 저서 《대답없는 질문 The unanswered Question》에서 멋진 사례를 하나 소개하고 있다. 하버드대학에 재학 당시 그는 패턴인식에 대해 '깜짝 놀랄 만한 발견'을 했다고 회고하고 있다. 애런 코플랜드가 지은 〈변주곡 Variations〉의 4음부 패턴은 그의 다른 작품에서도 핵심이 되는 패턴이다. 그것에 대해 번스타인은 다음과 같이 기술하고 있다.

> 이 작품의 첫 번째 4음부(2)는 곡 전체의 시발점이 되는데, 그 원래 4음부(3)와 비교해보면 네 번째 음표가 한 옥타브 높게 옮겨져 있다(4). 여기서 내가 순간 깨닫게 된 것은 다르게 배열된 두 종이, 그러나 기본적으로는 동일한 4음부가 〈평균율 클라비코드 Well-Tempered Clavicord〉에 나오는 바흐 Bach의 푸가 C-샤프 마이너(5)의 주제와 같다는 것이다. 동시에 이 4음부는 조가 바뀐 상태에서 첫 번째 음표가 반복되면서, 스트라빈스키의 8중주(6)곡에 있는 변주의 출발점이 되고 있었다. 순서와 조調가 다르긴 하지만 라벨 Ravel의 스페인 광시곡 초반부의 반복악구(7)도 이 4음부로 되어 있다는 사실이 머릿속에 떠올랐다. 나중에는 내가 예전에 들은 적이 있던 힌두음악이 갑자기 떠올랐다(나는 그 당시 동양음악에 심취해 있었다). 거기에도 동일한 4음부가 들어 있었던 것이다(8).

번스타인의 뇌리에 떠올랐던 악곡의 유사성이 독자들에게 바로 감지되지 않는다 해도 걱정할 일은 아니다. 모든 패턴인식에서 가장 중

*레너드 번스타인
Leonard Bernstein
1918-1990, 미국의 지휘자, 작곡가, 피아니스트. 뉴욕 필하모닉의 상임지휘자이자 음악감독으로 활동했다.

그림 4-4. 레너드 번스타인이 말한 공통적인 음악패턴들.

요한 것은 패턴이 분명히 나타나기 전에 무엇을 예측하고 또 사물들을 어떻게 비교해야 하는지 아는 것이기 때문이다.

작곡가 아놀드 쇤베르크 Arnold Schönberg*가 주장한 바와 같이 음악가에게 있어서 음표는 3차원 물체와 같다. 그는 자신이 쓴 글에서 "우리는 칼이나 병, 혹은 시계 같은 물건들이 어디에 있느냐와 상관없이 그것을 인식하고 상상 속에서 재현해낸다. 이와 마찬가지로 음악가들은 그 방향과 상관없이 음정의 배열을 무의식적으로 조작할 수 있다"라고 말한다. 그들은 음의 배열을 거꾸로 뒤집어볼 수 있고 역방향으로 볼 수도 있으며 음 안에서 밖으로 내다보기까지 한다. 그들은 음들 간의 관계를 훼손하지 않고 그것을 재배열할 수도 있다. 실제로 작곡가들은 왼쪽에서 오른쪽으로 읽어나가는 식의 음의 순서보다는 음표들 사이의 관계에 관심이 더 많다.

여기에서 하나의 유추가 도움이 될 것이다. 우리들 중 대다수는 이름을 거꾸로 읽어본 경험이 있을 것이다(Robert = Trebor, Eleheim = Michèle). 그리고 'dog'와 'god'이 같은 글자로 되어 있다는 것도 알고 있다. 사람들은 글자들을 재배열해서 새 단어를 만들 수도 있다.

*아놀드 쇤베르크
 Arnold Schönbarg
 1874-1951, 오스트리아 작곡가. 12음기법을 창안하여 20세기 음악에 커다란 영향을 미쳤다. 베르크, 베베른 등 뛰어난 제자들을 길러냈다.

예를 들면 'Michèle'이 'ice helm'으로 바뀌는 것 같은 경우다. 또한 'add'는 알파벳에서 첫 번째와 네 번째 글자로 이루어져 있고 'bee'는 두 번째와 다섯 번째 글자로 된 것이라는 점을 들어 'add'란 단어와 'bee'란 단어가 어떤 면에서 연관성이 있다고 생각해볼 수도 있다. 'add'에서 'bee'로의 전환은 작곡가들이 조를 바꾸는 것처럼 알파벳 순서에서 각각 한 자씩 내리면 된다. 알파벳 순서에 따른 글자들 간의 내적 연관성은 같다. 이런 식으로 음악가들도 한 조의 음악적 패턴들 간의 관계와, 다른 조의 음악적 패턴들 간의 관계를 알아낸다.

이제 우리는 별다른 음악훈련을 받지 않고 그림 4-4의 음표들을 보는 것만으로 번스타인의 말을 이해할 수 있다. 바흐의 푸가 C-샤프 마이너(5)는 그 앞에 든 사례와 조가 다르지만 음표들 간의 간격은 같다. 라벨의 예(7)는 바흐와 조가 같다. 그러나 음표들의 순서는 마치 'arts'와 'tsar'처럼 바뀌어 있다. 힌두음악은 바흐나 라벨의 곡과 조는 같지만 음표의 순서에서 일련의 변주가 되어 있다. 'Michèle'과 'ice helm'의 예와 유사하다고 할 수 있다.

이는 우리들의 패턴인식이 얼마나 판에 박혀 있는지 알려주는 좋은 사례이다. 하나의 사물이나 개념을 대하는 방법은 수없이 많지만 우리들 대부분은 겨우 한 가지밖에 사용하지 않는다.

그러나 우리 모두 다 그런 것은 아니다. 음악가들처럼 수학자들 역시 한 가지 이상의 방법으로 패턴을 인식하는 경향이 있다. 수학자들 또한 관계의 패턴을 인식하는 데 능하다.

현존했던 가장 위대한 수학자 중 한 사람인 칼 프리드리히 가우스 Carl Friedrich Gauss*의 사례는 이 점을 잘 보여준다. 그가 어렸을 때 가우스와 급우들은 1부터 100까지의 수를 전부 더하라는 숙제를 받는다. 다들 끙끙거리며 계산을 하는 동안 가우스는 불과 몇 초 만에 정

*칼 프리드리히 가우스
Carl Friedrich Gauss
1777-1855, 독일 수학자. 최소제곱법과 타원함수를 발견했고 대수학의 기본정리를 증명했다.

가우스와 유사한 계산법으로 좀더 복잡한 문제도 풀 수 있을 때가 많다. 예를 들어, 다음과 같은 무한급수의 총합은 얼마인가?

$x = 1 + \frac{1}{2} + \frac{1}{4} + \frac{1}{8} \cdots$

이 문제는 매우 복잡하고 심지어 풀 수 없는 것처럼 보이기도 한다. 그러나 조금만 머리를 쓰면 아무것도 아닌 문제다. 주어진 x는 무한급수의 합과 같다. 따라서 x를 2로 나눈 값은 각 항의 절반을 모두 합한 것과 같다.

$\frac{x}{2} = \frac{1}{2} + \frac{1}{4} + \frac{1}{8} + \frac{1}{16} + \frac{1}{32} \cdots$

이런 식이다. 이 두 번째 급수의 모습은 첫 번째 것과 명백하게 닮아 있다. 이 점은 우리에게 흥미로운 선택을 하게 한다. 우리는 첫 번째 급수에서 두 번째 급수를 뺄 수 있다.

$x - \frac{x}{2} = (1 + \frac{1}{2} + \frac{1}{4} + \frac{1}{8} + \cdots) - (\frac{1}{2} + \frac{1}{4} + \frac{1}{8} \cdots)$

이것을 다시 배치하면

$x - \frac{x}{2} = 1 + (\frac{1}{2} - \frac{1}{2}) + (\frac{1}{4} - \frac{1}{4}) + (\frac{1}{8} - \frac{1}{8}) \cdots$

모든 분수항은 상쇄되어 없어지고 $x - \frac{x}{2} = 1$만 남는다. 자연히 x=2가 된다.

답을 제출했다. 어떻게 그럴 수 있었을까? 그는 한번도 그 계산을 미리 해본 적이 없었고 그에게 경이로운 계산능력이 있는 것도 아니었다. 그러나 그는 패턴인식이 탁월했다.

그가 알아낸 것은 0에서 100까지 연속되는 숫자에서 임의의 숫자를 골라 100부터 역순으로 그 숫자의 순서에 해당하는 수를 더하면 합은 항상 100이 된다는 것이었다. 100+0=100, 99+1=100, 98+2=100, 97+3=100, 계속 이런 식으로 51+49=100이 된다. 오직 50만 짝이 없다. 결국 각각 더하면 100이 되는 50쌍의 숫자 합은 5,000이 되고, 여기에 짝이 없는 50을 더하면 정답은 5,050으로 나오는 것이다. 이런 식의 해법은 누구도 전혀 예상치 못한 것이었다.

이렇게 우리는 수의 패턴을 이용해서 최소한의 노력으로 문제를 풀 수 있다. 실제로 우수한 수학자들은 난이도가 높은 어떤 수학문제도 수의 일정한 패턴만 알면 다 풀린다는 것을 알고 있다. 단지 각각의 문제에 적용되는 문제해결의 패턴유형만 알아내도 수학을 절반은 정복한 것이다. 필립 데이비스와 로이벤 허시는 "수학의 목표는 무질서가 지배하던 곳에 질서를 세우고 혼잡과 소란에서 구조와 불변성을 이끌어내는 데 있다"라고 말하고 있다.

수학자들에게 가장 당혹스러운 상황은 인식된 패턴이 진실한 것인지 누구도 확신할 수 없을 때이다. 골드바흐의 추정은 그 대표적인 본보기다. 250여 년 전에 크리스티안 골드바흐Christian Goldbach는 모든 짝수를 두 소수의 합으로 나타낼 수 있다고 주장했다. 예를 들어 24=13+11이라는 식을 보자. 이 식은 아직까지 어떤 예외도 알려진 바 없지만 누구도 예외가 존재하지 않는다는 것을 증명하지 못했다. 이 패턴은 진실인가 아닌가? 만일 진실이라면 어째서 숫자들이 이런 특성을 갖고 있을까? 이 미스터리는 많은 수학자들의 동기를 자극하고 있다.

자연의 무질서 속에서
찾는 새로운 패턴

미스터리는 과학자들의 동기를 유발시켜 자연의 무질서 속에서 패턴을 찾도록 한다. 대부분의 과학자들은 아무리 자연이 복잡해보여도 기초원리와 법칙을 이해할 수 있다. 무엇인가를 발견하는 것은 패턴을 인식하는 일과 같다. 병의 진단 역시 패턴인식으로 볼 수 있다. 이는 시각적, 촉각적, 청각적, 후각적, 기술적 정보가 질병에 대한 기존의 설명과 결합되거나 대조되면서 진단이 이루어지기 때문이다. 의학적 발견에는 새로운 종류의 의학정보나 현존하는 정보를 다루는 새로운 방법을 찾는 일이 필수적으로 따른다.

예를 들어 역학疫學*은 1854년에 존 스노우John Snow라는 의사가 런던 중심부에서 콜레라로 죽은 사람들의 거주지를 지도로 작성하면서 시작되었다고 알려져 있다. 이 지도를 보면 콜레라 사망자 전부가 오염된 물 펌프 하나에서 물을 길어 먹었다는 것을 뚜렷이 알 수 있다. 돌이켜보면 왜 그전에는 지도를 만들 생각을 하지 않았는지 이해하기 어렵다. 하지만 아무도 만들지 않았기 때문에 사망자의 사망시각이나 장소, 그 외 어떤 역학적 패턴도 알 수 없었다.

또 다른 패턴을 예로 들어보자. 사람들이 보고서도 이해하지 못한 단서가 지도에 담겨 있는 경우도 있다. 과거에는 많은 사람들이 남미와 아프리카 대륙의 모양이 비슷하다고 생각했다. 세계일주가 가능해진 다음 각 대륙의 모습을 지도로 그리기 시작하자 프랜시스 베이컨Francis Bacon은 이러한 생각을 기록으로 남겼다. 그런데 지리학적으로 더 중요했던 것은 아프리카의 서부해안과 남아메리카의 동부해안이 마치 조각 맞추기 퍼즐처럼 딱 들어맞는다는 사실이었다. 19세기 내내 알렉산더 폰 훔볼트Alexander von Humboldt나 안토니오 스니

*역학疫學
어떤 지역이나 집단 안에서 일어나는 질병의 원인과 변동, 이동 상태를 연구하는 학문.

더 페예그리니Antonio Snider-Pellegrini를 비롯한 많은 사람들은 이 사실을 지적했다.

그러나 이 현상을 보다 진지하게 주목한 최초의 사람은 지리학자 알프레드 베게너Alfred Wegener*였다. 그는 아프리카와 남아메리카뿐만 아니라 북아메리카, 그린란드, 유럽도 서로 꼭 맞는다는 것을 증명해보였다. 게다가 대서양이 나누는 양 대륙 해안의 암석층과 화석군 역시 일치하고 있었다. 베게너는 한때 모든 대륙이 하나로 붙어 있었다는 이론을 창안하면서 이 초대륙에 판게아Pangaea**라는 명칭을 붙였다. 그로부터 50년 후, 해리 헤스Harry Hess는 대륙유동의 원리를 알아냈고, 판게아가 깨어져 오늘날 우리가 보는 것 같은 분리된 대륙이 만들어졌음을 증명했다. 대륙유동의 퍼즐이 맞춰지자 다른 패턴들도 이해할 수 있게 되었다. 지진, 화산분출, 산맥형성 등 이 모든 것은 대륙판이 충돌하고 압력을 받아 휘어지고 깨어져나가는 과정에서 생겨났다는 것이었다.

실제로 애초에 하나였다가 해체된 패턴으로서의 조각 맞추기 퍼즐은 과학자들에게 강력한 은유가 된다. 그들은 관찰작업보다는 이론적이고 개념적인 작업을 할 때 이것을 응용한다. 자연은 스스로가 작동하는 원리에 대해 많은 단서를 제공하지 않는다. 그래서 노벨상 수상자인 물리학자 첸 닝 양Chen Ning Yang과 발생학자인 크리스티아네 뉘슬라인 폴하르트Christiane Nüsslein-Volhard는 이 단서들을 "조각 맞추기 퍼즐의 조각들"이라고 부른다.

과학자들은 이 조각들을 모아서 이해할 수 있는 온전한 그림으로 맞춰야 한다. 그러나 과학자들의 수중에 서로 다른 종류의 퍼즐 조각들만 무수히 섞여 있을 때가 많다. 아무런 지침도 없고 다른 종류의 조각이 얼마나 많이 섞여 있는지 알 수가 없다.

뉘슬라인 폴하르트는 이런 상황에서, "가장 중요한 것은 특정한

*알프레드 베게너
Alfred Wegener
1880-1930, 독일의 기상학자이자 지구물리학자. 현재 지구표면의 형태에 관한 대륙이동설을 발표했다.

**판게아
Pangaea
모든 대지라는 뜻.

조각 하나가 아니라, 전체 그림을 가늠할 수 있을 만큼의 조각들과 그 사이의 연관성을 찾아내는 것"이라고 한다. 연구의 핵심은 자료를 모으는 게 아니라 그것을 이해하는 것이다. 자료가 충분해지고 개념들 간에 모순이 없으며, 개념적 퍼즐이나, 패턴 혹은 온전한 '그림'이 될 때, 과학자들은 이것을 이론 또는 자연의 법칙이라고 부른다.

과학퍼즐 풀기는 조각 맞추기 퍼즐을 푸는 것과 같다. 충분한 조각

그림 4-5. 알프레드 베게너가 그린 판게아 대륙의 모습.

들이 서로 맞춰지게 되면, 완성된 그림이 나오거나 빈 자리가 드러나게 된다. 완성된 그림은 어떤 조각들이 사용되었는지를 알려주는 새로운 구조물이다. 그러나 빠진 조각이 무엇인지를 보여주는 빈 자리 역시 중요하다. 그것은 우리 자신이 모르는 것이 무엇인지 가늠하게 하는 단서가 되기 때문이다.

우리가 무엇을 모르고 있는지를 알게 되면 그 빈 자리에 들어맞는 조각을 찾아낼 수 있다. 조각 맞추기는 마구잡이 게임이 아니다. 우리는 답이 필요한 특정한 문제와, 제시된 답을 검증하는 데 사용할 명확한 기준을 가지고 있다. "문제 자체가 제대로 설정되어 있다면 해답의 절반 이상은 건진 것이다"라는 문구는 거의 모든 과학자들에게 금언으로 여겨지고 있다. 이런 점에서 문제 또한 패턴으로 볼 수 있다.

| 패턴의 부재인가,
| 아니면 패턴의 차이인가

자신이 무엇을 모르는지 안다는 것, 곧 무지의 패턴을 안다는 것은 무엇을 아는지 아는 것만큼 귀중하다. 노벨상 수상자인 의학자 토머스 웰러Thomas Weller*의 말에 의하면 "산더미 같이 쌓인 미지의 것들이 과학적 진보의 자극제가 된다"라는 것이다. 역시 노벨상을 수상한 물리학자 아이작 라비Isaac Rabi**는 "과학에서 가장 흥미로운 분야는 자신이 무얼 말하고 있는지 본인도 잘 모르는 곳에 자리하고 있다"라고 말한다. 스젠트 기요르기도 이에 동의한다. 그의 견해는 "과학자라면 인간 지식영역의 공란에 당연히 흥미를 가져야 한다. 그리고 그 부분을 메우기 위해 기꺼이 일생을 바쳐야 한다"라는 것이다.

이런 말들을 실제로 적용한 사람들은 '무지의 기원'에 정통한 철학자 앤 커윈Ann Kerwin과 애리조나 의과대학의 외과의사인 말리스와 찰스 위트Marlys & Charles Witte 부부다. 그들은 '의학적 무지를 주제로 하는 교과과정'을 개발했으며 학생들에게 문제제기를 어떻게 해야 하는지, 또 '의학영역에서의 공란'을 어떻게 인식할 것인지에 대해 가르치고 있다. 이런 교과과정은 다른 학문분야에서도 유용하다.

인디애나대학의 심리학 교수 엘리어트 허스트Eliot Hearst는 '우리는 무엇을 모르는가'에 특별히 관심을 가지고 있다. 그의 생각은 보다 급진적이다. 〈심리와 무Psychology and Nothing〉라는 흥미로운 논문에서 그는 음악가들에게 무無란 침묵을 의미하는 휴지부이고, 화가와 건축가에게는 물체들 사이의 음陰의 공간이며, 과학자들에게는 완전한 진공이자 절대 영零이고, 철학자들에게는 허무주의, 소설가들에게는 셜록 홈즈가 주인공인 탐정소설에서처럼 중대한 단서를 제공하는 '짖지 않는 개'를 의미한다고 주장한다. 그러면서 그는 무 자

"자신이 무엇을 모르는지 아는 것, 곧 무지의 패턴을 아는 것은 무엇을 아는지 아는 것만큼 귀중하다."

*토머스 웰러
Thomas Weller
1915- , 미국 의학자. 소아마비 바이러스 배양에 성공하여 1954년 노벨생리의학상을 수상했다.

**아이작 라비
Isaac Rabi
1895-1988, 미국 물리학자. 공명의 원리를 응용한 핵자기 공명흡수법에 의해 정확한 핵자기모멘트를 측정하여 노벨물리학상을 수상했다.

체만큼이나 중요한 것은, 무에 대해 아는 바가 거의 무에 가깝다는 사실이라고 지적한다. 부재, 삭제된 것, 발생하지 않은 것들을 인식하고 이것들로부터 뭔가를 배우는 일은 생각보다 훨씬 어렵다고 허스트는 논문에서 쓰고 있다. 그는 "동물이나 사람은 실재하는 것만을 강조한다"라고 말한다.

예를 들어 누구든지 점성술이나 점괘과자가 잘 들어맞았던 경우를 기억해낼 수 있다. 하지만 숱한 예언들이 실현되지 않았다는 것을 기억하는 사람은 거의 없다. 그러나 허스트의 주장에 따르면 오히려 마음에 관계된 것들, 열역학과 절연된 것들 속에서는 '아무것도 아닌 어떤 것'을 얻는 것이 가능하다는 것이다.

중요한 것은 예언에 의해서든, 모호한 직관에 의지하든 간에 특정한 상황에서 무엇이 존재해야 하는지 충분한 감을 쌓는 일이다. 그럼으로써 부재는 대단히 이례적이고 흥미로운 것이 된다는 것이다. 허스트는 만일 어떤 일과 정보의 부재, 미발생, 사라짐을 다루는 주제가 학습과정에 보다 활성화되고 정규적인 형태로 통합된다면 무는 다른 어떤 것만큼이나 지각하고, 기억하고, 문제를 제기하는 데 유용한 도구가 될 것이라고 믿고 있다.

무에 대한 우리의 무지로 인해 발생하는 가장 큰 문제점은 패턴이 실제로 존재하지 않기 때문에 부재하는 경우와, 지각하지 못하지만 실제로 존재하는 경우를 어떻게 구분하느냐이다.

수 년간 미시건 주립대학의 자연과학부에서 사용해온 한 시각퍼즐이 적절한 예가 될 수 있을 것이다. 이 퍼즐에는 "이론은 자료들의 패턴이다"라는 제목이 달려 있다. 자료 자체(퍼즐조각)가 불충분한 상황에서 학생들은 전체 개념을 파악하기 위해서는 패턴을 먼저 알아내야 한다. 하지만 실제로 상당수의 학생들이 이 퍼즐에 아무런 패턴도 없다고 결론 내릴 만큼 내용은 난해하다.

"부재, 삭제된 것, 발생하지 않은 것들을 인식하고 이것들로부터 뭔가를 배우는 일은 생각보다 훨씬 어렵다."

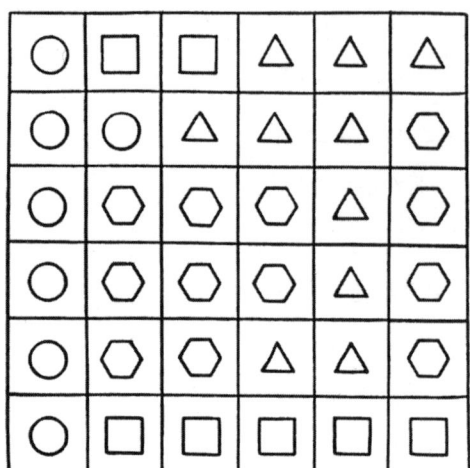

그림 4-6. 패턴 퍼즐.

그러나 이 퍼즐에 해법은 있다(이 장의 맨 마지막 부분을 볼 것). 그것을 알아내기 위해선 몇 가지 단서가 필요하다. 문화는 패턴인식에 미묘한 영향을 끼친다. 이 퍼즐의 경우 답이 있음에도 불구하고 미국에서 자란 학생들이 풀지 못하는 것은 미국문화가 장애물이 되고 있기 때문이다.

세계 각지의 사람들은 자신이 성장한 지역 특유의 예술과 과학체계가 선호하는 패턴만을 인식하는 경향이 있다. 특정 패턴에 대한 경도 현상은 건축이나 미술, 조경, 도시설계, 자료를 도식화하는 방법, 심지어 별자리 구성에까지 나타나고 있다. 아메리카 원주민이나 중국인들은 고대 서구인들과는 달리 오리온성좌를 보지 못한다. 그들은 다른 방법으로 별의 패턴을 인식하기 때문이다.

패턴의 차이는 놀이에서도 드러난다. 예를 들어 사방치기 놀이는 세계 각지에서 다양한 형태로 행해지는데 우연치 않게 이 놀이가 위의 퍼즐을 푸는 단서를 가지고 있다.

"세계 각지의 사람들은 자신들이 성장한 지역 특유의 예술과 과학체계가 선호하는 패턴만을 인식하는 경향이 있다."

각각의 사방치기 놀이는 지역 특유의 시각적, 운동감각적 패턴을 반영하고 있다. 중국의 사방치기 판을 예로 들자면 그 구조가 기본적으로 직선이다. 북아메리카나 대부분의 유럽, 아시아, 남아메리카, 아프리카, 서인도제도의 것들도 이와 유사하다. 영국에서는 20개의 정사각형을 이어 붙인 직사각형 모양으로, 베드beds라고 부른다. 비슷한 격자패턴은 인도에서도 발견된다. 나라마다 모양은 조금씩 다르지만 규칙은 거의 동일하다. 참여자는 선을 따라서 패턴들 위를 팔짝팔짝 뛰어가야 한다.

패턴인식에 미치는 문화적 영향은 우리가 고안해내는 것들과 그

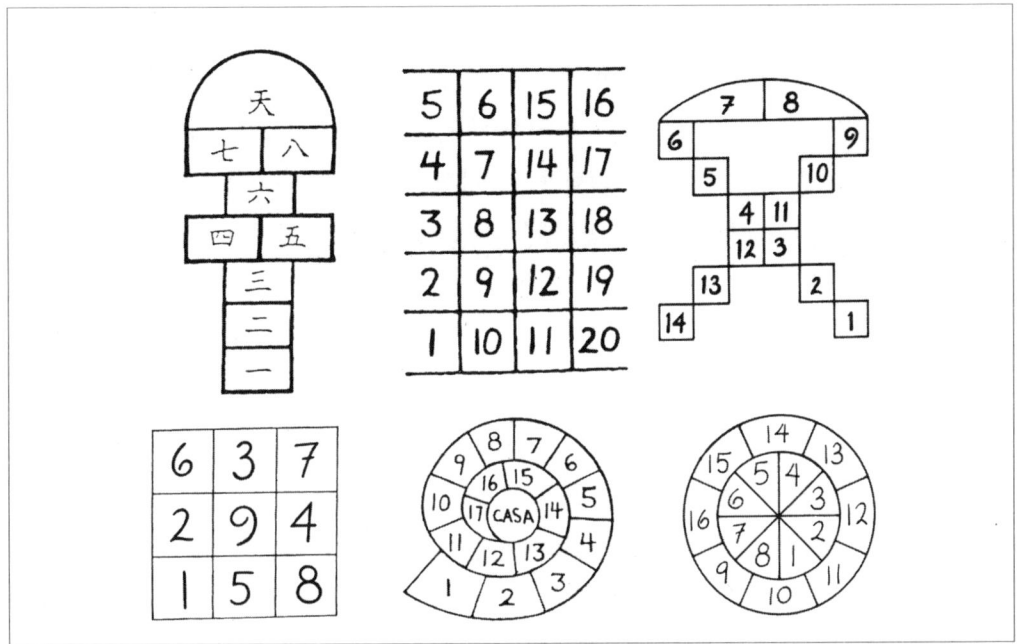

그림 4-7. 세계 각국의 사방치기 놀이. 왼쪽 위부터 시계방향으로: 중국, 영국(명칭은 beds), 이탈리아, 영국(명칭은 hop-round), 라틴 아메리카와 프랑스(명칭은 snail), 덴마크(명칭은 hinka).

방법을 규정한다. 예를 들어 서구의 과학에서는 어렸을 때부터 세계를 유클리드적인 관점에서 생각하라고 가르친다. 우리가 '3차원'이라고 말할 때, 그것은 각각 다른 축에 대해 직각인 데카르트 좌표의 x-y-z축을 가리킨다. 우리가 보는 거의 모든 것은 이 관점에서 설명되고 수립된 것이다.

이 좌표체계는 토머스 쿤Thomas Kuhn이 패러다임이라고 부른 것인데 어떤 특정한 분야에서 문제를 설정하고 해결하는 데 쓰이는, 폭넓게 적용할 수 있는 패턴을 말한다. 그러나 모든 패러다임에는 한계가 있다. 지구상의 한 고정된 지점에서만 작동하는 입체패턴은 세계를 일주할 때는 작동하지 않는다. 경도와 위도를 생각해보라. 그것들은 데카르트 좌표에서처럼 직선으로 뻗어나갈 수가 없다. 오직 지구를 그러나 일반적인 패턴을 무시하는 돌차기 놀이도 있다. 덴마크의 사방치기 놀이판이 아홉 칸으로 구성되어 있고 각 칸마다 숫자가 쓰여 있는데, 수의 순서가 직선형으로 배열되어 있지 않아 참여자가 직진하지 못하고 판 위를 돌면서 앞으로 나아가야 한다.

프랑스와 일부 라틴 아메리카의 사방치기 판은 나선형을 하고 있어 달팽이라고 불린다. 직사각형이나 직선형, 심지어 둥근 형태는 서구 문화권에서 아주 흔하다. 빌딩모양에서부터 테이블, 저녁뉴스의 그래프에 이르는 모든 것들이 곡선이다.

반면에 뉴욕시에 있는 구겐하임미술관과 같은 나선형은 대단히 드물다. 비록 자연에서는 수많은 나선형들, 이를테면 달팽이, 소라, 회오리 바람, 솔방울, 머리의 가마 등을 볼 수 있지만 사람이 만든 인공물에서는 거의 없기 때문에 우리들은 나선형 물체가 존재하지 않는 것처럼 생각하기 쉽다.

따라 둥글게 구부러진다. 극좌표 시스템은 우주를 구형으로 전제하고 이 속에서 방향량(벡터)과 관련지어 위치를 알아내는데, 이것은 항공운항이나 우주비행에서 기하학적 좌표보다 유용하게 쓰인다.

그러나 극좌표라 할지라도 그것으로 기하학적 축으로 해결하지 못한 모든 문제를 다 풀 수 있는 것은 아니다. 버크민스터 풀러 Buckminster Fuller가 발명한 지오데식 돔 geodesic dome*은 x-y-z축 시스템과 극좌표 시스템을 아예 배제했기 때문에 고안할 수 있었다고 설명한 바 있다. 그는 대신에 사면체(삼각뿔) 패러다임을 차용했다고 밝혔다. 마찬가지로 아인슈타인도 비非유클리드 공식을 만들 때 유클리드 기하학을 거부했고, 결과적으로 그는 상대적인 중력장에서 공간과 시간이 휘어진다는 유명한 학설을 창안해냈다.

아인슈타인이나 풀러 모두 유클리드 기하학이 세계에 대한 단 한 가지 해석에 불과하다는 것을 분명히 이해하고 있었다. 비유클리드 기하학, 구면 기하학, 기타 우주에 대한 공식화 사례는 수없이 많다. 이 많은 것들은 다른 종류의 패턴을 제공하기 때문에 발명가나 건축가, 화가, 기타 모든 혁신가들에게 유용한 것이 된다.

그러나 문제는 우리가 알지 못하는 것은 사용할 수 없다는 것이다. 우리의 패턴인식능력은 다른 공간을 학습함으로써 발달된다. 이것은 다른 형태의 사방치기 놀이를 연구함으로써 패턴인식능력이 향상되는 것과 같은 이치다.

체스 고수들은 패턴인식의 귀재들

패턴을 인식하는 것이 그토록 복잡하다면 어떻게 이 기술을 연마할 수 있을 것인가? 우리는 경험하지 못한 패턴은 알아낼 수가 없다.

*지오데식 돔
geodesic dome
다각형 격자를 짜맞추어 만든 돔. 내부에 기둥이 하나도 없으면서 매우 견고한 특성을 가진 초대형 공모양의 건축물.

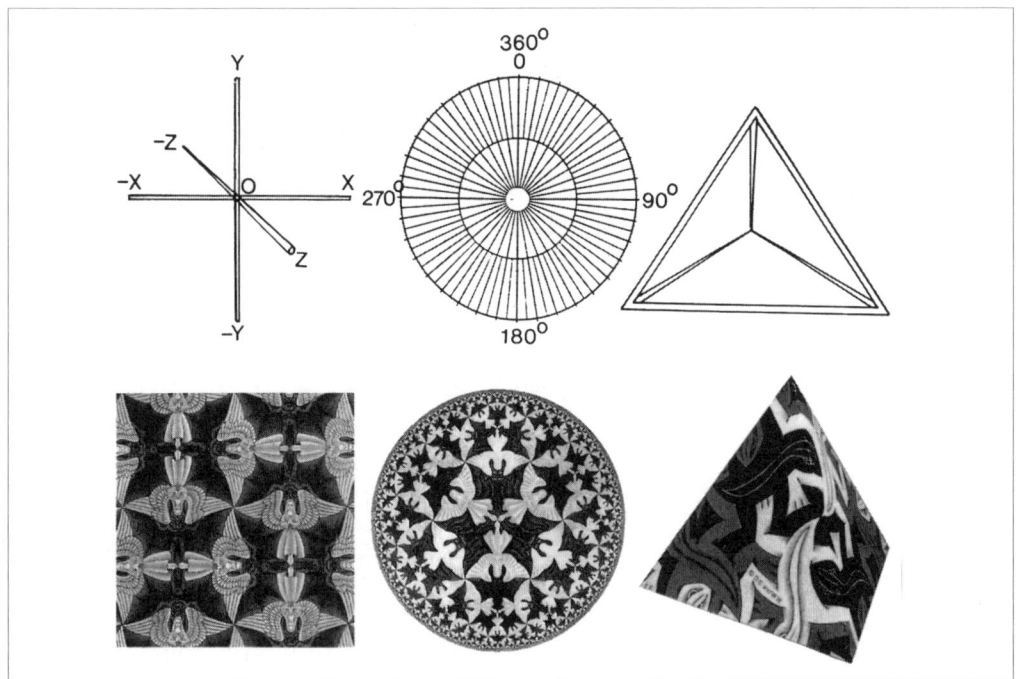

그림 4-8. 공간좌표시스템과 결합된 이종 패턴들. 위, 왼쪽에서 오른쪽으로: 데카르트 좌표, 극좌표, 버크민스터 풀러의 4면체 좌표, 이 좌표들은 에서의 쪽매붙임 삭붐에 나타나 있다. 도리스 샷슈나이더와 윌리스 워커에 따르면 사면체 같은 입체의 표면에 '컬라이도사이클'이라고 부르는 쪽매붙임작업이 가능하다. 컬라이도사이클은 최근의 기하학적 발견물이다.

그러나 그것으로 끝이 아니다. 패턴을 인식하려면 그것이 다른 문화권의 것이건, 우리 자신이 살고 있는 시간과 장소에 속한 것이건 간에 나름의 연습이 필요하다.

연습은 누구든지 할 수 있으며 여기서 나이는 전혀 문제되지 않는다. 리처드 파인먼은 자신이 "어린이용 식탁 의자에 앉아 있던 아기" 시절부터 이미 패턴에 대해 배우기 시작했다고 말하고 있다. 그의 아버지는 그가 가지고 놀게 하려고 작은 욕실용 타일들을 집에 가져와서는 어떻게 해야 그것을 "보다 복잡하게 짜맞추는지" 시범을 보여주곤 했다. 아버지는 흰 타일 두 장에 파란 타일 한 장, 흰 타일 두 장에 파란 타일 한 장, 계속 그런 식으로 맞춰나갔다.

"우리가 경험하지 못한 패턴은 알아낼 수가 없다."

이 과정을 통해 파인먼의 아버지는 '패턴이란 어떤 것인지, 그리고 그게 얼마나 재미있는지'를 가르쳤다. 그것은 일종의 초보수학이었다. 그런 종류의 놀이는 도미노처럼 단순한 것이든 체스처럼 복잡한 것이든 아이나 성인을 막론하고 모두에게 도움이 된다. 삼목tick-tack-toe*이나 체커checkers**, 또는 체스를 둘 때 중요한 것은 어떤 패턴이 이기고 어떤 패턴이 지는지 아는 것이다.

실제로 체스의 고수들을 보면 어떤 규칙이나 특정한 전략을 응용하거나 상대방의 행마를 꼼꼼하게 읽는 능력보다는 패턴을 인식하는 재능이 더 뛰어나다는 것을 알 수 있다. 컴퓨터의 체스게임이 각 수마다 가능한 수백만 가지의 행마조합을 가지고 승산을 계산하도록 프로그래밍되어 있는 데 반해, 체스의 고수들은 즉각적으로 체스판 위에 배열된 말들을 하나의 패턴으로 인식한다. 그리고 거기에서 특별한 전략이 나온다. 유능한 군 지휘관들도 이와 동일한 패턴인식능력을 가지고 있다. 물론 그들의 목적이 놀이를 하는 데 있는 것은 아니지만 말이다.

조각 맞추기 놀이를 하는 것도 패턴인식의 연습이 된다. 우리가 이 책을 쓰기 위해 조사하면서 알게 된 놀라운 사실 중 하나가 분야를 막론하고 걸출한 사람들의 다수가 퍼즐 중독자이거나 퍼즐 게임 개발자라는 사실이다. 나폴레옹Napoleon이 대표적이다. 발생학자인 뉘슬라인 폴하르트도 전공 학문을 퍼즐 풀기에 비견한다. 그리고 심심풀이용으로 그녀 스스로 '풀 수 없는 퍼즐'이라고 이름 붙인 퍼즐을 고안해냈다. 마틴 가드너Martin Gardner가 쓴 《수학을 이용한 오락 Mathematical Recreation》에는 수많은 수학자들과 물리학자들이 만들어낸 퍼즐에 대해 수록되어 있다.

퍼즐을 고안하다 보면 완전히 새로운 패턴을 인식하게 되는 경우가 있다. 디자이너인 에르노 루빅Erno Rubik은 학생들에게 3차원 색채

*삼목
tick-tack-toe
자기 돌이 가로나 세로, 대각선 방향으로 세 개만 이어져 있으면 이기는 게임.

**체커
checkers
체스와 비슷하나 체커는 말이 대각선으로 이동하며 각 말의 움직임이 똑같지만 체스는 말의 움직임이 각각 다르다.

디자인을 가르치기 위해 큐브(루빅 큐브)를 개발한 것으로 유명하다. 루빅 큐브 놀이는 순열 수학을 개괄한 알렉산더 프레이Alexander Frey와 데이비드 싱마스터David Singmaster의 책 《큐빅수학 Cubic Math》에 입문하는 기초활동이 된다.

 퍼즐이나 게임을 하는 것 말고도 우리는 아주 생소한 장소에서 낯익은 패턴들을 종종 찾아내곤 한다. 낳은 지 몇 달 되지 않은 영아들은 사람의 얼굴 비슷한 것만 보면 강하게 반응한다. 1997년 스위스의 그래픽 디자이너인 프랑수아François와 장 로베르Jean Robert는 《얼굴 대 얼굴 Face to Face》이라는 책을 펴냈는데, 이 책은 여러 인공물의 이미지로 가득 차 있다. 벽시계, 문 손잡이, 라디오, 핸드백, 카메라, 병따개 등 매우 다양한 물건들이 있는데, 이것들의 모양은 공통적으로 사람의 얼굴을 닮아 있다. 우리가 주위를 한번 돌아보면 사람 얼굴, 심지어는 몸통을 닮은 모양들도 많이 보게 될 것이다.

 메타패턴에 대해서도 눈을 돌려보자. 예를 들어 현대무용음악의 악절을 살펴보면 고전음악의 그것과 유사하거나 동일한 리듬을 채용하고 있다는 것을 알 수 있다. 이 리듬을 왈츠나 탱고 같은 정격 댄스 음악패턴이나 그것을 추는 무용수들의 움직임과 비교해보자. 그리고 다시 이 리듬을 언어패턴과 비교해보자. 이런 음악적, 운동감각적, 시각적, 혹은 언어적 패턴들이 옷을 뜨거나 천을 짜는 패턴과 유사하지 않은가? 어떤 나라에서 전형적으로 나타나는 직조패턴들은 그곳의 전통적 미술이나 음악의 패턴과 연관성이 있지 않은가? 패턴들 사이의 패턴들(메타패턴)을 발견하는 능력은 사물 등에서 나타나는 반복적인 순서나 양식에 대한 의문을 제기하며 그 답을 찾아내기 위해 보고, 듣고, 느끼는 일에 달려 있다.

 마지막으로 패턴을 알아내기 위해서는 여기저기 어슬렁거리거나 놀이를 해야 할 필요가 있는데, 그러자면 상당한 인내력이 요구된다.

"퍼즐을 고안하다 보면 전적으로 새로운 패턴을 인식하게 되는 경우가 있다."

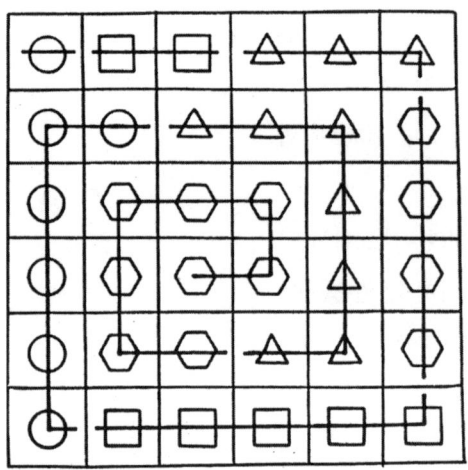

그림 4-9. 그림 4-6 패턴 퍼즐의 해답.

"패턴 사이의 패턴을 발견하는 것은 어떤 반복적인 순서나 양식에 대한 의문을 제기하고 그 답을 찾아내기 위해 보고, 듣고, 느끼는 일이다."

나보코프는 어린 시절 자신은 패턴에 대단히 민감했다고 한다. 특히 잠자리에 들 준비를 할 때 그랬다고 하는데, 수도꼭지에서 "똑, 똑, 똑" 하며 물이 떨어지는 소리에 맞추어 욕실문을 잡아당겼다 밀었다 했다고 한다. 그는 "리드미컬한 소리와 움직임의 패턴을 성공적으로 일치시켰고, 자주 욕실벽의 복잡한 문양을 머릿속으로 풀어보곤 했는데, 그러다가 눈길을 잡아끄는 갈라진 금이나 그늘 부분에서 사람의 얼굴을 발견하곤 했다"고 쓰고 있다.

청각적, 시각적, 언어적 패턴을 움직임의 패턴과 결합시킨 일은 그에게 대단히 중요한 경험이었다. 그래서인지 그는 자신의 회고록에 이와 관련한 충고 한마디를 기록해놓았다. "제발 부모들에게 간청한다. 아이에게 '서둘러'라고 말하지 말라." 나보코프가 충고한 것처럼 최소한 아이들이나 친구, 동료들에게 빈축을 놓기 전에 잠시 멈추고 그들의 말이 어떤 중요성을 갖고 있을지 생각해볼 필요가 있다. 기발한 수수께끼가 그런 것처럼, 넌센스라는 것이 별것 아닌 듯 보일 수도 있겠지만 그 안에는 새로운 센스 New Sense를 담고 있을 수도 있다.

SPARK OF GENIUS
생각도구 5 패턴형성

크느그와레예의 움직이는 선들
대칭적인 패턴을 통해 독창적인 음악을 작곡한 바흐
푸리에 분석에서 전자공학까지, 패턴의 놀라운 변신들
가장 단순한 요소들의 결합이 복잡한 것을 생성한다
패턴은 문제에 대한 정답이 하나가 아님을 보여준다

왼쪽부터: 글렌 굴드, 심하 아롬, 에밀리 크느그와레예, 조지프 푸리에.

▶ 패턴의 결합방식에서 교묘함과 의외성을 발견한 사람들

"아프리카 부족음악은 박의 일정한 패턴이 반복되어 그 주기가 매우 엄격하게 지켜지고 있었다."
- 음악학자 심하 아롬

"하나의 요소나 작용을 일관성 있는 기법으로 다른 것과 병치하는 것은 원래의 패턴과는 전혀 다른 종합적인 패턴을 만들어낸다."
- 화가 에밀리 크느그와레예

"제 아무리 복잡한 파동함수라 하더라도 보다 단순한 일련의 함수 결합에서 발생한다."
- 수학자 조지프 푸리에

나는 관습적인 춤의 패턴을 깨부수어
관객들로 하여금 새로운 춤패턴을 보고 느끼도록 했다.
–무용가 머스 커닝햄

FORMING PATTERN FORMING PATTERN FORMING PATTERN FORMING PATTERN
. . . .

우리는 경험한 세계를 표현하고, 경계 짓고, 정의하기 위해 더 많은 패턴을 고안해낼수록 더 많은 실제지식을 소유할 수 있다. 이에 따라 우리의 이해도 더욱 풍요로워진다. 패턴형성기술을 배우는 것은 모든 분야와 교과과정에서 혁신의 열쇠가 되는데, 그것은 특별한 도구나 다른 사람의 도움 없이도 운동감각적 패턴과 청각적 패턴, 리듬감만을 이용해서 훈련할 수 있다. 한 패턴을 분해하면서 동시에 다른 패턴을 조립하는 일은 어떤 현상과 과정을 이루는 기본요소들에 대해 실제적으로 이해할 것을 요구한다. 더 나아가 그것은 지식의 새로운 세상을 열어보인다.

크느그와레예의 움직이는 선들

1998년, 오스트레일리아의 원주민 출신 화가인 에밀리 카메 크느그와레예Emily Kame Kngwarreye의 회고전이 시드니에서 열렸다. 크느그와레예의 작품 중 두 점은 단순한 시각적 패턴을 묘사한 것이었다. 그중 크기가 작은 것은 위아래로 계속 붓질한 그림이고, 벽면을 다 덮을 정도로 큰 다른 하나는 구불구불한 선들이 거미줄 모양의 패턴을 만들고 있는 그림이었다. 큐레이터 두 명이 전시회를 준비하기 위해 큰 그림 앞을 가로지르며 작은 그림을 나르고 있었다. 마침 그 순간을 사진작가가 스냅샷으로 찍었는데, 이때 뭔가 특별한 일이 일어난 것처럼 보인다. 뉴욕타임즈는 이 사진에 〈움직이는 선들Moving Lines〉*이라는 제목을 붙여 신문에 실었다. 그림에 나타난 선들과 큐레이터의 동작을 엮어 재치 있게 표현한 것이다.

이 사진은 그 자체로 말을 하고 있다. 크느그와레예의 작품들은 제각각인 선들의 특정한 구조와 리듬을 묘사한 것이었다. 그런데 우연히 작품과 큐레이터들의 모습이 병치되면서 두 개의 리듬이 보다 복잡한 의미를 띠게 된 것이었다. 운반하는 사람의 발과 머리는 새로운 울림을 전하고 있다.

이 사진이 찍히기 직전이나 직후에서는 큐레이터들의 발이 반복적인 형태를 취하지 않았을 것이고, 운반되는 그림은 다소 기울어져 있거나 벽에 걸린 그림의 일부만 보였을 것이다. 이 사진 안의 모든 것들은 아름답게 균형 잡혀 있어서 '선들을 움직이는' 행위가 선들을

* '움직이는 선들(Moving Lines)'이라는 제목은 움직이는 선이라는 뜻과 함께 선 움직이기, 선 옮기기라는 이중의 의미를 가진다.

그림 5-1. 오스트레일리아 시드니의 한 미술관에서 큐레이터들이 크느그와레예의 그림을 옮기고 있다.

새로운 방식으로 움직이게 만들고 있었다. 찰나의 순간에 두 그림과 두 명의 큐레이터가 새롭고도 종합적인 어떤 시각적 패턴을 만들어 낸 것이다. 비록 그 결과물은 복잡해보였지만 과정은 아주 단순했다. 패턴을 만들어낸다는 것은 둘 이상의 구조적 요소나 기능적 작용을 결합하는 것일 뿐이다. 일관적인 기법으로 하나의 요소나 작용을 다른 것과 병치하는 것은 둘을 단순히 합치는 것 이상의, 그것과는 전적으로 다른 종합적 패턴을 만들어낸다. 〈움직이는 선들〉의 경우에는 이 과정이 우연히 이루어진 것이다. 그러나 패턴을 만들어내기 위해서는 계획과 목적이 필요하다.

예를 들어보자. 그래프용지가 없을 때 우리는 자와 연필만 가지고 패턴을 만들어내야 한다. 우리는 직선을 하나 긋고 이것을 1/4인치

"하나의 요소나 작용을 일관적인 기법으로 다른 것과 병치하는 것은 둘을 단순히 합치는 것 이상의 종합적 패턴을 만들어낸다."

간격으로 '반복'해 나란히 그어 하나의 패턴을 만들어낸다. 스웨터를 짜는 경우에는 훨씬 복잡한 패턴을 직조해낼 수 있다. 안뜨기와 겉뜨기 두 종류의 뜨개질법을 결합하면 수천 가지의 패턴을 만들 수 있다. 또 두 번 안뜨기와 두 번 겉뜨기를 교대로 하면 골을 만들 수 있고 한 번씩 교대로 짜면 그냥 밋밋한 편물이 나온다.

뜨개질 같은 수공예는 패턴형성에 대해 많은 것을 가르쳐준다. 우리는 장인들이 세대를 이어가며 전수해준 그 기법을 잘 알고 있다. 그러나 이 장에서 우리가 중점을 두어 말할 것은 어떻게 해서 독창적이고 혁신적인 패턴을 만들 수 있느냐이다. 화가, 음악가, 무용가, 물리학자, 수학자, 발명가들은 항상 새로운 패턴을 상상하고 만들어내고자 한다. 물론 그들이 고안해낸 새로운 패턴이란 것도 이미 존재하고 있었지만 그동안 간과되었던 것일 수도 있다. 어쨌든 질서를 이해하려면 패턴이 어떻게 만들어지는지 알아야 한다.

대칭적인 패턴을 통해
독창적인 음악을 작곡한 바흐

패턴을 만드는 일에도 패턴이 있다. 이것은 사람이 학문 간, 분야 간의 경계를 넘어설 수 있고 한 영역의 개념들을 다른 영역으로 전달할 수 있다는 것을 나타낸다. 화가와 음악가가 패턴을 형성해내는 과정을 비교함으로써 우리는 패턴을 어떻게 만드는가에 대한 일말의 궁금증을 풀어낼 수 있으며, 이 과정의 저변에 깔려 있는 원칙들을 보다 포괄적으로 파악할 수 있다.

놀라울 정도로 복잡한 아프리카 원주민 음악의 리듬구조를 한번 생각해보자. 이 리듬은 한때 서구청중들을 크게 당혹시켰다. 그 구조의 복잡성에도 불구하고 음악을 연주하는 사람들은 전문연주자들이 아니라 부락공동체의 평범한 구성원들이다. 그들이 연주를 익히는 과정은 부족언어를 습득하는 방법과 같다. 즉, 일상생활에서의 모방과 공동체 사회활동의 참가를 통해서 연주기술을 습득하는 것이다.

이것은 서구사회의 관행과 엄청난 차이가 있다. 서구에서는 전문 음악가들이 작곡과 연주를 집중적으로 공부하고 일반청중들은 수동적인 자세를 견지한다. 더구나 서구음악에서는 악보가 없으면 음악도 존재하지 않는 것이 된다. 그러나 아프리카음악은 주로 구전되며 문자형태로는 거의 전해지지 않는다. 그런데 문제는 어떻게 전문적으로 훈련받지 않은 음악가들이 그토록 정교한 음악을 연주할 수 있느냐 하는 것이다. 그 해답을 알아내는 것이 일반적인 패턴형성과 관련해서 우리에게 중요한 정보를 줄 것이다.

음악학자인 심하 아롬 Simha Arom은 아프리카음악의 리듬을 이해하는 데 있어 중요한 단서를 제공하고 있다. 그는 중앙아프리카의 다양 리듬 음악을 기록한 수백 편의 오디오 및 영상기록을 면밀하게 분석한 결과 의외로 간단한 원칙 하나를 찾아냈다. 아프리카음악에는 박 beats의 일정한 패턴이 반복되는데, 그 주기가 엄격하게 지켜지고 있다는 것이다. 대부분의 음악에서 이 원칙이 지켜지고 있었다. 각 연주자들은 계속 반복되는 일련의 박이나 음을 한 가지만, 그것도 아주 제한적으로 숙지했다. 이는 크느그와레예가 그린 원주민풍 그림의 선들이 계속 반복되는 것과 유사하다. 그들 음악의 복잡성은 이러한 패턴을 여러 개 병치시킨 결과로 나타나는 것이다. 이것은 큐레이터들이 한 그림을 들고 다른 그림 앞을 지나쳐갈 때 우연히 형성된 패턴과 비슷하다.

아롬이 예로 들고 있는 아카 피그미족 음악은 딸랑이나 종, 쇳조각을 서로 부딪쳐 각기 다른 리듬을 만들어낸다. '본도'는 아카족이 사냥 출정식을 치르면서 연주하는 음악형식이다. 총 4개의 악기로 구성되어 있는 이 음악의 가장 단순한 형식은 2개가 한 조가 되어 12박자마다 반복되는 2개의 서로 다른 기본리듬을 연주하는 것이다. 두 개의 조 모두 2, 5, 12박째에서 연주를 멈춘다. 첫 박과 4박에서는 동시에 악기를 두드린다. 한 조는 3박과 6박, 11박에서 단독연주를 하는 반면, 다른 조는 7박과 11박째에서 홀로 연주한다.

이 결과, 아주 단순한 악기구성임에도 불구하고 놀라우리만치 복잡한 효과가 발생한다. 아카 피그미족은 좀더 복잡한 음악형식을 연주하기도 하는데, 이것을 '욤베'라고 부른다. 욤베는 사냥을 성공적으로 끝냈을 때나 중요한 방문객이 왔을 때, 애도할 때, 그리고 축제 현장에서 연주된다. 욤베는 3, 12, 24박 단위로 반복하도록 되어 있다. 그것의 복잡성은 그림 5-2를 보면 충분히 느낄 수 있다. 그런데 기이하게도 각 악기들이 동시에 울리는 순간은 없다. 4박과 13박에서만 모두 연주를 멈춘다. 악기 하나가 1, 10, 15, 16, 19, 21, 22, 24박에서 단독으로 울리며, 악기 두 개는 2, 3, 6, 7, 8, 9, 11, 12, 17박을 공동으로 연주한다. 5, 14, 18, 20, 23박째에는 악기 3개가 다 같이 소리를 낸다.

매우 복잡해보이지만 본도나 욤베는 그나마 단순한 편에 속한다. 어떤 아프리카부족의 음악에는 12개의 각기 다른 악기가 동원되어 저마다의 리듬을 연주한다. 그 복잡함이란 한번 빠지게 되면 헤어나오지 못할 정도다. 서구의 음악학자들은 이것을 이해하는 데 어려움을 겪는다. 그들에게 음악은 4분의 4박자 같은 식의, 리듬단위로 할당된 지배적인 선율을 가지고 있어야 한다. 서구음악의 모든 것들은 수학적 패턴과 연관되어 있다. 그러나 아프리카의 부족음악인 경우에는 어떤 선율이나 어떤 마디도 존재하지 않는다. 서구인은 욤베에 나타나는 1, 10, 15, 16, 19, 21, 22, 24, 혹은 5, 14, 18, 20, 23 같은

반복에 기초한 음악은 매우 지루할 거라고 지레짐작하는 사람도 있다. 그러나 그렇지 않다. 각 연주자가 담당하고 있는 박들의 반복간격은 모두 다르다. 이로 인해 각 연주자는 서로 다른 박 패턴을 만들어낼 수 있다. 제1연주자는 8박마다 반복하는 패턴을 유지하고 제2연주자는 9박마다 되풀이한다. 그런가 하면 제3연주자는 12박마다 반복하는 패턴을 보여준다. 결과적으로 각 패턴은 거의 매순간 다른 패턴들과 시차를 나타낸다. 그러다가 각각의 패턴들이 공시성을 확보하는 순간 모든 연주자가 한 박을 동시에 치게 되는데, 그때가 72박까지 진행된 다음이다(8, 9, 12의 최소공배수를 생각하라). 이 72박이 진행되는 동안, 청중들은 계속 변주되는 음악을 듣게 된다. 이처럼 극단적인 반복형식 내에서도 작은 변주가 일어나고, 결국 아주 세밀하게 파고들어가보면 어떤 부분도 똑같이 반복되지 않는다.

수열을 어디서도 들어본 적이 없다. 그런 패턴들은 워낙 생소하기 때문에 그것을 이해하고 분석하는 일이 너무 어려운 것이다.

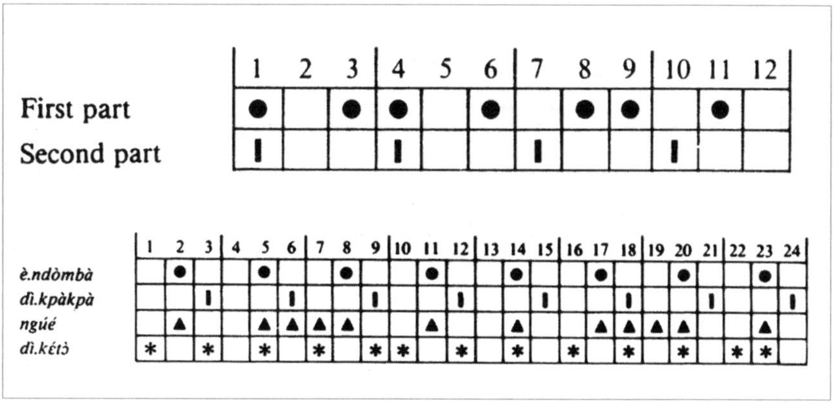

	1	2	3	4	5	6	7	8	9	10	11	12
First part	●		●	●		●		●	●		●	
Second part		I			I		I			I		

	1	2	3	4	5	6	7	8	9	10	11	12	13	14	15	16	17	18	19	20	21	22	23	24
è.ndòmbà		●			●			●			●			●			●			●			●		
dì.kpàkpà				I			I			I			I			I			I			I			
ngúé			▲			▲	▲	▲					▲			▲	▲	▲				▲			
dì.kétò	*		*		*			*	*		*			*		*			*	*		*			

그림 5-2. 위: 2부로 구성된 아카음악 패턴, 아래: 4부로 구성된 아카음악 패턴.

그런데 아프리카 토속음악을 접할 때 우리가 겪는 어려움은 이보다 훨씬 더 깊은 곳에 뿌리를 두고 있다. 서구 작곡가들이 작곡한 음악은 악보로 쓴 뒤에야 연주할 수 있다. 우리가 듣는 선율과 패턴은 사전에 계획되고 의도된 것이다. 그러나 아프리카음악은 순간적인 신명 속에서 연주자들이 협력하여 만든다. 그래서 그 음악의 패턴이란 연주자 모두가 동시에 연주를 멈추건, 아니면 다 같이 한꺼번에 세차게 악기를 두드리건 간에 그 어떤 것도 계획된 것이 아니다. 그저 우연히 이루어진 것일 뿐이다.

4박과 13박 때 전체가 쉬는 휴지부가 있지만, 그것은 연주자들이 "4박과 13박째가 되었으니 난 쉴 거야"라고 생각하고 멈추는 것이 아니다. 오히려 연주자들은 무의식적으로 동시에 연주를 쉰다. 연주자 자신들도 4박과 13박에서 소리가 안 들리는 것을 깨닫는다면 청중들 못지않게 놀랄 것이다. 그 놀라움이란 부족연주자들이 음악을 이루어가면서 느끼는 열락과도 같으리라.

아프리카 토속음악의 다리듬구조는 혁신적인 미국 흑인음악에 영향을 주었으며, 랙타임, 재즈, 스윙은 아프리카계 미국인 선조의 천

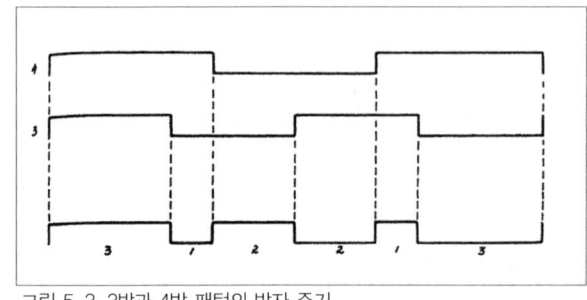

그림 5-3. 3박과 4박 패턴의 박자 주기.

재성을 모태로 발아한 것이다. 현대의 몇몇 서구 작곡가들은 아프리카의 음악기법을 보다 공식적으로 재발굴해 왔다. 그중에서 눈에 띄는 인물이 작곡가 조지프 쉴링어 Joseph Schillinger로, 그의 제자 중에는 조지 거쉰, 오스카 레반트 Oscar Levant, 글렌 밀러 Glenn Miller, 베니 굿맨 Benny Goodman, 토미 도시 Tommy Dorsey, 폴 라발 Paul Lavalle 등이 있다.

저서 《예술의 수학적 기초 The Mathematical Basis of the Arts》에서 쉴링어는 리듬을 '동기화同期化된 요소들이 갖는 주기성'으로 규정했으며 아롬과 마찬가지로 이를 그림으로 정의했다. 그림 5-3에서 한 연주자는 4박마다 음조를 교체한다. 반면에 다른 연주자는 3박을 치고 조를 교체한다. 이 '4박 후 교체'와 '3박 후 교체'의 패턴은 계속 진행되다가 모두 12박을 치고 다시 이전 패턴으로 돌아간다. 박의 공식에 따르면 소리가 우리 귀에는 3, 1, 2, 2, 1, 3……으로 들린다*. 만일 3 : 4 : 7의 박을 동시에 결합하면 보다 복잡한 패턴이 나올 것이다. 작곡가인 동시에 디자이너였던 쉴링어는 책에서 이런 음악적 패턴을 어떻게 시각적 패턴으로 옮겨놓을 수 있는지에 대해서 폭넓게 설명하고 있다.

놀랍게도, 서구 고전음악의 전범 중에서 가장 정교하다는 작품들도 그것이 근거하고 있는 패턴형성개념을 보면 아카 피그미나 타악공연그룹인 스텀프의 그것보다 더 복잡하다고 말할 수 없다. J. S. 바흐를 예로 들면, 그는 리듬 대신에 두 개의 다른 선율이나 주제를 대비시키는 대위법을 곧잘 썼다. 바흐는 또한 자리바꿈기법을 쓰기도 했는데, 그의 2성 인벤션 8번은 자리바꿈기법에 대한 것이다. 여기

*처음 3박은 1연주자나 2연주자 모두 각자의 조를 유지하고 있으므로 같은 화음이다. 그 뒤 1박은 2연주자의 조가 바뀌었으므로 다른 화음이고, 그 뒤에 오는 2박은 1, 2연주자 모두 바뀐 조로 연주하므로 앞의 1박과는 다른 화음이다. 그 다음 2박은 2연주자의 조가 바뀌면서 앞의 2박과는 다른 화음이 된다. 그 다음 1박은 1연주자의 조가 바뀌므로 역시 다른 화음이 된다. 그리고 나머지 3박에서는 2연주자의 조가 바뀌므로 앞의 것과 다른 화음을 내게 된다.

서 기본주제가 도입된 후에(a), 바흐는 그 순서를 바꾸고(b), 바뀐 주제를 거꾸로 뒤집은 다음 (c), 순서가 바뀌고 뒤집힌 주제의 자리를 다시 바꾼다(d).

최종버전(d)은 원래 주제가 뒤집힌 모습을 하고 있다. 이를 살펴보면 패턴이 대칭을 이루는 흥미로운 결과가 나타난다. 이 2성 인벤션의 중요한 점은 여러 가지

그림 5-4. 바흐의 2성 인벤션 8번의 자리바꿈.

방법으로 시도한 결과, 한 주제에 대한 이와 같은 변주들이 일정한 결속력을 갖게 되었다는 데 있다. 이렇게 말로 하면 곡을 쓰는 일이 쉬워보이지만, 이 모든 작업을 실제연주가 가능하면서 음악적으로도 이해할 수 있는 패턴을 통해 만들어내는 것은 상당히 까다로운 일이다.

바흐가 채용한 '자리바꿈'류는 한 체계를 이루는 요소들의 모든 가능한 조합을 찾는, '순열조합론combinatorics'이라는 보다 폭넓은 수학 개념과 관련이 있다. 이를테면 동일한 요소 두 개를 조합하는 방식은 한 가지밖에 없다. 그러나 두 개의 다른 요소를 조합하는 방식은 네 가지가 되며, 세 개의 다른 요소라면 무려 스물일곱 가지의 조합방식이 가능하다. 그래서 작곡가 다리우스 미요는 이와 같은 순열조합론을 이용해서 복수의 조를 동시에 구사하는 다조多調음악을 연구했다.

"나는 중첩되는 두 개의 조로 할 수 있는 가능한 모든 조합과 그 결과로 나타날 수 있는 화음을 연구하기 시작했다. 또한 그것들의 자리바꿈효과에 대해서도 생각을 했다. 나는 이 화음들을 이루는 조성의 음계에 변화를 가함으로써 내가 상상할 수 있는 모든 변경permutation

작곡가 필립 글래스는 피아노 독주곡을 만들 때도 고대 힌두음악의 원리를 채용했다. 랙타임을 연주할 때 글래스는 피아니스트가 양손으로 제각각 다른 박을 칠 것을 요구했다. "한 손으로 다섯 박을 치고 다른 손으로는 네 박을 칠 수 있어야 한다. 내 음악의 규칙은 한 손으로는 3박 순환주기를 유지하면서 다른 손으로는 다른 주기를 지켜야 한다는 것이다. 3박을 치면서 동시에 9, 8, 6, 5, 4, 3, 4, 5, 6, 8, 9, 그리고 12박을 연주해야 한다. 그렇게 하면 3박 주기와 잘 들어맞는다."

을 시도했다. 나는 이런 작업을 세 개의 조를 가지고 해보기도 했다"라고 미요는 말하고 있다.

이런 새로운 조합에 익숙해질수록 그는 이것이 한편으로는 일반적인 화음보다 더 '미묘한 달콤함'으로, 다른 한편으로는 '격렬한 힘'으로 자신을 만족시켜준다는 것을 알게 되었다. 그는 이것을 통해 자신의 작곡패턴을 만들어냈으며, 이는 그가 시도한 새로운 음악의 기초가 되었다.

푸리에 분석에서 전자공학까지, 패턴의 놀라운 변신들

고대 다리듬음악의 기본구조에 가장 근접해 있는 현대음악이 있다면 바로 스텀프 공연일 것이다. 이 공연은 깡통, 냄비, 자동차 휠캡, 싱크대, 상자 등을 막대기, 쇳조각, 손이나 발로 두들기고 마루 위를 쿵쿵 뛰거나 빗자루, 쓰레기통, 나무상자 등을 가지고 반복적으로 바닥을 쳐댄다. 그런가 하면 손가락으로 딱딱 소리를 내고, 종이백을 구기고, 손뼉을 치거나 배를 두드리기도 한다. 그들의 '악기'는 아프리카나 인도에서 사용하고 있는 것은 아니지만 그들이 협력해서 공연하는 것을 보면 음악의 태동할 무렵의 그것과 유사하겠다는 느낌이 들 뿐 아니라 그만큼 흥미진진하기까지 하다.

단순한 패턴들을 병치시킴으로써 과학에서도 흥미로운 패턴을 만들어볼 수 있다. 물론 패턴들을 미술이나 과학에만 배타적으로 속한 것으로 범주화하기란 불가능하다. 예를 들어 모아레 패턴moiré pattern, 물결무늬은 본디 중국에서 수 세기 전에 처음 만들어진 '물결무늬 비단'과 관련이 있다. 이 직물은 바탕천에 각도를 약간 달리해서 다른 천을 덧입힌 다음 강한 압력으로 다림질을 하거나 무늬가 새겨진 굴대를 천 위로 굴려 만든 것이다. 어떤 경우든, 그 직물은 두 개의 비스듬히 교차하는 무늬offset pattern를 갖게 된다. 실이 교차하며 이룬 무늬와 눌러붙인 무늬, 서로 비슷한 음악리듬들이 신기한 음악효과를 끌어낸 것처럼 이 시각적 패턴들 역시 신기한 시각효과를 연출한다. 두 개의 무늬가 서로 가로지르는 지점에서 빛이 반사하면서 사람들의 마음속에 연못물결의 일렁이는 반짝임을 만들어낸다.

방충망이나 속이 비치는 얇은 커튼을 두 개 이상 겹쳐 모아레 효과를 직접 만들어볼 수 있다. 실제로 직선, 물결모양 선, 둥근 선 등 어떤 선이라도 가능한데, 이것들을 규칙적으로 서로 가로지르게 하여 모아레 패턴을 만든다. 혹은 깨끗한 아세테이트 천 위에 그리드를 전사한 후 그 천을 원래 그리드 무늬 위에 놓고 살짝 회전시키는 것이다. 이로써 나타나는 것은 앞서 아카 피그미 족이 음악을 시각적으로 구현한 것과 같다.

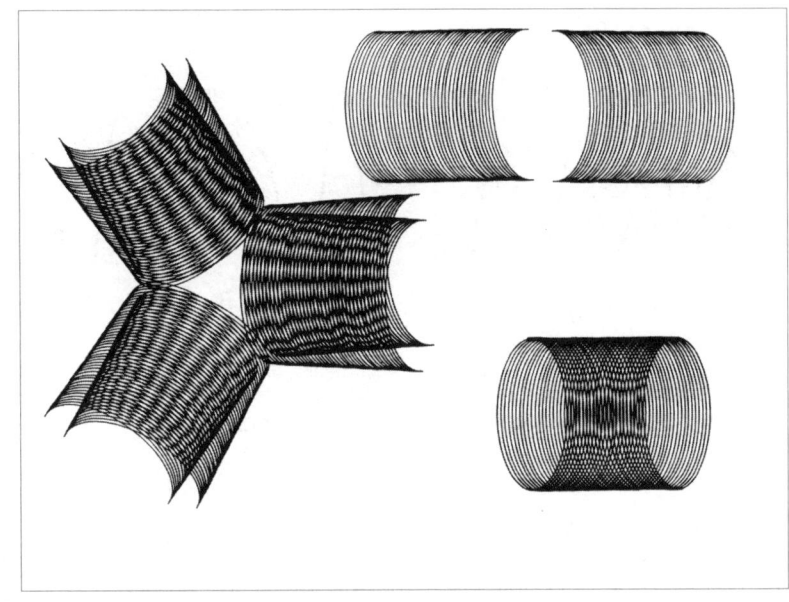

그림 5-5. 오른쪽 상단에 있는 한 쌍의 단순한 패턴이 겹쳐지면서 만들어지는 모아레 패턴들.

모아레 패턴은 기술이나 과학분야에서 응용할 수 있다. 철이나 결정체를 검사하기 위해 광학 그리드를 사용하게 되는데, 이를 통해서 쉽게 응력선*을 볼 수 있다. 그리드는 규칙적인 패턴을 갖춘 물체, 이를테면 직물에서부터 철망, 벽돌구조물 같은 것들의 표면에 생긴 불규칙성을 감지하는 데도 사용된다. 모아레 패턴에서 가장 중요한 것은 제럴드 오스터Gerald Oster와 니시지마 야스노리Nishijima Yasunori가 〈사이언티픽 아메리칸Scientific American〉에 발표한 논문에서 주장한 내용이다. 이 논문에 따르면 "모아레 패턴은 두 주기함수의 간섭에 대한 수학적인 해결책으로 간주될 수 있다. 그러므로 모아레 테크닉은 일종의 아날로그 컴퓨터로 사용될 수 있다"라는 것이다.

그것은 컴퓨터가 숫자 없이 바로 이미지를 더하는 것만으로 '계산'할 수 있는 것을 의미한다. 만일 각각의 그리드가 하나의 수학적

"단순한 패턴들을 병치시킴으로써 과학에서도 패턴형성을 흥미롭게 해볼 수 있다."

*응력선
물체에 외력이 작용했을 때, 물체의 형태를 유지하기 위해 물체 내에 생기는 내력을 따라 발생하는 선

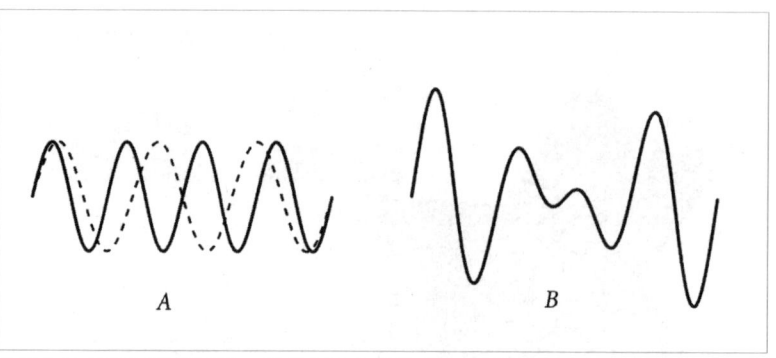

그림 5-6. 푸리에 분석에 따라 그림 5-3을 두 개의 사인파로 변환시킨 것(A). 하나는 일정한 주기에 3번 진동하고 다른 하나는 4번 진동한다. 오른쪽의 파장(B)은 왼쪽에 있는 두 개의 사인파(A)를 결합한 것이다. B를 해체하면 다시 A와 같은 두 개의 사인파로 나뉜다.

함수를 나타내고 있다면 여러 그리드가 교차하는 점들은 복합적인 함수문제에 대한 해법이 될 수 있다. 전자기파, 음파, 파도는 천연 모아레를 만들어낸다. 그리고 그것들의 교점은 수가 아닌 시각적 패턴을 통해 구할 수 있다.

전자기파, 음파, 파도를 '푸리에 분석'으로 알려진 수학적 서술로 나타내기 위해서는 단순한 요소들의 조합이 어떻게 복잡한 패턴으로 되는지에 대한 깊은 이해가 필요하다. 레코드나 CD를 돌리면 바늘이나 레이저 광선의 진동vibratory이 전류로 변환되고, 그것은 하나 혹은 그 이상의 스피커에 의해 소리로 전환된다. 전류 속의 진동은 마치 오케스트라나 합창단, 록 밴드에 있는 모든 악기와 사람의 소리인 것처럼 스피커를 울리도록 하는 데 필요한 모든 정보를 가지고 있다.

1820년대 초, 신서사이저나 전자장비가 사용되기 훨씬 전이던 당시 조지프 푸리에Joseph Fourier*는 이 복잡한 파장이 소리를 나타내는 것인지 전기나 열을 나타내는 것인지, 아니면 다른 물리적 동인이나 과정을 나타내는 것인지 설명하고자 했다. 복잡한 아프리카 부족음악을 설명하려고 했던 음악학자들이 그랬듯이 대부분의 수학자들 역시 이 문제에서 난관에 봉착했다. 그러나 심하 아롬이 부족음악이 단순하고 반복적인 패턴들을 병치하는 데 근거하고 있다는 사실을 발견했듯이, 푸리에 역시 제 아무리 복잡한 파동함수라 하더라도 보다 단순한 함수들의 결합으로 발생한다는 것을, 혹은 그것으로 설명될

*조지프 푸리에
Joseph Fourier
1768-1830. 프랑스 수학자. 푸리에급수를 전개하면서 이후 수리물리학 발전에 크게 공헌하였다.

수 있다는 것을 알아 냈다.

푸리에가 이룩한 성과를 이해하기 위해서는 발상의 전환이 필요하다. 교향악단의 연주를 전달하는 전류를 분석하지 말고 그 전류를 '통합' 하려는 시도를 상상해야 한다는 것이다.

그림 5-7. 왼쪽: 코흐곡선, 오른쪽: 시어핀스키 카펫.

현대 수학자들은 또다른 단순한 작업을 통해 놀라운 특성들을 가진 복잡한 패턴을 만들어낼 수 있다는 사실을 발견했다. 하나의 예로 삼각형에 간단한 조작을 가했을 때 어떤 일이 일어나는지 보자. 우선 종이 한 장을 놓고 한 변이 9센티미터 정도 되는 정삼각형을 그린다. 삼각형의 각 변을 3등분한다. 한 변이 3개로 나뉘었으면, 그중 가운데 부분을 한 변으로 하는 작은 정삼각형을 이 삼각형의 바깥쪽에 그린다. 새롭게 그려진 삼각형의 변의 길이는 원래 삼각형의 변 길이의 3분의 1이 된다. 같은 작업을 새로운 삼각형의 외부에도 해본다. 새 삼각형의 각 변을 다시 3등분하고 여기서 가운데 부분을 한 변으로 삼아서 바깥쪽으로 삼각형을 다시 그려가는 것이다. 이 작업은 무한히 계속될 수 있는데, 그렇게 하면 우리가 코흐곡선Koch curve이라고 부르는 독특한 별모양이 탄생한다(그림 5-7 참조). 이것을 만들어낸 스웨덴의 수학자 헬게 폰 코흐Helge von Koch의 이름에서 따온 것이다. 코흐곡선은 유한한 면적area과 무한한 둘레perimeter라는 놀랍고도 기이한 특성을 갖고 있다. 이와 동일한 작업을 사각형을 가지고도 할 수 있다. 한번 해보고 어떤 일이 일어나는지 보라.

푸리에 분석이 적용되는 범위는 열역학, 전자공학, 사이버네틱스에서부터 자기공명영상장치(MRI)와 그 이상의 것들에까지 이르고 있다. 일반인들이 이해하는 수준의 응용이라면 전자 신서사이저 음악을 들 수 있다. 19세기 후반, 헤르만 폰 헬름홀츠는 오늘날 신서사이저의 전신을 만드는 데 성공했는데, 이는 푸리에 분석을 뒷받침할 증거가 된다. 우리는 하나의 신서사이저로 바흐의 칸타타나 인도의 악기인 시타르, 사랑기, 일본의 전통악기인 샤미센이나 고토소리를 낼 수 있으며, 헤비메탈 밴드가 낼 수 있는 소리 중 가장 강력한 소리를 재생해낼 수도 있다.

이 작업을 거꾸로 해도 똑같이 신기한 결과가 나타난다. 다시 한번 적당한 길이의 삼각형을 그려보자. 그러나 이번에는 이등분을 한다. 삼각형의 안쪽으로 다른 삼각형을 그리는데 그것의 꼭지점이 원래 삼각형의 변을 이등분한 지점에 오게 한다. 원래 삼각형에서 가운데의 삼각형만큼을 파냈다고 상상하면 된다. 그 공간은 이제 비어 있다. 그런 다음 남아 있는 주변의 삼각형들을 다시 이등분하고 아까 했던 것처럼 가운데 삼각형을 도려낸다. 그만둘 수 있을 때까지 이 작업을 계속해보라. 이 작업 역시 무한히 계속된다는 것을 깨닫게 될 것이다. 그 결과, 시어핀스키 카펫Sierpinsky carpet이라는 것이 나타난다. 이것의 특성은 코흐곡선과 정반대다. 카펫은 '좀먹은' 것 같은 모습으로 나타난다. 이 카펫의 경우 둘레는 코흐곡선과 마찬가지로 무한하지만 면적은 존재하지 않는다.

코흐곡선이나 시어핀스키 카펫은 프랙털fractals이라고 부르는 커다란 수학의 영역이다. 프랙털은 1970년대 중반에 베노이트 만델브로트Benoit Mandelbrot*가 처음으로 체계적인 연구를 시작했다. 프랙털은 극단적으로 기묘한 특질을 가지고 있다. 하나는 면적과 둘레 사이에 나타나는 의외의 관계이고, 다른 하나는 프랙털에서의 패턴이 크기와 관계없이 정확히 똑같다는 것이다. 가장 작은 것의 구조도 전체 프랙털의 그것과 동일하다.

재미있는 것은 물리학자와 화가 모두 프랙털 이미지가 산이나 구름처럼 다양한 사물의 구조를 이해하거나 그것을 컴퓨터로 생성해보는 일에 도움이 된다는 것을 알게 되었다는 점이다. 식물학자들은 나무의 구조 안에서 프랙털을 발견하고, 생리학자들은 폐기관지에서 그것을 찾아냈으며, 몇몇 음악가들은 프랙털 음악이란 것을 작곡하여 음악 속에서 프랙털을 실험하기 시작했다. 다시 한번 말하자면 가장 단순한 작업의 결과로 엄청난 복잡성과 의외의 경이로움을 찾을

---

*베노이트 만델브로트
Benoit Mandelbrot
1924– , 폴란드 태생의 수학자. 프랙털 기하학의 아버지라 불리며 자연이 가지고 있는 자기 유사성에 관한 연구로 사물 전체를 바라보는 새로운 철학을 제시했다.

수 있다.

지금까지 말해온 미술과 음악, 수학의 패턴형성은 다른 분야에도 동일하게 적용될 수 있다. 작가들은 상대적으로 적은 수의 낱말을 결합하여 문장과 단락과 시와 이야기와 책을 만들어내는 마술을 부린다고 할 수 있다. 어쩌면 그들은 자신들의 다양한 경험으로부터 패턴들을 생성해냄으로써 글의 구조를 만든다고 말할 수도 있다.

예를 들어 버지니아 울프가 장면과 인물을 구상할 때, 그녀는 다음과 같이 패턴을 인식했다. "따로 떨어져 있는 어떤 것들을 결합하고 있다는 것을 강하게 느꼈으며…… 쓰면서 나는 내가, 무엇이 무엇에 속하고 있는지를 발견하고 있는 것처럼 느꼈다……. 이런 느낌으로부터 나는 철학이라고 부를 만한 개념에 도달할 수 있었다. 어쨌든 그것은 내가 소유하게 된 항구적인 관념이 되었다. 무의식적으로 영위하는 일상사에도 어떤 패턴이 숨겨져 있다는 것 말이다." 울프에게 있어서 문학의 목적은 이 패턴을 분명하게 드러내보이고 그것이 노래하도록 만드는 데 있었다.

"가장 단순한 작업이 엄청나게 복잡하고 경이로운 것을 드러낸다."

> 가장 단순한 요소들의 결합이
> 복잡한 것을 생성한다

이런 패턴을 알아내려고 소설가가 될 필요까진 없다. 우리들의 이야기 주제는 패턴형성을 어떻게 연습할 것인가이다. 아프리카 부족 음악 연주자의 사례에서처럼 우리들 각자는 오직 패턴의 일부만을 통제할 수 있다. 종합적인 효과는 독립적이면서도 한데 섞여 있는 개별 의도들이 상호작용할 때만 비로소 가능하다. 대화를 '소리'로 들어보자. 특정한 단어를 듣는 것이 아니라 패턴을 듣는 것이다. 목소

나보코프는 글쓰기를 "맥락이 끊어진 조각 글들로 조화로운 패턴을 만들어내는 기술"이라고 정의했다. 그의 초기 소설 《메어리》는 옛연인이 돌아온다는 소식을 듣고 그녀의 도착을 두려운 마음으로 기다리는 한 젊은 남자에 관한 이야기다. 패턴화된 경험을 서술하고 있는 이 소설은 6개의 방이 있는 베를린의 하숙집에서 7일 동안 일어난 일을 다루고 있다. 각 방에는 번호가 매겨져 있고 이것은 수년 전 그가 6일간 연인과 약혼 중이었던 것을 나타낸다. 기다리는 그 주 내내 젊은 남자는 매일 여섯 방 중의 하나에 들어간다. 7일째가 되자 더 이상 들어갈 방이 없다. 그러자 그는 연인과 재회할 가능성을 남겨두고 하숙집을, 베를린을 떠난다. 사건들을 날짜와 방에 가둠으로써 나보코프는 서사를 이끌어가는 반복적 구조를 구축했다. 기억과 기대를 병치시킴으로써, 그는 쓰라리면서 달콤한 대위법을 설정했다.

*글렌 굴드
Glenn Gould
1932-1982. 캐나다 태생의 피아니스트이자 작곡가. 바흐의 〈골드베르크 변주곡〉 연주로 유명하다.

리의 리듬에는 상승과 하강이 있고, 서로 교차하거나 갈라지기도 하고, 강세를 띠는가 하면, 당김음도 있다.

1960년대 후반, 피아니스트이자 작곡가인 글렌 굴드Glenn Gould*는 실제로 대화체 음악conversational music을 만들었다. 당시 그는 라디오 프로그램 〈북부의 생각The Idea of North〉에서 목소리만으로 이루어진 '트리오 소나타'를 시도했다. 처음에 청취자가 듣게 되는 것은 캐나다 북부에 사는 여성이 외로움을 호소하는 소리다. 약 30초 후 이 소리를 덮으며 남성의 목소리가 끼어든다. 역시 같은 주제를 말하고는 있으나 사용하는 단어나 말하는 속도는 다르다. 그리고 곧 다른 남성의 목소리가 이 둘의 소리에 합류하게 되고, 3명이 동시에 이야기하기 시작한다.

그 결과 대화라고 하기엔 다소 불분명하고, 그냥 소리라고 하기엔 뭔가 더 있는 것 같은 효과가 나타난다. 이것은 음표나 멜로디 없이 이루어진 대위법 음악이며 '말에 의한' 것이 아닌 '말 속에서' 이루어지는 커뮤니케이션이다.

대화체 음악은 그것이 전자공학적으로 만들어지는 것이건, 노래로 불리는 것이건, 낭송되는 것이건 간에 우리로 하여금, 말 속에는 언어적인 의사전달 외에도 다른 패턴이 있다는 것을 깨닫게 한다. 머스 커닝햄 같은 안무가는 춤 속에서 의미가 제한된 낱낱의 동작들을 가능한 한 모두 결합하고자 했으며, 관습적인 춤의 패턴을 깨부숨으로써 관객들이 새로운 춤패턴을 보고 느낄 수 있도록 했다. 커닝햄은 패턴을 만드는 데 필요한 영감을 자연으로부터 얻고자 했다.

그가 춤의 요소들을 결합하는 방식은 유전자가 결합되는 방식처럼 무작위성에 근거한 것이었다. 그는 먼저 동작, 타이밍, 공간창출, 무용수의 숫자, 패턴들의 유형 같은 춤의 다양한 변수들을 뽑아냈다. 그런 다음 그는 이 변수들에게 각각 임무를 할당하고 동전 던지기 같은 임의적인 방법으로 이것들을 조합했다.

　커닝햄의 제자였던 캐롤린 브라운 Carolyn Brown은 "춤이 예술이라기보다는 퍼즐처럼 인식되었다. 그 조각 하나하나는 공간과 시간, 형태와 리듬이었다"라고 말한 적이 있다. 커닝햄의 안무는 미요의 다조음악과 마찬가지로 종래의 선입견을 배제하고 가능한 한 춤의 요소들 안에 내재한 고유의 패턴들을 모두 찾아내는 것이었다. 커닝햄은 이렇게 말한다. "관객들은 이런 동작들이 전에 시도되지 않았던 방식으로 해체될 때 어떤 일이 일어날지 보게 될 것입니다. 그리고 그것이 새로운 형식으로 조합될 때 어떤 경이를 품고 있는지도 알게 될 거고요."

　단순한 요소들이 결합해서 복잡한 것을 만들어낸다는 것은 패턴형성에 나타나는 보편적인 특징이다. 우리가 보고 있는 모든 색깔들은 빨강, 파랑, 연초록, 혹은 빨강, 파랑, 노랑이 일정하게 혼합된 것이다. 오직 4개의 핵산 염기만으로 지구상 전 생명체의 모든 유전자정보가 암호화된다. 자연상태에서 파악된 모든 단백질은 20개 아미노산의 '알파벳'으로 이루어져 있다. 우주 안에 있는 수억 개의 화학물질은 불과 100개 미만의 요소들이 결합되어 만들어진 것이다. 가장 놀라운 것은 모든 언어가 두 개의 기호—모르스부호의 점과 장음—으로 옮겨질 수 있다는 사실과 실제로 모든 정보가 0과 1로 변환되어 컴퓨터에 입력될 수 있다는 사실이다. 패턴형성에서 인상적인 것은 결합되는 요소들의 복잡성이 아니라 그 결합방식의 교묘함과 의외성이다.

　예술분야의 패턴형성에 나타나는 교묘함, 의외성, 심지어는 다양성까지 과학분야에서 그대로 나타난다. 이 주장이 왜 중요한지는 다음의 말에서도 알 수 있다. "열 명의 화가에게 어떤 풍경을 그려보라고 하면 열 개의 다른 그림이 그려진다. 그러나 만일 열 명의 과학자

커닝햄의 자연 모방은 과학적인 정밀성을 띤 것이었다. 진화에 관한 모든 이론은 '현존하는 유전자는 임의적으로 변형된다는 사실'에 기초하고 있다. 이 변형으로 인해 생물학적인 이종이 끊임없이 나타나는데 그중 몇몇은 현재의 유전자보다 더 흥미롭고 적응력이 강한 것들이다. 인간의 면역체계는 소량의 유전자를 무작위로 결합시켜 변형체를 만들어냄으로써 감염을 막기 위한 항체를 양성한다. 최근 화학자들은 이 과정을 실험실에서 재현하기도 했는데, 폴리머라아제 연쇄반응기법을 사용해서 수백만 개의 상호 연관된 DNA배열을 만들어낸 다음 이것들 중 특정한 용도에 적합한 성질을 가진 것들을 뽑아내 복제했다.

> "패턴형성에서 인상적인 것은 결합되는 요소들의 복잡성이 아니라 그 결합방식의 교묘함과 의외성이다."

에게 같은 문제를 내주고 풀라고 하면, 제대로 풀었을 경우 열 개의 동일한 답이 나온다."

　실제로 창의적인 과학자는 화가와 마찬가지로 자주 다른 풀이경로와 해법을 채택하곤 한다. 피타고라스 정리를 증명하는 방법만 해도 300가지가 넘는다. 그리고 각각의 방법은 형식과 내용 면에서 서로 구별된다. 최종적인 답은 아마 같을 것이다. 그러나 이것은 열 명의 화가가 각기 다른 스타일로 나무를 그리는 것과 같은 이야기다.

　과학이나 수학문제를 풀기 위한 공식이 여러 개가 될 수 있다는 사실은 우리에게 여러 가지 길이 있음을 의미한다. 다른 해법은 다른 용도를 허용하기 때문이다. '일과 이분의 일'이라는 단어를 생각해 보자. 이것을 숫자로 표기하면 $1\frac{1}{2}$이나 1.5로 나타난다. 이것들은 모두 논리적 등가물들이다. 그러나 그중 단 하나만이 계산기에 입력될 수 있다. 비슷한 경우로 157 곱하기 339는 아라비아 숫자를 쓰면 쉽게 계산할 수 있다. 그러나 로마숫자를 써서 해보면 CLVII 곱하기 CCCXXXIX가 된다. 이건 어떻게 처리해야 하는지 감이 잡히지 않는다. 확실한 것은 아라비아식 표기법에서처럼 각 수의 '숫자'를 다른 수의 '숫자'로 곱하기는 불가능하다는 점이다.

　이런 종류의 차이점은 다른 분야에서도 분명히 드러난다. 아놀드 쇤베르크가 고안해낸 12음계는 표준적인 서구의 음계가 허용해온 것과는 다른 가능성을 제시했다. 고전발레 몸동작의 ABC는 무용수에게 한 가지 가능성만을 허용했다. 그러나 현대무용가들이 고안한 동작의 ABC는 이와 다른 것이고 기계체조나 무술에서 가려낸 동작의 ABC는 또 다른 것이다. 이처럼 우리가 경험한 세계를 표현하고, 경계 짓고, 정의하기 위해 더 많은 패턴을 발명해낼수록 우리는 더 많은 실제지식을 소유하게 될 것이고 우리의 이해는 더 풍요로워질 것이다.

패턴은 문제에 대한 정답이 하나가 아님을 보여준다

　패턴창조기술을 배우는 것은 모든 분야와 교과과정에서 혁신의 열쇠가 된다. 그렇기 때문에 이 기술을 좀더 일찍 배우는 편이 좋을 것이다. 처음에는 다른 도구의 도움을 받지 않고 운동감각적 패턴과 청각적 패턴, 리듬감만을 이용해서 해볼 수 있다. 어쩌면 한번쯤 한 손으로는 배를 둥글게 문지르면서 다른 손으로는 머리를 두드리는 동작을 해본 적이 있을 것이다. 그러나 이것은 앞으로 할 고난도 훈련에 비하면 아무것도 아니다. 배를 한번 문지르는 동안 머리를 세 번 두드려보라. 만일 여기에 어느 정도 익숙해지고 나면 두 번 문지르는 동안 세 번 두드리기에 도전해본다. 다시 네 번 문지르면서 세 번 두드리기를 시도해본다. 이게 쉬울 거라는 생각은 하지 말기를!

　손과 발을 가지고 드럼연주자들이 하는 것과 비슷한 훈련을 할 수도 있다. 최고의 드럼연주자들은 4개의 다른 리듬을 동시에 연주할 수 있다. 이 기술은 혼자서도 연마할 수 있다. 양손에 연필을 하나씩 쥐고 한 손으론 두 번씩 두드리고 다른 손으론 세 번씩, 아니면 한 손으로는 세 번, 다른 손으로는 네 번씩 두드리거나 네 번에 다섯 번씩 두드릴 수도 있다. 많은 피아노곡들이 동시에 한 손으로는 세 번, 다른 손으로는 두 번 건반을 쳐야 하는 모티브들을 가지고 있다. 여하튼 이게 어떤 연습인지 이해한다면 어떤 식의 조합이든지 해볼 수 있을 것이다. 발을 두 번 구르면서 박수를 세 번 치는 식의 연습도 할 수 있는데 이렇게 하면 몸 전체를 이용해서 복잡하게 결합된 리듬을 익힐 수 있다.

　이런 연습을 여럿이 같이 해보면 더 재미있다. 물론 그만큼 어려워지는 것도 사실이다. 최근 나는 우리 동네 중학교 밴드부원들에게서

"더 많은 패턴을 발명해낼수록 우리는 더 많은 실제지식을 소유하게 될 것이고 우리의 이해는 더욱 풍요로워질 것이다."

> "패턴형성은 모든 학문 분야의 경계를 넘나드는 것이다."

이런 이야기를 들었다. 밴드부의 드럼파트 부원들이 한 대학교수에게서 아프리카 다중리듬을 배웠다는데, 이 아이들이 연주할 때 결합리듬의 소리가 워낙 압도적이다 보니 그 안에서 다른 리듬에 휩쓸리지 않고 자기가 담당하고 있는 리듬패턴을 지키기가 매우 어려웠다는 것이다. 돌림노래를 부르는 사람도 자기 파트를 유지하기보다는 우세한 전체 노래패턴에 굴복하고 싶은 충동을 경험할 때가 종종 있다. 협동이 힘을 발휘한다고나 할까.

육체를 통해 복잡한 패턴을 표현하는 것이 어려운 사람들은 그림으로 하는 것이 더 쉬울 수도 있을 것이다. 르네 파롤라 René Parola가 저술한 《광학예술: 이론과 실천 Optical Art: Theory and Practice》에서는 규칙적이거나 불규칙적인 패턴을 디자인하는 데 필요한 좋은 본보기와 지침을 아주 폭넓게 제공하고 있다. 파롤라의 책은 해당 예술의 역사와 그 이면의 과학사까지도 다루고 있다.

그림에 소질이 없는 사람들이라 하더라도 이미 만들어진 재료를 가지고 복합패턴을 탐구할 수 있다. 쓰레기통을 뒤지거나 철물점에 가서 여러 가지 필터와 방충망 등과 규칙적인 패턴이 새겨진 재료를 구한다. 그런 다음 그것들을 잘라붙여 콜라주를 만들거나 보다 복잡하게 배열을 해서 모아레 패턴이 나타나게 해본다. 이것들을 복사기에 올려놓고 복사를 하면 그래픽 이미지가 나온다. 아니면 그 재료들을 이용해서 모빌을 만들어볼 수도 있는데, 모빌의 한 부분이 다른 부분을 스칠 때 모아레 패턴이 나타나게 된다.

조합적이고 시각적인 패턴을 만드는 능력은 탱그램 tangram* 같은 퍼즐놀이를 통해서도 증진될 수 있다. 탱그램은 네모판을 다섯 개의 삼각형과 한 개의 사각형, 한 개의 긴 마름모로 잘라놓은 것이다. 이 조각들을 배열하는 방법의 수는 무한하다. 집, 동물, 사람 등 우리가 상상할 수 있는 모든 모양을 만들어낼 수 있다. 특히 우리가 지금까

*탱그램
tangram
'지혜의 판'이라는 뜻으로 중국에서 시작된 퍼즐놀이. 정사각형을 7조각으로 나누고, 나뉜 조각을 가지고 여러 가지 다양한 모양을 만든다.

지 말해온 논점과 관계가 있는 것은 탱그램 문제에 대한 답이 여러 개가 나올 수 있다는 점이다. 예를 들면 사각형 안에 삼각형 공간 두 개가 있도록 배열하는 방법은 9가지가 된다. 이 9개의 사각형들은 논리적으로는 동등한 것들이지만 구조적으로나 미학적으로는 다른 것이다. 따라서 이 사각형들은 같은 문제에 대한 다른 정답이 되고 있다. 탱그램의 경우, 한 개의 답을 알아내는 것은 시작에 불과하다. 더 많은 정답이 있는 것이다!

단순함 속의 다양성은 공학에서도 나타난다. 모든 복잡한 기계들은 레버, 바퀴, 나사, 톱니 등 단순한 기계

그림 5-8. 상단에 보이는 퍼즐조각들로 만든 탱그램 사각형.

들로 조립된 것이다. 발명은 이런 부품들을 새로운 방법으로 조립하는 과정이며, 말하자면 그 부품들을 가지고 새로운 패턴을 고안해내는 것이다. 어린이용 조립인형들, 팅커토이Tinkertoys, 이렉터Erector, 메카노Mescano세트에서부터 레고Lego, 케이넥스K' NEX, 주브Zoob까지 모두 이런 원칙을 구현하고 있다. 레고는 제한된 숫자의 조립단위로 상상력을 무한히 펼칠 수 있는 기회를 제공한다.

물리학과 컴퓨터과학의 권위자인 MIT 미디어연구소의 미첼 레스닉Mitchel Resnick은 레고사社의 후원으로 마인드스톰Mindstorms을 개발했다. 이것은 컴퓨터로 조종되는 모터와 기존의 레고블록을 합쳐놓은 것이다. 레스닉은 이렇게 설명한다. "우리는 디지털과 물리학

"탱그램문제에 대한 답은 여러 개가 나올 수 있다."

세계의 가장 좋은 점만 같이 묶으려 했다. 우리들이 중점을 두는 것은 아이들에게 완성된 장난감을 주는 것이 아니라 아이들 스스로 제작할 수 있는 부속품을 공급하는 일이다. 우리는 아이들이 장난감 놀이를 통해 디자이너나 발명가가 되길 바란다. 아이들도 자신만의 이론을 세울 수 있을 뿐 아니라 장난감 조립을 통해 그것을 스스로 검증해볼 수 있다."

다른 조립용 장난감들도 유사한 철학에 근거하고 있다. 예를 들어 주브는 단지 5개의 기본 조립단위만 가지고 있다. 이 장난감을 고안한 마이클 그레이Michael Grey는 화가인 동시에 유전학자이기도 한데, 그는 이 조립단위를 DNA의 구성단위에 비유한다. 그는 "주브는 어떤 언어나 알파벳에도 견줄 만하다. 그것을 가지고 무엇이든지 조립해낼 수 있다. 심지어 DNA모델도 가능하다"라고 말한다. 케이넥스 역시 부품 수는 제한되어 있는데, 이 장난감을 발명한 화가이자 사업가인 조엘 글릭맨Joel Glickman은 그것을 "3차원 크레용"이라고 부른다. 3차원 속에서 그리지 못할 것은 없다.

이 장난감들의 사례로부터 두 가지 배울 점을 찾아낼 수 있다. 첫째, 장난감 발명자들은 미술과 과학분야에서 폭넓게 공부했던 사람들이고 자신들이 공부한 결과를 발명에 활용했다는 점이다. 이 사실이 의미하는 것은 패턴형성이 모든 학문분야의 경계를 넘나든다는 점이다. 둘째, 이 장난감으로 패턴을 만들어내는 일은 시각예술이나 컴퓨터 프로그래밍 등과 마찬가지로, 그 결과물의 복잡성이 부속이나 요소 자체의 복잡성에서 기인하는 것이 아니라는 점이다. 그토록 다양하고 경이로운 결과를 생성해내는 것은 단순한 부속을 다루는 솜씨와 '교묘함'에 있다는 것이다.

우리는 이 교훈이 항상 한 개의 정답만을 요구하는 과학분야에도 적용되기를 바란다. 화학을 공부하는 학생들에게 주기표를 가르치는 효과적인 방법은 다른 누군가가 만들어낸 구조를 단순 암기하도록 하지 말고 자신들만의 주기표를 고안하게 만들라는 것이다. 이와 마찬가지로 기하학을 공부하는 학생들은 자신들만의 고유한 정리증명법을 찾아내야 할 것이다. 교사가 선호하는 방법이나 책에 나와 있는 것들을 따라가기만 하는 태도는 바람직하지 않다.

실제로 과학사나 과학논쟁사를 공부하다 보면 많은 과학자들이 자신의 깨달음을 표현하기 위해 여러 가지 방법을 시도했음을 알 수 있다. 이는 표준교과서에서 획일화된 공식을 가르쳐 과학분야에서의 자유로운 사고를 화석화하기 전의 일이다. 혼자 힘으로 어떤 패턴을 만들어본다는 것은 암기하는 것보다 훨씬 재미있고 가치 있는 일이다. 한 패턴을 분해하면서 동시에 다른 패턴을 조립하는 일은 어떤 현상과 과정을 이루는 기본요소들에 대한 실질적인 이해를 요구한다. 더 나아가 그것은 지식의 새로운 세상을 우리 눈앞에 열어보일 것이다.

"아이들도 장난감 조립으로 자신만의 이론을 세울 수 있을 뿐 아니라 그것을 독자적으로 검증해볼 수 있다."

SPARK OF GENIUS
생각도구 6 유 추

양자론과 음악 사이의 유사성
헬렌 켈러는 보거나 듣지 못하는 세계를 어떻게 이해했나
유추와 닮음은 다르다
낙하하는 사과를 보고 중력의 법칙을 발견한 뉴턴
예술은 유추와 은유에 기반한다
음악적 유추를 통해 탄생한 에셔의 쪽매붙임작품
유추할 수 없다면 세계를 창조할 수 없다

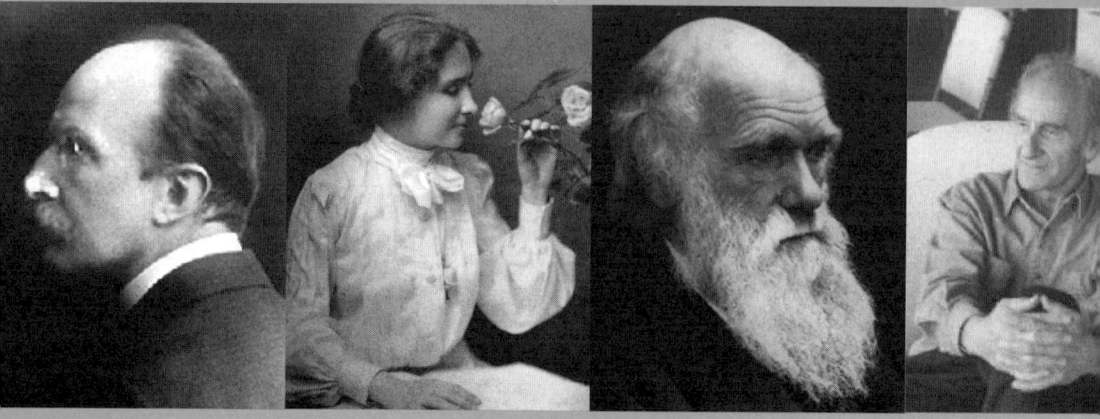

왼쪽부터: 막스 플랑크, 헬렌 켈러, 찰스 다윈, 에두아르도 칠리다.

▶ 유추를 통해 새로운 이해의 세계로 도약한 사람들

"한 원소의 에너지 스펙트럼과 그 구조 사이에 어떤 연관성이 있는가? 무엇이 원자를 '조율'하길래 전자들이 특정한 길로만 다니는가?"
 －물리학자 막스 플랑크

"나는 보고 들을 수 없었던 것들과, 맛, 냄새, 느낌으로 알았던 것들 사이에서 '수많은 연상과 유사성'을 이끌어낼 수 있었다."
 －사회복지 사업가 헬렌 켈러

"자연상태에서의 생멸이 인구증감과 같은 인과성을 가지고 있다면 자연계에서도 '가장 적합한 개체'만이 살아남을 것이다."
 －생물학자 찰스 다윈

"나는 삶을 베낀다. 그러나 삶의 외양을 베끼는 것이 아니고 진화해가는 삶의 행보와 단계를 베낀다."
 －조각가 에두아르도 칠리다

사과를 땅으로 잡아당기는 힘이 있다면 이는 하늘 위로 계속 뻗쳐나갈 것이고,
그렇게 되면 달까지도 끌어당길 것이라는 '유추'가 가능해진다.
—물리학자 아이작 뉴턴

ANALOGIZING ANALOGIZING ANALOGIZING ANALOGIZING ANALOGIZING

■ ■

유추란 둘 혹은 그 이상의 현상이나 복잡한 현상들 사이에서 기능적 유사성이나 일치하는 내적 관련성을 알아내는 것을 말한다. 많은 철학자들은 유추가 비논리적이라서 판단을 그르치게 한다고 폄하하지만, 오히려 유추는 불완전하고 부정확하기 때문에 알려진 것과 알려지지 않은 것 사이에 다리가 될 수 있다. 유추는 우리가 기존지식의 세계에서 새로운 이해의 세계로 도약할 수 있도록 도와준다.

| 양자론과 음악 사이의 유사성

20세기의 처음 20년 동안 물리학자들은 원자에 대해 이야기할 때 그것이 마치 오르간이나 그랜드피아노라도 되는 것처럼 말했다. 그들의 설명에는 시적인 비유를 뛰어넘은 무언가가 있었다. 여러 관찰의 결과로 원자와 악기가 유사하다는 생각을 하게 되었던 것이다. 열 같은 에너지가 힘을 가할 경우 빛의 파장을 방출하는 것을 보고 그렇게 생각했던 것이다. 빛을 분산시키는 분광기로 보면 각 원소의 색채 특질을 이루는 스펙트럼이 육안으로 보는 것보다 훨씬 복잡했다. 오르간이나 피아노와 마찬가지로 각 원자는 '일련의 음notes'을 스펙트럼처럼 동시에 나타낸다. 여기서 만들어지는 화음(색채특질)은 한 원소의 특징이 된다. 분명히 한 원소의 에너지 스펙트럼과 그것의 구조 사이에는 연관성이 있다. 그런데 무슨 연관성이 있는가?

이 문제를 풀고자 도전한 것은 독일의 물리학자 막스 플랑크였다. 여기서 수수께끼는 수소처럼 단순한 한 개의 핵과 오직 한 쌍의 전자를 가진 원자도 복잡한 스펙트럼을 가지고 있다는 것이었다. 그런데 덴마크 물리학자 닐스 보어Niels Bohr가 제시한 원자의 표준모델은 태양 주위를 도는 행성들처럼 전자들이 핵 주위의 궤도를 도는 모습이었고 여기서는 스펙트럼의 복잡성에 대한 어떠한 단서도 제시되지 않았다. 당시 궤도는 단지 연속적인 것이며 핵으로부터 일정한 거리를 두고 생성된다고만 알려져 있었다. 여기서 의문은 원자가 방출하

"유사란 닮지 않은 사물 사이의 '기능적인 닮음'을 말한다."

는 에너지는 왜 특정 주파수에만 한정되어 있는가? 무엇이 원자를 '조율'하고 있어서 전자들이 특정량의 에너지를 가지고 특정한 길로만 다니는가? 그 전자들이 A음에서 C음으로 도약하듯이 한 궤도에서 다른 궤도로 건너뛰는 것은 어떻게 된 것인가? 그러면서도 글리산도glissando*가 절대 일어나지 않는 까닭은? 플랑크는 이 질문들에 대한 해답을 음악적 유추작업을 함으로써 찾을 수 있다는 것을 깨달았다. 그는 원자 속 전자의 궤도를 마치 진동하는 현이라도 되는 것처럼 다루었다.

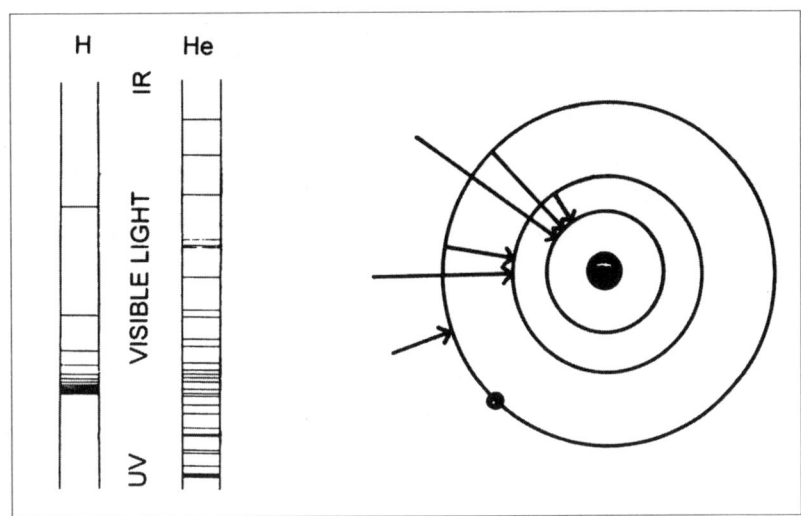

그림 6-1. 수소처럼 단순한 원자의 방출 스펙트럼도 피아노나 오르간의 화음만큼 복잡하다. 닐스 보르는 행성이 태양 주위를 도는 것처럼 전자가 원자핵 주위를 궤도를 그리며 돈다는 것을 전제로 이 스펙트럼을 설명했다. 화살표가 보여주는 것처럼, 전자가 고에너지 궤도(핵에서 멀리 떨어진)에서 저에너지(핵과 거리가 가까운) 궤도로 떨어지면, 양자화된 빛에너지 단위, 즉 광자를 방출한다. 궤도(변화)는 방출 스펙트럼에서 관찰되는 에너지의 선과 일치한다.

　가장 일반적인 견지에서 유사analogy란 닮지 않은 사물 사이의 '기능적인 닮음'을 말한다. 플랑크는 한때 음악 쪽으로 진로를 결정할지에 대해 심각하게 고민할 정도로 음악적 재능이 뛰어났지만, 그렇다고 전자electrons가 정말로 진동하는 현이라고 말할 의도는 없었다. 그저 전자의 움직임을 진동하는 현처럼 여기고 수학적으로 그것을 풀었을 뿐이었다. 그렇게 해서 그는 매우 흥미로운 사실을 알게 되었다. 첫째, 오직 전자가 정상파standing waves**처럼 '행동'할 때만 궤도의 진동 에너지가 보존된다는 것을 발견했다. 진동하는 현이든, 풀

*글리산도
glissando
손가락을 미끄러지듯 놀리는 연주법. 여기서는 원자의 미끄러짐을 의미한다.

**정상파
standing waves
진폭과 진동 수가 같은 파동이 서로 반대방향으로 이동할 때 발생하는 파동조합.

장 안의 물결이든 정상파는 자기 자체와 함께 공진共振*한다. 고高에너지 영역, 혹은 최고점이 겹쳐지면서 서로의 힘을 강화시키는 것이다. 그리고 이런 식으로 동조하지 않는 파동은 사그라진다. 고에너지 영역과 저低에너지 영역, 최고점과 최저점이 상쇄되는 것이다. 만일 이런 식의 소멸이 원자궤도에서 발생한다면 전자는 핵을 향해 굴러떨어지게 되는데, 그렇게 되면 물질은 더 이상 존속할 수 없게 된다. 따라서 전자들이 붕괴하지 않는다는 것은 그것들이 정상파처럼 '행동'하고 있는 증거라는 것을 플랑크는 알게 되었다. 플랑크는 이 수학적 모형을 가지고 전자들이 움직이는 궤도가 왜 현재의 바로 그 궤도가 되는지를 설명했다.

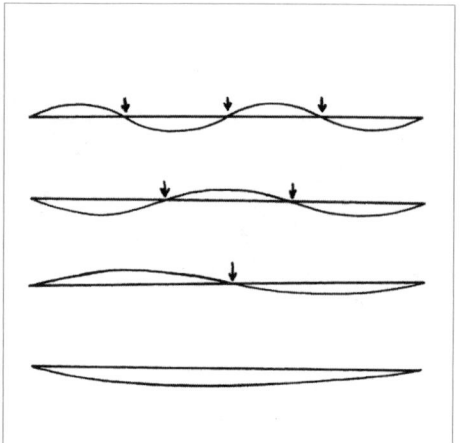

그림 6-2. 막스 플랑크가 만든 전자행동의 방정식으로, 진동하는 현을 나타내고 있다. 화살표가 가리키는 점에서 현이 움직이지 않는다는 것을 주목해야 한다. 모든 움직임, 그리고 모든 운동 에너지는 이처럼 움직임이 없는 마디 사이에서 양자화된다.

정상파를 가지고 유추를 하는 도중에 플랑크가 주목한 또 다른 흥미로운 사실은, 현이 진동할 때 모든 진동 에너지는 그 파절波節**들 사이에 있다는 것이었다(그림 6-2 참조). 말하자면 양자화quantized된다는 것이고, 이는 하나하나의 개별단위들로 분리된다는 것을 의미한다. 플랑크는 계산을 해나가면서 이 양자화된 다발들이 원자 스펙트럼의 선 하나하나로 표시되는 에너지량과 많은 부분 일치한다는 것을 알아냈다. 바로 개별원자의 '화음적chords' 특징인 것이다.

이것이 그의 유명한 양자론의 기원이 되는데, 아인슈타인은 양자론을 '사고의 영역에서 보여줄 수 있는 음악성의 최고형태'라고 칭송했다. 이 말은 양자론의 음악성과 과학성 양쪽에 바치는 찬사다. 아인슈타인은 양자론을 가지고 광파光波***가 어떻게 해서 현재 '광자'로 불리는 입자처럼 움직이는지를 설명했다. 플랑크와 아인슈타인이 예측한 대로 각 광자 다발에 들어 있는 에너지량, 즉 양자는 이

*공진 共振
진동계가 그 고유진동 수와 같은 진동 수를 가진 외부의 힘을 주기적으로 받아 진폭이 뚜렷하게 증가하는 현상을 공명이라고 한다. 이 공명은 소리 등 모든 진동에 일어나는 현상으로, 특히 전기적·기계적 공명일 때는 공진이라고도 한다.

**파절 波節
진동체의 정지점.

***광파 光波
빛의 파동.

광파의 함수이거나 광선의 색채임이 밝혀졌다. 이러한 통찰의 결과로 플랑크는 1918년에, 그리고 아인슈타인은 1922년에 노벨상을 받았다.

플랑크에게 진동하는 현과 원자 사이에서 유추하는 일은 복잡한 문제를 쉽게 만들기 위해 수학적 형식을 채택한 것에 불과했다. 그러나 다른 과학자들에게 그것은 그 정도에서 그치는 것이 아니었다. 프랑스의 물리학자이자 아마추어 바이올리니스트이기도 했던 루이 드 브롤리Louis de Broglie는 양자화된 전자가 갖고 있는 음악과의 유사성을 중요하게 생각했을 뿐만 아니라, 원자를 실제 작은 현악기로 여겼다고 한다. 그렇게 함으로써 그는 플랑크나 아인슈타인이 알아내지 못한 부분을 깨닫게 된다. 그는 이 작은 악기의 현이 진동하면 당연히 상음overtones*이나 배음harmonics**이 나와야 한다고 생각했다. 악기의 현이 실제로 진동할 때처럼.

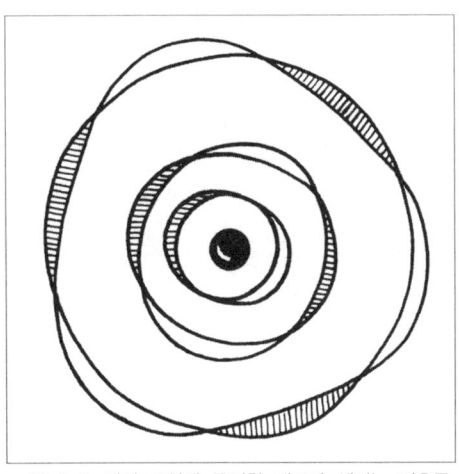

그림 6-3. 핵의 주위에 특정한 궤도만 생기는 이유를 설명하면서 루이 드 브롤리는 전자가 입자이면서 에너지 파동이고 진동하는 현처럼 운동한다는 주장을 내놓았다. 그는 실제 진동하는 현처럼 진동 에너지파가 상음이나 배음을 가지고 있을 것이라고 예측했다.

처음에 사람들은 드 브롤리의 상상을 비웃으며 대단히 어리석은 생각이라고 일축했다. "전자는 입자다. 그것은 진동하지 않으며 파장도 없다." 이것이 당시 주류의 생각이었다. 많은 물리학자들은 플랑크의 파동함수를 단지 편의상 채택한 수학적 형식주의로 생각했을 뿐 실제적인 것으로 받아들이지는 않았다. 만일 전자가 글자 그대로 현처럼 진동한다면 그것은 전자가 입자이면서 파동이라는 것을 의미하는 것이었다. 그러니 드 브롤리의 주장은 그들에게 웃음거리일 뿐이었다. 드 브롤리가 옳다면 이 세상의 모든 입자, 예를 들어 야구공도 '파장'을 가지고 있어야 한다는 것인데, 그건 정말 말도 안 된다고 사람들은 생각했다.

*상음
overtones
원음보다 진동 수가 많고 높은 음. 그 세기에 따라 음색이 결정된다.

**배음
harmonics
진동 수가 원음의 2배, 3배 등 정수 배로 되는 음.

생각도구 6 - 유추 · 193

브롤리의 말이 사실인지 아닌지는 피아노나 현악기를 가지고 확인할 수 있다. 피아노의 아무 건반이나 눌러 A라는 음을 낸다고 하면, 이때 몇 옥타브 위나 아래의 다른 A현도 진동하기 시작한다. 이 같은 동조진동현상은 현악기에서도 일어난다. 만일 베이스의 현을 하나 뜯으면 이것과 동일한 음에 맞춰 팀파니가 울릴 것이다. 반대로 해도 마찬가지다. 이 음들이 바로 배음이다. 배음은 처음 현의 진동이 다른 현의 진동과 정확히 조응하기 때문에 발생한다. 현들이 공명하는 것이다. 드 브롤리는 이러한 상음과 배음이 원자에도 존재할 것이라고 유추했다. 드 브롤리는 수백 년간 사용된 표준적인 수학기법을 써서 실제 현의 배음과 상음을 설명했고 실제 원자만 한 악기가 있다면 이것들이 어떻게 '소리 낼지'를 계산했다.

*에어빈 슈뢰딩거
Erwin Schrödinger
1887-1961, 오스트리아 태생의 이론 물리학자. 파동역학연구로 1933년 노벨물리학상을 수상했다.

그러나 1927년, 두 명의 미국 물리학자 G. 데이비슨G. Davisson과 L. H. 거머L. H. Germer는 드 브롤리의 원자배음을 '듣는 데' 필요한 도구를 개발하여 마침내 그 배음을 찾아냈다. 그리고 데이비슨과 거머, 드 브롤리는 1929년에 노벨상을 수상하게 된다. 결국 에너지를 방사하는 원자핵은 배음을 만들어낸다는 것이 밝혀졌고, 이 발견은 핵 자기공명 분광학으로 이어졌다. 또 여기에서 MRI라고 부르는 자기공명영상기법이 탄생했는데, 이는 현재 대표적인 의학진단기법이 되고 있다. 원자핵이 공명할 때 내는 특정한 양의 에너지나 주파수를 통해 우리는 몸을 구성하고 있는 일부 원자의 소리를 '들을' 수 있고 이 소리를 시각적 영상으로도 전환시킬 수 있게 되었다.

헬렌 켈러는 보거나 듣지 못하는 세계를 어떻게 이해했나

원자에 대한 시각은 1920년대 이래 엄청난 변화를 겪었다. 그렇지만 이들의 이야기는 아직도 물리학 기본서에 남아 있다. 양자역학에서 에어빈 슈뢰딩거Erwin Schrödinger*가 만들어낸 방정식들과 후속 연구결과는 기존의 '원자 궤도모형'을 누르며 최종 승리를 거두게 된다. 원자와 악기의 유사성을 말하는 것은 이제 더 이상 유효하지 않다. 그렇지만 아직까지도 플랑크와 드 브롤리의 업적은 물리학의 중심에 우뚝 서 있다.

한 걸음 더 나아가보자. 양자역학이니 논리학이니 민주주의니 선善이니 하는 것들을 그 자리에서 바로 이해하는 것이 어떻게 가능한가? 어떻게 우리는 실제로 지각할 수 없는 것들을 배우고 설명할 수 있는가? 그리고 어떻게 한 분야에서 습득한 지식을 전혀 다른 분야에 적용할 수 있는가? 어떻게 우리는 악기에서 일어나는 공명은 원자에도 적용되고, 원자의 공명이 의학에 적용된다는 것을 깨닫는가? 여기에 대한 답 역시 '유추'에 있다. 같지 않은 생각이라 하더라도 공명할 수 있다. 그 점은 악기의 현이나 전자 또는 원자핵의 경우와 똑같다.

현대 핵물리학의 용어를 빌어 유추를 말해본다면 이렇게 정리할 수 있다. "만일 적절한 생각이라는 '파장'을 가진 일련의 개념들을 '조사照射'한다면 우리는 아마도 배음과 상음을 얻을 수 있을 것이다. 그리고 이것들은 이전에는 종잡을 수 없었던, 심지어는 짐작조차 할 수 없었던 현상들을 밝게 비추어줄 것이다."

접근할 수 없는 세계를 비추는 유추의 힘을 가장 강력하게 증명하는 인물이 바로 헬렌 켈러Helen Keller*다. 어떻게 이 여인은 오로지 감촉과 맛, 냄새에만 의지해서 '보는 것'과 '듣는 것'의 세계를 배울 수 있었을까? 보고 듣는 것의 세계를 이해한다거나 그것에 공헌한다거나 하는 것을 제쳐놓고라도 말이다. 그녀가 도전했던 것은 플랑크나 브롤리 같이 오로지 간접적으로밖에 지각할 수 없는 세계를 이해하려 한 사람들의 문제들과 크게 다르지 않다.

우리는 종종 헬렌 켈러 같은 장애인이 될 때가 있다. 전자의 궤도나 방출 스펙트럼을 보고 원자를 연구할 때가 그렇다. 또한 다른 별에서 오는 빛을 조사해서 블랙홀의 위치를 우주에서 찾아내려고 할 때, 유전자기록만을 가지고 생명체를 들여다볼 때, 시인이나 소설가의 작품을 읽고 사랑에 대해 이해하려 할 때, 서로 다른 문화권이 특정한 행위에 대해 보이는 반응을 보고 정의가 무엇인지 생각하려 할 때, 불완전한 세속의 증거를 참고하여 신을 인정해야 할 때 우리는 모두 장애인이 될 수밖에 없다. 사실 우리가 눈과 코, 귀, 입, 피부를 통해 직접 지각할 수 있는 범위는 초라하리만큼 제한적이다. 실제로

삼백여 년 전에 프랑스의 철학자 디드로는 인간의 감각 소질을 '진동하는 민감한 현'에 비유했다. 그리고 진동하는 현은 다른 현을 진동시키는 특성을 가지고 있다고 주장했다. 이런 방식으로 '생각도 두 번째 생각을 호출할 수 있으며, 둘이 모여 세 번째 생각을 불러내고, 이 셋이 네 번째를 다시 끌어내는 등 계속 이어지게 된다'라고 말했다. 이런 식으로 이어지는 생각의 범위나 수에는 어떤 제한도 있을 수 없었다. 그는 "마음의 악기는 놀라운 도약을 가능하게 하며, 불러나온 하나의 생각은 때때로 불가해한 간격으로 '배움'을 시작한다"라고 말했다.

*헬렌 켈러
Helen Keller
1880-1968. 미국의 사회복지 사업가. 태어난 지 1년 8개월 만에 뇌막염을 앓아 시력과 청력을 잃고 말도 하지 못하는 장애를 갖게 되었다. 그러나 이러한 장애를 극복하고 맹아와 농아들을 위해 헌신했다.

다른 많은 생물들이 지구의 자기력선속, 전기장, 기압이나 수압 등 우리가 지각할 수 없는 것들을 지각할 수 있다. 또한 어떤 생물들은 우리가 볼 수 없는 자외선이나 적외선의 영역에 있는 빛도 감지해낸다. 맛과 냄새의 전 영역은 우리들의 지식과 상상력의 범위 저 너머에까지 뻗쳐 있다.

아직도 불가사의한 현상들의 비밀을 벗겨내려면 우리에게 어떤 감각이 얼마나 더 필요할지 모를 일이다. 그러나 우리가 아무리 성능 좋은 감각기관을 가지고 있다 해도 감각범위와 민감도에는 한계가 있다. 이 감각기관들이 감지한 것이 우리 자신에게 전달되려면 우리의 감각이 수용할 수 있는 형태로 그것을 변환시키지 않으면 안 된다. 설사 감각기관이 완전하게 작동하는 인간들이 있다 해도 대다수의 사람들은 이 사람들 자체를 이해하지 못할 것이다. 그러나 어쨌든 우리는 대처하고, 배운다.

켈러도 마찬가지였다. 그녀가 자서전에서도 밝혔다시피 그녀의 학습에 있어서 가장 중요한 열쇠는 '유추'였다. 가정교사였던 애니 설리번Annie Sullivan이 물에 대한 욕구와 느낌을 가지고 연상해서 그것을 표현해보라고 가르친 직후에, 켈러는 이렇게 말하고 있다. "감촉과 냄새로부터 어떤 인상이 떠오르는지 전에는 할 수 없었지만 이제는 이 물건 저 물건을 가지고 시험해볼 수 있다. 이 감각들이 내게 무수한 '개념'들을 공급한다는 것을 알고 무척 놀랐다. 그것들은 내게 시각과 청각의 세계에 대한 단서를 제공해주었다."

켈러가 장애인이면서도 유추할 수 있었던 것은 보고 들을 수 없었던 것과 맛, 냄새, 느낌으로 알았던 것들 사이에서 '수많은 연상과 유사성'을 이끌어낼 수 있었기 때문이었다. 자신이 지각할 수 있는 것들과 없는 것들의 유사성을 만들어내는 일은 켈러가 직접 접근할 수 없었던 광범위한 정보를 습득하는 주요한 도구가 되었다.

헬렌 켈러는 자신의 유추작업에 대해 다음과 같이 표현하고 있다.
"나는 관찰한다, 나는 느낀다, 나는 상상한다…. 나는 셀 수 없을 만큼 다양한 인상과 경험, 개념을 결합한다. 이 가공의 재료를 가지고 내 머릿속에서 하나의 이미지를 만들어낸다…. 세계의 안과 밖 사이에는 영원히 마르지 않는, 닮은 것들로 가득 찬 바다가 있지 않은가…. 내가 손에 들고 있는 꽃의 신선함이 내가 맛본 갓 딴 사과의 신선함과 닮았다. 나는 이러한 유사성을 이용해서 색에 대한 개념을 확장한다. 내가 표면과 떨림과 맛과 냄새들의 특질에서 이끌어낸 유사성은 보고 듣고 만져서 찾아낸 유사성과 같은 것이다. 이 사실이 나를 견디게 했고 눈과 손 사이에 놓인 간극에 다리를 놓아주었다."

"예를 들어 나는 기분이 좋아지는 향기의 종류와 농도를 '관찰'한다. 이것은 다양한 색의 종류와 색조에 내 눈이 어떻게 매혹당하는지 상상할 수 있게 한다. 그 다음 나는 생각의 빛과 한낮의 빛 사이의 유사성을 추적한다. 그러고 나면 인간의 삶에서 빛이 얼마나 소중한지를 예전보다 더 뚜렷하게 인식하게 된다." 그녀의 글은 이와 비슷한 유추로 가득 차 있다.

켈러가 듣지 못하면서 말을 배웠다는 것, 보지 못하는데도 읽고 쓰는 능력을 익히고 순전히 점자만을 통해 몇 개 국어를 읽을 수 있었으며, 사람의 생각에 관한 설득력 있는 글을 썼다는 것, 그리고 보고 듣는 세계와 이것이 차단된 세계 사이에 다리를 놓았다는 것은 유추적인 상상력이 실제로 작동하고 있음을 보여주는 놀라운 증거다.

유사성을 인식하는 능력이야말로 지성을 시험하는 탁월한 시금석이라는 여러 심리학자와 철학자의 말에 동의한다면, 켈러야말로 역사상 가장 지적인 인물들의 반열에 오를 수 있을 것이다. 그녀의 방법과 드 브롤리나 플랑크의 방법을 비교해보면 우리를 구속하거나 자유롭게 하는 것은 감각이 아닌 유추를 통해서 미지의 것들을 조명할 수 있는 능력의 유무임을 알게 된다. 학습은 유추에 의존한다.

"우리를 구속하거나 자유롭게 하는 것은 감각이 아니라 유추를 통해 미지의 것들을 조명하는 우리의 능력이다."

유추와 닮음은 다르다

이 과정에서 중요한 점은 유추analogy와 닮음similarity을 혼동하지 말아야 한다는 것이다. 유추란 둘, 혹은 그 이상의 현상들 사이에 기능적으로 유사하거나 일치하는 내적 관련성을 알아내는 것을 말한다. 실제로 우리는 '유추'라는 용어를 비교에만 한정하고 있다. 한편 닮음이란 색이나 형태처럼 관찰에 근거한, 사물들 사이의 유사점을 말한다.

시에서 쓰이는 전형적인 비유, 예를 들면 "그녀의 입술은 딸기처럼 붉다"라는 표현은 유추라기보다는 닮음에 대한 범례가 될 수 있다. 왜냐하면 그 비유는 단순히 '붉다'라는 관찰적 특징을 연결시킨 것에 불과하기 때문이다. "오렌지가 포도 같다" 혹은 "오렌지가 야구공 같다"라는 어린이의 말도 마찬가지다. 단지 둥근 모양만을 들어 비유하는 것일 뿐이니까. 그러나 한 어린이나 시인이 야구공을 태양에 비유했다면 그것은 유효한 유추라고 말할 수 있다. 야구공이나 태양이나 하늘에 아치를 그리면서 솟아오르고 떨어지는 공통점을 지닌다. 만일 오렌지를 삶의 달콤함에 비유한다면 이것 또한 유추라고 할 수 있다. 왜냐하면 문자 그대로 삶의 맛을 혀로 볼 수는 없다 해도, 우리가 그것이 달콤해지길 욕망하고 또 그렇게 되는 것에서 만족을 느낀다는 점에서 은유적으로 '달콤'하기 때문이다.

그런 점에서 향기의 다양성과 농도를 가시적인 사물들의 다양한 색과 색조에 비유한 켈러의 유추는 적절한 것이라고 볼 수 있다. 그녀는 관찰대상의 특성과 그것들이 지닌 감각을 비교한 것이지 그 대상들이 공유하는 특성만을 비교한 것은 아니었다. 원자를 현악기와 비교한 드 브롤리의 경우도 유효한 유추였다고 할 수 있다. 원자에 실제 현이 있는 것은 아니지만, 현의 기능을 갖고 있기 때문이다.

전반적으로 많은 철학자들은 유추를 비논리적이고 판단을 그르치게 하는 것으로 평가절하한다. 그러나 오히려 유추가 불완전하고 부정확한 것이기 때문에 알려진 것과 알려지지 않은 것들 사이의 다리가 될 수 있는 것이다. 불완전한 일치라는 것을 전제로 할 때 유추는 기존의 지적 도구로 도달할 수 없는 새로운 이해의 세계로 도약하도록 우리를 도와준다.

"유추란 둘 혹은 그 이상의 현상들 사이에서 기능적으로 유사하거나 일치하는 내적 관련성을 알아내는 것이다."

낙하하는 사과를 보고
중력의 법칙을 발견한 뉴턴

유추가 우리들의 삶에서 상상력을 가장 크게 동원하는 생각도구 중 하나라는 점은 놀라운 이야기가 아니다. 최근에 나온 책 《지적 도약: 창조적 사고를 위한 유추 Mental Leaps: Analogy in Creative Thought》에 보면 유추적인 사고는 종교, 정치, 사회조직, 문화활동 등 우리의 삶 전반에 스며들어 있다.

이 책의 공동저자인 키스 홀리오크 Keith Holyoak와 폴 새거드 Paul Thagard는 유추가 사람들의 사고작용의 핵심이라고 주장한다. 창조적으로 사고한다는 것이 무엇이냐고 질문할 때 유추는 그 중심에 있다고 말할 수 있다. 많은 과학자들이 유추가 자신들에게 가장 중요한 지적 기술 중 하나라고 평가한다.

생물학자인 아그네스 아버 Agnes Arber는 이렇게 쓰고 있다. "유추는 다른 것으로 대체 불가능한 생각도구다." 철학자 A. E. 히스 A. E. Heath는 유추야말로 과학적 방법의 초석이라고 주장한다. 그는 유추에 대한 비난이야말로 '알려진 것'으로 '알려지지 않은 것'을 설명하려는 시도를 쓸모없는 것으로 만들고 모든 가정의 싹을 제거하는 것이라고 목소리를 높인다. 스타니슬라브 울람 역시 좋은 수학자란 사물들 간의 유사성을 발견해내는 사람이고, 위대한 수학자는 유사성 간의 유사성을 찾아내는 사람이라고 말한다. 유추의 중요성에 의미를 부여한 것이다.

유추는 여러 중요한 과학적 발견의 밑받침이 되었다. 뉴턴이 발견한 중력의 법칙은 사과가 나무에서 떨어지는 것을 보고 달도 반드시 떨어져야 할 것이라고 생각한 데서 생겨났다. 사과를 땅으로 잡아당기는 힘이 있다면 이 힘이 하늘 위로 계속 뻗쳐나갈 것이고 그렇게

유추에서 중요한 것은 이것이 단순한 유사성을 드러내서가 아니라 추상적 기능 간의 드러나지 않은 관계를 보여준다는 점에 있다. 1816년, 내과의사였던 르네 래넥은 왕진을 갔다가 난처한 상황에 처했다. 환자가 너무 뚱뚱해서 심장박동이 들리지 않았던 것이다. 그는 이 상황을 어떻게 타개했는지에 대해 훗날 회고했다. "그때 나는 한 가지 생각을 떠올렸다. 나무토막의 한쪽 끝에 귀를 대고 맞은편 끝에서 핀으로 긁으면 소리가 아주 또렷하게 들리는 현상 말이다. 나는 이걸 응용하기로 했다. 종이 한 묶음을 단단하게 말아서 그 한쪽 끝을 그녀의 흉부에 대고 한쪽 끝에는 내 귀를 갖다 댔다. 그러자 심장박동음이 그 어느 때보다 크고 분명하게 들렸다." 이렇게 해서 청진기가 발명된 것이다. 그러나 래넥의 유추는 틀렸다. 나무는 소리를 전달한다. 반면에 청진기의 튜브는 소리를 모으고 반사한다. 그 차이는 래넥에게 중요하지 않았다. 유추는 기능적인 것이 아닌가.

되면 달까지 끌어당길 것이라고 '유추'했던 것이다. 물론 힘껏 던진 돌이 지평선 너머로 떨어지고 말듯이 달 역시 자신의 궤도에 안착할 뿐이다. 그러나 사물의 작용과 천체역학 간의 뉴턴의 유추는 상당히 깊이가 있는 것이었고, 이는 물리학에 혁명적인 변화를 가져오게 되었다.

이 사례가 보여주는 것은 지상 연구를 토대로 유추를 하더라도 전 우주의 운행과정을 이해할 수 있다는 것이다. 달, 별, 물질 자체는 모두 기능적으로 같은 것이니까.

다윈의 진화론도 몇 개의 유추에 기초하고 있다. 그는 특정한 성질을 갖는 식물이나 동물을 기를 때 나타나는 현상(인공도태)과 환경조건, 포식자, 질병 등 유기체의 개체 수에 영향을 미치는 여러 요인들의 현상(자연도태)을 연결시켰다. 또 인간들과 수천 년 동안 함께 해온 비둘기, 개, 고양이, 가축과 말들의 종류가 이토록 다양하다면 무수한 시간 동안 자연이 생물들에게 가한 변화는 얼마나 더 넓고 깊은 것인가 하고 그는 추측하고 있다. 그의 두 번째 유추 역시 심오한 결론에 도달하고 있다.

19세기 초반 영국의 경제학자였던 토머스 맬서스Thomas Malthus는 인구는 자원에 의해 제한받으며, 인구증가가 자원의 한계를 넘어서면 기근과 빈곤이 발생한다고 쓰고 있다. 또한 빈곤층이나 병약자들은 기아상태에 빠지기 쉽고 그 결과는 죽음으로 이어진다. 다윈은 이것과 똑같은 일이 자연에서도 일어날 것이라고 생각했다. 물고기는 수천 개의 알을 낳고 나무는 수백만 개의 씨를 퍼뜨리지만 그중에서 성장체가 되는 것은 얼마 되지 않는다. 그는 자연상태에서의 생멸이 인구 문제와 같은 인과성을 가지고 있다면 자연계에서도 '가장 적합한 개체'만이 살아남을 것이라고 추론했다.

많은 발명품과 공업제품들도 자연에 대한 유추의 결과들이다. 오

> "좋은 수학자란 사물들 간의 유사성을 발견하는 사람이고 위대한 수학자는 유사성 간의 유사성을 찾아내는 사람이다."

늘날 병원에서 상처를 봉합하는 데 쓰이는 외과용 스테이플러는 원시부족민들이 무는 개미를 이용해서 벌어진 상처를 잡아매는 것을 보고 착안한 물건이다. 진공집게나 착유기는 흡혈 거머리를 기계적으로 유추한 결과물이다. 벨크로(찍찍이)는 신발에서 옷, 작은 가방에 이르기까지 다양한 용도로 사용되고 있는데, 이것은 옷에 달라붙은 작은 도꼬마리 열매에서 영감을 얻은 것이다.

이러한 유추는 최근 몇 년간 아주 폭넓게 확산되고 있다. 자연에서 아이디어를 얻는 자연모방 biomimicry 역시 아주 유력한 혁신방법이 되고 있다. 가령 도개교*의 원리는 사람의 눈꺼풀을 모델로 유추한 것이다(그림 6-4 참조). 다리의 움직임은 눈꺼풀의 깜박임과 기능적으로 매우 유사하며 '눈꺼풀'이 닫히면 다리가 내려와 행인들과 차량들이 지나간다. 반면 배가 지나갈 때 '눈꺼풀'은 위로 올라간다.

그림 6-4. 도개교의 움직임은 사람의 눈꺼풀이 깜박거리는 것과 동일한 원리를 지니고 있다.

예술은 유추와 은유에 기반한다

유추는 공학이나 과학에서와 마찬가지로 디자인분야에서 활발하게 이루어지고 있다. 과학자, 화가, 공학자, 기능공들이 유추를 하는 방법과 목적은 같다. 물리학자이고 시인이자 인문학자이기도 한 제이콥 브로노프스키Jacob Bronowski는 유추를 이렇게 설명한다. "유추라는 수단에 의해 과학자나 화가는 '자연의 두 모습'인 두 개의 현상을 병치시킨다. 그리고 그것들을 하나로 녹여 붙인다. 이것은 창조의 행위이고 거기에서 독창적인 사고가 탄생한다. 독창적 과학과 독창

*도개교
큰 배가 밑으로 지나갈 수 있도록 위로 열리는 구조로 만든 다리.

적 예술은 그런 점에서 모두 같다."

많은 예술가, 특히 시인은 이 점을 분명히 이해하고 있다. 윌리엄 워즈워스는 "닮지 않은 것에서 닮은 것을 찾아내는 기쁨"에 대해 쓰고 있다. 로버트 프로스트Robert Frost*도 이렇게 말했다. "최근 몇 년간 나는 모든 사고를 은유로 하는 일에 많은 진전이 있기를 바랐다. 시를 가르치는 것은 은유를 가르치는 것이다." 과학자와 마찬가지로 시인은 객관적 세계가 아닌 주관적 세계에 대한 인간의 이해가 넓어지기를 원한다. 그러면서 지적·정서적 연상을 동원해서 '알려진 것'과 '알려지지 않은 것' 사이의 유사성을 찾으려 한다. 이 점에서 은유는 단순한 유추와 구별된다.

강력한 은유는 대부분의 문학작품에서 나타나고 있다. 삶을 미궁이나 미로에 비유하는 문학적 비유는 흔하다. 그 미궁 속에 우리가 갇혀 있고, 최대한의 집중력과 지혜를 동원해야만 성공적으로 헤쳐나갈 수 있다는 비유 말이다. 이 은유는 고대 그리스의 테세우스와 미노타우루스 신화에서부터 움베르토 에코Umberto Eco의 《장미의 이름In the Name of the Rose》, 호르헤 루이스 보르헤스Jorge Luis Borges의 소설에 이르기까지 수많은 문학작품에 등장한다. 한편 작가들은 삶을 여행에 비유하기도 하고 험하고 가파른 산에 비유하기도 한다. 보카치오Boccaccio는 《데카메론Decameron》에서 "그 너머에 평탄하고 쾌적한 평야가 있다"라고 묘사한 바 있다.

유추는 또한 호머Homer의 《오디세이Odyssey》, 초서Chaucer의 《캔터베리 이야기Canterbury Tales》와 단테Dante의 《신곡Divine Comedy》, 세르반테스Cervantes의 《돈키호테Don Quixote》, 디포Defoe의 《몰 플랜더스Moll Flanders》와 필딩Fielding의 《톰 존스Tom Jones》 같은 작품들의 특징이기도 하다. 이 책에서 주인공은 은유적으로 유혹과 위험에 직면하게 되는데, 그것들은 그들이 가진 정열과 지성으로 대처해야 할 것들

*로버트 프로스트
Robert Frost
1874-1963, 미국 시인. 소박한 농민과 자연을 노래해 현대 미국 시인 중 가장 순수한 고전적 시인으로 꼽힌다.

이다.

은유는 20세기 문학작품에서도 의미를 갖는다. 마크 트웨인의 《허클베리 핀Huckleberry Finn》과 J. R. R. 톨킨의 《반지의 제왕The Lord of the Rings》 등에서 그 자취를 찾을 수 있는데, 스티븐 스펜더는 상당히 진지한 어투로 "은유는 삶을 관통하는 시의 여행길에 있는 역들"이라고 쓰고 있다. 프로스트는 시 〈가지 않은 길The Road Not Taken〉에서 은유를 재확인하고 있다. "두 갈래 길이 숲에 나 있었고 그리고 나 / 나는 사람들이 덜 다닌 길을 택했노라." 오랜 시간이 흘렀음에도 불구하고 이러한 근본적인 은유는 결코 진부해지는 법이 없다. 오히려 매번 새롭고 독특한 연상과 어울리며 공명한다.

유추는 글 자체는 물론이고 문학적인 시도까지 만들어낸다. 시인들은 다른 사람들의 마음이 자신과 같다는 가정하에 시각적, 청각적, 후각적, 촉각적 이미지를 다듬고, 그것을 통해서 독자들의 가슴속에 자신이 경험한 것과 가까운 정서적 느낌을 불러일으키려 애쓴다. 그들이 시를 쓰는 목적이 그것이다. 프랑스 시인 폴 발레리Paul Valéry의 말을 빌자면 "다른 누군가의 내부에 자신과 유사한 상태의 존재를 세우는 것"이다. 또한 시인에게 다른 누군가와 공유하기를 원하는 통찰이 찾아오는 때는 브로노프스키가 말하는 '숨겨진 닮음', 즉 유사성이 폭발하는 순간이다.

가장 뛰어난 미술작품들도 종종 유추와 은유를 기반으로 하며, 그 심오함은 문학에 뒤지지 않는다. 조각가 노구치 이사무Noguchi Isamu*는 작품을 통해 빛의 다양한 의미를 표현하는 예술가다. 그는 자신의 빛 조각 작업이 일본등燈 제작에 매료된 순간 시작되었다고 말하고 있다. "나는 조각가이지만 일본등의 제작법에 크게 흥미를 느꼈다. 구부러진 뼈대와 대나무, 종이, 그 유연함과 단순성은 새로운 조각형태의 가능성을 시사했다. 반투명, 접이식 '빛의 조각' 말이

"시인은 '알려진 것'과 '알려지지 않은 것' 사이의 유사성을 찾으려 한다."

스펜더는 한 에세이에서 바다와 악기 간의 비유를 완성했다. 파도의 열께을 하프의 현에 비유하고, 해안 절벽과 들판과 육지의 집들은 마치 '보이는 음악'처럼 수면에 비친다고 묘사하며 덧없는 생과 영원성의 융합을 표현했다. 스펜더가 차용한 은유는 드 브롤리의 그것과 같다. 그는 은유로부터 다양한 연상을 이끌어내 상상력을 다듬는 데 사용하고 있기 때문이다.

*노구치 이사무
Noguchi Isamu
1904-1988, 일본 태생의 미국 조각가. 그의 아카리 종이 조각은 현대적인 디자인과 전통적인 일본 수공예를 종합하여 놀라운 빛과 형태의 조화를 이룬 예술 창조물이다.

다." 노구치의 작업은 두 방향으로 동시에 진행되었는데, 이를 통해 그는 자신의 유추를 진전시켰다(그림 6-5 참조). 우선, 그는 일본의 기후현으로 가서 '아카리'라고 부르는 등의 제조기술을 연구하고 익혔다.

그의 노력은 성공적인 결실을 맺었다. 현재 그가 만든 아카리 작품 몇 점은 뉴욕현대미술관에 소장되어 있다. 그와 동시에 그는 유추적인 작업도 함께 병행했다. 아카리의 구조에 기반을 둔 조각형태를 발전시켜 조각작품의 내부에 조명을 설치하였다. 그러나 조명의 목적은 기능적인 것이 아닌 형태와 빛에 대한 예술적 모색에 있었다. 이렇게 만든 작품들은 최초의 빛 조각품이라는 영예를 얻었다.

그림 6-5. 위: 아카리 등 작업을 하는 노구치 이사무, 아래: 작품 〈빛의 기둥〉과 함께 있는 노구치.

조각가 헨리 무어는 뼈나 바위 같은 평범한 자연물에서 조각의 구조에 대한 영감을 얻은 것으로 유명하다(그림 6-6 참조). 그는 또한 자연이 어떻게 이런 물체들을 변화시키는지에 대해서도 깊은 관심을 가졌다. 그는 자갈과 바위를 보면 자연이 어떻게 돌을 다듬는지 알 수 있다고 말하기도 했다. 그는 이 말처럼 자연이 어떻게 '조각' 하는지를 연구함으로써 자신만의 조각법을 고안해냈다.

스페인의 위대한 조각가 에두아르도 칠리다Eduardo Chillida 역시 자연의 생물학적 과정에서 유추를 이끌어냈으며 이를 가지고 예술에 생기를 불어넣었다. 그는 말한다. "나는 삶을 베낀다. 그러나 삶의 외양을 베끼는 것이 아니고 시간을 가로질러 진화해가는 삶의 행보와 단계를 베낀다. 사물들은 변화하고 진화한다. 나는 작품 속에서 이 진화를 베낀다." 칠리다는 형태가 자연적으로 어떻게 변모해가는지를 면밀히 관찰했다. 그럼으로써 미적 아이디어가 저절로 성장할 것이라고 생각한 것이다. 자연형태의 성장과 변화를 깊이 숙고함으로써 그는 자신의 조각이 어떤 '형체being'를 얻는 새로운 길을 찾아냈다. "나는 나무가 하는 대로 행동했다. 나 스스로 나무를 만들어내고자 하지 않았다……. 내가 만들고 싶었던 것은 다른 무엇이었다. 나는 자연과학의 위대한 아마추어를 자처했다." 그의 예술은 이러한 열정을 반영한 것이었다.

그림 6-6. 왼쪽: 헨리 무어의 〈두건을 쓴 모자상〉. 오른쪽: 너대니얼 프리드먼이 무어에게 준 뼈로 된 오브제.

| 음악적 유추를 통해 탄생한
| 에셔의 쪽매붙임작품

다양한 것에 대한 관심이야말로 혁신가에게 유익한 유추의 원천이다. 칠리다가 생물학 지식을 이용해서 조각기법을 향상시키려 했던

것처럼, 생물학자인 돈 잉버Don Ingber와 스티븐 하이드먼Steven Heidemann은 조각에 대한 관심을 자신들의 연구에 활력을 불어넣는 계기로 활용했다. 대학원에 재학 당시 두 사람은 케네스 스넬슨Kenneth Snelson의 텐스그리티tensegrity* 조각에 매혹되었으며 실제로 자신들의 기숙사방을 이것으로 장식하기도 했다. 스넬슨의 조각은 속이 빈 금속 막대기들로 이루어졌다. 그것들은 어떤 것도 서로 닿지 않았으며, 한 줄짜리 철사 케이블이 처음부터 끝까지 모든 막대기를 꿰어매고 있다.

1990년 경, 잉버와 하이드먼은 세포의 구조를 결합시켜주는 단백질이 스넬슨의 조각에서 나타나는 특성을 상당부분 갖고 있음을 알아냈다. 이러한 단백질은 유연한 부분에 의해 연결되는 단단한 막대 같은 것으로 구성되어 있었다. 그들은 단백질이 텐스그리티의 특성을 갖고 있다는 이론을 내놓았다. 이 생각이 몰고 온 반향은 상당히 컸고, 결국 1998년 1월 〈사이언티픽 아메리칸〉지의 표지를 장식하게 되었다.

미시건대학의 발생학 교수인 캐시 토스니Kathy Tosney는 종이 접기를 가지고 새의 성장을 가르친다. 종이 접기를 여러 차례 진행하여 최종구조가 완성되는 것처럼 배아 역시 같은 과정을 거친다는 것을 설명함으로써 둘 사이의 분명한 유사성을 도출해낸다. 한편 역시 발생학자인 스콧 길버트Scott Gilbert는 태아의 성장과 특정한 형식을 가진 발리음악 사이의 유사성을 이끌어내어 주목을 받았다. 웨슬리안대학 학부 시절, 길버트는 가믈란gamelan이라고 부르는 발리북과 실로폰 모양의 악기, 징, 그리고 이 악기들을 연주하는 사람들에게 흥미를 느꼈다.

앞장에서 살펴본 아프리카 부족연주자들과 마찬가지로 가믈란 연주자들 역시 단순한 리듬을 연주한다. 그러나 그들의 음악은 아프리

"나는 삶을 베낀다. 그러나 삶의 외양을 베끼는 것이 아니고 시간을 가로질러 진화해가는 삶의 행보와 단계를 베낀다."

*텐스그리티
tensegrity
텐스그리티는 스넬슨과 버크민스터 풀러가 다듬어낸 원리로서, 장력을 이용해 따로따로 떨어져 있는 요소들을 결합시킨 구조를 말한다.

카인들의 그것과 다르다. 악기들은 한 쌍씩 짝을 맞춰 구성되어 있다. 한 짝은 기준이 되는 어떤 음보다 높게, 다른 짝은 낮게 연주해야 한다. 합주를 하게 되면 이 짝들의 높고 낮은 주파수는 상쇄되고 서로 간섭하는 패턴이 나타나는데, 이 결과 제3의 음이 만들어진다. 따라서 아프리카음악과 같은 타악음은 들을 수 없다. 가믈란음악은 매우 단순한 수단을 써서 복잡한 결과를 낳는다. 쌍으로 이루어진 악기들은 처음에는 조금씩 음을 간섭하면서 여러 겹의 음을 만들어낸다. 그러다가 몇 개의 단순한 리듬이 강한 대비를 이루면서 아프리카음악처럼 대단히 복잡하고 변화무쌍한 패턴으로 변화한다. 길버트는 이 과정이 세포가 배아를 거쳐 성체로 자라나는 과정과 유사하다는 결론을 내렸다.

만일 세포의 성장 프로그램이 가믈란음악과 같은 것이라면, 세포의 복잡한 발달이라는 것도 각기 다른 주기가 다른 속도로 진행되면서 나타나는 결과일 것이며, 이 과정들이 서로 교차하면서 일련의 분자적이고 생화학적인 '음악'을 전개시키고 있다는 것이 그의 생각이었다. 이런 '세포 프로그램'이나 '성장하는 작곡composition'*은 몇몇 유전자의 상호작용만으로 충분하고, 염색체의 나머지 큰 공간은 다른 종류의 구조적·기능적 정보들을 위해 남겨진다는 것이었다.

미술분야에서도 음악적 유추를 흔히 하곤 한다. 화가 에셔는 자신의 쪽매붙임작품을 바흐의 음악에 비유했다. 그는 다성음악인 카논과, 평면을 같은 모양의 도형으로 분할하고 있는 자신의 작품 간에 유사성이 있음을 발견했다. "그 바로크 음악가는 내가 시각적 이미지들을 다루는 것과 비슷하게 소리를 다루었다"라고 그는 말한다. 돌림노래를 해본 사람이라면 카논이 무엇인지 알 것이다. 그것은 성부들이 정해진 간격으로 주어진 멜로디를 연이어 반복하는 음악형식을 말한다. 만일 이 문장을 "부분들이 연이어 정해진 간격으로 주어

*composition이라는 단어에는 작곡이라는 뜻과 함께 구성, 합성, 조직이라는 의미도 있다. 음악과 생물학 간의 유사성을 본문에서는 이 단어의 다중적인 의미와 뉘앙스를 이용해서 나타내고 있다.

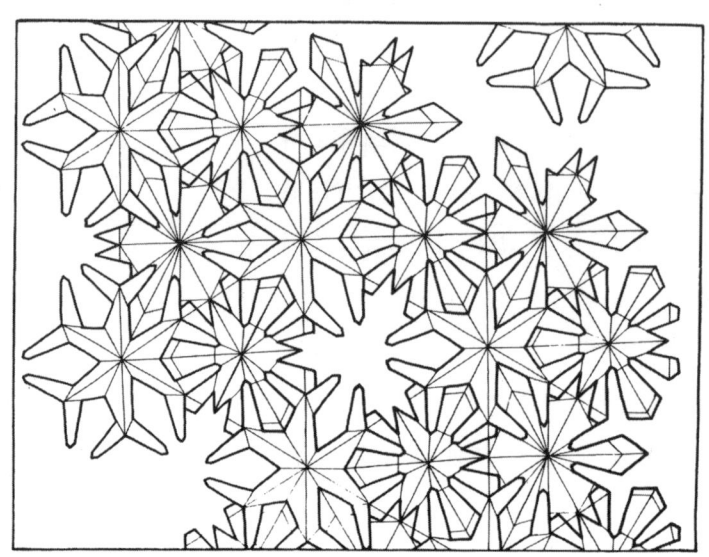

그림 6-7. 에셔 스타일의 쪽매붙임작품. 이것을 바흐의 푸가라고 상상할 수 있는가?

진 주제를 반복하는 미술 형식"이라고 바꿔본다면 에셔가 인식했던 유사성을 쉽게 알 수 있다. 타일 붙이기의 반복패턴은 돌림노래처럼 규칙적이다.

양쪽 예술에는 다 같이 규칙이 있다. 카논이라는 단어의 다른 뜻이 주기성을 결정하는 '규칙'임을 상기하자. 음악가들은 어떤 음악적 모티프를 거꾸로 전개하다가 뒤집고, 뒤집은 것을 다시 거꾸로 놓기도 한다(그림 5-4 참조). 에셔의 타일 붙이기도 시각적 패턴을 만들어낼 목적으로 이와 같은 종류의 대칭화 작업을 했다.

또한 푸가나 타일 붙이기에는 어떤 기준선이 있어서 이것을 중심으로 대칭적인 두 개의 상이 나타난다. 단, 에셔의 작품에서 분명하게 나타나는 것이 음악에서 덜 분명하게 나타나는 이유는 음악에서는 이 대칭이 동시적으로 이루어지는 것이 아니고 시차를 두고 나타나기 때문이다.

"바흐의 음악을 듣는 것은 가장 위대하고 정교한 패턴제작자에게서 방법을 배우는 것과 같았다"라고 에셔는 말하고 있다. 뒤이어 그는 이렇게 덧붙인다. "바흐는 내게 강한 영감을 주었다. 투명하고 논리적인 언어와도 같은 그의 음악은 내 머릿속에서는 수많은 도안을 완성시켜주었다."

유추할 수 없다면
세계를 창조할 수 없다

유추를 통해 배워야 할 것은 너무나 많기 때문에 어떻게 배울 것인지에 대해서도 많은 생각을 해볼 필요가 있다. 다른 생각도구들처럼 유추능력은 훈육과 연습, 학습을 통해 향상된다. 유추적 사고를 자극하는 일은 아주 어렸을 때부터 시작할 수 있다. 작가인 제럴딘 브룩스Geraldine Brooks는 자신이 유추를 잘하게 된 것이 걸음마를 시작하면서부터 어머니가 시킨 놀이 덕분이라고 말하고 있다. 그 놀이는 그녀의 어머니가 임의로 만들어낸 것이었다. "어머니는 정원을 산책하면서 항상 '자, 우리 장원莊園을 살펴보러 갈까?'라고 말씀하시곤 하셨다. 우리는 여기저기를 서성거리며 나무와 돌이 말해주는 이야기를 들었다. 벽돌 위에서 햇볕을 쬐고 있는 도마뱀은 용 이야기에 나오는 영웅이었고, 썩은 나뭇가지에 톱니처럼 돋아난 버섯은 비밀의 장소로 이어지는 요정의 계단이었다. 데이지 꽃은 진달래 가운을 입은 소녀였고, 정원에 있는 모든 것들은 다른 무엇인가의 대역이었다." 그래서 로버트 프로스트가 주장하다시피, 모든 사물은 은유다. 브룩스는 "어머니가 세계를 보는 방식에는 시가 자리하고 있었다. 내가 다섯 살이 될 때까지 우리 집의 작은 마당은 또 다른 우주였다"라고 말한다.

따라서 브룩스는 아이들이 현실에 상응하는 또 다른 가능성의 우주를 발견하게 해야 한다고 말한다. 꽃을 사람으로 보고 버섯을 요정의 계단이라고 말하는 어린 아이들에게 장난감을 장난감이라고 곧이곧대로 말한다면 그들의 상상력이 얼마나 훼손될지 생각해보라. 브룩스의 말에 따르면, "요즘의 장난감은 상상의 여지를 많이 남겨놓지 않는다. 컴퓨터칩이 사고를 대신해준다. 캐릭터들은 이미 정해져

"어떤 사물을 볼 때, '그것이 무엇인가'가 아니라 '그것이 무엇이 될까'에 착안해야 한다. 그래야 사물을 전혀 새로운 방식으로 활용할 수 있다."

레오나르도 다빈치나 토드 실러 같은 화가 겸 발명가들의 작품은 유추의 본질을 보여주는 걸작모형들이다. 레오나르도의 공책은 유추의 과정을 표현한 글과 그림들로 가득 차 있다. 그의 스케치를 보면 주위에서 물이 소용돌이 치는 모습과 심장을 통과해가는 피의 소용돌이가 나란히 그려져 있다. 다빈치는 물의 소용돌이를 바람의 움직임에 비유했으며 빛과 열, 냄새가 퍼지는 과정을 거리에 비유했다. 이 유추는 오늘날의 입장에서 보면 부정확하긴 하다. 그러나 그가 이끌어낸 유사성은 현대 물리학에서조차 유효한 것으로 받아들이고 있다. 그는 눈의 구조를 마음의 구조에 비유했으며, 심지어 양파의 구조와 비교하기도 했다.

있고, 모든 인형에는 필수 액세서리들이 다 딸려나온다"라는 것이다. 모두가 창의성을 위축시키는 것들이다. 스스로 하나의 세계를 만들 수 없고 그럴 필요가 없는 어린아이들은 물질이 갖고 있는 다른 가능성과 용도, 목적을 깨닫지 못한다. 어떤 사물을 볼 때 '그것이 무엇인가'가 아닌 '그것이 무엇이 될까'에 착안해야만 우리는 사물을 전혀 새로운 방식으로 활용할 수 있다.

어린아이에게 장난감을 줄 때는 여러 가지 방식으로 가지고 놀게 해야 한다. 아이들이 블록이나 인형, 종이, 헝겊, 일상용품을 가지고 다양한 시나리오에 맞춰 지금까지와는 다르게 놀게 하라. 막대기를 검으로, 스카프를 강으로 상상하도록 아이들을 지도하라. 보석상에서 쓰는 확대렌즈를 아이들에게 주어 어떤 것을 집중해서 관찰하도록 하라. 그런 다음 질문을 하라. "이게 무엇처럼 보이니?" 아이가 대답하면 생각나는 것을 그리게 한 다음 다시 같은 질문을 한다. 그렇게 해서 목록을 만들어본 다음 이 시각적 유추에 대한 평을 해주고 기능적인 관련성을 찾아보게 한다. 마지막으로 왜 그것(관찰대상)이 이것들(유사하다고 보는 것)과 같다고 보는지 이론을 세우도록 하라. 유추적 사고훈련은 학년을 막론하고 작문, 미술, 과학, 수학, 사회 등 거의 모든 과목에 접목되어야 한다.

유추와 은유로 가르치고 배우라. 고대 중국의 고사에 나오는 한 인물은 유추를 사용하지 못하는 상황을 두고 다음과 같이 말하고 있다. "무엇인가를 설명하려는 자는 알려지지 않은 것을 잘 알려진 것에 비유해서 사람들이 알아듣도록 해야 한다. 만일 유추라는 것이 없다면 설명은 불가능하다." 이미 알고 있는 것으로 시작으로, 알려진 것과 아직 알려지지 않은 것 사이에 다리가 되어줄 기능적 유사성을 찾아보자.

자, 각자 조금씩 은유를 만들어보자. 앞서 제시된 바흐의 음악과에서의 그림을 비교하고 그것들이 불러내는 언어, 시각, 과학적 관념들에 대해 생각해보자. 켈러라면 무슨 생각을 떠올렸을까? 드 브롤리라면? 로버트 프로스트라면? 그렇지 않으면 우리가 반드시 참여해야 하는 인생게임에 관해 생각해보자. 팔백여 년 전에 페르시아의 시인 오마르 카얌Omar Khayyám이 4행시 형식으로 쓴 경구, 〈루바이야트 rubaiyat〉처럼 말이다.

> 이것은 낮과 밤이 벌이는 장기와 같음이니
> 인간의 운명을 지고서 말이 경기에 나선다
> 여기저기, 서로 궁지로 몰아가며 죽이느니
> 죽은 말 하나씩 함으로 돌아와 몸을 눕힌다

이제 시를 카드게임과 비교해보자. 카얌의 시나 카드게임은 모두 우리에게 인생은 게임이라는 은유를 전달해준다. 그런데 이는 다시 우리의 마음속에 게임과 관련된 또 다른 '비유'를 불러온다.

예를 들어, "영국 지도자는 이튼의 운동장에서 양성된다"라거나 "게임은 인생을 모방한다" 등 이런 비유들은 대부분 상투적인 것이다. 그러나 이 비유들 사이의 유사성을 찾아낸다면 보다 깊은 의미가 드러날 수 있다.

우리는 우리가 벌여야 하는 게임에서 운명에 휘둘리는 졸에 불과한가? 아니면 조커인가? 혹시 우리는 유전적, 개인적, 사회적, 경제적 운이라는 변덕스러운 손에 좌우되는 존재는 아닌가? 체스에서 게임의 결과는 전략에 따라 바뀔 수도 있다. 그러나 만일 우리가 경기자의 뜻에 따라 움직이는 졸이라면 얘기가 전혀 달라진다. 전략이나 게임의 결과는 꿈도 못꾸며, 기껏해야 모든 게 너무 늦어지기 전에 가능한 한 삶을 즐기는 것 정도가 최선이 될 수 있을 것이다. 아니 어

토드 실러는 마음의 성장을 나무나 양파의 성장에, 꽃의 구근을 생각에 비유했다. 또한 원자로처럼 정보를 융합시켜 영적인 에너지를 만들어내는 '뇌반응로'나 반대되는 생각들이 부딪쳐 폭발하면서 그 저변에 깔린 분자가 드러나는 '충돌기'를 생각해내기도 했다. 또한 우주의 구조나 우리들이 현실파악을 위해 사용하는 도구들은 모두 마음의 구조가 반영된 것이며 결국은 우리 자신을 들여다보기 위해 사용하는 도구라고 주장한다. 그는 자신의 '은유적 융합체'를 아주 매력적인 미술작품과 발명품으로 변형시켰으며, 한편 이를 사고 자체나 미술과·과학 간의 연계성에 대한 흥미로운 사색의 단계에까지 끌어올렸다.

그림 6-8. 포커게임이 벌어지고 있는 현장. 인생의 축소판이기도 한 포커판에서 인생은 게임이라는 유추를 해낼 수 있다.

쩌면 그것조차도 할 수 없을지도 모른다. 끝까지 가봐야 아는 것이니까. 포커의 승패는 상대의 패를 아느냐 모르느냐에서 갈린다. 물론 가끔은 블러핑 Bluffing*을 해서 이길 수도 있다.

포커에서 게임이 끝나면 누가 무슨 카드를 갖고 있었는지 알게 된다. 그러나 분명 여기에는 카드 외에 또 다른 의미들이 있다. 동기 상실, 여행, 인생, 숙명, 운명, 죽음 등 카드게임이 하나의 사물이건, 의도이건, 아니면 어떤 과정, 지도, 형식이건 간에 이 게임은 모든 것에 비유될 수 있다. 그것이 '유추' 그 자체를 말하고 있는 것이다. 기능과 목적이라는 숨은 실체를 찾아낼 때 우리는 '단계적으로' 세상과 자아의 의미를 자각하게 된다. 그러고 나면 한순간 우리는 모든 것을 이해하게 된다.

*블러핑
Bluffing
자기가 더 강한 패를 가지고 있는 것처럼 꾸며, 상대를 속이는 일.

SPARK OF GENIUS
생각도구 7 몸으로 생각하기

침팬지는 어떻게 천장에 달린 바나나를 먹었나
몸의 움직임이 생각이 된다
몸으로 '느껴야' 하는 잭슨 폴록의 액션 페인팅
문제를 온몸으로 '느끼는' 과학자와 수학자들
생각하는 것은 느끼는 것이고, 느끼는 것은 생각하는 것
몸의 일부가 사라진 뒤에도 감각은 남아 있다
몸은 답을 알고 있다

왼쪽부터: 올리버 색스, 잭슨 폴록, 오귀스트 로댕, 헨리 무어.

▶ 근육의 감각, 몸의 느낌, 촉감을 생각의 도구로 활용한 사람들

"우리는 우리 자신의 근육을 살피면서 그것의 위치나 긴장상태, 움직임을 재조정한다. 그러나 이 과정은 자동적이고 무의식적으로 일어나기 때문에 숨어 있다고 말할 수 있다."
 —신경학자 올리버 색스

"그림을 그릴 때 나는 캔버스를 마룻바닥에 깔고 그 주위를 돌며 물감을 흩뿌려댄다. 캔버스는 내가 하는 몸동작의 기록이 된다."
 —화가 잭슨 폴록

"형을 뜨는 작업을 하기 위해서는 인체에 대한 완전한 '지식'이 필요함은 물론 인체의 모든 부분에 대한 심원한 '느낌'을 가지고 있어야 한다."
 —조각가 오귀스트 로댕

"뼈는 모든 생물체의 내부구조다. 다리를 구부리면 뼈 위로 무릎이 팽팽하게 당겨지지 않는가. 동작과 에너지가 발원하는 지점은 뼈에 있다."
 —조각가 헨리 무어

헬렌 켈러는 피아노 위에 손을 얹고 진동을 느끼면서 음악을 '듣곤' 했다.
또한 발로는 마루판의 진동을, 얼굴과 손으로는 공기의 움직임을 느끼면서
무용수들의 춤을 '보곤' 했다.

BODY THINKING BODY THINKING BODY THINKING BODY THINKING BODY THINKING

■ ■

우리는 몸을 움직여 어떤 일을 처리하고 난 후에야 그것을 인지할 때가 있다. 또한 자각하지 않은 상태에서 몸의 느낌을 알게 될 때도 많다.

피아니스트들은 근육이 음표와 소나타를 기억한다고 말한다. 그들은 손가락에 이 기억들을 저장한다. 그것은 마치 배우들이 몸의 근육 속에 자세와 몸짓의 기억을 저장하는 것과 같다. 우리가 사고하고 창조하기 위해 근육의 움직임과 긴장, 촉감 등을 떠올릴 때 비로소 '몸의 상상력'이 작동한다. 이때가 사고하는 것은 느끼는 것이고, 느끼는 것은 사고하는 것이라는 결론을 자각하는 순간이다.

침팬지는 어떻게
천장에 달린 바나나를 먹었나

1925년에 영장류 전문가인 볼프강 콜러Wolfgang Kohler는 침팬지의 지능에 대해 오랜 기간 연구한 결과를 발표했다. 그가 실험했던 것 중 가장 잘 알려진 것은 빈 방에 침팬지들과 막대기, 빈 나무상자 몇 개를 같이 넣고 천장에 바나나를 달아놓았던 실험이다. 침팬지들은 바나나를 손에 넣을 방법을 스스로 알아내야 했다. 그들은 막대기로 바나나를 쳐서 떨어뜨리거나 상자를 쌓아놓고 그 위에 올라가서 바나나를 집어먹었다. 그런데 콜러의 예상보다 훨씬 빨리, 영리한 침팬지 한 마리가 바나나를 천장에 달자마자 집어먹었다. 무엇보다 인상적인 것은 그 침팬지가 어떤 도구도 사용하지 않았다는 것이다.

도대체 어떻게 했을까? 이걸 알아내려면 독자들이 움직여볼 필요가 있다. 실제로 침팬지처럼 몸을 움직여야 한다는 말이다. 침팬지처럼 움직이는 것이 어떤 것인지 잘 모르겠다면 어린 시절에 무엇을 하고 놀았는지 떠올려보라. 사방치기, 인간뜀틀, 옆으로 재주 넘기, 목말 타기, 공놀이, 공중제비 넘기, 나무 오르기, 제자리 돌기, 스카이콩콩 뛰기, 그네 타기, 그네에서 뛰어내리기, 훌라후프 돌리기 등을 떠올려보라는 말이다. 몸으로 하는 이런 놀이들은 사람들, 적어도 어린아이들은 몸으로도 생각할 수 있다는 것을 알려주는 좋은 증거가 된다. 우리가 어떻게 몸을 놀리느냐에 따라서 침팬지처럼 생각할 수 있느냐 없느냐의 여부가 판가름 난다.

힌트는 목말 타기와 나무 오르기에 있었다. 침팬지가 기발하게 머리를 썼을 거라는 예상과는 정반대로, 녀석은 콜러가 바나나 아래를 지나갈 때 그의 등에 올라타, 어깨를 짚고 바나나를 움켜쥐는 데 성공했다. 우리들은 과도하게 머리만 쓰는 경향이 있어서 몸이 먼저 일의 처리방법을 '알고 있다는' 사실을 잊곤 한다.

몸으로 생각하는 것은 근육의 움직임, 자세, 균형, 접촉에 대한 우리의 감각에 의지한다. 일반적인 관점에서 보면, 1980년대에 신경생물학자 C. S. 셰링턴 C. S. Sherrington이 발견한 고유수용감각은 몸의 경험에 있어 바탕이 되는 중요한 것이다. 우리는 걷거나 달리거나 뛰어오를 때 몸이 어떻게 느끼고 있는지를 안다. 그로 인해 자신이 위치한 공간이 어디쯤 위치해 있는지 알 수 있다. 우리는 대부분 자각하지 않은 상태에서 몸의 느낌을 알게 된다.

신경학자 올리버 색스 Oliver Sacks*에 의하면 "지속적인, 그러나 무의식적인 감각의 흐름이 우리 몸의 동작부위에서 나온다"라고 한다. 이 감각의 흐름이란 우리가 '제6감' 혹은 '비밀의 감각'이라고 부르는 것이다. 그는 계속해서 "우리는 자신의 근육을 살피고, 위치나 긴장상태, 움직임을 끊임없이 재조정한다. 그러나 이 과정은 자동적이고 무의식적으로 일어나기 때문에 숨어 있는 과정이라고 말할 수 있다"라고 적고 있다.

그 과정은 색스의 말처럼 대개는 숨어 있다. 우리가 생소한 기능, 이를테면 자전거 타기나 야구하기, 망치나 드라이버 다루기, 새 악기 연주하기, 스웨터 뜨기, 유리 불기 같은 일을 처음 배울 때는 대단히 의식적이 된다. 이런 기능에 숙달되기 위해서는 상당히 오랜 시간 동안 의식적으로 배우고 연습해야 한다. 그러다 자전거 타기나 피아노 치기 같은 동작이 완전히 몸에 익으면 점차 의식하지 않고도 그 일들을 할 수 있다. 공을 어떻게 맞힐까를 궁리하지 않고도 테니스를 즐길 수 있으며, 손가락을 어디에 어떻게 대야 하는지 기억해낼 필요도

> "몸으로 생각하는 것은 근육의 움직임, 자세, 균형, 접촉을 느끼는 우리의 감각에 의지한다. 우리는 대부분 자각하지 않은 상태에서 몸의 느낌을 알게 된다."

*올리버 색스
Oliver Sacks
1933- , 미국 신경과 의사이자 작가. 뉴욕의대 신경과 외래교수이며 주요 저서로는 《아내를 모자로 착각한 남자》, 《소생》, 《화성의 인류학자》 등이 있다. 〈뉴욕타임스〉는 그를 '의학계의 계관시인'이라고 칭송했다.

없이 곡을 연주할 수 있다. 피아니스트들은 근육이 음표와 소나타를 기억한다고 말한다. 그들은 손가락에 이 기억들을 저장한다. 이것은 배우들이 몸의 근육 속에 자세와 몸짓의 기억을 저장하는 것과 같다. 배우가 어떤 인물을 즉흥적으로 연기할 때 그 기억된 몸짓들은 쉽고 자연스럽게 몸 밖으로 흘러나온다. 피아니스트의 경우도 마찬가지다. 만일 피아니스트가 작곡도 함께 한다면 연주동작에 맞춰 악상을 떠올릴 것이다. 예를 들면, 모차르트는 공공연히 손과 입을 움직이며 곡을 썼다고 한다. 생각하고 창조하기 위해 근육의 움직임과 긴장, 촉감 등이 불려나오는 순간이 바로 '몸의 상상력body imagination'이 작동하는 때다.

"피아니스트들은 근육이 음표와 소나타를 기억한다고 말한다. 그들은 손가락에 이 기억들을 저장한다."

몸의 움직임이 생각이 된다

몸의 긴장이나 촉감, 움직임을 마음속으로 불러내는 일은 불가능하지 않다. 그러나 대개 우리들은 이 상상의 느낌을 포착하지 못한다. 어릴 적부터 그런 느낌들을 설명적인 언어로만 표현하라고 교육받아왔기 때문이다. 몸의 언어를 이해하기 위해서는 헬렌 켈러 같은 사람의 예가 필요하다. 그녀는 다행인지 불행인지 장애 덕분에 몸의 언어와 경쟁관계에 있는 시각적·청각적인 정보의 방해를 받지 않았다. 1930년대에 켈러는 마사 그레이엄의 무용스튜디오를 수 차례 방문했다. 그때 켈러는 피아노 위에 손을 얹고 진동을 느끼면서 음악을 '듣곤' 했다. 그녀는 또한 발로 마루판의 진동을 느끼고, 얼굴과 손으로는 공기의 움직임을 느끼면서 무용수들의 춤을 '보곤' 했다.

그러나 그녀에게도 어려운 점은 있었다. 앞을 보지 못하는 그녀에게 발레나 그레이엄이 창안한 현대무용에 대한 시각적인 느낌이 없었던 것이다. 게다가 육체적인 지각도 없었다. 켈러는 정상인들이라면 누구나 다 하는 달리기나 뛰어오르기, 제자리 돌기를 한번도 해본 적이 없었다. 그런 행동은 시각장애가 있는 소녀에게는 너무 위험한 것이었다. 자신에게 몸에 대한 이미지가 없음을 잘 알고 있던 켈러는 어느날 그레이엄에게 물었다. "마사, 도약한다는 게 어떤 거죠? 전 도무지 모르겠어요." 그레이엄은 그 질문에 대답해주기 위해 즉시 제자 한 명을 불렀다(그가 바로 머스 커닝햄이다). 그레이엄은 켈러의 손을 잡아 그의 허리에 대보게 했다.

그레이엄은 당시의 정황을 이렇게 말하고 있다. "머스는 켈러의 손을 허리에 붙인 채 그대로 공중으로 뛰어올랐다. 스튜디오 안의 모든 눈이 여기에 쏠렸다. 그녀의 손은 머스의 움직임을 따라 올라갔다가 내려갔다. 그녀의 표정은 호기심에서 기쁨으로 바뀌었다. 켈러의 얼굴에 떠오른 그 희열이라니. 그녀는 '어쩜 이렇게 내가 생각한 것과 똑같지?'라고 말하면서 공중으로 손을 뻗고 탄성을 질렀다."

이렇게 말함으로써, 켈러는 그레이엄이나 많은 무용수들이 오래전부터 알고 있었던 진실을 감동적으로 확인해주었다. 도약은 생각의 일종이라는 것을 말이다.

오랜 훈련을 통해 그레이엄과 휘하의 무용수들은 움직임이 어떻게 생각이 될 수 있는지 완전히 이해했다. 안무가라면 반드시 몸을 통해 작품을 만들어내야 하는 것이다. 안무가 엘리어트 펠드Eliot Feld*는 이렇게 말한다. "몸으로 안무를 해야지 마음으로 하지는 못한다."

그러나 켈러에게 몸으로 생각하기란 전적으로 정신적인 차원에 속해 있었다. 무용수가 도약할 때 몸의 에너지를 모았다가 순간적으로 분출하는 그 과정은 켈러에게 어떤 관념이 의식 속으로 갑자기 뛰어들어오는 양태를 떠오르게 했다.

켈러 자신은 이런 종류의 정신적 도약을 자주 경험했다. 설리번이

장 콕토는 바슬라프 니진스키를 두고 이렇게 말했다. "그의 몸에는 지성이 있다." 콕토에 따르면 니진스키는 자신이 행한 무용의 혁신에 대해 말로는 거의 표현한 적이 없었다. 그는 단지 그 누구도 두지 않았던 위치에 발을 두었고, 그 누가 했던 것보다 더 높이 더 멀리 도약했을 뿐이었다. 그레이엄 역시 "무용의 논리란 그냥 운동 수준의 그렇고 그런 것이다"라고 쓰고 있다. 그렇다고 해서 무용이 지적 관심사의 산물임을 부인하는 것은 아니다. 그레이엄의 공책에는 온갖 문장과 상징으로 자신의 춤을 분석한 다양한 기록이 남아 있다. 그녀의 말은 춤이란 몸이 공간과 힘과 시간을 이용한 것으로서, 순수한 몸의 차원에서 이해해야 한다는 뜻으로 받아들일 필요가 있다.

*엘리어트 펠드
Eliot Feld
1942– , 미국 안무가이자 예술감독. 아메리칸 발레시어터에서 솔리스트로 활동하며 〈선구자〉, 〈한밤중에〉 같은 작품을 발표했다.

1959년, 엘리어트 돌 허친슨은 육체적 기능이나 숙련을 요하는 창조행위는 몸의 감각과 깊은 관련이 있다고 주장했다. 그의 말을 들어보자. "모든 자기표현은 결코 언어의 형태로 나타나지는 않는다. 피아니스트를 비롯한 연주가, 조각가, 무용수, 외과의사, 수공예 장인들에게 있어서 창조적인 생각의 발현은 하나의 운동감각적인 형태로 이루어지며 느낌은 다양한 근육의 움직임으로 표현된다. 손가락은 연주하고 싶어서 근질거리고, 음악은 손에서 흘러나오며, 관념은 펜에서 풀려나온다. 무용수와 오케스트라 지휘자의 동작은 그들의 '이념'을 보여준다. 형을 뜨고 싶은 심미적인 욕구는 조각가에게 좀처럼 억누르기 어려운 것이다."

물이라는 글자를 손에 써주었을 때 신비롭게도 그 단어가 펌프에서 흘러내리는 차가운 액체로서의 정체를 그녀 앞에 드러냈던 것이다. 한편 그녀는 의식으로 뛰어들어온 관념 중에서 많은 것들이 몸동작과 그 느낌에 대한 실제적인 감각이 아니라 그에 대한 기억, 혹은 상상속의 지각이었다는 것을 깨달았다. 켈러가 일곱 살 때 처음으로 말을 '보게' 될 때까지 침묵과 암흑 속에서 그녀는 자신과 세계를 몸감각을 통해 인식했다.

그녀는 훗날 자신의 몸감각에 대해 이렇게 회상했다. "내가 좋아하는 것, 예를 들면 아이스크림 같은 것을 원할 때 내 혀 위에는 이미 그 맛이 있었다. 내 손에는 아이스크림 제조기가 돌아가는 듯한 느낌이 있었다. 나는 신호를 보냈다(추정컨대, 제조기 핸들을 돌리는 것 같은 동작을 했을 것이다). 그러면 어머니는 내가 아이스크림을 원한다는 것을 아셨다. 나는 손가락 속에서 사고하고 욕망했다."

몇 년 후에 켈러는 아주 어린 시절의 기억으로부터 떠올린 생생한 몸감각을 '사고'라고 불렀다. 근육의 움직임에 대한 감각, 몸의 느낌, 촉감 등은 상상력 넘치는 사고의 강력한 도구가 되어준다는 것을 우리는 확실히 알고 있다. 실제로 많은 연구자들이 이미 신체의 운동감각적 사고 kinesthetic thinking에 대해 강력한 주장을 펼치고 있다. 운동감각적 사고란 몸의 운동 이미지나 기억된 동작의 측면에서 사고하는 것을 말한다.

근래에 들어와 심리학자인 하워드 가드너는 저서《마음의 틀》에서 위와 유사한 운동감각적 사고의 개념을 주장하고 있다. 가드너는 "몸은 자신의 지성을 품고 있다"라고 주장한다. 그러면서 프레더릭 바틀릿Fredric Bartlett 같은 심리학자들이 주장한 대로 기능적 몸놀림과 생각하기가 유사하다는 것을 거듭 말하고 있다. 심리학자인 베라 존스타이너 Vera John Steiner 역시 몸을 '사고의 도구'로 보고 있다. 그리고 운동기억이 어떤 생물학적인 원리에 입각한 것인지 열심히 찾고 있는 연구자들, 예를 들어 마크 제너로드 Marc Jennerod 같은 사람들은 지각과 심상, 인식 간의 관계를 알아내려 애쓰고 있다.

몸으로 '느껴야' 하는
잭슨 폴록의 액션 페인팅

회화나 드로잉, 부식 동판화 작업을 예로 들어보자. 창작행위의 운동적 측면은 잭슨 폴록 Jackson Pollock*에게서 특히 두드러진다. 미술관 벽에 걸린 폴록의 드립 페인팅 drip painting**은 그저 관람용 그림 같지만 작품을 단순히 눈으로만 훑고 지나가서는 안 되고 반드시 '느껴야' 한다. 폴록은 자신의 그림을 제작할 때 캔버스를 이젤에서 풀어내 마룻바닥에 깔아놓는다. 이것은 종래의 미술가와 재료의 관계에 변화를 가한 것이다. 그리고 나서 그는 말 그대로 캔버스 주위를 돌며 춤을 춘다. 이리저리 움직이면서 물감을 흩뿌려댄다. 캔버스는 그가 하는 몸동작의 기록이 된다. 이른바 액션 페인팅 Action Painting이다. 만일 관람객이 폴록의 그림 작업에 결부된 이런 육체적 감각을 느끼지 못한다면 그는 폴록의 그림을 진정으로 이해했다고 할 수 없다.

추상화가만이 몸으로 생각하는 유일한 예술가들은 아니다. 독일 바우하우스 Bauhaus***의 교사였던 요하네스 이텐 Johannes Itten은 자신이 그리는 것을 동작과 촉감으로 느꼈다. 이텐은 학생들에게도 그런 느낌들을 작품 속에 녹여낼 수 있어야 한다고 가르쳤다. 그가 1921년에 쓴 글을 보면 이런 대목이 나온다. "내 앞에 엉경퀴가 있다. 내 근육신경은 마치 몸이 뜯겨나가는 듯한, 혹은 발작적인 움직

*잭슨 폴록
Jackson Pollock
1912-1956, 미국 화가. '액션 페인팅'이라는 새로운 영역을 개척했다.

**드립 페인팅
drip painting
물감을 흘리거나 튀겨서 그린 그림.

***바우하우스
Bauhaus
1919년 독일 바이마르에 발터 그로피우스가 설립한 조형학교. 1933년에 폐쇄되었다.

그림 7-1. 그림 그리는 잭슨 폴록의 모습, 1950년 경, 한스 나무트가 찍은 사진.

"관람객이 폴록의 그림 작업에 결부된 육체적 감각을 느끼지 못한다면 그는 폴록의 그림을 진정으로 이해했다고 할 수 없다."

임을 경험한다. 내 감각들, 촉각과 시각은 엉겅퀴의 날카롭고 뾰족한 형상(을 따라 움직이는 동작)을 기록한다. 내 정신은 이 꽃의 진수를 목도하고 있다. 나는 엉겅퀴를 경험한다."

고유수용감각적 사고는 조각에서 보다 분명해진다. 노구치 이사무의 말에 따르면 진정으로 조각품을 보려는 사람은 몸을 움직여야만 그 형태를 실감할 수 있다고 한다.

실로 많은 조각가들에게 매체에 대한 사랑은 몸과 자신들이 다룬 재료 간의 상호작용에서 연유한다. 클래스 올덴버그는 조각에 끌린 이유가 작업에 수반되는 몸의 느낌 때문이라고 했다. "나는 원래 화가로 출발했지만 곧 회화의 평면성이 싫어졌다. 나는 작품을 손으로 만지고 싶었다"라고 말한다. 찰스 시몬스Chales Simonds가 조각가가 된 것도 어린 시절 공작용 점토를 가지고 놀았던 일이 계기가 되었다. "어느 날 밤 나는 흙덩이의 일부를 떼어내어 근육질의 레슬러가 드러누운 모양을 만들었다. 점토를 주무르면서 내가 느낀 흥분은 이루 말할 수 없었다. 점토의 느낌, 그것과 내가 이어져 있다는 감각, 내 손으로 만들어낼 수 있다는 것이 놀라울 따름이었다."

어떤 조각가들은 이 육체적인 지각을 고양시켜 조각 자체로 전환시키기도 한다. 아마 가장 유명한 사례가 오귀스트 로댕Auguste Rodin일 것이다. 그는 조각이 안에서 밖으로 만들어진다고 생각했다. 로댕은 점토로 형을 뜨기 전에 조각하고 싶은 주제를 여러 번 그렸다. 그렇게 함으로써 눈으로 보는 것을 손이 어느 정도까지 느끼고 있는가 측정할 수 있다는 것이었다. 그는 회고록에서 "형을 뜨는 작업을 하기 위해서는 인체에 대한 완전한 '지식'이 필요함은 물론, 인체의 모든 부분에 대한 심원한 '느낌'을 가지고 있어야 한다. 말하자면, 인체가 가지고 있는 선들을 통합해서 나 자신의 일부로 만들어야 하는 것이다. 그래야만 내가 이해하고 있다는 것을 확신할 수 있다"라고 말하고 있다.

로댕의 유명한 조각작품〈생각하는 사람Le Penseur〉은 자신의 고유수용감각적 상상력에 육체적인 형태를 부여한 것이다. 로댕의 말을 빌자면 모든 시인과 화가, 발명가를 상징하는 한 벌거벗은 남자가 긴장감을 주는 자세로 바위 위에 앉아서 생각에 빠져 있다. 로댕은 "내 작품〈생각하는 사람〉을 '생각하는 사람'으로 만드는 것은 무엇인가? 그것은 그의 머리, 찌푸린 이마, 벌어진 콧구멍, 앙다문 입술만이 아니다. 그의 팔과 등과 다리의 모든 근육, 움켜쥔 주먹, 오므린 발가락도 그가 생각 중임을 나타낸다"라고 쓰고 있다.

헨리 무어 역시 이른바 '심원한 느낌'을 가지고 조각작업을 했음을 밝히고 있다. 그의 작품이 추상적이고 비구상적이었음에도 불구하고 그가 표현하고자 했던 것은 내적인 생명력과 스스로 감지한 형태의 자체 형상화와 분출이었다. 압출되는 형태가 '뿜어져나오는' 느낌인 것이다.

그림 7-2.〈생각하는 사람〉, 오귀스트 로댕 작, 1880.

그림 7-3.〈타원〉, 헨리 무어 작, 1968. 마사 그레이엄은 몸의 내부골격을 '느끼기' 위해 제자들에게 무어의 구멍뚫린 조각품처럼 움직여보라고 주문했다.

무어는 이런 욕망을 바탕으로 다양한 유기물에 관심을 가졌다. 특히 그는 뼈에 관심이 많았다. "뼈는 모든 생물체의 내부구조다. 내부에서 몸을 밀어 받치고 있는 것은 무엇인가? 그것은 뼈다. 다리를 구부리면 뼈 위로 무릎이 팽팽하게 당겨지지 않는가. 동작과 에너지가 발원하는 지점은 뼈에 있다"라고 그는 말하고 있다. 무어는 몸으로 생각하면서 자신이 흥미를 느끼는 형태의 내적인 힘과 압력을 자주 느껴보려고 했다. 그러면서 스스로 자세를 한번 잡아보는 것이 몸으로 이해하는 데 도움을 준다고 말하곤 했다.

르네상스시대의 조각가이자 건축가였던 로렌조 기베르티는 형태를 눈으로 보아서는 알 수 없고 오로지 손으로 쓰다듬어봐야만 한다고 언급한 바 있다. 따라서 미술관측이 조각품 앞에 "만지지 마시오"라는 팻말을 세우거나 작품 주위에 가까이 가지 못하도록 하는 것이야말로 관람객들에 대한 지독한 불친절임을 알 수 있다. 조각은 전적으로 몸이 경험한 바를 몸으로 표현한 것이기 때문이다. 고유수용감각적으로 상호작용하지 않고 작품을 감상하라는 것은 소리를 듣지 못하게 하고 오케스트라 연주를 감상하라는 것과 똑같다.

이러한 사고는 마사 그레이엄의 무용을 이해하는 데 중요한 열쇠가 된다. 그녀는 제자들에게 전체 동작의 일부로서의 내부 골격을 '느껴' 보라고 했다. 그녀는 제자에게 헨리 무어의 구멍 뚫린 조각품처럼 움직이라고 다그쳤다. 이 말은 뼈 안의 공동空洞을 통해 공기가 드나드는 것을 느껴야 한다는 말이었다.

음악 또한 고유수용감각적 사고에서 태어난다. 잭슨 폴록의 드립 페인팅 작품을 그냥 보기만 해서는 안 되는 것처럼, 음악 역시 그것에 수반되는 육체적 행위를 느끼지 않고서는 이해가 불가능하다. 보스턴 교향악단의 지휘자 오자와 세이지Ozawa Seiji*는 지휘를 "몸 전체를 가지고 '음악의 형상'을 춤으로 표현하는 일"이라고 정의한다. 뉴욕 필하모닉의 지휘자였던 레너드 번스타인은 격렬하고 역동적인 지휘를 통해 정념passion과 동작을 소리에 녹여내고 있다.

*오자와 세이지
Ozawa Seiji
1935- , 일본 태생의 미국 지휘자. 현대음악에 조예가 깊고 베를리오즈와 라벨의 곡 해석에도 정평이 나 있다. 화려하고 유연한 지휘가 일품이다.

**예후디 메뉴인
Yehudi Menuhin
1916-1988, 미국 바이올리니스트. 20세기 신동 연주사를 열었고 런던과 스위스에 음악학교를 세우는 등 교육에 힘썼다.

연주자들 또한 '몸의 상상력'으로 연주를 한다. 예후디 메뉴인 Yehudi Menuhin**에 따르면 바이올리니스트라면 바이올린을 어떻게 쥐고, 활을 어떻게 움직여야 하는지뿐만 아니라 어떻게 서 있어야 하는지도 배워야 한다고 말한다. 작곡가 겸 피아니스트인 조지 앤틸 George Antheil 역시 피아니스트의 기술은 기본적으로 근육에 달려 있음을 강조하고 있다. "거의 초죽음이 되도록 느린 트릴을 연습하고 나면 부푼 양팔이 넙적다리만 해져 평소 크기의 두 배, 세 배가 되거나 그만큼 커져보인다"라고 그는 말한다. 앤틸은 콘서트 연주를 15라운드 권투시합에 비유한다. 그만큼 에너지 소모가 크고 땀을 많이 흘린다는 얘기다.

문제를 온몸으로 '느끼는' 과학자와 수학자들

놀랍게도 음악가들이 활용하고 있는 이러한 근육적인 느낌이나 육체적인 감각, 손기술, 머릿속 연주 등은 과학적 사고에서도 중요한 역할을 한다. 그렇게 보면 많은 저명한 과학자들이 탁월한 화가나 음악가이기도 했다는 사실은 매우 당연해보인다. 과학자들은 실험실 기자재를 '연주'하며 실험작업에 필요한 운동감각을 기운다. 발생학자인 C. H. 워딩턴 C. H. Waddington은 이를 이렇게 표현한다. "과학실험과 그림 그리기는 공통된 능력에 의존하고 있다. 그것은 궁극적으로 근육과 관련이 있을 테지만, 일단은 물질을 다루는 능력을 말한다."

실제로 MIT의 금속학자 시릴 스탠리 스미스는 금속구조에 대한 감을 키우기 위해 그래픽 아트를 일부러 공부했다. 여기서의 '감'이란 글자 그대로의 의미인데, 그가 1972년 친구에게 보낸 편지에 보면 다음과 같이 적혀 있다. "오래전에 합금을 개발하던 때의 일이라네. 나는 그때 뭔가 자연스럽게 이해된다는 느낌을 받았어. 무슨 말이냐면 내가 실제로 어떤 종류의 합금이라도 된 것 같은 느낌이 왔다는 말이지. 경성, 연성, 전도성, 가용성, 변형성 등 금속이 가지고 있는 모든 성질이 나의 내부에서 글자 그대로 감각을 타고 느껴졌다네."

음악가들은 음악작품에 대한 몸의 기억을 머릿속으로 되살림으로써 연주역량을 극대화한다. 글렌 굴드는 레코드 녹음준비를 할 때도 피아노 앞에서 연습하는 것은 하루 한 시간이면 족하다고 말했다. 피아노를 치는 것 대신 '악보연구'에 매달려야 한다는 것이다. 그 이유를 굴드는 이렇게 설명했다. "이렇게 하는 것은 이미지, 즉 머릿속의 심상 때문이지요. 그것은 가장 강력하고 정밀하게 연주해야 할 지점에서 연주를 완벽하게 할 수 있도록 해줍니다. 말하자면 손가락으로 연주하는 게 아니지요. 마음으로 연주하는 것입니다."

물리학자이자 발명가인 미첼 윌슨이 쓴 소설 《번개와 함께 살다》에서는 온갖 소재와 물질을 다루면서 얻게 된 촉각적인 지식에 대해 말하고 있다. 소설 속에서 에릭이라는 인물은 선반이나 드릴 프레스, 기타 기계들의 사용법을 배우면서 금속의 성질이 마치 오래된 친구의 품성처럼 느껴진다고 말한다. 그는 금속의 성질을 이렇게 표현한다. "구리는 너무 부드러워서 누구라도 그것과 함께라면 온순해진다. 황동은 선량하고 무르기 때문에 마음 편히 일할 수 있는 친구와 같고, 강철은 어떤 부분은 거칠지만 강한 마디 사이사이에는 부드러운 부분도 있어 종잡을 수 없다."

이 말은 앞서 언급했던 아인슈타인과 파인먼이 경험한 고유수용감각적이고 운동감각적인 형상화 사례와 매우 비슷하게 들린다. 스미스의 과학작업은 실제로 "서로 반대방향으로 끌어당기고 있는 힘들에 대한 근육의 느낌과 균형 잡힌 구조에 대한 미학적 느낌"에 의지하고 있다고 한다.

물질에 대한 근육감각이나 촉각은 기계를 조립하고 건물과 구조물을 세우는 데 필수적이다. 《엔지니어링과 마음의 눈 Engineering and the Mind's Eye》이라는 책을 쓴 유진 S. 퍼거슨 Eugen S. Ferguson에 따르면 엔지니어가 구조물을 설계하거나 기계를 조립할 때는 기계학 교과서에서 배운 지식보다 이런 감각에 더 많이 의지하게 된다고 한다. "대형 증기터빈 발전기 같은 기계를 설치할 때는 시각적인 것 외에도 촉각적이고 근육적인 지식이 필요하다. 이런 감각적 지식과 기계학적 지식을 통합시켜 필요한 장비와 기술, 판단력을 적절히 운용할 수 있을 때 비로소 엔지니어의 설계대로 일이 이루어진다"라고 그는 말한다. 기계공이나 목수, 여타 기능공의 작업은 손지식에 크게 좌우된다는 것이 그의 결론이다.

손지식이란 것은 이를테면 나사를 얼마나 조여야 제대로 조인 것이며, 얼마나 돌려 깎아야 적당한 나사선이 만들어질 것인지 아는 지식을 말한다. 손지식은 또한 나무나 쇠를 부러뜨리지 않고 얼마나 구부릴 수 있는지, 또 유리를 녹여 붙이거나 불 수 있는 시점이 언제인지도 가늠하게 해준다. 이런 지식은 책에 쓰여 있지도, 청사진에 나타나 있지도 않다. 오로지 몸을 써서 직접 해보기 전까지는 이를 습득할 도리가 없다.

근육과 촉각, 손재주에 의한 '생각하기'는 생물학이나 화학, 물리학 시스템을 이해하는 데도 중요한 역할을 한다. 수학에서도 마찬가지다. 수학자인 켈비스 잰슨스 Kalvis Jansons는 난문제를 풀 때 엉킨

매듭을 '느낀다'고 한다. 그는 "이 매듭을 말로 표현하거나 기억하기 지극히 어렵다. 따라서 언어적 방식으로 접근하면 복잡한 매듭 간에 나타나는 유사성을 포착해낼 수 없다"라고 말한다. 잰슨스는 난독증이 심했기 때문에 문제를 풀 때 기호로 된 수식을 사용할 수 없었다. 그래서 그는 문제를 공간으로 환치해 내적인 몸의 느낌으로 받아들였다.

그것은 마치 장님이 나무난간을 만지면서 느낌으로 길을 찾는 것과 비슷하다. 그에게 있어서 난간의 나무 가로대와 콘크리트 기둥은 보이는 것이 아니라 느껴지는 것이다. 같은 방식으로 잰슨스는 실제로 그림을 그리거나 손을 놀리지 않고도 마음속으로 매듭의 느낌과 그에 결부된 손가락의 움직임을 상상했다." 수식 기호를 쓰지 않고도 마음으로 수학문제들을 푼 것이다.

스타니슬라브 울람은 수학자로서 한 걸음 더 나아간다. 그는 계산을 하면서 "숫자와 기호를 사용하시 않고 추론과 결합된 측김으로 처리한다"라고 한다. 로스앨러모스 Los Alamos*에서 원자폭탄 연구를 할 때 그는 원자의 움직임을 시각적으로, 그리고 고유수용감각적으로 분명하게 상상해냈다고 한다.

"나는 시각적 혹은 촉각적인 능력이 내가 일을 하는 데 있어 주된 것임을 알았다. 또한 문제에 논리적으로 접근하지 않고 어떤 물리적 상황을 상상해내는 방법도 깨닫게 되었다. 만일 누군가 열 개 정도의 방사나 핵의 상수constants를 '느낄' 수 있다면 그는 소립자의 세계를 마음속에 생생하게 그려낼 수 있으며, 이 그림을 입체적이고 정성적定性的, qualitatively으로 다룰 수 있게 된다"라고 그는 술회하고 있다.

우리(저자들)는 대학원 시절 한 물리학자의 이야기를 전해들은 적이 있다. 이름은 오래전에 잊어버렸지만 그는 울람처럼 양자방정식을 온몸으로 느낄 수 있었다고 한다. 세미나 도중에 누군가가 발표한

"기계공이나 목수, 여타 기능공의 작업은 손지식에 크게 좌우된다."

*로스앨러모스
Los Alamos
원자폭탄과 수소폭탄을 개발한 원자력 연구소가 있는 미국 뉴멕시코주의 도시.

방정식이 원자의 상호작용을 너무 느슨하게 서술하고 있다고 생각되면 그는 의자에 축 늘어져 있었고, 또 누군가의 발표에서 원자들 간의 간격이 지나치게 좁혀진다 싶으면 당장 화장실이라도 가야 할 사람처럼 안절부절못했다고 한다. 이런 모습에서 발표자들은 그가 입을 떼기 훨씬 오래전부터 자신들의 발표에 대한 그의 견해를 '읽을' 수 있었다.

생각하는 것은 느끼는 것이고
느끼는 것은 생각하는 것

이러한 사례들은 사고하는 것이 느끼는 것이고, 느끼는 것이 사고하는 것이라는 결론에 이르게 한다. 우리는 결과적으로 언제, 무엇이, 어떤 문제를 표상하고 있는지 알게 되는가? 육체적으로 불편해질 때 우리는 문제가 있다는 걸 안다. 그리고 문제를 해결하게 되면 몸이 편안해진다. 단순히 해냈다는 감정이 아니라 문자 그대로 발이 절로 굴러지고, 얼굴에 미소가 피어나고, 웃음이 터져나오는 것이다.

나보코프가 기발한 체스문제를 만들어냈을 때 '육체적으로 달콤한 만족감'을 느꼈고, 유년시절 침대에 누워 내일 놀 계획을 세우면서 '아늑함'을 느꼈다고 말한 것도 놀랄 일은 아니다. 그러고 보면 버트런드 러셀Bertrand Russell*의 다음과 같은 말을 듣고도 놀랄 것은 없다. "지금까지 내가 해왔던 창조적인 작업들을 돌아보면 불쾌감을 동반한 어떤 난문제가 가장 먼저 다가왔다."

우리는 모두 마음에서 기인한 몸의 고통이나 쾌락을 겪은 적이 있다. 그 역의 경우도 마찬가지다. 그걸 보면 마음과 장腸, 표정 사이에 강력한 해부학적 연계성이 있다는 것을 알 수 있다. 해부학자인 실비

*버트런드 러셀
Bertrand Russell
1872-1970, 영국의 논리학자, 철학자, 수학자, 사회사상가. 19세기 전반에 비롯된 기호논리학의 전사前史를 집대성했다. 1950년 노벨문학상을 수상했다.

아 벤슬리Sylvia Bensley는 우리의 감정이 크게는 얼굴 근육에 의해 나타나지만, 발생학적으로 보자면 모든 얼굴 근육은 제1, 제2장궁臟弓*에서 나오는 장 근육이며, 장 신경에 의해 활성화된다고 주장한다. 그녀는 "그렇기 때문에 우리의 감정과 내장의 해부학적인 연계성이 직접적이며, 이 연계성은 우리가 생각하는 것보다 훨씬 밀접하다"라고 말한다. 우리가 좋거나 싫을 때 느끼는 감정, 행복감이나 비애감을 느낄 때 마음은 실제로 내장에 연결되고, 내장은 다시 마음이나 근육과 통하게 된다. 마음과 몸은 하나다. 따라서 우리는 이러한 상호연계성을 어떻게 이용하고 촉진시켜야 할지를 배워야 할 것이다.

고유수용감각적 사고의 가장 놀라운 점은 그것이 우리 자신의 몸에만 국한되지 않는다는 점이다. 그것은 다른 사람 혹은 다른 사물에 대한 우리의 느낌에까지 확대된다. 무용비평가이자 역사가인 존 마틴John Martin에 따르면, 다른 사람의 고유수용감각적 상태에 대한 인식과 모방이 무용과 마임예술을 가능하게 한다. 그는 무용수의 몸짓을 이렇게 설명한다. "무용수의 모든 몸짓은 우리의 마음속 모방기제를 동원시켜 그를 흉내 내도록 만듦으로써 그의 감정을 우리가 느낄 수 있도록 한다. 이것이 우리에게 시사하는 바는, 무용수가 몸짓을 통해 우리의 동조를 이끌어내는 방법 외에는 어떤 식으로도 자신의 감정을 전달할 수 없다는 것이다."

대영백과사전에서는 마임을 '최초의, 그리고 유일한 만국 공통언어'라고 정의 내리고 있다. 그러고 보면 배우는 마임기술을 가지고 있어야 한다고 연극연출가 스타니슬라브스키가 주장한 것도 그리 이상한 게 아니다. 그는 이렇게 말한다. "배우란 모름지기 날카로운 관찰력과 발달된 근육기억능력을 가지고 있어야 한다. 그래서 그 안에 저장된 자세와 몸짓을 항상 재생해낼 수 있어야 함은 물론이고, 사고와 몸을 조화롭게 연동시킬 수 있어야 한다."

*제1, 제2장궁 臟弓
태아 초기에 입에서 목에 걸쳐 생기는 좌우 네 쌍의 활모양 융기. 갑상선, 흉선, 부갑상선 따위의 내분비기관과 턱뼈 같은 여러 뼈가 이로부터 생겨난다.

스타니슬라브스키는 이 기술을 배우에게만 한정시켰지만, 그것은 다른 사람들을 이해하고 소통하기 위해서 우리 모두에게 필요한 기술이다.

몸의 일부가 사라진 뒤에도 감각은 남아 있다

우리의 고유수용감각은 없어진 몸의 일부나 무생물체까지 확장될 수 있다. 오래전부터 신경학자들은 사지를 잘라내거나 시력, 청력을 잃어버린 사람들도 '유령사지phantom limbs', 혹은 '유령감각phantom senses'이라는 것을 가지고 있다고 주장해왔다.

다리를 잃어버린 사람들은 그 후에도 계속해서 없어진 부위에서 통증이나 가려움을 느끼곤 한다. 수 개월, 심지어는 수 년이 지나도 없어진 다리가 움직이는 것 같은 느낌을 갖는다. 손을 절단한 사람들도 커피잔을 집기 위해 손을 뻗을 때의 느낌을 여전히 받는다. 후천적으로 청력이나 시력을 잃은 사람들도 자신들이 계속 듣거나 본다는 느낌을 가질 것이다. 마음은 몸의 일부가 손실된 뒤에도 여전히 몸의 내적 이미지와 감각을 만들어내며, 또한 그것이 계속 존재하는 것처럼 작동시키려고 한다.

이렇게 고유수용감각적 이미지들이 지속된다는 것은 인공장구를 사용하는 데 있어 대단히 중요한 것이 된다. 일부 의사들은 인공 팔이 '유령 팔'과 합쳐지지 않으면 제 기능을 못한다는 것을 알아냈다. 사지를 절단한 환자들이 갖고 있는 실제 팔의 '느낌'을 인공 팔이 구현해야 한다. 이것은 마치 무용수의 동작이나 마음에 우리가 상상하는 느낌을 투사하는 것과 같다. 최근 어떤 신경학자에게서 인공 손

"우리가 좋거나 싫은 감정을 느낄 때 마음은 내장에 연결되고, 내장은 다시 마음이나 근육과 통하게 된다."

으로 연필을 쥐고 그림을 그리도록 환자를 가르쳤던 얘기를 들었다. 의사가 환자에게 연필이 '손 안'에 있는지 어떻게 아느냐고 묻자 환자가 아무 생각 없이 "그냥 느낄 뿐이죠"라고 대답했다는 것이다. 그러고 나서 환자는 잠시 뜸을 들이더니 아리송한 표정을 지으면서 한마디를 덧붙였다고 한다. "그렇지만 실제로는 제가 그럴 수 없는 거죠?"

하지만 그의 질문은 틀렸다. 그는 느낄 수 있다. 단지 느끼는 방법이 다를 뿐이다. 그가 만들어낸 것은 유령 손, 다시 말해 실존하지 않는 손의 느낌이 아니다. 그보다는 유령 손이 인공 손에 느낌을 부여하고 있는 것이다.

실생활에서 우리는 항상 유령사지를 만들어낸다. 도구나 장비를 사용할 때 그렇다. 테니스 라켓이나 붓, 첼로, 활 모두 우리 자신의 확장extensions이며 인공장구라고 할 수 있는 바, 이것들을 사용해서 우리는 세계를 조각한다.

1927년 오스카 슐레머Oskar Schlemmer*는 그가 안무한 무용 〈막대 춤Pole Dance〉에서 무용수인 아만다 폰 크라이비히Amanda von Kreibig의 팔다리와 몸에 12개의 막대를 묶고 춤을 추게 했다. 막대의 길이는 각각 달랐는데 어떤 것은 10피트나 되었다.

1980년대 중반에 이 춤을 재구성한 데브라 맥콜Debra McCall은 춤을 추는 무용수에게 몸의 감각을 모든 막대의 맨 끝까지 투사해야 한다고 말했다. 그녀의 말은 다음과 같다. "몸과 사지에 12개의 흰색 막대를 묶고 연습을 하면서 무용수는 숨쉬기도 힘들어했다. 몸을 얽매는 구속감과도 싸워야 했다. 그러다가 점차 막대를 자신의 일부로 상상하면서부터 불편함이 줄어들게 되었다. 다음 단계에서 그는 몸이 주위의 공간과 교감하고 또 주변을 규정하고 있다는 것을 감지하게 되었다. 그러면서 춤은 3차원적이고 살아 움직이는 조각이 되

"마음은 몸의 일부가 실제로 손실된 뒤에도 여전히 그 몸의 내적 이미지와 감각을 만들어내며, 또한 그 사라진 일부가 여전히 존재하는 것처럼 작동한다."

*오스카 슐레머
Oskar Schlemmer
1888–1943, 독일의 화가이자 안무가. 독일 예술학교 '바우하우스'의 교사로 추상무용의 대표작인 〈발레 3부작〉을 창작했다.

그림 7-4. 오스카 슐레머의 〈막대춤〉을 공연하고 있는 무용수 아만다 폰 크라이비히.

었다." 역시 죽마를 가지고 실험을 했던 얼윈 니콜라이의 말에 의하면 막대는 '무용수의 몸 크기를 공간 속에서 확대시키기 위해 덧붙여진 뼈와 살'이다. 연습을 통해 무용수는 장대를 몸처럼 움직일 수 있게 되었고 이물감이 극복되었다. 몸을 어떻게 '상상' 하느냐에 따라 이러한 몸의 연장들은 몸과 운동감각적이고 고유수용감각적으로 일체화된다.

몸과 그 연장체를 일체화시키는 것은 다른 예술분야에서도 꼭 필요한 중요한 일이다. 예후디 메뉴힌은 "위대한 바이올린은 생명이 있는 것이고 바이올리니스트는 그 바이올린의 일부이다"라고 썼다. 그는 이렇게 말한다. "연주를 할 때 나의 몸은 일종의 청각적 지능이 된다. 즉 나 자신으로부터 독립되어 완벽하게 조율되고 연주되는 악기가 되는 것이다. 그것은 바이올린 그 자체와 구별되지 않는 '순수한' 음성이 된다."

《손The Hand》이라는 책에서 프랭크 R. 윌슨Frank R. Wilson은 몸의 감각을 자신의 연장인 인형에 투사하고 있는 독일의 인형극 전문가 안톤 바흐라이트너Anton Bachleitner와 나눈 인터뷰를 수록하고 있다. "기술적으로 제일 어려운 것은 인형의 발이 마루에 닿고 있는지 느끼는 일입니다. 인형이 실제 걷는 것처럼 보이게 하려면 인형의 발이 어떻게 되고 있는지 손으로만 감지해야 해요." 이 일을 하기 위해선 일종의 지각이동 shift in perception이 필요하다. 인형을 조종하려면 인형의 눈으로 볼 수 있어야 하기 때문이다. 바흐라이트너의 표현을 그대로 옮기면 인형을 조종하는 사람은 인형 내부에 들어갈 수 있어야 한다.

이러한 연장과 몸의 융합은 의학이나 과학분야에서도 일어난다. 최근 펜타곤은 TeSS Telepresence Surgery System라는 시스템을 개발했다. 이것은 일종의 가상현실 기계장치로서 외과의사가 수술로봇을 원격조종해서 수 마일 떨어진 곳에 있는 위중한 환자를 수술하도록 한다. 인체모형이나 시신, 마취한 동물을 가지고 이 장치를 시험해본 외과의사들은 자신이 직접 집도하는 것처럼 '느끼게' 되었다고 보고했다.

"집게발이 내 손동작에 즉각적으로 반응했다. 손을 움직이는 대로 벌어졌다 오므려졌다 했는데 가장 놀라운 것은 집게발의 느낌을 내가 느낄 수 있었다는 것이다. 집게발이 어떤 것에 닿거나 봉합실을 잡아당길 때면 실제로 어떤 저항감이 느껴지곤 했다." 이는 실험에 참여했던 한 의사의 말이다.

놀랍게도 이와 똑같은 보고가 특별히 개조된 원자력 현미경을 가지고 작업한 물리학자들에게서도 나왔다. 이 현미경은 원자층에 극미한 바늘을 찔러넣어 그것을 움직여가며 확대시키게 되어 있다. 이 현미경을 사용한 학자들은 이구동성으로 원자층의 조직을 몸으로 느낄 수 있었음은 물론, 각각의 이온을 육체적으로 '감지할 수' 있었다고 말했다.

크기나 목적에 상관없이 특정한 사용기술이 필요한 모든 도구에는 사람들의 몸감각이 투사된다. 심지어 우리는 도구 활용을 위해 몸환각 body phantom을 개발하기도 한다. 건설노동자들이 중장비와 교감한다는 얘기를 들으면 놀랍기 짝이 없다. 이것이 음악가나 화가들에게나 적합한 것 같지만 그들이 육체를 통해 경험하는 기계와의 유대감은 실제로 존재한다. "마음을 비우고 아무 생각도 안하고 있으면

사람들은 멀쩡한 팔다리에도 유령사지를 투사할 수 있다. 피츠버그 의대의 정신과 수련의 매튜 보트비닉은 최근 이런 실험을 했다. 정상 신체를 가진 사람들이 자신의 손을 보지 못하고 인공 손만 볼 수 있는 자세로 자리에 앉힌 것이다. 물론 이 인공 손은 실제와 똑같이 만들어졌고 당연히 그들에게 부착되지 않았다. 실험자들은 붓을 가지고 진짜 손과 인공 손을 동시에 쓸어내렸다. 피실험자들은 인공 손이 마치 자신들의 진짜 손인 양 반응을 보였다. 그 다음에는 인공 손만을 쓸어내렸다. 이 경우에는 피실험자들은 '마비된 느낌'이 있다고 진술했다. 보트비닉은 이 효과를 '촉각적 복화술'이라는 말로 정의했다.

"위대한 바이올린은 생명이 있는 것이고 바이올리니스트는 그 바이올린의 일부이다."

굴삭기가 내 팔의 연장이 됩니다." 〈월스트리트 저널 Wall Street Journal〉에 인용된 장비기사의 말이다. 다른 건설 노동자는 "내가 장비의 일부고, 장비는 나의 일부죠"라고 말한다.

많은 사람들이 자동차를 그런 식으로 체화體化한다. 좁은 장소에 주차할 때나 차를 차고에 집어넣을 때 운전자는 차가 부딪치지 않고 적당한 자리에 들어가는지 어떻게 아는가? 실제로 차 안에 있는 그들은 차가 어느 정도의 공간을 차지하는지 가늠하지 못한다. 그런데도 주차가 가능한 이유는 그 차들이 운전자의 확장된 '몸'이기 때문이다. 이를 확연하게 알려면 처음 타보는 차를 운전할 때나 주행방향이 다른 나라에 가서 차를 몰 때를 생각해보면 된다. 우리는 몸환각을 새 차에 맞출 수 있을 때까지 의식적인 수정을 무수히 하고 있는 자신을 발견하게 될 것이다.

몸은 답을 알고 있다

이 책에서 논의한 다른 유형의 사고들과 마찬가지로, 몸으로 생각하기는 '알기'의 객관적인 방법과 주관적인 방법을 결합시킨다. 우리가 다루는 것이 더 이상 '타자other'가 아닌 '나'의 연장일 때 그것은 우리의 의지와 욕구에 따르게 된다. 뜨개질을 하고 있는 마리 테레즈의 그림 속에서 피카소가 느끼는 것처럼(그림 3-1 참조), 슐레머가 1924년에 그린 드로잉 〈형상과 공간묘사 Figure and Space Delineation〉에서 느끼는 것처럼(그림 7-5 참조), 우리가 우리를 둘러싼 공간을 느낄 때 진정으로 공간을 지각하고 상호작용을 하게 되는 것이다.

무용수 도리스 험프리에 의하면 "운동감각은 대부분의 사람들이 보이는 초보적인 반응이다. 이 감각을 다루기 위해서는 보다 폭넓고 완전한 의식이 필요하다"라고 한다. 누구나 몸을 움직이거나 도구를 다룰 때, 그리고 운동감각적이고 고유수용감각적인 반응에 대한 자각을 얻기 위해서는 연습이나 훈련이 반드시 필요하다.

몸으로 생각하는 연습은 몸을 주로 사용하는 분야에서는 물론이거니와 그 밖의 다양한 분야에서도 이루어질 수 있다. 일부 학교에서는 수업주제를 탐구하기 위해 '창조적 동작'이라는 것을 한다. 음파 물리학의 원리를 배우는 아이들은 '분자대형'을 만드는데, 고체일 때는 밀집대형으로, 기체일 때는 느슨한 대형을 만든다. 이를 통해서 아이들은 서로 어깨가 부딪칠 때의 충격을 통해 파장이 매질에 따라 어떻게 그 통과속도가 달라지는지 경험으로 배운다.

미시건주의 오키모스에서는 해픈댄스Happendance 현대무용단의 단원들이 분자화학을 몸으로 표현한다. 무대 위에서 빠르게 움직이고, 공을 재빨리 튕겨서 서로 주고받으며 무용수들은 뜨거운 기체 속에서의 분자 움직임을 몸으로 나타낸다. '냉각'을 표현할 때는 한데 뭉쳐 느린 동작으로 움직인다. 그리고 공은 그들 틈에서 천천히 굴러다닌다.

아이들에게 거리와 속도, 시간의 수학적 개념을 가르치기 위해 무용수들은 아이들과 '통행금지 놀이'라는 것을 함께 한다. 이 놀이는 아이들이 추상적인 개념들을 몸으로 경험하게 만든다. 이를테면 북을 여덟 번 일정한 간격으로 칠 동안 갈 수 있는 거리를 네 번 만에 가려면 이동속도를 빨리 해야 한다는 것을 배운다.

이 외에도 재연은 이야기나 역사를 이해하는 데 기초가 된다. 아이들이 율동으로 서사narrative를 표현한다면, 그 줄거리를 더 잘 기억하게 될 것이다. 그리고 학생들이 수업내용을 이해하지 못하거나 학급에서 문제가 생길 때, 그들에게 몸이 느끼는 것에 집중하도록 해보

"우리가 다루는 것이 더 이상 '타자'가 아닌 '나'의 연장일 때 그것은 우리의 의지와 욕구에 따르게 된다."

라. 이때의 불편한 느낌을 새로운 의문의 토대로 만들어보게 할 수도 있다. 세심한 교사라면 마치 마음을 '읽듯이' 자세와 얼굴 표정을 '읽어' 느낌들의 정체를 알아내고 연구하도록 학생들을 가르칠 수 있다. 이 모든 방법을 통해 아이들은 세계인식과 고유수용감각을 동시에 터득하게 된다. 그들은 풍부한 감각 기억의 광맥을 개발해낼 것이며 이를 이용해 몸으로 사고할 수 있게 된다.

교실에서 가능한 '몸의 사고'는 저명한 생물학자인 J. B. 스콧 할데인 J. B. Scott Haldane이 꿈꾼 과학 유토피아의 연습만큼이나 간단하다. 그 연습에 대해 그는 이렇게 쓰고 있다. "모양 만들기 수업이라면 학생들은 특정 모양, 이를테면 궤도운반차나 엄마의 얼굴 모양을 상상해야 한다. 그런 다음 그림을 그리거나 모형을 만든다. 교사들은 학생들이 그 '모양'을 보거나 어루만지는 모습을 상상하도록 이끌어야 한다. 언어수업을 하는 교사는 학생들에게 물체를 던지거나 죽마를 타고 걷는 것, 혹은 가스용량 분석장치를 사용하는 느낌이 어떤 것인지 묘사하게 시킨다. 말하자면 운동감각적 상상력을 촉진시킨다는 것이다."

할데인은 힌두교의 요가 수행자들처럼 몸의 감각과 기능 전부를 완벽하게 감지하고 제어하는 '운동감각적 탐험가 kinesthetic explorer'를 꿈꾸었다. 할데인은 이 기술이 과학과 예술분야에

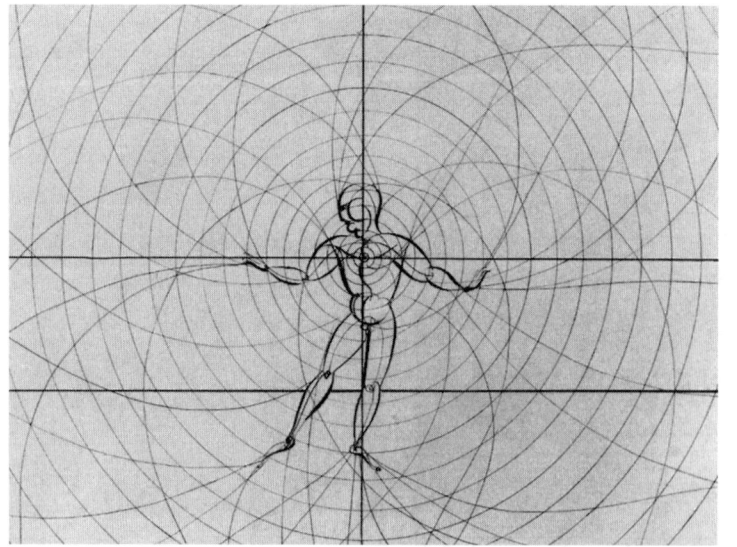

그림 7-5. 1924년 오스카 슐레머는 〈형상과 공간묘사〉라는 드로잉으로 몸의 고유수용감각적 연장을 시각적으로 표현했다.

서 미지의 경험과 미해결 문제를 탐구하는 데 유용하리라 믿었다.

　이러한 기법들의 일부 혹은 전부를 습득한다면 우리가 가질 수 있는 몸 이미지는 그 저장량을 잴 수 없을 정도로 풍부해질 것이다. 실제로 연습을 하면, 우리가 경험하고 흉내 내고 투사하는 운동과 긴장, 접촉의 감각을 통해 상상력을 확장시킬 수 있다. "모든 것은 우리의 머리 어딘가에 해부학적으로 등록되어 있다. 이를 불러내고 재연하는 훈련을 통해 나는 지금의 나보다 열 배는 더 영민해진다"라고 고유수용감각적·운동감각적 상상을 해본 한 학생은 말한다.

　고대 중국에는 다음과 같은 격언이 전해 내려온다. "나는 듣고 잊는다. 나는 보고 기억한다. 나는 행하고 이해한다." 그러므로 그냥 앉아 있지만 말라. 원숭이처럼 움직이다 보면 자신이 어느새 문제를 풀고 있음을 알게 될 것이다. 오직 몸만이 어떻게 답해야 하는지 알고 있기 때문이다.

"나는 듣고 잊는다. 나는 보고 기억한다. 나는 행하고 이해한다."

SPARK OF GENIUS
생각도구 8 감정이입

대니얼 데이루이스는 극중 인물의 인생을 '살았다'
감정이입의 본질은 다른 사람이 되어보는 것
역사가들은 타인의 눈으로 보기 위해 '시대의 현장'으로 돌아간다
사냥에 성공하려면 사냥감처럼 생각하라
복잡한 침팬지 사회를 감정이입으로 연구한 제인 구달
대나무를 그리려면 먼저 내 안에서 그것이 자라나게 하라
가장 완벽한 이해는 '자신이 이해하고 싶은 것'이 될 때

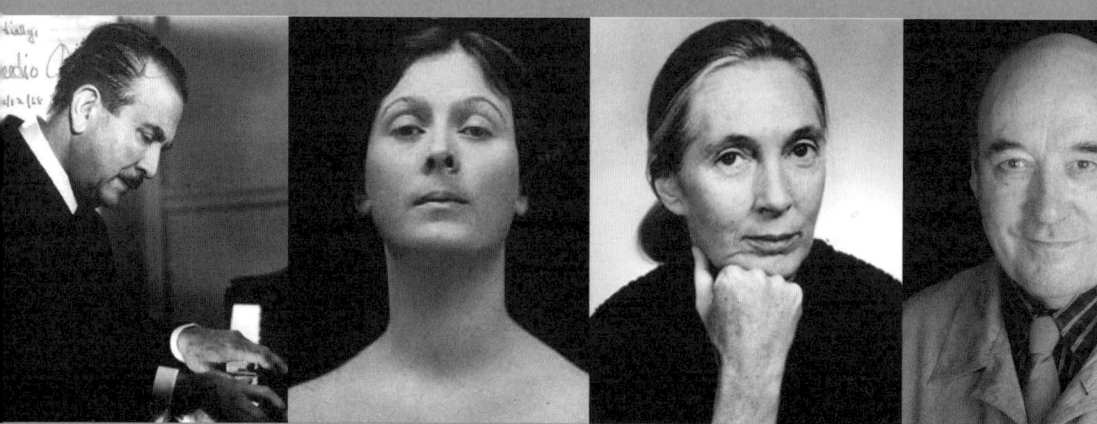

왼쪽부터: 클라우디오 아라우, 이사도라 던컨, 제인 구달, 데스몬드 모리스.

▶ 다른 대상의 내부로 들어가 그 눈으로 세상을 바라본 사람들

"음악을 해석할 때는 자기 자신을 다른 모습으로 바꿈으로써 낯선 세계로 들어가는 길을 찾아야 한다."
－피아니스트 클라우디오 아라우

"무용은 보는 사람들로 하여금 몸을 움직이고 싶게 만드는 것이다."
－무용가 이사도라 던컨

"감정이입을 하면 침팬지의 태도나 작은 변화를 나타내는 미세한 신호를 보다 잘 감지하게 된다."
－동물학자 제인 구달

"어떤 동물을 연구할 때마다 나는 그 동물이 되었다. 나는 그들처럼 생각하고 느끼고자 했다."
－동물학자 데스몬드 모리스

배우는 스스로 극중 인물이 되어야 한다.
그래야 그 인물이 행동하는 것처럼 연기하게 된다.
–연극연출가 콘스탄틴 스타니슬라브스키

EMPATHIZING EMPATHIZING EMPATHIZING EMPATHIZING EMPATHIZING

감정이입은 다른 사람의 몸과 마음을 통해 세계를 지각하는 것이다. 철학자 칼 포퍼는 새로운 이해를 얻을 수 있는 가장 유용한 방법을 '공감적인 직관', 혹은 '감정이입'이라고 보았는데, 이것은 "문제 속으로 들어가 그 문제의 일부가 되는 것"을 가리킨다. 이러한 감정이입적 상상력을 촉진하고 중진시키기 위해서는 연극경험이나 문학적 소양이 도움이 된다. 내가 '나 자신'이 아니라 '스스로 이해하고 싶은 것'이 될 때 가장 완벽한 이해가 가능해지기 때문이다.

| 대니얼 데이루이스는
| 극중 인물의 인생을 '살았다'

월라 케이터는 소설가나 배우, 내과의사들이 "다른 사람의 표피 속으로 들어가는 특별하고도 놀라운 경험"을 한다고 쓴 적이 있다. 수많은 작가들이 그런 감정이입을 경험한다는 것은 새삼스레 말할 필요도 없다. 소설가 알퐁소 도데 Alphonse Daudet 역시 이 같은 경험을 수 차례 했는데, 케이터와 같은 말을 하고 있다. "작가는 묘사하고 있는 인물 속으로 들어가야 한다. 그의 몸속으로 들어가서 그의 눈으로 세상을 보고 그의 감각으로 세상을 느껴야 한다"라고 말이다.

소설가 조지 엘리어트는 글이 가장 잘 써질 때가 작중인물의 감정에 완전히 지배될 때였다고 말한다. 프랑스 소설가 블레즈 상드라르 역시 그가 그려낸 인물의 탄생에서 죽음에 이르는 모든 것을 알기 전까진 글을 쓸 수 없었다고 고백한다.
이런 강박중은 상드라르 외에 다른 많은 작가들도 앓고 있는 것으로, 그것은 단순한 사실 나열 이상의 것, 즉 작중 인물들이 가공의 상황 속에서도 '진화'해 나가도록 만드는 능력을 요구한다.

다른 사람과 '물리적'으로 합쳐진다는 것은 '타자성 otherness'이 사라짐을 의미한다. 이것을 도데는 글을 쓸 때 작가가 도달하는 상태, '작가가 작중 인물에게 직접적인 간섭을 한다면 실수를 하는 게 되는 상태'라고 말했다. 몇몇의 작가들은 작중 인물과의 감정이입적인 동일시에 대해 그들이 글을 쓸 때 마치 다른 사람이 되어 글을 쓰고 있는 것처럼 느꼈다고 표현한다.

J. S. 바흐의 아들 C. P. E. 바흐도 이와 비슷한 맥락에서 다음과 같이 주장한다. "음악가는 스스로 감동하지 않으면 다른 사람들을 감동시킬 수 없다. 그는 자신이 청중에게 불러일으키고자 하는 모든 감정을 스스로 느낄 수 있어야 한다. 자신이 기분을 드러내야만 듣는 사람들 사이에서 유사한 기분이 자극되기 때문이다." 이러한 감정의 비밀을 푸는 열쇠는 피아니스트 클라우디오 아라우 Claudio

Arrau*가 "작은 기적, 혹은 무의식으로부터 솟아오르는 연주자와 작곡가 사이의 깊은 교감"이라고 표현한 것에서 찾을 수 있다. 아라우에게 있어서 음악가란 곧 배우이며 여러 역할과 다양한 유형의 성격을 연기할 수 있어야 한다. 그는 "해석자란 반드시 자신의 모습을 다르게 바꿈으로써 낯선 세계 속으로 들어가는 길을 찾아내야 한다"라고 말했다.

무용가들 역시 자신과는 다른 '몸'이나 인격의 관점에서 동작을 이해하려고 한다. 이사도라 던컨 Isadora Duncan**은 무용이 음악과 마찬가지로 보는 사람들의 몸속에서 감정이입 기제를 자극하여, 그들 스스로 몸을 움직이고 싶게 만드는 것이라고 생각했다. 이 감정이입은 관객들이 역할 자체를 느껴봄으로써 내면에서 특정한 감정을 불러일으켜 동작을 따라하게 할 때 이루어진다.

물론 대부분의 배우들은 자신이 그려내고자 하는 극중 인물에 감정이입하여 연기한다. 어떤 배우들은 이런 능력을 어린 시절 역할놀이를 통해 습득한다. 아카데미상을 수상한 배우 톰 행크스 Tom Hanks는 한 인터뷰에서 어린 시절 자신이 우주여행에 어찌나 매료되었던지 무중력 훈련을 흉내 내느라고 호스로 숨을 쉬면서 수영장 밑바닥을 걸어다니곤 했다고 말한 적이 있다. 당시에는 자신이 장차 영화 〈아폴로13호 Apollo13〉에 출연하거나 〈지구에서 달까지 From the Earth to the Moon〉을 감독하게 되리라고는 생각도 못했을 것이다.

그런 자기 동일시를 의도적으로 하는 경우도 있다. 영국 배우 대니얼 데이루이스 Daniel Day-Lewis는 자신이 맡은 역을 실제생활에서 '살아본다'고 말한 적이 있다. 그것을 통해 극중 인물의 재능을 익히거나(〈라스트 모히컨 The Last of the Mohicans〉의 호크아이 역의 경우처럼) 그들의 행동에 육체를 부여하는 것이다(〈나의 왼발 My Left Foot〉에서 아일랜드 작가 크리스티 브라운 역의 경우가 그렇다). 더스틴 호프먼 Dustin

*클라우디오 아라우
Claudio Arrau
1903-1991, 칠레 태생의 미국 피아니스트. 고전에서 현대에 이르기까지 광범위한 레퍼토리를 자랑한다. 뛰어난 기교와 지적이고 개성적인 해석력이 특징이다.

**이사도라 던컨
Isadora Duncun.
1878-1927, 미국 현대무용가. 발레로 대표되는 고정된 춤사위를 거부하고 현대무용을 창조적 예술의 수준으로 끌어올려 무용에 대한 대중의 개념을 바꿔놓았다.

Hoffman 역시 연기할 때 이처럼 배역에 몰입한다고 한다. 극중 인물을 '흉내 내거나' '그와 비슷하게 행동'하기보다 그 자체가 '되는 것'이다.

연출가 콘스탄틴 스타니슬라브스키는 연기에 있어서 이러한 '내적 진실'의 가장 강력한 옹호자 중 한 명이다. 그는 제자들에게 이렇게 말했다. "배우들은 역을 이해하고 거기에서 묘사되는 인물과 심정적으로 동조해야 하며, 스스로를 그 인물의 위치로 밀어넣어야 한다. 그럼으로써 배우들은 인물이 행동하는 것처럼 연기하게 될 것이다. 이 과정은 배역에게 요구되는 것과 같은 느낌을 배우의 내면에 불러 일으키게 된다." 스타니슬라브스키는 '감정이입'법을 가지고 입센 Ibsen의 희곡 〈민중의 적 An Enemy of the People〉에 나오는 이상적인 극중 인물 스토크먼 역을 만들어냈다. 그는 이렇게 적고 있다.

> 나는 그 희곡을 처음 읽은 순간부터 그 역할을 좋아하고 이해하게 되었다. 그리고 첫 번째 대본연습에서 그 역을 어떻게 연기해야 할지 알았다. 내 머릿속에는 오로지 스토크먼의 생각과 관심밖에 없었다. 아울러 그의 구부정한 자세와 빠른 걸음걸이, 길게 뻗어나온 검지와 중지만을 생각했을 뿐이었다. 나는 무대 밖에서도 줄곧 스토크먼의 버릇과 습관대로 행동했다. 그리고 그의 행동거지를 가능하게 하는 느낌들이나 지각이 내 영혼에 나타났다. 이 과정이 진행되는 동안 나는 배우로서 느낄 수 있는 최대한의 기쁨을 느꼈으며 다른 사람들의 생각을 무대 위에서 말할 권리를 갖게 되었다고 생각했다. 나 자신을 내가 맡은 역에 따르게 했으며, 그들의 행동을 연기했다. 마치 그들이 나 자신인 것 같았다.

앞서 케이터가 언급한 대로 많은 내과의사들 또한 감정이입을 통

도리스 험프리는 안무가라면 무용수에게 감정이입하는 능력을 필수적으로 가지고 있어야 한다고 생각했다. 무용수야말로 춤을 이루는 원재료와 같은 것이기 때문이다. 험프리는 이를 다음과 같이 정리한다. "안무가는 무용수 각자의 개성을 존중해야 하며 그들이 그 자신과 다른 존재라는 것, 그리고 그의 모든 지성이 무용수들을 육체적, 정서적, 심리적으로 이해하는 데 동원되어야 하는 것임을 기억해야 한다. 안무상의 수많은 실패는 무용수들에 대한 무지에서 기인한다."

해 환자를 진찰하고 처방한다. 시인으로 잘 알려진 윌리엄 카를로스 윌리엄스William Carlos Williams는 의사이기도 했는데, 자서전에서 이렇게 말하고 있다. "나는 환자들의 복잡다단한 마음속에서 나 자신을 잃어버렸다. 최소한 그 순간만큼은 내가 그들이 되었던 것이다. 그게 누구이든 간에 말이다. 그리고 내가 그들로부터 떨어져나왔을 때, 나는 잠에서 다시 깬 것 같은 느낌이었다." 올리버 색스는 《소생 Awakenings》이나 《아내를 모자로 착각한 남자 The Man Who Mistook His Wife for a Hat》 같은 책에서 여러가지 뇌신경학적 상태들을 탐구하고 있는데, 이 책들을 읽어보면 독자들은 말할 수 없는 것, 몸으로 느끼는 것, 언어를 통제하고 기억하는 것이 어떤 것인지 잠시 헤아려볼 수 있다.

실제로 많은 의학교육자들은 짧은 시간 동안이라도 '환자가 되어 보는' 능력의 유무는 뛰어난 임상의와 그렇지 않은 의사들을 구분하는 기준이 된다고 말하고 있다. "감정이입이야말로 자신이 도움을 주는 관계를 움직여나가는 데 있어서 중심이 되는 기술이다"라고 펜실베이니아 주립의대 교수인 E. A. 바스티안E. A. Vastyan은 말한다. 감정이입을 하면서 환자를 돌보는 사람들은 생소한 검사나 절차 앞에서 환자들이 느끼는 두려움을 알 수 있다.

그들은 크나큰 동정심을 가지고 환자들을 대할 때 환자들이 기꺼이 낯선 자신들에게 증상과 비밀을 털어놓으려 한다는 것을 알고 있다. 그래야만 듣고 싶지 않는 진단결과거나 고통을 안겨줄 수도 있는 절차에도 협력하려 하고, 숨기고 싶은 몸과 마음을 기꺼이 열어 보인다는 것도 잘 알고 있다.

> 감정이입의 본질은
> 다른 사람이 되어보는 것

흥미로운 것은 작가와 배우, 의사들의 감정이입 세계가 최근 들어 통합되고 있다는 것이다. 1981년, 미네소타주 로체스터시에 있는 메이요 클리닉에서는 의대생과 의사들이 환자를 이해하고 감정이입을 하는 데 도움을 주고자 연극을 이용했다.

그리고 이 시도는 몇몇 진짜 배우들을 데려와서 '인사이트'라는 프로그램을 통해 일련의 상황극을 하도록 만들었다. 유진 오닐의 〈밤으로의 긴 여행Long Day's Journey into Night〉을 연기한 배우는 마약중독의 세계를 보여주었고, 〈아이스맨의 내습 The Iceman Cometh〉에서는 알코올중독자의 내면을 탐색했으며 로렌스 하우스먼Laurence Houseman의 〈빅토리아 레지나 Victoria Regina〉에서는 노화가 무엇인지 설명했다. 메이요 클리닉의 화학의존치료 프로그램의 사후관리 담당자이자 상황극의 연출자였던 메리 애덤스 마틴Mary Adams Martin은 이렇게 말했다. "의사들이 자기 자신이나 다른 사람들과 관련된 인간적인 문제에 할애하는 시간은 극히 한정되어 있다. 이 상황극은 거기서 발생하는 빈틈을 메우기 위한 것이다."

뉴욕의 마운트 시나이 병원은 이 접근법에서 한 걸음 더 나아간다. 배우들은 말기 암이나 에이즈 등 갖가지 질병을 앓고 있는 환자들을 연기한다. 의대생들은 의료기록을 체크하고 진단을 내리며 환자들에게 예후를 말해준다. 이것은 놀이가 아니다. 학생들은 정서적으로 환자들과 연결되며, 자신들이 의료기술자가 아니라 환자들에게 보살핌과 배려를 해주는 사람이라는 사실을 처음 깨닫게 된다.

만일 이런 식의 자발집단이 만드는 의학상황극이 의사들의 감정이입능력을 촉발시켜준다면, 소설을 읽을 때 행해지는 개인적인 감정놀이 역시 동일한 기능을 할 수 있다. 퓰리처상 수상자인 정신과 의사 로버트 코울즈Robert Coles는 하버드 의대생들에게 조지 엘리어트의 《미들마치 Middle march》나 워커 퍼시Walker Percy의 《영화광 The Moviegoers》을 읽어볼 것을 적극 권유한다.

교과서와는 달리 이 소설들은 의사들이 봉착하는 윤리적인 문제를 인간적인 관점에서 들여다보고 있다. 심장의학자인 에모리 의대 교수 존 스톤John Stone은 레프 톨스토이 Lev Tolstoi의 《이반 일리치의 죽음The Death of Ivan Ilyich》과 알베르 카뮈 Albert Camus의 《페스트The Plague》를 추천하는데, 이 소설들이 삶과 죽음에 대한 통찰을 보여준다고 생각하기 때문이다.

또한 그는 보르헤스의 《죽지 않는 사람들The Immortals》을 생체공학적인 장기이식과 인공사지가 불러일으키는 심리적인 효과에 대한 고찰을 다룬 소설로 본다. 스톤은 이렇게 말한다. "문학은 젊은 의사들이 적절한 감수성을 갖도록 해주고, 적절한 순간에 적절한 단어를 찾아낼 수 있도록 도와주며, 심지어는 자신이 환자가 된 것처럼 느끼게 해줄 수도 있다."

바스티안은 감정이입을 심리학적 개념 이상의 것으로 설명하는데, 그의 의견은 다음과 같다. "감정이입은 단순한 심리학적 개념이 아니다. 소설 속의 인물들은 인물 개개인의 인생을 대신 '살았던' 작가들이 상상력을 통해 창조해낸 것이고, 이 작가들은 작중 인물에 생명을 불어넣어 독자에게 소개한다. 문학은 학생들에게 상상력을 가동시킬 수 있는 풍부한 자원을 제공한다. 따라서 문학적 소양은 감정이입기술을 익히기 위해서 반드시 필요하다."

이 장의 앞부분에서 윌라 케이터가 한 말은 작가나 배우, 의사가 갖추어야 할 중요한 방법을 제시하고 있다. 그들이 다른 사람을 대할 때 외부인의 시각에서 객관적으로만 이해하려 해서는 안 되며 타인

선 불교의 철학에 따르면 사람들은 사물들이 타자가 아닌 것처럼 이해하기 위해서는 자기 자신을 버려야 한다고 한다. 선과 관련 있는 모든 예술, 조경, 회화, 드로잉, 건축, 다도 등은 자연과의 감정이입능력을 요구한다. 이와 동일한 접근법에서 출발한 것이 스즈키의 재능교육 프로그램인데, 이 프로그램을 서구에서는 '스즈키 메소드'라고 부른다. 스즈키의 실제목표는 모든 사람을 훈련시키는 데 있다. 음악은 단순히 그들이 어떻게 이해하고 어떻게 배워야 하는지를 가르치는 방법에 불과한 것이다.

의 내부에서 주관적으로 이해하는 법을 배워야 한다는 것이다. 이 점에서 '감정이입'은 형상화나 고유수용감각적 사고와 차별화된다. 감정이입은 '다른 사람이 되어보는 것'이다. 감정이입을 이해하는 열쇠는 다른 사람의 몸과 마음을 통해 세계를 지각하는 법을 배우는 데 있다.

감정이입이 갖고 있는 힘에 대해 독일 철학자 마르틴 부버Martin Buber*는 다음과 같이 썼다. "감정이입은 자신의 느낌을 가지고 어떤 대상, 예컨대 기둥이나 수정 혹은 나뭇가지, 심지어는 동물이나 사람들의 동적인 구조 속으로 미끄러져 들어가고자 하는 것이며, 스스로의 근육감각을 통해 대상의 짜임새와 움직임을 이해하여 그 구조를 내부에서부터 추적해가고자 하는 것이다. 감정이입은 자신의 위치를 '여기'에서 '저기'로, 혹은 '저 안으로' 옮겨놓고자 하는 것이다."

비슷한 시기 프랑스 철학자 앙리 베르그송Henri Bergson**은 감정이입을 통해야만 가장 중요한 통찰이 이루어진다고 주장했다. "절대로의 도달은 오직 '직관'에 의해서만 가능하다. 반면 그 나머지 지식은 분석으로부터 나온다. 우리는 여기서 직관을 공감sympathy이라고 부를 수도 있는데, 그것을 이용해 우리는 자신을 어떤 대상의 내부로 옮겨놓을 수 있으며 거기서 우리는 대상의 말로 표현할 수 없는 특질과 공존하게 된다"라고 주장한다.

저명한 철학자 칼 포퍼Karl Popper***는 더 나아가서 이렇게 말한다. "나는 사람이 새로운 이해를 얻을 수 있는 가장 유용한 방법이 '공감적인 직관' 혹은 '감정이입'이라고 본다. 문제 속으로 들어가서 그 문제의 일부가 되어버리는 것이다."

*마르틴 부버
Martin Buber
1878-1965, 독일의 철학자이자 유대사상가. 유대적 신비주의에 바탕한 인간관을 현대에 살리려고 했다. 《나와 너》, 《인간의 문제》, 《유토피아에의 길》 등을 썼다.

**앙리 베르그송
Henri Bergson
1859-1941, 프랑스 철학자. 프랑스 유심론의 전통을 계승하면서도 진화론의 영향을 받아 생명의 창조적 진화를 주장하였다. 1927년 노벨문학상을 수상했다.

***칼 포퍼
Karl Poper
1902-1994, 오스트리아 태생의 영국 철학자. 1937년 나치즘을 피해 뉴질랜드로 망명하여 《열린 사회와 그 적들》을 썼다. 주요 저서로 《탐구의 논리》, 《역사주의의 빈곤》 등이 있다.

> 역사가들은 타인의 눈으로 보기 위해
> '시대의 현장'으로 돌아간다

실제로 우리는 모든 예술과 과학, 인문학분야의 현직 교수들이 감정이입을 주된 생각도구로 활용하고 있음을 알게 되었다. 다른 수단으로는 불가능한 이해가 감정이입을 통해서는 가능해진다. 몇 가지 사례를 생각해보자.

역사가들에게 '감정이입'이란 타인의 눈으로 세계를 볼 수 있다는 것을 의미한다. 토르 하이에르달Thor Heyerdahl*의 콘티키 호와 라아 호 항해를 예로 들어보자. 그는 고대 폴리네시아인들과 이집트인들이 했음직한 항해를 그대로 재현하고자 했다. 논쟁도 없진 않았지만, 이 시도는 사람들에게 강한 충격을 주었다. 왜냐하면 이런 행위를 통해서 그가 '그 시대의 현장'으로 돌아갔기 때문이다. 마치 영화 속의 명배우처럼 그 역시 자신의 책 속으로 독자들을 끌고 들어간다.

역사학자 앤터니 마이클 코헨Anthony Michael Cohen은 자유를 찾기 위해 미국 북부에서 캐나다까지, 이른바 '지하철도를 이용했던 흑인 노예들이 어떤 일을 겪었는지 알기 위해 몸소 그들의 방식대로 생활했다. 그들이 신었던 신발을 신고 걸었고, 그들이 먹었던 음식을 먹었으며, 그들의 방식대로 잠을 잤다. 1848년, 헨리 '박스' 브라운 Henry 'Box' Brown은 노예신분에서 벗어나고자 탈출을 시도했다. 그는 30×28×24인치짜리 나무상자에 몸을 숨긴 채 열차에 실려 리치몬드에서 필라델피아까지 갔다. 코헨 자신도 똑같은 크기의 상자에 들어가 같은 조건에서 열차여행을 했다. 7시간 동안 이동하면서 그는 극심한 우울증을 겪었으며, 폐소공포증과 탈수, 고열에 시달린 나머지 몇 차례 의식을 잃기도 했다.

도주노예들이 참아내야 했던 공포와 결핍감에 대해 말하며 그는

*토르 하이에르달
Thor Heyerdahl
1915-2002, 노르웨이 인류학자. 고대인들의 이동을 증명하기 위해 콘티키 호를 타고 남미에서 폴리네시아까지, 갈대로 만든 라아 호를 타고 대서양을 항해했다.

이렇게 털어놓았다. "그들이 느꼈던 것에 어느 정도 근접했다고 나 스스로 생각한다." 이러한 느낌들은 그가 쓴 역사 저작물의 주재료가 된다. 프린스턴대학의 존 마John Ma 교수는 여기서 한 걸음 더 나아가 제자들에게 대학 운동장에서 고대 그리스의 전투를 재현하도록 주문한다. 그렇게 함으로써 고대 전투가 어떻게 전개되었는지 직접 알 수 있기 때문이다. "무분별한 열광과 재현은 역사 속에 사례가 있다"라고 그는 말한다.

이것은 단순한 재연이 아니다. 이런 종류의 연극은 역사편찬을 하는 데 있어서 상당한 정보를 제공한다. 역사가인 딕슨 웨쳐Dixon Wechter는 이렇게 쓰고 있다.

> 몇몇 가장 우수한 전문가들은 거의 방 안에 앉아있지 않는다. 현장을 향한 열의는 글을 써 나가는 손에 참신함과 독창성, 힘을 더해준다. 오리건 트레일*을 답사하고 수우족**들과 같이 지낸 프랜시스 파크먼 Francis Parkman이 그렇고, 북부 버지니아 전장의 모든 폭탄 구멍을 조사한 더글러스 프리먼Douglas Freeman이 그렇다. 새뮤얼 엘리어트 모리슨Samuel Eliot Morison은 제2차대전 중에 해군과 함께 배를 타기도 했다. 《대양의 제독Admiral of the Ocean Sea》을 쓰기 전에 모리슨은 배를 타고 대서양을 항해했는데 이는 콜럼버스의 항해와 비견할 만하다. 차이가 있다면 그는 신대륙을 발견하지 못했다는 것 정도일 것이다. 손으로는 도끼와 총 개머리판, 낚싯대의 감촉을 느끼고, 등에는 배낭을 지고, 얼굴에는 거센 바람을 맞으며, 코로는 소금기 밴 공기를 들이쉬는 일은 역사서를 쓰는 유익한 훈련이 된다.

이처럼 과거라는 것은 직접 살아봐야만 경험할 수 있는 외국과도 같은 것이다.

---

*오리건 트레일
미주리에서 오리건에 이르는 3,200킬로미터의 도로. 1840-60년대 개척자들이 많이 이용했다.

**수우족
아메리카 원주민의 한 부족.

최고의 전기작가들 역시 감정이입을 통해 정서적이고 지적인 이해를 촉진시킨다. "그들은 자신이 다루는 주인공의 마음, 다시 말해 그들의 생각과 감정, 심지어는 몸의 감각까지 파고 들어간다. 그리고 그들이 보았던 것과 똑같은 방법으로 사회와 현상을 보려고 한다." 토머스 쇠더크비스트Thomas Söderqvist의 말이다.

　20세기의 뛰어난 과학사가인 토머스 쿤Thomas Kuhn은 과학자의 삶을 단계적으로 복원시키는 과정을 통해 그들의 삶 속으로 '파고들어야' 한다고 제자들에게 누차 강조했다. 현존하는 기록을 연대기 순으로 읽다 보면 과학자들이 다음에 쓸 편지나 논문의 제목이 무엇인지 예측할 수 있는데, 이 단계에서부터 주인공에 대한 이해가 시작된다는 것이 쿤의 주장이다. 그는 "만일 당신이 틀렸다면 다른 관점에서 다시 시작해야 한다. 왜냐하면 자신이 연구하는 인물의 본질을 파악하지 못하고 있기 때문이다. 아직 그 과학자처럼 사고하고 행동하지 못하고 있는 것이다"라고 말한다.

사냥에 성공하려면
사냥감처럼 생각하라

　지금까지 우리는 인간과 관련된 감정이입과 연기의 사례를 알아보았다. 그러나 선禪 연구가나 서구 철학자들이 시사하다시피 우리는 동식물에서부터 무생물에 이르는 모든 것에 감정이입을 할 수 있다. 실제로 인간이 동물에 감정이입을 해온 역사는 길다.

　프랑스의 트로아 프레르 동굴에는 '주술사'라는 제목이 붙은 유명한 구석기 그림이 있다. 그림의 어깨 아래는 분명히 웅크리고 있는 사람의 모습이다. 마치 누군가에게 혹은 어떤 것에 몰래 다가가는듯

그림 8-1. 〈주술사〉, 구석기 회화, 레 트로아 프레르, 프랑스

한 자세다. 그러나 어깨 위의 모습은 순록 아니면 엘크다. 이 모습은 여러 가지로 해석할 수 있다. '주술사나 뿔 달린 신'에 어울리는 복장을 한 사람 혹은 정체를 알 수 없는 상상 속의 생물, 문자 그대로 '반인반수半人半獸'로 보기도 한다. 그러나 이러한 해석은 잘못된 것이다. 이 그림을 그린 구석기인들이 단순하고 미신적이었을 것이라고 안일한 추정을 내리고 있기 때문이다. 그들은 이 주술사가 무엇을 하고 있는지 설명하지 못하며 이것이 왜 동굴 벽에 그려져 있는지 답을 주지 못한다. 그들에게는 '그 시절, 거기에 존재'하는 느낌이 없기 때문이다.

우리들(저자들)은 이 동굴 그림을 다르게 해석한다. 우리는 그 원시화가가 지적이고 사려 깊은 스승이었을 것으로 추측하며, 그는 그림을 보는 사람에게 중요한 깨달음의 방법을 보여주려 했다고 믿는다. 따라서 우리는 이 주술사가 사냥꾼이라고 생각한다. 사냥술 중에서 가장 오래되고 전통적인 기술 중 하나가 사냥감의 가죽을 덮어쓰고 그 무리에 섞여드는 것이다. 사냥을 잘하려면 동물처럼 행동하고 생각하는 법을 배워야 한다. 사냥감이 어떻게 반응할지 상상하면서 역할 연기를 해보는 것보다 더 좋은 사냥법 학습이 어디 있겠는가? 교육적인 역할놀이는 지금도 세계 각지의 수렵·채집 문화권에서 활용되고 있다. 아이들은 사냥감의 행동을 흉내 내는 것으로 사냥훈련을 시작하게 된다. 오스트레일리아의 원주민 아이들은 토종 새인 브롤가brolga를 잡기 전에 새가 날개를 펴고 달려가는 동작을 따라하라는 교육을 받는다. 간혹 날씨가 좋은 날이면 덤불 숲에서 아이들이 몸에 알록달록한 색을 칠하고 팔을 밖으로 쭉 뻗어 브롤가 새처럼 나는 흉내를 내는 모습을 볼 수 있다. 결과적으로 이 연습을 통해 아이들은 새처럼 '생각하는' 법을 배우게 되고 어떻게 해야 사냥을 잘할 수 있는지 알게 된다.

동물들이 '생각'한다는 관념은 예나 지금이나 모든 수렵문화의 기초가 된다. 이러쿼이Iroquois 6개국 연합* 오논다가 국의 추장인 오렌 라이온스Oren Lyons는 동물과의 강력한 자기 동일시가 성공적인 사냥과 생존의 절대적인 요소이며 사냥대상에 대한 존경심을 만들어낸다고 설명한다. "우리들은 한번도 동물의 사고능력을 의심한 적이 없소. 사냥은 기지를 겨루는 싸움이고 거기서 자주 우리는 패배한다오. 우리는 동물을 사람이라고 느끼고 있소. 그것들을 동물이 아닌 사람으로 보아야만 하오. 동물들이 사람이라는 생각을 하다 보면 그것들의 영혼에 대한 궁금증을 갖게 된다오. 동물의 눈을 들여다보면 볼수록 그게 동물의 눈이 아니라 사람의 눈으로 보이오. 그래서 동물을 '우리 사람'으로 부르는 것이라오."

"사냥꾼은 동물처럼 행동하고 생각하는 법을 배워야 한다."

어쩌면 동물이 사고한다는 관념은 일부 사람들을 불편하게 만들지도 모른다. 하지만 제 아무리 기술이 뛰어난 사냥꾼이라 할지라도 사냥에 성공하려면 사냥감처럼 생각하는 법을 배워야만 한다. 플라이 낚시에 심취한 두 형제를 주인공으로 한 노먼 맥클린Norman MacLean의 소설 《흐르는 강물처럼 A River Runs through It》을 읽어본 사람이라면 사냥꾼이 느끼는 사냥감과의 자기 동일시에 대해 잘 이해할 수 있을 것이다.

소설의 화자인 형은 솜씨가 좋은 낚시꾼이다. 그는 물고기가 노니는 강의 소용돌이와 급류, 바위들은 물론 물고기의 환경에 대해서 훤히 알고 있다. 낚시의 대가였던 동생 폴은 이 단계에서 더 나아가 물고기가 어떻게 플라이를 보는지 알고 있다. 그는 플라이가 물 위에서 진짜 곤충처럼 춤추게 할 수 있다. 그는 또한 물고기 행동에 대한 이해와 직감을 가지고 있기 때문에 어떻게 해야 물고기를 유인할 수 있

*이러쿼이 6개국 연합
북아메리카 원주민 부족의 연합체.

그림 8-2. 동물에게 감정이입하는 주인공들이 등장하는 작품 〈흐르는 강물처럼〉과 〈호스 위스퍼러〉. 이 두 작품은 각각 1992년과 1998년에 로버트 레드포드의 연출로 영화화되기도 했다. 사진은 영화 속 한 장면. 왼쪽: 흐르는 강물처럼, 오른쪽: 호스 위스퍼러.

는지 알고 있다. 폴은 간단한 말로 설명한다. "나도 낚싯대라면 꽤나 만졌지. 하지만 물고기처럼 생각하기까지는 3년이나 걸렸다구." 그러자 형이 이렇게 대꾸한다. "어떻게 플라이처럼 생각하는지는 훨씬 전에 알았겠지."

말 조련사인 벅 브래너맨Buck Brannaman은 영화로도 만들어진 소설 《호스 위스퍼러 The Horse Whisperer》의 실제모델이기도 하다. 그 역시 동물과의 감정이입이 얼마나 중요한지 이해했던 사람이다. 브래너맨은 '말과 생각이 일치하도록 생각하기'와 사람과 동물 사이의 '진정한 일체감'이 무엇인지에 대해 말한다. 그는 말을 '길들이기'보다는 스스로 '움직이게' 한다. 이는 말의 관점에서 세계를 볼 수 있게 됨으로써 가능한 것이다.

"동물의 눈을 들여다보면 볼수록 동물의 눈이 아니라 사람의 눈으로 보이지요."

사냥의 개념을 생각해보면 이런 관점의 중요성을 실감할 수 있는데, 브래너맨은 이를 다음과 같이 설명하고 있다. "사람이 말에 타는 방식은 정확히 퓨마가 말을 덮치는 방식과 동일합니다. 말등에 올라서 다리로 몸통을 조이지 않습니까. 그렇게 생각해보면 말이 자신의 등에 기어오르는 사람을 왜 그토록 싫어하는지 금세 이해가 될 겁니다. 녀석은 두려운 거예요. 또 두려워하는 게 당연하죠. 그래야만 살아남을 테니까요. 그래서 결국 우리가 다루게 되는 것은 말이라는 동물이라기보다는 수천 년 동안 유전되어온 말의 자기 보호본능입니다. 그러니 우리는 말에게 부탁해야 합니다. 등에 타더라도 신경 쓰지 말라고, 등에 올라가게 허락해달라고 말이죠."

놀랍게도 브래너맨은 말에게 그렇게 '부탁'을 한다. 그리고 그 자신은 미묘한 몸동작과 태도로 이루어진 말의 언어를 사용한다. 요약하자면, 그는 말무리의 대장 종마가 된 것처럼 행동한다. 그렇게 움직이고 반응하고 무리의 복종을 받아들인다. 브래너맨은 "여기에 비밀이라곤 없어요. 그저 말馬과 같은 말言을 쓰고 같은 춤을 추려면 어떻게 해야 하는지 알고 있을 뿐입니다"라고 말한다.

"말을 '길들이기'보다는 스스로 '움직이게' 해야 한다. 이는 말의 관점에서 세계를 볼 수 있어야만 가능한 것이다."

복잡한 침팬지 사회를 감정이입으로 연구한 제인 구달

감정이입은 오늘날 또 다른 종류의 사냥이라고 할 수 있는 과학연구에서도 성패를 좌우하는 요인이 되고 있다. 기술시대의 많은 연구자들은 과학의 새로운 사실, 개념, 이론을 찾기 위해 의식적으로 사냥꾼의 위장과 감정이입기법을 차용하고 있다. 물리학자인 에른스트 마흐Ernst Mach*는 과학방법론에 관한 자신의 책에서 '과학자는 사냥꾼'이라고 정의내린다. 그는 "과학적 사냥꾼(과학자)은 방금 목격한 사냥감의 삶의 방식을 상상해내고 그에 따라 자신이 취할 행동을 선택한다"라고 말한다. 현대 생리학의 창시자 클로드 베르나르Claude Bernard** 역시 연구를 사냥에 비유하며 이렇게 썼다. "목적 없이 여기저기 어슬렁거리다 보면 사냥감이 날아오르는 것을 보게 되거나, 사냥감의 냄새를 맡게 된다."

과학과 사냥의 유사점이 시사하는 바는 놀랍다. 무엇보다 감정이

*에른스트 마흐
Ernst Mach
1838-1916, 오스트리아의 물리학자, 철학자, 과학사가. 그의 이름을 따 음속의 명칭을 만들었다.

**클로드 베르나르
Claude Bernard
1813-1878, 프랑스의 의학자이자 생리학자. 의학은 엄밀한 실험에 의해 뒷받침되어야 한다고 설파하여 생체실험의학의 기반을 다졌다.

입은 통상적으로 우리가 과학자들에게 기대하는 객관적 접근법이 아니기 때문이다. 오히려 이와는 정반대로 사냥감과 자신을 동일시하는 태도는 상상만큼이나 주관적인 연구방식이다. 그러나 우리가 눈여겨보아야 할 것은 수많은 저명한 과학자들이 이구동성으로 자신들의 중요한 통찰은 스스로 '사냥감(그것들은 단세포 생물, 생물학적 과정 또는 물리학적 현상일 수 있으며, 소립자에서 곤충, 별에 이르기까지 모두 가능하다)' 속으로 '들어갔기' 때문에 얻을 수 있었다고 말한다는 점이다.

동물행동학자들은 감정이입을 연구전략으로 삼는 학자들 중에서도 가장 앞서간다. 오랫동안 아프리카에서 침팬지를 관찰한 제인 구달Jane Goodall*은 자신과 동료들이 자연스럽게 감정이입법을 익히게 되었고 신중하게만 사용한다면 대단히 요긴한 과학연구의 도구가 되리라는 것을 알게 되었다고 말한다.

그녀는 이렇게 쓰고 있다. "침팬지가 보여주는 어떤 행동은 우리 인간의 행동과 깜짝 놀랄 정도로 유사하다. 곰베에서 수 년간 연구한 우리들 중 많은 수가 상당한 수준의 감정이입능력을 갖게 되었다. 이것은 나쁜 일이 아니다. 일단 감정이입을 하게 되면 다른 침팬지에 대한 태도나 기분상의 작은 변화를 나타내는 미세한 신호를 보다 잘 감지하게 된다. 이렇게 되면 복잡한 침팬지 사회의 흐름을 이해하는 데 큰 도움이 된다. 즉, 직관적인 해석은 연구대상에 대한 감정이입으로 인해 가능해진다. 물론 이 해석은 추후에 객관적인 관찰 데이터와의 대조를 통해 진위를 검증받아야겠지만."

야생 비비원숭이 연구로 유명한 셜리 G. 스트럼Shirley G. Strum은 1987년에 쓴 《준準 인간Almost Human》에서, 정서에 근거한 감정이입은 비비원숭이의 습성을 알아내는 데 중요한 역할을 했다고 말하고 있다. 그녀는 자신이 페기라고 이름 지어준 원숭이에게 심정적으로

*제인 구달
Jane Goodall
1934- , 영국의 동물학자, 침팬지 연구가, 환경운동가. 1975년 전 세계의 동물연구를 후원하기 위해 '야생동물 연구, 교육, 보호를 위한 제인 구달 연구소'를 설립하였다.

동조하게 될 때까지 이 무리를 그들의 관점에서 이해하는 데 어려움을 겪었다. 결국 페기는 그녀가 동료 원숭이들에게 접근하도록 해주었다. 이 과정을 통해 스트럼은 감정이입이 객관적이고 냉정한 사실의 취합만큼이나 과학의 영역에 속한 것임을 확신하게 되었다. "페기는 내가 강한 감정을 가질 수 있다는 것을 깨닫게 해주었다. 예컨대 페기에게 느꼈던 특별한 애착 같은 것 말이다. 그리고 그것이 과학연구에 유용하다는 것을 깨우쳐주었다. 감정과 과학이란 한때 내가 생각했던 것과 달리 상호배타적이지 않았다. 감정은 과학을 억압하지 않는다. 무엇보다 가장 좋은 것은 비비원숭이에 대한 강한 감정이 과학의 성과를 보다 크게 만들어준다는 것이다." 앎은 느낌을 '통해서' 온다. '그럼에도 불구하고' 오는 것이 아니다.

인간의 관점에서, 인간이 아닌 것들의 행동을 의인화하여 해석하는 일은 과학계에서 명백한 금기행위다. 데스몬드 모리스 Desmond Morris*는 그의 유명한 저서 《털 없는 원숭이 The Naked Ape》에서 인간을 동물로 해석하고 있는데, 그는 동물에의 진정한 감정이입이란 결코 의인화를 초래하지 않으며 인간의 선입견으로부터 연구자를 해방시켜주는 일종의 방법론이라고 주장한다. 십대 시절, 동물에 대한 모리스의 관심이 어찌나 컸던지 그가 동물의 꿈을 꿀 때는 동물들이 디즈니 만화에서처럼 인격을 갖추고 등장하는 것이 아니라 역으로 그가 동물이 되는 꿈을 꾸었다고 한다.

그것은 이상하고도 짧은 스토리였다. 내가 동물들에게 둘러싸여 있을 뿐만 아니라 나 자신이 그중 한 마리로 변하는 게 아닌가. 이는 훗날 내가 동물행동학을 공부하는 학생이 되어 연구를 할 때 일어날 일을 미리 보여준 것이었다. 나는 어떤 동물을 연구할 때마다 그 동물이 되었다. 그 동물처럼 생각하고 또 느끼려 했다. 인간의 관점에서 동물

"앎은 느낌을 통해서 온다. '그럼에도 불구하고' 오는 것이 아니다."

*데스몬드 모리스
Desmond Morris
1928- , 영국 동물학자. 런던 동물원의 포유류 관장으로 재직한 바 있으며, 동물 보호와 동물의 행태 연구에 힘써 많은 논문과 저서를 발표했다.

을 보는 게 아니었다. 이렇게 되면 연구과정에서 의인화의 오류를 범하게 되기 때문이다. 동물행동학 연구자로서 나는 나를 동물의 입장에 두려고 했다. 그럼으로써 그들의 문제는 곧 내 문제가 되었다. 나는 그들의 생활방식을 있는 그대로 들여다보려고 했다. 비록 그들 중 특정한 종이 나에게는 전혀 낯선 것이었지만. 어쨌든 그 꿈은 이 모든 것을 말해주었다.

곤충의 화학적 방어체계와 의사전달체계 연구에 있어서 선구자 격인 토머스 아이스너 역시 비슷한 꿈을 꾸었다고 한다. 우루과이에서 태어난 그는 그 지역의 곤충들에 대해 너무나 잘 알고 있었는데, 스페인어로 그 곤충들과 대화하는 꿈을 자주 꾸었다. "심지어 한번은 내가 곤충이 되어서 다른 곤충들에게 내가 사람이 된 꿈을 꾸었다고 꿈속에서 말한 적도 있다." 연구대상에게 이 정도로 친밀성을 느끼고 있었기 때문에 연구를 성공적으로 수행할 수 있었다고 그는 말하고 있다.

여성 행동학자들이 특히 직관적 이해에 빠지기 쉽다는 의심을 하지 않으려면 도널드 그리핀을 주목해볼 필요가 있다. 그는 동물사고의 전문가인데, 과학적 연구도구로서 감정이입의 가치가 평가절하되어 있다고 생각하는 사람이다. 코끼리 행동 전문가인 더글러스 해밀턴도 《코끼리들 속에서》라는 책에서 다음과 같이 쓰고 있다. "옥스퍼드에서 동물의 행동을 인간의 관점으로 해석하지 말라는 교육을 받았음에도 불구하고 코끼리들을 '의인화'하려는 욕구를 참기 힘들었다."

| 대나무를 그리려면 먼저
내 안에서 그것이 자라나게 하라

만일 과학자가 곤충에게 감정이입을 할 수 있다면 왜 나무나 세포, 염색체라고 할 수 없겠는가? 이런 종류의 감정이입에 대해 말하고 있는 과학자가 바로 바버라 매클린턱이다. 그녀는 옥수수를 비롯한 다양한 생물의 유전자연구를 했다. 자신의 식물들과 함께, 그 유전자물질을 조합하면서 많은 시간을 보낸 매클린턱은 그 결과 개별 식물 하나하나에 대해 잘 알게 되었다. 문자 그대로 그녀는 시간을 투자해서 식물들과 친구가 된 셈이었고 그들의 눈으로 식물들을 보게 된 것이었다. 그것은 앞서 관찰을 다룬 장에서 조지아 오키프가 천남성을 그리면서 겪게 된 일과 같다. 그녀가 나중에 말하기를 유기조직체에 너무 깊이 빠진 나머지 실제로 스스로가 유전자나 염색체가 된 것처럼 느꼈다고 한다.

매클린턱의 경험은 다른 숱한 과학자들 역시 겪었던 일이었다. 외과의사인 리타 레비몬탈치니Rita Levi-Montalcini는 환자에게 너무나 강하게 감정이입을 했기 때문에, 이로 인한 정신적 고통에서 벗어나고자 현업 의사직을 그만두어야 할 정도였다.

그녀는 대신에 세포성장과 그것을 통제하는 요인에 대해 연구하게 된다. "나는 당시 쥐의 악성종양으로부터 이식된 조직이 어떻게 병아리 배아의 지각신경과 교감신경에 영향을 주는가를 연구하면서 연구초기의 흥분상태에 빠져 있었다. 그야말로 내 모든 생각은 열광에 사로잡혀 밤낮 없이 그 일에만 집중되어 있었다. 나는 마치 내가 종양의 전달체인 것처럼, 그리고 그 엄청난 효력의 지배 아래 있는 것처럼 느꼈다."

신경생물학자인 찰스 셰링턴은 이와 유사한 열광이 산티아고 라몬이카할에게서도 나타난다고 말한다. 셰링턴은 라몬이카할에 대해 이렇게 회상한다. "산티아고는 현미경으로 보는 세계를 마치 그것이 살아 있는 것처럼, 어떤 존재들이 거기 살고 있어서 우리처럼 느끼고, 행동하고, 갈구하고, 시도하는 영역으로 대우했다. 그는 종종 튀어나온 섬유질 때문에 신경세포가 다른 세포를 찾아내려고 더듬는 것처럼 보인다고 말했는데, 그는 정자가 활성화되는 이유가 같은 난자를 향해 질주하는 자신의 경쟁자들을 의식하면서 생긴 격렬한 충동 때문이라고 상상하곤 했다. 그의 이야기를 들으면서 나는 이런 능력이 연구자로서의 그의 성공에 얼마나 크게 기여했을지 자문했다."

"매클린턱은 유기조직체에 너무 깊이 빠진 나머지 실제로 스스로가 유전자나 염색체가 된 것처럼 느꼈다."

대다수의 사람들은 상당히 크게 기여했을 것이라고 대답할 것이다. 분자생물학자인 자크 모노Jacques Monod는 단백질분자의 기능을 이해하기 위해 그것과 자신을 동일시해야만 했다고 털어놓고 있다. 조슈아 리더버그Joshua Lederburg 역시 '생물학적 상황 속에 자신을 위치시켜 상상하는' 능력으로 크게 주목을 받았다. 그는 이렇게 말한다. "나는 이런 생각을 하곤 했다. 예를 들면 '내가 만일 박테리아 염색체의 화학적 조각의 일부라면 어떨까?' 하는 것이다. 이렇게 자문하고 나면 나는 염색체가 되어 내 주위를 파악하고, 내가 어디에 있는지 알려고 하고, 내가 언제 어떤 방식으로 기능해야 할지를 알아내려고 하게 된다."

물리학자들 역시 통찰을 얻기 위해 연기와 감정이입에 의존한다. 유기화학자인 피터 디바이Peter Debye는 이를 다음처럼 설명한다. "느낌을 이용해야 한다. 이를테면 '탄소원자가 무엇을 원하지?' 하는 식이다." 아인슈타인 역시 우리가 첫 장에서 살펴본 바와 같이 그 자신이 광자가 되어 그 관점에서 우주를 바라보았다. 그리고 리처드 파인먼은 '만일 내가 전자라면 어떻게 할까?'라는 질문을 스스로에게 던짐으로써 양자물리학에 혁명을 몰고 올 수 있었다.

또 다른 천체물리학자인 한네스 알프벤Hannes Alfven*은 자신이 얻은 통찰 대부분이 스스로 하전입자가 된다면 어떻게 될지를 상상을 한 데서 얻어진 것이라고 말한다. "나는 자기유체역학 방정식을 다루는 대신 전자와 이온에 올라타고 앉아 그 관점에서 세계를 본다면 어떻게 될지, 그리고 그렇게 된다면 어떤 힘이 나를 왼쪽 혹은 오른쪽으로 밀어붙일지 상상했다."

매클린턱에서부터 알프벤까지 모두 노벨상 수상자인 이들은 이러한 '사냥'의 방식에 고유한 힘이 내재해 있음을 확실하게 보여준다.

과학자에게 진실인 것이 발명가에게도 진실이 된다는 것은 놀랄

*한네스 알프벤
Hannes Alfven
1908-1995, 스웨덴 태생의 과학자로 1970년 노벨 물리학상을 수상했다.

일이 아니다. 수십 년간 제너럴 모터스의 연구담당자로 일한 찰스 F. 케터링Charles F. Kettering은 복잡한 계산과 모델에만 빠져 있는 수하의 엔지니어들을 이런 식으로 꾸짖곤 했다. "그래. 그런데 말야, 자넨 엔진 속의 피스톤이 된다는 게 어떤 '느낌'인지 잘 알고 있나?"

그레이엄 벨은 작업에 너무 몰두한 나머지 그 자신이 연구하고 있는 시스템 자체가 되어버렸다. 그가 시·청각장애인을 교육시킬 수 있는 새로운 방법을 연구하는 동안(이 문제가 그에게 중요했던 것은 그의 어머니와 아내가 청각장애인이었기 때문이다) 정작 벨 자신은 '실종' 되었다. 육체적으로가 아니라 정신적으로 말이다. 그의 아내는 그가 자신과 아이들에게 신경을 쓰지 않았다며 오랫동안 불평을 했다. 사태를 뒤늦게 깨달은 벨이 사과했다. "청각장애 연구 때문에 당신에게서 떨어져 저 멀리까지 갔었소. 그동안 당신 생각을 하지 못했고 당신의 느낌도 가질 수 없었다오. 오로지 청각장애! 청각장애! 이 생각뿐이었지. 내 마음속에는 고독뿐이었소. 내 생각이 줄곧 '청각장애인'이라는 금을 따라 달릴 때 나는 실제로 가족으로부터 사라졌던 거요."

배우들이 그러했듯이 청각장애인들의 문제를 이해하고, 다루기 위해서는 벨 역시 청각장애인이 되어야 했다. 때때로 그는 자신이 설계하는 기계의 일부가 되기도 했다.

예술가들 역시 '유기체적인 느낌feeling for the organism'에 의지한다. 버지니아 울프는 종종 작업 중에, 자신이 바라보고 있는 사물이 될 때까지 계속 앉아서 그것을 보고 있는 자신을 발견한다고 했다. 화가 조안 미첼Joan Mitchell*은 말했다. "그림은 나의 일부분이 아니다. 그림을 그릴 때 나는 내 자신을 의식하지 못하기 때문이다. 내가 전에 말한 대로 나는 '아무 힘이 없다.' 그림이 나에게 해야 할 일을 지시하는 것이다." 이는 화가가 그림의 주제와 일체가 됨으로써 얻는 통

"내가 만일 박테리아 염색체의 조각 일부라면 어떨까?"

*조안 미첼
Joan Mitchell
1925–1992, 미국의 추상 표현주의 화가. 추상적이고 구상적인 요소들의 혼합으로 제스추얼한 추상회화의 새로운 스타일을 확립했다.

찰의 상태를 표현하는 것이다.

중국과 일본의 화가들은 수천 년 동안 분명한 목적을 가지고 감정이입의 직관력을 배양해왔다. 900여 년 전 중국의 소동파는 "대나무를 그리려면 먼저 대나무가 내 속에서 자라나게 해야 한다. 손에 붓을 쥐고 눈으로 집중을 하면, 그림이 바로 내 앞에 떠오른다. 그럼 그것을 재빨리 잡아채야 한다. 그렇지 않으면 사냥꾼을 본 토끼처럼 그림이 잽싸게 사라진다"라고 말하고 있다.

"그림을 그릴 때 나는 아무 힘이 없다. 그림이 나에게 할 일을 지시하는 것이다."

가장 완벽한 이해는 '자신이 이해하고 싶은 것'이 될 때

이제 우리는 감정이입이 모든 종류의 창조적 사고에서 일반적으로 나타나는 것이라고 결론을 내릴 수 있다. 그렇다면 어떻게 감정이입을 배울 수 있을까? 해답은 참으로 간단하다. 셰익스피어의 유명한 경구, "연극이 그것이다 The play's the thing"를 떠올리면 된다. 많은 창조적인 사람들이 한결같이 주장하는 바가 연극 경험은 감정이입적 상상력을 촉발하고 증진시켜준다는 것이다.

그렇다면 일급의 '감정이입가 empathizer'가 되기 위해서 연기수업을 받아야 하는가? 꼭 그렇지는 않다. 그러나 스타니슬라브스키와 메소드 배우*들이 고안한 많은 테크닉들은 폭넓게 적용될 수 있다. 스타니슬라브스키는 다음과 같이 해볼 것을 추천한다.

*메소드 배우
스타니슬라브스키 연기법을 습득한 배우로 극중 캐릭터에 대한 이해와 자신의 경험을 바탕으로 자연스런 내면연기를 소화할 수 있는 뛰어난 배우.

1. 실제나 가상환경에서 우리가 보고 듣고 만지고 느낄 때 집중되는 '내적 주의력 inner attention'을 연습하라. 이는 세상에 대해 자신이 보이는 반응을 관찰하고 그 반응에 대한 육체적이고 정서적인 기억

을 유지하는 것을 의미한다. 문을 열 때의 느낌은 어떤 것일까? 이 느낌은 물리학적 설명이라는 '대본'과 어떻게 관련되어 있을까? 어떤 분야든지 '배우'가 일상생활에서 겪는 느낌들을 기억하고 재현함으로써 이러한 내적 주의력을 연마할 수 있다.

2. 자신의 외부에 있는 사람이나 사물에 대한 '외적 주의력external attention'을 연습하라. 배우들은 다른 사람이나 사물을 면밀하게 연구한다. 스타니슬라브스키는 제자들 앞에서 어떤 것을 한번만 보여주고 감춘 다음 가능한 한 자세히 이것을 기억해내도록 훈련시켰다. 그 자신 또한 다른 사람들에게서 발견한 흥미로운 습성을 정확히 모방해내려고 했다. 이 접근법은 침팬지, 시계 혹은 쿼크의 모습을 묘사하거나 흉내 낼 때 유익한 것이다.

3. 자신의 외적 주의력이 미치는 대상이 지각하고 느끼는 것을 상상하라. 그 대상의 세계가 자신의 세계이고, 그의 감각기관과 육체적 속성이 자신의 것이라고 가정하라. 만일 당신이 그 사람이라면 어떻게 느끼고 행동하고 반응할 것인가? 자신의 내부에 있는 감각과 정서 사이에 연결된 끈을 찾아내라. 이 접근법으로 스타니슬라브스키가 극중 인물과 친밀감을 느끼고 일체화되었듯이, 당신도 세포나 바이러스, 탄소원자가 '무엇을 하고 싶어 하는지' 느낄 수 있을 것이다.

천체물리학자 제이콥 셰이엄은 십대 시절, 거지 역할을 맡게 되었다. 그는 몇 주에 걸쳐 하루에도 몇 시간씩 예루살렘의 거리에서 거지들을 따라다녔다. 그들이 사람들을 상대하는 모습이며, 몸짓, 얼굴표정, 말투, 사고방식을 연구했다. 셰이엄은 이 경험, 즉 감정이입을 통해 얻어진 창조적 통찰을 결코 잊지 못했는데 그로부터 수 년이 지나 연극과는 전혀 동떨어진 과학문제에 매달릴 때조차 이때의 경험을 떠올리곤 했다. 그는 물리학방정식이 연극대본과 정확히 같은 것임을 깨달았고, 이 수식은 에너지, 양, 빛이라는 '배우'들을 수학적으로 기술된 '연기'라는 맥락 속에서 연구할 때 필요하다고 생각했다.

문학 역시 감정이입에 접근하는 또 다른 통로를 제공한다. 그리고 그것으로 인한 통찰은 사람의 심리에만 국한되지 않는다. 훌륭한 문학작품은 '사람이 아닌 것이 되는 것'이 어떤 느낌일지도 맛보게 해준다. 프리모 레비Primo Levi의 《주기율표Periodic Table》는 원소의 '욕망'을 알게 해주며 T. H 화이트T. H. White의 《한때 그리고 미래의 왕 The Once and Future King》에서는 어린 왕 아서가 개미, 매, 올빼미, 물고기 등 여러 생물로 변신하는 내용이 나온다. 물론 두더지처럼 실제로 땅을 파거나 물고기처럼 헤엄을 쳐보는 것이 더 유익할 수 있을 것이다. 흉내 내기는 항상 감정이입의 유용한 방법이 된다.

이런 접근법에서 한 걸음 더 나아간 경우도 있다. 1960년대 후반, 스탠퍼드대학의 생물학자들은 세포가 유전자 메시지를 단백질로 풀어내는 과정을 대규모로 재현했다. 생물학과 학생들에게 DNA나 RNA배열에서 염기, 아미노산, 리보솜 등의 역할이 주어졌다. 그런 다음 풋볼 경기장에 모여, 크게 틀어놓은 록 음악에 맞춰 각자 맡은 기능을 수행하게 했다. 헬리콥터 촬영으로 이 대단한 볼거리 전체를 기록에 담았다. 이런 실습은 미시건 주립대학의 곤충학 교수 캐서린 브리스토우Catherine Bristow에 의해 보다 간소화한 형태로 교실 안에서 행해진 경우도 있다. 시카고대학의 자프라 레먼Zafrah Lehrman과 뉴욕대학의 수전 그리스Susan Griss는 생태계 내부에서 일어나는 다양한 종들 간의 상호작용과 화학적 반응을 춤으로 고안하기도 했다.

위에 언급한 모든 사례들은 우리가 '자신'이 아니고 '자신이 이해하고 싶은 것'이 될 때 가장 완벽한 이해가 이루어질 수 있음을 보여준다. 어떤 시스템 내에서 특정 부분을 맡아 기능하고 연기한다는 것은 이해를 '축조'하는 일이다. 사실 '감정이입'에 관해서라면 세상 전체가 그 대상이 되는 무대인 셈이다.

> "우리가 '자신'이 아니라 '자신이 이해하고 싶은 것'이 될 때 가장 완벽한 이해가 이루어진다."

SPARK OF GENIUS
생각도구 9 차원적 사고

공간을 입체적으로 생각한다
2차원 세계에서 우리는 어떻게 보일까
3차원 물체를 2차원 평면에 그리는 원근법의 발명
조지아 오키프가 꽃을 크게 그린 이유
시간은 단 한 가지 차원인가?
콜더의 등장과 움직이는 조각
조각을 볼 줄 모르는 형태맹들
차원적 사고를 길러주는 기하학 모형

왼쪽부터: 조지아 오키프, 헨리 무어, 피에트 몬드리안, 노구치 이사무.

▶ 크기나 색채, 형상을 바꾼 사람들

"내가 본 꽃을 그대로만 그렸다면 아무도 내가 본 것을 보지 못했을 것이다. 꽃이 작은 만큼 그림도 작게 그렸을 테니까 말이다."
 -화가 조지아 오키프

"조각이 평면 예술보다 어려운 것은 3차원적인 형태에 감응하는 능력이 필요하기 때문이다. 즉 '색맹'인 사람보다 '형태맹'인 사람이 훨씬 더 많은 것이다.
 -조각가 헨리 무어

"조각은 책에서 재현되지 않는 어떤 것이다. 즉 평면 위에서는 불가능하다."
 -조각가 노구치 이사무

무게와 공간을 한곳에 수렴시킬 방법을 찾아라.
모델을 그대로 묘사하는 것으로는 충분치 않다.
—화가 브리짓 라일리

DIMENSIONAL THINKING DIMENSIONAL THINKING DIMENSIONAL THINKING
■ ■

내과의사들은 환자들 몸의 조각에 불과한 X레이 사진이나 MRI를 판독할 때, 그것을 살아 움직이는 생명체로 환치해놓고 해석해야 한다. 추상미술가들도 마찬가지다. 평면작업이 갖고 있는 문제를 명백히 보여준다. 입체파 미술은 3차원 물체가 가지고 있는 다면성과 입체성이 2차원 평면에 묘사될 때 나타내는 한계를 끈질기게 대비시킨다. 이 작품들은 2차원적인 세계의 크기나 색채, 형상이 3차원 세계와 다르게 상호작용하고 있음을 강조한다.

공간을 입체적으로 생각한다

무용수인 아그네스 드 밀Agnes De Mille은 공간을 가로지르며 움직이는 것들에 매료되었다. "어렸을 적, 언덕 위에서 내려다본 풍경은 달리고 싶고, 미친 듯 구르고 싶고, 내 몸을 땅 위로 내던져버리고 싶은 충동으로 나를 가득 채웠다. 무용수나 어린아이에게 공간이란 이런 것을 의미한다"라고 그녀는 말하고 있다. 한편 그것은 3차원 세계에서, 중력이 그녀의 움직임을 끊임없이 2차원의 세계에 묶어두려 한다는 사실을 의미한다. 뛰어난 무용수라 할지라도 플로어에서 도약하여 공중에 머무르는 시간은 고작 몇 초를 넘기지 못한다. 그들은 면과 면 사이의 공간이 아니라 단 한 면만을 가로지르며 움직인다.

오스카 슐레머의 말대로 이런 한계성은 절망적이다. 그는 회화와 조각으로 시작했지만 안무가로 보다 널리 알려졌다. 그는 자신의 이력을 "1차원적 표면의 기하학으로부터 절반쯤 입체적인 부조의 세계를 거쳐 완전한 입체인 인간 몸의 세계까지 왔다"라고 설명한다. 그러나 중력이 부과하는 한계성은 그리고 해서 비켜가주지 않았다. 그는 "역설적이게도 형체가 입체적이 될수록 보다 납작해진다"라고 차원의 한계를 인정하고 있다.

당구 같은 단순한 게임도 2차원에서 3차원으로 변환되면 아주 낯선 것이 되어 최고의 수학자가 아니면 아예 할 수 없을 정도가 된다. 이 말이 거짓말처럼 들리는가? 우리가 지상에서 당구를 친다고 할 때, 이 2차원 당구에서 대표적인 묘기 샷trick shot이란 흰공을 쳐서 당구대의 모든 면을 다 맞히고 다시 제자리로 돌아오게 하는 쿠션 볼이다. 이 샷을 만들어내기는 아주 쉽다. 당구대의 어느 한 면을 골라 그 가운데 지점에 공을 놓고 인접 면의 가운데 지점을 겨누어 치면 된다. 규칙적인 모양을 가진 평면이라면 삼각형이든 12각형이든 같은 결과가 나온다.

그러나 3차원 우주에서라면 반드시 평면에서만 당구를 칠 수 있는 것은 아니다. 예를 들어 우리는 입방체 내부에서 당구를 칠 수도 있다. 그러나 조심하길! 만일 당신이 흰공을 입방체 내부의 어느 면의 중심에 놓고 인접 면의 가운데를 겨누어 공을 치면 그 공은 원래 자리로 돌아오기는 할 것이다. 그러나 6면을 다 맞히지는 못하고 4면만 맞혔을 것이다. 그러니 당신이 진 것이다!

입방체 내부 여섯 면을 다 맞힐 수 있는 방법을 알아내기 위해서는 세계적인 기하학자인 휴고 슈타인하우스Hugo Steinhaus가 출현할 때까지 기다려야 했다. 그 후 탁월한 기하학자들인 존 콘웨이John Conway와 로저 헤이워드Roger Hayward는 사면체 내부에서 당구를 칠 경우 4면을 다 맞힐 수 있는 방법을 알아냈다. 좀더 최근에는 매튜 허들슨Matthew Huddleson이 컴퓨터의 도움을 받아 그런 묘기 샷이 8면체나 12면체 같은 플라톤 입체 내에서도 가능하다는 것을 밝혀냈다.

물론 다차원적 퍼즐을 접하기 위해 지구를 떠날 필요까지는 없다. 여기 고전적인 퍼즐이 하나 있다.

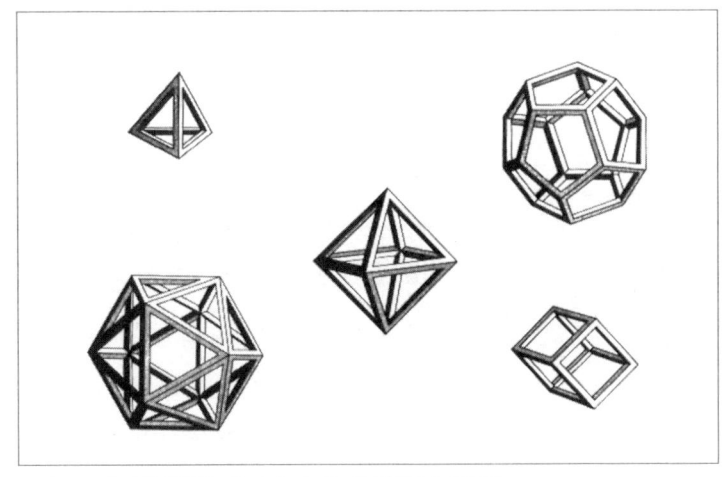

그림 9-1. 플라톤 입체들. 정 4, 6, 8, 12, 20면체들을 말한다.

배열된 8개의 성냥개비가 서로 붙은 네 개의 삼각형을 형성하고 있다. 도전할 문제는 여기서 두 개의 성냥개비를 치우되, 여전히 인접한 네 개의 삼각형들을 남겨야 한다는 것이다. 이와 비슷한 퍼즐로 6개의 사각형을 이루고 있는 19개의 성냥개비 문제가 있다.

여기서 성냥개비 7개를 치워도 서로 붙은 같은 크기의 사각형 6개가 남아 있어야 한다. 이 문제들이 2차원 안에서 주어졌기 때문에 사람들은 대개 해답도 2차원 안에 있을 것이라고 생각한다. 그러나 해답은 3차원적인 것에 있다.

2차원 세계에서 우리는 어떻게 보일까

차원적 사고dimensional thinking는 2차원에서 3차원으로, 혹은 그 역방향으로 이동하는 것과 관련이 있다. 어떤 한 차원에서 주어진 정보들을 변형시켜 다른 차원으로 옮겨놓거나, 아니면 차원 내에서 어떤 물체나 과정이 차지하는 크기를 일정한 비율로 줄이거나 변경하는 등 우리가 알고 있는 것에 따라 공간과 시간 너머의 차원들을 개념화하는 것을 뜻한다.

종이비행기를 만들 때나 집에 오는 약도를 그릴 때 우리는 차원적인 사고를 한다. 2인용 조리법을 20인용으로 바꾸거나 소인국의 걸리버를 그릴 때, 영화 〈여보, 애들이 줄었어요Honey, I Shrunk the Kids〉에서 아주 작아진 아이들을 볼 때 우리는 사물들을 일정비율에 따라서 줄이거나 늘인다. 우리는 또한 차원적 사고를 하면서 놀기도 하는데, SF소설을 읽을 때나 타임워프time warp*, 웜홀wormhole**, 대체우주alternate universe를 상상할 때 그렇다. 차원적 사고는 이처럼 우리의

*타임워프
time warp
시간의 흐름을 구부려 한 순간에서 다른 순간대로 이동하는 일.

**웜홀
wormhole
블랙홀과 화이트홀 간의 통로.

삶에 속속들이 스며들어 있다.

이 주장을 증명하기 위해 에드윈 A. 애벗Edwin A. Abbott*이 쓴 고전적인 기하학 판타지소설 《플랫랜드Flatland》에서처럼 우리가 완벽하게 편평한 2차원 세계에 방문했다고 생각해보자. 플랫랜드 사람들은 우리의 3차원 세계를 이해하기 위해서는 우리가 그들의 평면에 던진 흔적과 그림자를 통해서만 추측할 수 있다. 과연 그들이 우리의 모습을 제대로 지각할 수 있을까? 그렇지 않다. 2차원 세계의 친구들은 우리들을 그림자나 저며낸 조각으로밖에는 받아들이지 못한다.

만일 우리가 그들의 세계 위에 서 있다면 그들은 우리의 그림자를 지각할 것이다. 그러나 그들의 시야는 태양의 각도와 상대적인 우리의 위치에 의해 왜곡될 것이다. 왜냐하면 단 한 개의 물체라도 경우에 따라서는 그림 9-2의 조각이 보여주는 것처럼 많은 다른 그림자를 던질 수 있기 때문이다.

우리의 움직임 역시 그들을 헷갈리게 할 것이다. 우리가 걸음을 내딛기 위해 발을 수직으로 들어올리면 그림자는 수평적으로 건너뛰게 된다. 몸을 돌리기라도 하면 우리의 모습과 팔다리가 갑자기 나타나거나 사라질 것이다. 애벗이 플랫랜드에서 추측한 대로 그들이 보는 우리의 모습은 우리가 보는 우리의 모습과는 확실히 다를 것이다.

이 2차원 세계의 친구들이 만일 우리를 조각slice의 형태로 경험한다면 그들은 아마도 우리에 대해 보다 많이 배우게 될 것이다. 우리가 썰어낸 고추조각들을 가지고 그 본질을 재구성하듯이 말이다. 만일 우리가

*에드윈 A. 애벗
Edwin A. Abbott
1838–1926. 영국 빅토리아 시대 신학자. 케임브리지대학 세인트존 칼리지에서 수학과 고전, 신학을 연구하여 최고 서훈을 받았다.

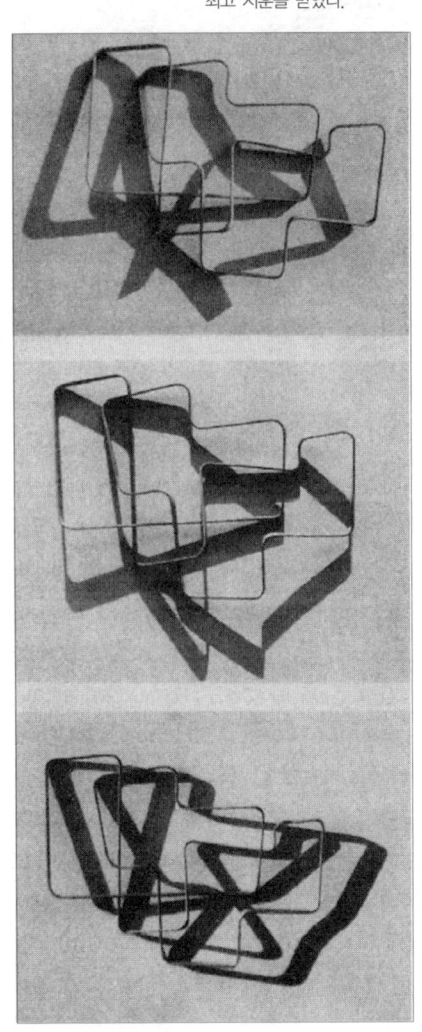

그림 9-2. 투영된 형상이 변화하는 모습. 산 미구엘 학교를 위해 제작한 에르네스트 문트의 그림자 조각, 1953. 위에서 아래로: 〈아침의 빛〉, 〈정오의 빛〉, 〈오후의 빛〉. 이라 라투르의 사진.

그림 9-3. 〈우리시대 1,000개의 무상한 것들에 대한 서곡〉, 콜린 셀프의 동판 부식판화, 1971. 이 작품은 우리가 플랫랜드에 눕는다면 그곳 사람들이 경험하게 될 것을 보여준다.

"2차원적 정신으로 3차원적 물체를 생각해낼 수 있을까?"

그들의 세계를 뚫고 지나가거나 드러눕거나 서서히 빠져 들어간다면 그들은 우리를 그런 식으로 보게 될 수 있다(그림 9-3 참조). 그리고 이때 이 2차원 친구들이 우리의 외부는 물론이고 내부까지도 보게 될 것이라는 점을 명심해야 한다. 3차원에 사는 우리조차 보지 못하는 우리 자신의 내부를 말이다.

그럼에도 불구하고 그들의 생각은 2차원 세계에서만 머무른다. 그들은 2차원적 사고로 3차원적 물체를 생각해낼 수 있을까? 아니면 계속 우리를 일련의 독립적인 2차원적 조각들로 보게 될 것인가? 아마도 그들은 한 개인을 보고 있는 게 아니라, 비슷하긴 하지만 정체를 알 수 없는 조각과 같은 개체들이 수없이 모여 있는 어떤 집단을 보고 있다고 생각하지 않을까?

한편 그림 9-4에서 보는 것 같은 MRI 사진들 앞에서 우리 자신도 이들과 비슷한 문제에 직면하게 된다. 플랫랜드는 가상의 세계다. 그러나 그 세계는 실제세계와 밀접한 관련이 있다.

우리는 모두 진흙이나 눈, 콘크리트 위의 발자국을 보고 어떤 생물이나 사람이 그것을 남겼을 것이라고 추론한다. 기괴한 유령 같은 그림자가 어떤 원리로 자신을 항상 따라다니는지 우리 모두는 알고 있다. 이 모든 현상은 누군가의 몸 일부 혹은 전부가 상대적으로 편평한 면에 투영된 것이거나 상으로 맺힌 것이다.

이는 3차원 물체를 2차원으로 표현한 것과 같다. 이런 표식들은 많은 직업에서 큰 중요성을 갖는다. 고고학자나 법의학자들은 발자국이나 기타 흔적을 가지고 그 주인의 크기, 무게, 신장 등을 재구성해야 한다. 군대의 정보분석가들은 정찰기나 정탐위성이 촬영한 2차원 사진을 가지고 3차원적 추리를 해야 한다. 내과의사들은 X-레이 사진이나 CAT computerized axial tomography*, MRI를 판독해야 하는데,

그들은 움직임 없는 환자들 몸의 조각만을 볼 수 있을 뿐이다. 그럼에도 불구하고 그들은 눈에 보이는 살아 움직이는 생명체로 환치해 놓고 해석해야 한다.

요즘 의학계 문헌들을 보면 근시교정에서 안면성형에 이르는 기술들을 놓고 3차원, 4차원, 5차원, 심지어는 6차원으로 분석하는 논문들이 눈에 많이 띈다. 음향기록장치sonogram나 양전자방사 단층촬영술PET은 인체나 인체의 기능을 공간상으로뿐만 아니라 시간상으로도 확인할 수 있게 한다.

3차원 물체를 2차원 평면에 그리는 원근법의 발명

차원적 변형을 활용하는 분야는 다양하다. 예를 들어 화합물주기율표periodic tables of compounds가 그러한데 그것은 원소주기율표와 달리 그 패턴을 나타내려면 4차원 이상이 필요하다. 또 다른 예는 너무 평범해서 우리가 자주 간과하는 것이다. 지도제작이 그것이다. 어떻게 지구를 짜부라뜨려 편평한 지도 한 장으로 만들어낼 수 있는가? 오렌지의 껍질을 벗긴 다음 그것을 납작하게 펼쳐본 사람이라면 그 경우에도 얼마나 많은 방식들이 있는지 알 수 있다. 오렌지의 경우나 지구의 경우나 편평하게 만드는 데는 반드시 한 가지 방식만 있는 것이 아니다.

지도제작법을 들여다보면 거기에 엄청난 수의 도법체계가 있다. 어떤 지도책이나 하나 집어서 펼쳐보자. 우리에게 친숙한 메르카토르Mercator 투영법을 비롯해, 골Gall 투영법, 몰바이데Mollweide 투영법, 해머아이토프Hammer-Aitoff 투영법, 정사투영법, 평사투영법, 방

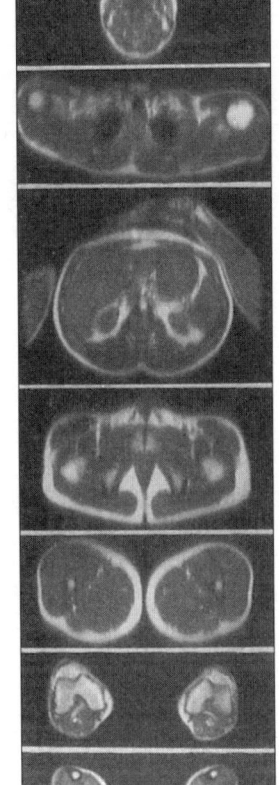

그림 9-4. 〈인체분할 사진〉, 로버트 루트번스타인이 MRI 사진으로 만든 콜라주. 이 작품은 플랫랜드 사람들이 우리를 조각으로 본다면 어떻게 보이는지를 나타낸다.

*CAT
computerized axial tomography
컴퓨터 체축 단층 촬영.

> "어떻게 지구를 짜부라뜨려 편평한 지도 한 장으로 만들어낼 수 있는가?"

위투영법, 극점투영법, 원통투영법, 원추투영법, 평면투영법, 버크민스터 풀러의 측지투영법 등 십수 가지의 투영법들이 있다. 이렇듯 수많은 명칭과 방식들이 존재하는 데 놀라지 않을 수 없다. 이 모든 것들에 공통적으로 들어 있는 단어는 '투영법projection'이다. 3차원적 물체를 2차원적 표면으로 옮기는 투영법의 발달은 르네상스시대에 이룬 가장 위대한 업적 중 하나이다.

투영법은 원근법의 발명에서 직접 연유한 것이다. 원근법으로 그림을 그린다는 것은 3차원적인 풍경이나 물체를 편평한 캔버스나 종이 위에 투영하는 것이다. 르네상스시대의 화가들은 '알베르티의 베일(이탈리아 건축가 레온 바티스타 알베르티Leon battista Alberti*의 이름을 따서 지은)'이나 '레오나르도의 창(알베르티가 만든 기구를 개량해서 사용한 레오나르도 다빈치의 이름을 땄다)' 등으로 불리던 그리드(격자)를 댄 광학기구를 사용했다.

두 그리드 중 하나는 마치 유리를 끼운 창문처럼 화가와 그가 그리는 대상 사이에 수직으로 놓고, 다른 하나는 화가가 그림을 그리려는 캔버스 위에 수평으로 놓는다. 그 상태에서 화가는 수직 그리드의 각 눈금 안에 들어온 시각적 정보를 그대로 캔버스 위에 있는 그리드의 해당 눈금 안에 옮기면 된다. 이렇게 하면 화가는 모델이나 풍경을 정밀하게 그려낼 수 있다.

서구에서는 이 원근법의 규칙을 당연한 것으로 받아들인다. 우리는 직선들이 지평선상의 소실점으로 사라져가는 것을 본다. 비록 원근법으로 그린 그림들이 전체적으로 보면 선이 틀어지고 줄어들어 있다 해도 우리는 이런 형식주의를 '사실적'이라고 생각한다.

그러나 원근법이 원래부터 있었던 것은 아니었다. 인류학자들은 미개 부족민들이 3차원 물체를 2차원 평면에 원근법적으로 묘사한 그림을 잘 이해하지 못한다는 것을 발견했다. 화가 브리짓 라일리는

*레온 바티스타 알베르티
Leon Battista Alberti
1404-1472, 15세기 이탈리아 건축가이자 철학자. 근세 건축양식의 창시자로서 비례에 의한 원근법적 구성에 대해 기본 개념을 정립했다.

3차원 물체를 2차원으로 묘사하는 것에 대해 다음과 같이 쓰고 있다. "무게와 공간 같은 것들을 한곳에 수렴시킬 수 있는 납득할 만한 방법을 찾아야 한다. 이 일을 하기 위해선 단순히 모델을 그대로 묘사하는 것 정도로는 안 된다. 그것으로 무엇을 제대로 그려내기에 충분치 않다."

많은 추상미술가들의 작품들은 평면적인 세계에서 작업하는 것이 어떤 문제를 가지고 있는지 반증한다. 그 작품들은 2차원 세계에서의 크기나 색채, 형상이 3차원적 세계와 다르게 작용하고 있음을 강조하고 있다. 입체파 미술은 3차원 물체가 가지고 있는 다면성과 입체성을 2차원 평면에 묘사할 때 나타내는 한계와 대비시키고 있다.

그림 9-5. 뒤러가 격자를 이용해서 그림을 그리는 모습.

알브레히트 뒤러Albrecht Dürer*나 레오나르도 다빈치, 그 밖에 다른 화가들은 그림을 그릴 때 비틀어졌거나 휘어진 격자를 사용해보면 어떨까 하는 생각을 했다. 그런 격자는 마치 카니발 거울이 야윈 사람을 뚱뚱하게, 뚱뚱한 사람을 야위어보이게 하듯이 그리는 대상의 외양을 왜곡시킨다. 이렇게 나타나는 상을 바로잡기 위해 보완적인 격자나 거울, 다시 말해 또 다른 왜상 거울이 필요한데, 이것은 상을 왜곡시킨 광학적 과정을 거꾸로 되돌린다.

화가들은 원근법으로 그림을 그리면서 또 한편으로 실험을 하기도 했는데, 그것은 상을 구나 원뿔, 원통이나 그 밖에 기하학적 물체의 표면에 투영시켜 왜곡되지 않은 제 모습을 나타내게 하는 실험이었다. 그림 9-6에 나타난 17세기 스웨덴 왕의 초상화는 그 훌륭한 본보

"원근법으로 그림을 그리는 것은 3차원적인 풍경이나 물체를 편평한 캔버스나 종이 위에 투영하는 것이다."

*알브레히트 뒤러
Albrecht Dürer
1471-1528, 독일 화가. 독일 르네상스 회화의 완성자로, 후기 고딕의 엄격한 구성과 원근법이 결합된 독일 전통에 충실한 작품을 많이 남겼다.

그림 9-6. 원통 표면에 그려진 스웨덴 왕의 초상, 화가 미상, 스웨덴의 국립 초상화 콜렉션, 그립스홀름.

기가 된다. 〈사이언티픽 아메리칸〉지의 1974년 12월호에 마틴 가드너가 쓴 칼럼을 보면 이에 관한 다른 많은 사례들을 읽을 수 있다. 이와 같은 왜상 투영법은 지구를 지도로 옮기는 투영법과 과정이 정확히 같다.

비록 이러한 '상 왜곡'이 미술실험으로 출발하긴 했지만, 그것은 이후 과학분야에서도 활발하게 쓰인다. 18세기 후반의 제도공이며 수학자였던 가스파르 몽주Gaspard Monge는 풍경과 건물을 측량하고 그것을 지도로 정확하게 옮기는 기법을 만들어냈으며, 그 과정에서 현대 공학과 건축학의 기초를 이루는 사영射影 기하학분야를 창안했다.

그로부터 한 세기가 지나 이 분야의 고전으로 통하는《성장과 형태에 대해On Growth and Form》를 쓴 생물학자 다르시 톰슨D'arcy Thompson은 신체기관의 구조적 형태가 왜상적 변화를 통해 진화한다는 것을 증명했다. 모든 종류의 물고기는 서로 친족관계인데 유전학적으로만이 아니라 모양도 그렇다는 것이다. 각각 물고기의 모습은 다른 물고기의 일그러진 모습이다. 곤충이나 포유류, 나무와 잎사귀, 그 밖에 다른 모든 생물이 그러하다.

초기 무성영화 시절 스크린에 투사된 화면비율은 에디슨이 발명한 키네토그래프kinetograph*는 1 : 1.33 혹은 3 : 4구도였다. 1906년 이후 이 화면비율은 구도와 감상에 안정감을 준다는 이유로 대부분의 영화에 공통적으로 적용되었고, 이후 에너모픽 렌즈를 사용할 경우 1 : 2.35까지 확장되었다.

표준화면에서 대형화면을 만드는 방법은 표준규격의 35밀리 필름보다 폭이 적은 필름을 사용하는 방식과 애너모픽 굴상렌즈를 사용

*키네토그래프
kinetograph
1888년에 미국의 에디슨과 딕슨이 발명한 활동사진 촬영기.

해 영상을 축사한 후 다시 애너모픽 렌즈를 사용해 화면을 확대시키는 방식, 두 대 이상의 카메라와 영사기를 사용하는 방식, 기존의 35밀리 필름을 아래 위로 가린 채 사용하는 방식 등이 있다. 연예산업 역시 와이드 스크린 영화라는 형태 속에서 왜상기법의 혜택을 입었다고 할 수 있다.

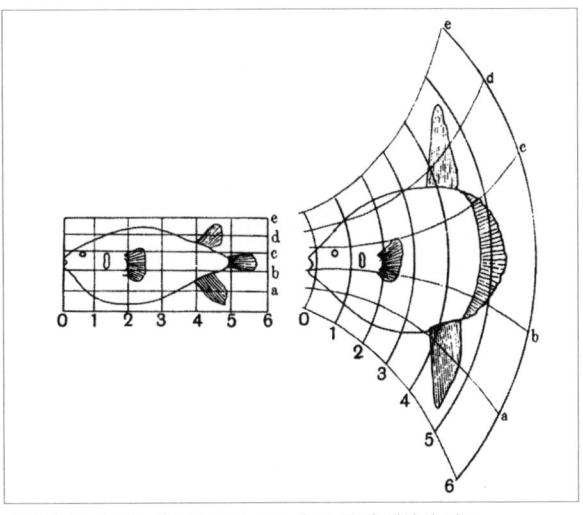

그림 9-7. 다르시 톰슨이 그린 물고기 두 종의 왜상적 비교.

조지아 오키프가 꽃을 크게 그린 이유

이제 다른 유형의 차원적 변형에 대해 생각해보자. 지도투영법, 원근법, 왜상에는 상당히 발전된 수학이론이 들어 있다. 그중 하나가 분수차원fractional dimensions이다. 우리는 차원이 1차원, 2차원, 3차원 등 정수 단위로 존재한다고 생각한다. 그러나 앞서 몸으로 생각하기를 다룬 장에서 살펴본 시어핀스키 카펫이나 코흐곡선을 기억해보자. 그것들은 프랙털이다. 그렇게 부르는 이유는 그것들이 분수차원을 가지고 있기 때문이다. 사각형이나 원이 한정된 둘레를 가지고 있는 것과 달리 프랙털의 둘레는 무한하다. 제논의 역설*에서처럼 어떤 무한급수는 산출 가능한 답을 향해 수렴되는 것이다.

코흐곡선을 생각해보자. 새로운 삼각형 세트를 이전 세트에 추가할 때마다 둘레 길이는 전에 늘어난 것의 4분의 3만큼 늘어난다. 이 과정은 코흐곡선의 분수차원인 1.2618로 수렴하는 무한급수를 만들어낸다. 모든 프랙털 형상은 고유한 분수차원에 의해 규정된다. 이

*제논의 역설
고대 그리스의 철학자 제논이 대(多)와 운동의 존재를 인정한다면 자기 모순에 빠지게 되는 것을 증명한 논법.
만일 어떤 곳에서 다른 곳으로 걸어갈 때, 다음 걸음의 보폭이 직전 걸음 보폭의 절반이라면 절대 목적한 장소에 도달할 수 없다.

형상들은 분수가 정수들 사이에 존재하듯이 통상의 차원 사이에 존재한다. 나무나 우리 몸의 기관지, 모세혈관, 기타 생물학적 시스템에서 그런 프랙털 구조를 볼 수 있다는 것은 신비롭다.

흔히 볼 수 있는 물체의 특성을 찾으면 '차원적'인 경이감을 느낄 수 있다. 노구치는 조각이 책에서 재현되지 않는 어떤 것이라고 정의한 적 있다. 그의 말을 달리 옮기자면, 평면 위에서는 불가능하다는 것이다. 그의 마지막 작품은 알루미늄판을 용접하지 않고 접어서 만든 것인데, 일본 아이들의 종이 접기, 즉 오리가미기법을 활용한 것이다. 이 오리가미야말로 복잡한 다차원적 사고를 요한다. 브라이언 헤이즈Brian Hayes가 말하길, "돌이나 점토를 다루는 조각가는 이미 3차원적인 소재를 사용하지만 종이 접기를 하는 사람은 납작하고 형체 없는 종잇장에서 입체를 떠올려야 한다. 이 작업은 강력한 기하학적 직관을 요구한다"라고 한다.

수학자들은 이 오리가미가 정교한 다차원적 논리를 구현하고 있다고 말한다. 이 논리는 어떤 연산이나 법칙과도 같으며, 무엇을 접을 수 있고 없는지, 그리고 최종적인 모양을 만들어질 때까지의 접는 순서를 결정해주는 것이다. 한편 이것은 수학적으로 기술될 수 있고 기계조립과 관련된 경우 일련의 조작순서로 설명될 수 있다. 그래서 오리가미는 '플라이케이션plication'이라고 부르는 수학의 새로운 하위 분야가 되고 있다. 플라이케이션에서는 어떤 종류의 접기에도 통용될 수 있는 법칙을 찾고 있다.

접기는 다양한 응용이 가능하다. 실생활에서 모든 상품의 제작공정은 2차원 소재를 구부리고, 접고, 압착해서 3차원 형상을 만들어내는 것이다. 강철평판을 압착해서 자동차나 비행기, 기차, 캔, 가재도구들을 만들어낸다. 이러한 물건들을 도안하고 설계하기 위해서는 평면적인 것이 어떻게 입체적인 것으로 변형되는지에 대한 감각이 있어야 한다. 2D청사진이나 설계도, 지도를 3D현실과 결부시키는 능력이 이런 직업에 필수적이다.

　설계도면을 구체화하는 일은 크기조정scaling과 깊은 관련이 있다. 지도를 그리거나 3차원적으로 무엇인가를 제작하는 일과 마찬가지로, 어떤 차원 내에서 물체의 크기나 비율을 변화시키는 일은 많은 분야에서 요구되는 기술이다.

　재미있는 사실은 어떤 학자가 감당할 수 있는 크기조정의 폭은 그의 학문적 영역과 정확히 일치할 때가 많다는 것이다. 길이가 백만 미터가 넘는 대상을 상대하는 사람이라면 우주비행사가 틀림없을 것이다. 천 미터에서 백만 미터까지의 길이를 가진 대상을 다루는 사람은 지리학자일 것이다. 가장 큰 건축물이나 기구는 철도나 고속도로를 빼면 고작해야 천 미터 남짓하다. 사람을 상대하는 사람들의 스케일은 1/3미터에서 10미터에 걸쳐 있다. 생물학자들은 길이가 10미터에서 1/10,000미터에 걸쳐 있는 대상을 다루며, 생화학자들이 감당할 수 있는 대상의 길이는 1/10,000미터에서 1/100,000미터다. 대개의 화학자들이 취급하는 연구대상의 크기는 10^{-9}m에서 10^{-12}m까지다. 이보다 작은 크기는 물리학의 세계에서 취급한다.

　화가인 톰 반 산트Tom van Sant가 가장 넓은 폭의 스케일을 재어보았다는 사실은 참으로 흥미롭다. 그는 미술이 그려낼 수 있는 이미지 중에서 가장 작은 것과 가장 큰 것을 제시하고 있는데 둘 다 육안으로 볼 수 있다. 가장 작은 이미지는 원자력 현미경을 이용해 원자를 밀치면서 만들어낸 것인데, 열에 의한 진동이 그것을 붕괴시킬 때까지 불과 수분의 일 초만 나타났다. 가장 큰 이미지는 교묘하게 설치한 거울로 햇빛을 난반사*시켜 사막에 산광시킨 것을 NASA의 랜드샛 위성이 카메라로 포착한 것이다. 하지만 이런 게 있다 하더라도 대부분의 우리들이 우주공간에서 실제로 경험하는 것은 극히 조금밖

"종이 접기를 하는 사람은 납작하고 형체 없는 종잇장에서 입체를 떠올려내야 한다."

*난반사
울퉁불퉁한 바깥 면에 빛이 부딪혀서 사방팔방으로 흩어지는 일. 서로 다른 위치에 있는 사람들이 여러 가지 물체를 동시에 볼 수 있는 것은 이 때문이다.

에 되지 않는다.

크기와 시간은 확실히 중요하다. 조각품이나 자동차, 건물의 크기는 사회적이고 심리적이며 정치적인 함의를 갖고 있다. 예를 들어 대형건물에는 권력의 의미가 내포되어 있다. 반면 작은 방은 친밀성과 사생활을 의미한다. 기념품상점에서 볼 수 있는 6인치짜리 에펠탑 모형에는 진짜 에펠탑이 가지고 있는 충격적인 느낌이 전혀 없다. 히틀러의 제국의회 의사당이나 베르사유 궁전, 만리장성 등은 건축 목적 외에도 그 크기와 규모로써 무엇인가를 나타내려 하고 있다. 크기의 문제는 예술작품의 해석에 있어서도 중요하다.

조지아 오키프의 커다란 꽃그림은 그 그림이 실제 꽃만큼 작았으면 전달하지 못했을 느낌을 우리에게 준다. 오키프는 이를 잘 인식하고 있었다. "내가 꽃을 있는 그대로 그렸다면, 아무도 내가 본 것을 보지 못했을 것이다. 왜냐하면 꽃이 작은 만큼 그림도 작게 그려야 했을테니까. 나는 그 꽃이 나에게 의미하는 것을 그려내려고 했다. 나는 꽃을 아주 크게 그렸다. 사람들은 놀라서 그림을 바라보았고, 그걸 보는 데 시간이 좀 걸렸다. 나는 내가 꽃 속에서 본 것을 아무리 바쁜 뉴요커들이라 하더라도 시간을 들여 보게 만들었다."

공학자나 발명가들 역시 크기에 변화를 가하고자 할 때 위험에 봉착할 수 있다. 어떤 건물모형의 크기를 늘여 실제건물만 하게 만들고자 할 때는 소재의 강도나 신축성 계산에 실수가 있어서는 절대 안 된다. 경기장 지붕이나 호텔 발코니의 붕괴사고를 생각해보라. 화학기술자들은 실험실 안의 시험관에서 활발하게 일어나던 반응이 천 갤런짜리 통에서는 잘 되지 않을 때가 있다는 것을 안다. 그 이유로 약품들이 대량으로 반응하면서 서로 방해하거나, 반응 자체가 용기의 벽 위에서 일어난 것일 수 있고 아니면 혼합과정에 문제가 있었다거나 반응 중에 발생하는 열을 통제하지 못했기 때문일 수도 있다.

이와 유사한 문제들로 인해 모형비행기 크기를 단순히 키우는 것도 힘들거나 아예 불가능해진다. 날개의 표면적이 커지는 비율보다 더 큰 비율로 동체와 날개의 접합점에 가해지는 압력은 세어진다. 결국 날개를 지탱하기 위해 필요한 힘의 양은 감당할 수 있는 한도를 넘어서게 된다.

동일한 원칙이 생물체에서도 적용된다. J. B. 스콧 할데인은 〈적당한 크기가 되는 것에 대해 On Being the Right Size〉라는 에세이에서 개미는 물방울의 표면장력을 마치 우리가 접착제 속을 걸어갈 때의 느낌만큼 크게 느낀다고 말하고 있다. 반면 우리 인간은 그런 장력 자체가 존재한다는 것도 전혀 느끼지 못한다. 한편 개미는 초고층빌딩에서 떨어져도 인간과는 달리 전혀 다치지 않는다. 만약 새를 코끼리만하게 키우면 아예 날 수 없을 것이다. 왜냐하면 그 부피는 치수의 세제곱씩 늘어나는 반면 날개 면적은 제곱씩 늘어나기 때문이다. 만일 세포가 방만큼 커진다면 그것은 몇 분 이내에 죽을 것이다. 순환시스템의 결핍 때문이다. 세포는 필요한 에너지를 공급하기 위해 산소와 당의 확산에 의지한다. 그런데 제 크기 이상으로 커지게 되면 그 확산속도가 너무나 느려지게 된다.

원자와 소립자 영역에는 또 다른 세계가 있다. 입자물리학자인 카를로 루비아 Carlo Rubbia는 다르게 생각할 것을 주문한다. "물질의 내부로 뛰어든다는 것은 행성 사이의 무한히 먼 거리를 여행하는 것만큼 흥분되는 일이다. 우리는 어떤 커다란 스케일에서 일어나는 일뿐만 아니라 보다 작고 미세한 스케일에서 일어나는 일을 볼 수 있다. 더욱더 많은 세부를 볼 수 있고 새로운 그림이 하나씩 하나씩 머리에 떠오르게 된다. 물질의 내부로, 우리들 자신 속으로 떠나는 여행이야말로 진짜다."

우리가 사는 공간도 매우 제한적이지만 우리는 또한 극히 작은 시간 영역 안에 살고 있다. 분야에 따라 활용하는 시간의 스케일도 달라진다. 거의 영구적인 시간대에서 벌어지는 일들은 우주비행사와 지리학자의 영역에 있으며 1조분의 1초 시간대에 발생하는 것들은 물리학자의 세계에 속한다. 우리들 대부분은 한쪽으로는 초 시간단위에, 다른 한쪽으로는 년 시간단위에 구속받으며 살아간다. 모든 음악은 분단위로 측정할 수 있다. 이러한 스케일의 문제가 우리에게 알려주는 바는 다른 스케일을 가진 우주에서는 다른 일이 일어난다는 것이다. 시간에 관한 것이건 물질에 관한 것이건 스케일이 다르면, 그것들은 다른 종류의 현상, 다른 유형의 문제, 다른 물리적, 생리적, 지각적 개념들과 마주치게 한다.

더 크다고 해서 반드시 더 좋은 것만은 아니다. 스트라빈스키는 발레곡 〈아폴로의 뮤즈〉를 현악 오케스트라에 맞추어 6부 구성으로 작곡했다. 초연에서 16대의 제1바이올린, 14대의 제2바이올린, 10대의 비올라, 4대의 제1첼로, 4대의 제2첼로와 6대의 더블베이스가 연주를 했다. 스트라빈스키는 경악을 금치 못했다. "음이 뒤죽박죽 섞여버렸고 울림은 너무 지나쳐서 충격을 받았다. 모든 소리가 구분이 안 되고, 웅웅거림 속에서 허우적대고 있었다." 그는 제1바이올린 8대, 제2바이올린 8대, 비올라 6대, 제1첼로 4대, 제2첼로 4대, 더블베이스 4대 규모로 줄여 오케스트라를 재편성했다. "그러자 모든 게 뚜렷하고 명징해졌다"라고 그는 말하고 있다. 크기문제는 음악 편곡에 있어서 주된 이슈가 된다. 만일 〈반짝반짝 작은별〉을 완전하게 악기 편성을 한 행진악대가 연주한다든지 베토벤의 5번 교향곡을 피콜로 독주로 편곡했다고 상상해보라. 음악의 스케일을 무작정 키우거나 줄이는 것에는 필연적으로 위험이 따른다.

시간은 단 한가지 차원인가?

우리는 시간에 대해서도 다르게 생각할 필요가 있다. 시간 역시 우리가 취하는 크기와 시각에 따라 다르다. 아인슈타인은 시간의 통로, 혹은 제4차원이라고 불리는 것을 보여주었는데, 이것은 절대적인 것이 아니고 관찰자와 관찰대상의 움직임에 따른 상대적인 것이다. 빛에 가까운 속도로 다른 별로 여행을 한 사람이 몇 년 지나서 집에 돌아왔다고 할 때, 그의 아이들은 모두 이미 오래전에 사망했을 것이다.

그러나 시간의 탄성을 경험하기 위해 우주 끝까지 로켓을 타고 여행할 필요는 없이 일상에서 그 예를 찾을 수 있다. 우리 모두는 바쁜 일에 매달려본 경험이 있다. 일을 하다 문득 고개를 돌려 시계를 보면 도대체 시간이 어떻게 지나가버렸는지 알 수 없었을 때가 있을 것이다. 한편으로는 아주 지루해서 1초가 1분 같고 1분이 한 시간 같이 느껴지는 때도 있었을 것이다. 어떤 군대의 기록에는 적 동향을 감시하던 어떤 병사가 다음과 같이 한 보고가 남아있다. "저는 4시간을 엎드려 있었다고 생각했는데, 시계를 보니 15분밖에 지나지 않았더군요."

우리가 잘 때나 명상을 할 때 시간은 전혀 존재하지 않는 듯 보인다. 과연 연대기적 시간만이 시간을 측정하는 유일한 방법인가? 과연 경험상의 시간은 그리니치 표준시와 동등하게 인정받을 수 있는가? 한 살짜리 아이가 살아온 전 생애의 12분의 1에 해당하는 한 달과, 100살 노인이 지내온 시간의 1,200분의 1밖에 되지 않는 한 달이 동일한 의미를 갖고 있는가? 그렇다면 시간은 단 한 가지 차원인가? 아니면 차원들의 집합인가?

물리적인 시간, 생리적인 시간, 정신적인 시간은 각각 다르게 나타난다. 이를 단초로 하면 어떤 생각이라도 가능해진다. 아마 시간에도 다른 차원이 있을 것이라고 생각하게 되는 것이다. 우리는 이미 공간적으로 분수차원이라는 뜻밖의 차원을 보지 않았던가?

한 가지는 확실하다. 시간의 차원에 대한 활용과 통제는 아직도 진화 중이라는 것. 앞서 관찰을 다룬 장에서 살펴보았지만, 1910년대의 화가들은 캔버스 위에 동작을 그려내는 문제를 탐구하기 시작했는데 이는 머이브리지가 질주하는 말과 도약하는 사람을 다중촬영으로 찍은 이후였다. 영화촬영술은 바로 머이브리지가 이룩한 사진술의 혁신에서 직접 연유한 것이었다. 이는 연결되는 상으로 나타나는 이미지들을 분리해내는 능력이 인간에게 없다는 사실을 역으로 이용한 것이었다.

영화촬영술은 다시 저속촬영술로 이어졌는데, 이것은 아주 느리게 진행되는 상황을 일반적인 영화촬영처럼 초당 30회 정도 찍지 않고 한 시간에 한번, 혹은 일주일에 한번, 심지어 일년에 한번 정도 찍어서 초당 30프레임을 돌리는 것이다. 이로써 나타나는 결과물은 '오랜 시간'을 '짧은 시간'으로 투영한 것이다. 일종의 시간적 왜상 anamorphosis인 셈인데, 아주 길게 쓴 글자를 아주 비스듬한 각도에서 짧게 보는 것과 비슷하다. 한편 우리들의 일상적 감각으로는 너무나 빨리 진행되는 일을 초당 수천 프레임을 찍어 '느린 동작'으로 재생하는 정반대의 투영도 가능하다.

어떤 음악가들은 시간이 진흙처럼 가소성을 가지고 있다고 믿고 있다. 작곡가이자 건축가인 야니스 제나키스는 음악이 본디 다차원적인 것이라고 믿고 있다.

그리고 필립 글래스에 의하면 음악의 목적 중의 하나가 시간 속에서, 이런 다차원성을 가지고 노는 데 있다고 한다. 그는 이렇게 말한다. "내 느낌으로 작곡가들은 뭔가 다른 시간감각을 가지고 있는 듯하다. 몬테베르디를 보아도 그렇고 팔레스트리나, 스트라빈스키의 경우를 보아도 사실인 것 같다. 만일 당신이 베토벤 교향곡을 들을 때 누군가가 그 곡이 얼마나 오래 연주될 것인지 물어본다면, 당신은 아마 가늠해내기가 굉장히 힘들 것이다. 음악의 시간과 대화의 시간은 분명히 다르다. 음악구조는 그 자체로 시간 속에서 독립적인 어떤 것을 창조해낸다. 결국은 누군가가 경험하는 진짜 시간은 우리가 일상적으로 누리며 살아가는 시간과는 다른 것이다."

콜더의 등장과 움직이는 조각

20세기에 들어서야 3차원 예술작품들이 시간과 공간 속을 자유롭게 움직일 수 있게 되었다. 조각에 생명을 부여하는 일은 알렉산더 콜더Alexander Calder*라는 천재가 나타나서야 가능해졌는데, 그는 처음에는 손으로 움직이는 모빌을, 1920년대 후반에는 모터를 이용한 모빌을, 마침내 1930년대에는 공중에 떠서 자유로이 움직이는 모빌을 만들어냈다. 이 조각품의 각 부분들은 고정되어 있지 않으며 상대적인 위치가 계속 바뀐다. 이 과정 속에서 모빌은 새로운 지각의 차원을 형성한다.

콜더의 발명에는 기술적으로 응용할 수 있는 부분이 있었다. 회화와 사진에서 움직임을 포착하고 묘사하고자 했던 노력이 영화 같은 전면적인 산업으로 이어졌다면 모빌은 무엇을 예고하고 있는가? 홀로그램? 로봇처럼 조종되는 3차원 체험? 아직 도래하지 않은 새로운 차원의 신세계? 할데인은 다차원적 상상이 가능한 것처럼 '다차원적인 운동감각적 사고'가 가능하다는 점을 시사하고 있다.

노구치의 경우는 그 자신이 '정서적 공간'이라고 부른 어떤 것이 무대와 작품 주위에 존재한다고 생각했다. 이를테면, 두 남녀가 방의 끝과 끝에서 서로 멀찌감치 떨어진 채 '사랑해'라고 말하는 것과 한 침대에서 서로를 안고 '사랑해'라고 말하는 것은 분명히 다르다는 것이다. 공간 자체가 정서적 메시지의 일부를 담고 있는 것이다.

시공간의 차원들을 아우르면서 실제적인 것들과 가상적인 것들을 운용하고 구상하는 능력이 일반적인 상품제조에서부터 현대미술에까지 중요한 역할을 맡고 있다고 한다면 틀린 말은 아닐 것이다. 과학분야에서 보면 천문학에서 생물학까지 모두 그렇다.

그러나 그 폭넓은 쓰임새에도 불구하고 차원적으로 생각하는 훈련과정은 실제의 제도권 교육에서는 거의 완전히 배제되어 왔다. 19세기 후반 우생학자인 프랜시스 갤턴은 "공간 내의 사물을 정신적으로 재구성하는 일은 잘만하면 최고의 교육적 성과를 낳을 수 있는 데도 불구하고 교육자들의 태만 속에서 방치된 채 사장되고 있다"라고 불

*알렉산더 콜더
Alexander Calder
1898-1976, 미국 조각가. 움직이는 미술인 '키네틱 아트'의 선구자이기도 하다. '몬드리안의 작품을 움직이게 하고 싶다'라는 생각으로 움직이는 조각(mobile)을 제작했다.

평하고 있다.

그로부터 백 년이나 지났지만 차원적 사고를 경시하는 현재의 교육풍토로 인해 여전히 많은 사람들은 한 종류의 차원에서 주어진 정보를 통합해 다른 종류의 차원에서 모형이나 이미지를 만들어내지 못하고 있다.

작가이자 편집자인 제임스 R. 피터슨James R. Peterson의 말을 들어보자. "나는 청사진 앞에서 무력하다. 그래프용지에 가는 청색선으로 그려놓은 이 스케치는 나에게 아무런 의미도 없다." 그 혼자만이 그런 것은 아니다. 실제로 프라모델이나 어린이용 자전거를 조립할 때 상당수의 사람들이 2차원으로 그려진 설명도나 사용서 앞에서 곤혹감을 느낀다. 하다못해 여행을 하려고 차 트렁크 안에 짐을 들여놓는 일도 3차원적 문제가 되는데, 이마저도 제대로 안 되는 사람이 있다.

조각을 볼 줄 모르는 형태맹들

헨리 무어는 대부분의 사람들이 3차원 물체를 완전히 지각하지 못하며, 그렇기 때문에 조각이나 건축물을 만드는 일은 고사하고 그것들을 제대로 감상할 수도 없다고 생각한다. 그는 이렇게 말한다. "조각작업은 3차원 형태에 감응하는 능력에 달려 있다. 그래서 아마도 조각이 모든 미술분야 가운데 가장 어려운 분야가 되고 있는 이유일 것이다. 확실히 조각은 2차원으로 이루어진 것, 평면적 형상이나 그 감각과 결부된 다른 어떤 예술보다 더 어렵다. '색맹'인 사람보다 '형태맹form blind'인 사람들이 훨씬 더 많다."

형태맹이라는 말은 중요한 의미를 지닌다. 피에트 몬드리안Piet

마거릿 겔러는 3차원 상상기술을 아버지에게 배웠다고 술회한다. 벨 연구소의 결정학자였던 겔러의 아버지는 기하학과 관련만 있다면 어떤 장난감이든지 사들였다고 한다.

"아버지는 제가 조립하는 것과 세상에 있는 실제사물과의 관계를 설명해주셨어요. 예를 들어 어떤 입방체를 만든다고 해봅시다. 당신은 제게 그것과 식탁 위의 소금구조와의 관계를 설명해주셨던 거지요. 그리고 20면체를 만들었을 때는 실제세계에서 그걸 어디서 볼 수 있는지 설명해주셨어요. 아버지는 공간 채우기에 대해서도 말씀하셨는데, 어떤 모양이 공간을 채울 수 있고 어떤 모양이 채울 수 없는지 등을 말씀해주셨어요. 아버지가 말씀하셨던 것은 구조에 대한 것이었습니다. 당신은 또 내게 아주 예쁜 결정구조 모형들을 보여주신 적도 있었는데 그것들을 제대로 이해할 수가 없었어요. 그러나 아버지가 계속 반복해서 말로 설명해주셔서 결국에 저는 그 공간적 관계들을 이해할 수 있게 되었습니다."

Mondrian*에 의하면 "평면적 시각이미지는 한 가지 관점에서만 유효하며 오직 한 사람의 감상자만을 염두에 두고 있다. 반면에 조소나 디자인은 감상자의 위치에 구애받지 않아야 하며 여러 사람이 동시에 감상하는 것을 고려해야 한다"라는 것이다.

그러나 다차원적으로 지각할 수 있는 존재가 되는 것은 예술의 범주를 뛰어넘는 중요성을 지닌다. 그 이유에 대해 몬드리안은 이와 같이 주장한다. "우리가 지금 당장의 위치에만 얽매이지 않고 가능한 모든 위치에서 사물을 보려고 한다면, 즉 보편적으로 사물을 보기 시작하는 순간 우리는 더 이상 단 한 가지의 관점에서 사물을 보게 되지 않는다."

물론 그 역도 마찬가지다. 3차원 물체보다 2차원 이미지를 더 우선시하고 의존할 경우 다각도의 관점에서 사고하는 능력이 위축될 것이며 조각가나 건축가, 디자이너, 발명가가 될 수 있는 사람의 수를 제한하게 될 것이다. 그뿐 아니라 우리들의 시야를 가림으로써 진정한 이해에 도달하지 못하게 된다.

문제는 시각디자이너나 일반 대중에게만 국한되지 않는다. 천체물리학자인 마거릿 겔러는 형태맹이 과학자들 사이에서도 흔하다고 여긴다. 겔러는 20년 전까지 정설이었던, 은하들이 전 우주에 균질하게 분포되어 있다는 주장을 완전히 뒤집었다. 그 이론의 오류는 많은 과학자들이 망원경으로 촬영한 2차원적 평면사진에 오도되었기 때문이었다. 마치 플랫랜드 사람들처럼 그들은 이 사진을 3차원의 정확한 실제모습으로 재구성하는 데 실패했다.

겔러는 이렇게 말한다. "3차원적 사고는 내가 하는 일과 깊은 관련이 있다. 실제로 내가 내 이론의 근거를 발견할 수 있었던 이유 중의 하나는 바로 어린 시절에 받은 3차원적 상상훈련에 있다." 겔러는 평면적 이미지를 3차원적인 상으로 만들어낼 수 있었다. 그녀는 숱한

---

*피에트 몬드리안
Piet Mondrian
1872-1944. 네덜란드 화가. 칸딘스키와 더불어 추상화의 새로운 지평을 열었다. 질서와 비율과 균형의 미를 갖춘 수평과 수직의 순수추상화를 주로 그렸다.

과학자들과 얘기를 나눠보았지만 아주 소수의 학자들만이 그런 능력을 가지고 있었다고 말한다. 지질학자 데이비드 데이비스David Davies는 이를 해결할 수 있는 방안으로 다음과 같이 말하고 있다.

사고의 독창성을 기른다는 취지에서 내가 좀더 배웠으면 하는 주제들이 있다. 나는 이 중에 두 가지를 말하고 싶은데, 하나는 차원적 분석이다. 물리학자에게 차원적 분석은 연구를 하는 데 큰 도움이 되리라는 것이 내 생각이다. 왜냐하면 그로 인해 문제의 핵심에 빨리 도달할 수 있기 때문이다. 또 다른 하나는 투영법인데, 이는 상상력 넘치는 방식으로 데이터를 열거하는 것을 말한다. 지구과학분야에서 내가 만나본 창조적인 사람은 새로운 유형의 도표와 투영법을 만들어냈을 때 가장 뛰어난 창의성을 발휘했다. 그 도표는 이전의 것들과 완전히 다른 것이었다. 이 두 가지, 즉 차원적 분석과 도표투영법은 대학에서 반드시 배워야 함에도 대부분 그렇지 못하다. 그 이유는 이것들이 쓸모없고 중요하지 않다고 생각하기 때문이다.

"조소나 디자인은 감상자의 위치에 구애받지 않아야 하며 여러 사람이 동시에 감상하는 것을 고려해야 한다."

차원적 사고를 훈련하는 기하학 모형

과학뿐만 아니라 미술이나 공학, 상품제조, 일상생활에서도 차원적으로 생각하는 기술이 필요하다면 어떻게 이것을 배울 수 있을 것인가? 먼저 이 기술에 정통한 사람들의 훈련과정을 모델로 삼아야 한다. 그런 점에서 한 가지 방법은 기하학 모형을 가지고 놀면서 그것을 실제세계의 물체들과 연결시키는 것이다. 3차원 퍼즐을 가지고 노는 것도 좋다. 그것을 굳이 돈 주고 살 필요는 없다. 세상(혹은 자

그림 9-8. 컬라이도사이클의 제작과정과 완성된 모습. 아무리 뒤집어도 처음의 형태가 끝까지 유지된다.

신)을 뒤집어보거나 자신의 집 천장이 방바닥인 것처럼 상상해보면 된다. 이런 경우 계단이 어떻게 보이고 2층에 어떻게 올라갈 수 있을까도 상상해보자.

헨리 무어라면 조각이나 오리가미 같이 3차원 미술과 관련된 것들을 추천할 것이다. 진흙이나 밀랍, 발사나무로 뭔가를 만들어보는 것도 일반적인 그리기로는 할 수 없는 차원적 사고의 경험을 제공한다. 나무나 돌로 조각을 해보는 일도 같은 효과를 낼 것이다.

알렉산더 콜더라면 공작 장난감을 만들어보라고 추천할 텐데, 자신이 그런 것들을 통해 차원적으로 생각하는 기술을 습득했기 때문이다. 레고, 케이넥스, 이렉터, 링컨 로그, 돔 키츠……. 이런 기능을 하는 장난감의 종류는 끝이 없다. 아니면 콜더에게 경의를 표하기 위해 우리들 스스로 모빌을 만들어 볼 수도 있다.

수학자인 도리스 샷슈나이더와 화가인 월레스 워커가 만든 에셔 컬라이도사이클Kaleidocycle은 또 하나의 차원적 사고 훈련방법을 제시한다. 컬라이도사이클(그림 9-8 참조)은 에셔의 타일 붙이기 작품을 종이에 떠서 이를 다각형으로 변환시킨 것이다. 이는 타일 붙이기에 나타나는 대칭성이 2차원에서 3차원으로 옮겨가는 과정에서도 어떻게 유지되고 있는지 보여주고 있다. 이런 식으로 우리는 차원성dimensionality과 관련하여 수학과 미술을 동시에 배울 수 있다.

바우하우스의 예술가나 디자이너들은 제자들이 한결같이 형태맹이었음을 알고 난 뒤 몇 가지 흥미로운 훈련과정을 개발해냈다. 요하네스 이텐은 학생들이 3차원 속에서 기초적인 기하학 형태를 경험시키기 위해 석고를 가지고 여러 기하학적 형태들을 만든 다음 섞어보도록 했다. 그럼으로써 한 형태가 다른 형태와 어떻게 어울리는지 알 수 있기 때문이다. 그림 9-9에서 볼 수 있는 엘제 뫼겔린의 입방체 구성작품이 그 예가 된다.

바우하우스의 또 다른 특이한 과정은 요제프 알베르스가 고안한 것이다. 학생들은 판지조각 위에 원하는 모양을 그린 다음 그것을 자르고 구부려서 3차원 물체로 만들어내는 과제를 할당받았다. 아리 샤론Arieh Sharon의 작품 (그림 9-10 참조)은 그중 특히 이채롭다. 종이나 얇고 잘 휘어지는 플라스틱 판에서 도안을 잘라내어 입체적인 나선형이나 별모양, 이 외에 보다 복잡한 물체를 만들어낼 수 있다. 종이나 판지로 어떤 용기를 만들어보는 것도 이와 비슷한 연습이 될 수 있다. 팝업북 역시 바우하우스식 실습과 유사한 것이다. 자신만의 팝업북을 만들어보는 것도 차원적 사고를 훈련하는 좋은 방법이 될 것이다.

그림 9-9. 〈입방체의 재구성〉, 엘제 뫼겔린 작, 1921.

블록 조립놀이도 3차원 물체를 끝없이 만들어낼 수 있어 유용한 연습도구가 된다. 프랭크 로이드 라이트Frank Lloyd Wright*는 아홉 살 때 선물로 받은 프뢰벨 블록세트가 건축에 대한 사고를 발달시켜주었다고 생각한다. 교육개혁가 프리드리히 프뢰벨Fridrich Freöbel은 모형 만들기와 3차원적 사고를 교육에 있어 대단히 중요한 측면으로 여기고 이를 적극 옹호했다. 버크민스터 풀러와 바실리 칸딘스키Wassily Kandinsky** 역시 프뢰벨 블록을 즐겨 가지고 놀았던 것으로 알려져 있다. 이 블록들은 지금도 구할 수 있을 뿐 아니라 라이트의 건축모형이라든지 중세의 성, 기타 다른 건축 스타일에 맞추어 특별히 새롭게 디자인된 블록들도 있다. 알마 지그호프 부셔Alma Siedhoff-Buscher 같은 몇몇 바우하우스의 교사들은 자신만의 블록을 고안해내기도 했다. 그들은 다른 모양의 블록들이 저마다 다른 조립형태를 만들어낸다고 생각했다. 지그호프 블록과 나무블록을 비교하면 그 차이는 분명해진다.

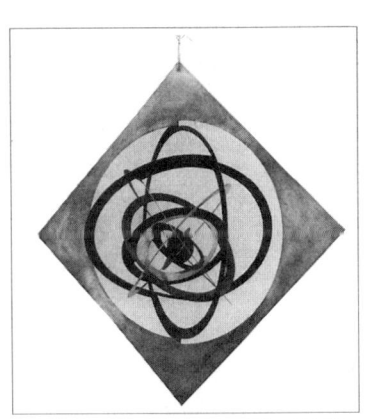

그림 9-10. 아리 샤론의 3차원 구성작품, 1926.

*프랭크 로이드 라이트
Frank Lloyd Wright
1867-1959, 미국 건축가. '구겐하임 박물관', '낙수장', '일본 제국호텔' 등을 건축한 것으로 유명하다.

**바실리 칸딘스키
Wassily Kandinsky
1866-1944, 러시아 태생의 프랑스 화가. 현대 추상미술의 선구자이다. 주요 작품으로 〈푸른산〉, 〈즉흥 14〉, 〈콤포지션 14〉 등이 있다.

그림 9-11. 왼쪽: 알마 지그호프 부셔가 디자인한 블록, 1923. 오른쪽: 나무블록 쌓기를 하고 있는 소년.

3차원을 2차원에 투영하는 연습은 동물이 남긴 흔적을 읽는 법을 배우거나 벽에 그림자를 비추는 놀이를 하거나, 인화지에 광선을 직접 쐬어 이미지를 만들어 보면 크게 도움이 된다. 또는 집 안에서 쓰는 물건들을 잉크에 담가 찍어내어 그것들의 자국을 만들어낼 수도 있다. 이런 정물뿐만 아니라 움직이는 것들을 가지고도 투영실험을 할 수 있다. 그러고 나서 다른 사람에게 맞춰보라고 하면 생각보다 굉장히 어려운 일이 될 것이다.

마지막으로, 우리는 3차원을 넘어선 사고에 대해서도 배워야 한다. 흔히 4차원이란 많은 사람들의 생각과는 달리 시간이 아닌 네 번째 공간 차원을 말하는데 오직 간접적으로밖에 경험할 수 없다.

기이하게도, 우리 자신이 이 장 첫머리에서 거론한 플랫랜드에 다시 돌아와 있는 것 같은 느낌을 받는다. 자, 한 점을 상상하는 것으로 시작하자. 아직은 무차원이다. 선을 형성할 때까지 이 점을 옆으로 움직여보자. 1차원이다. 이 선과 직각이 되도록, 선과 같은 길이만큼 움직여 평면 정사각형을 만든다. 2차원이다. 이 평면과 직각이 되도록 평면을 움직여 입방체를 만든다. 3차원이다. 자, 이제 이 평면과 직각이 되도록 공간 속에서 입방체를 움직여 초입방체 hypercube를 만든다. 4차원까지 도달한 것이다. 그러나 불행하게도 우리는 현실세계에서 그런 모양을 만들어낼 수 없다. 단지 우리는 4차원의 3차원 그림자를 인식할 수 있을 뿐이다. 마

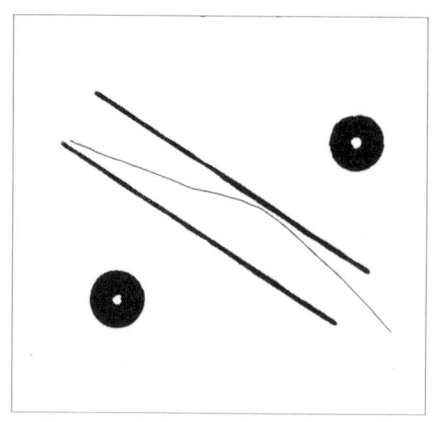

그림 9-12. 어떤 물건을 잉크에 담갔다가 종이에 찍었다. 그것이 굴러가면서 이런 자국을 남겼는데, 과연 무엇일까?

치 3차원 물체가 수많은 2차원 그림자를 던지듯이. 우리가 할 수 있는 일은 이 많은 그림자들을 통해 '진짜' 초입방체가 어떻게 생겼는지 머릿속에 그려내는 것 말고는 없다.

작업을 계속해보자. 입방체의 그림자가 2차원에서 어떻게 생겼는가? 기묘하게 생긴 일련의 다각형 모양이다. 이와 유사하게 4차원 입방체를 투영하면 일련의 생소한, 그러나 관련성 있는 3차원 물체가 된다.

20세기에 수학의 대중화를 이끈 콘스탄스 레이드Constance Reid는 비록 우리가 초입방체의 그림자밖에 보지 못하지만 그래도 추정extrapolating에 의해 그 특성을 알 수 있다고 했다. 점 하나에는 각, 가장자리, 면이 없고 꼭짓점vertex만 하나 있다(점 그 자체다). 선분에는 각과 면이 없고 한 개의 변(1차원 형태)이 있으며 두 개의 꼭짓점(선분의 양 끝에)이 있다. 정사각형은 네 개의 꼭짓점(점)과 네 개의 변(1차원 형태), 네 개의 각, 그리고 한 개의 면(2차원 형태)을 갖고 있다.

입방체는 여덟 개의 꼭짓점(점)과 같은 수의 각, 열두 개의 변(1차원 형태), 여섯 개의 면(2차원 형태), 한 개의 3차원 형태를 가지고 있다. 여기에 패턴이 존재한다. 차원이 높아질수록 꼭짓점의 수는 증가한다. 하나, 둘, 넷, 여덟. 그렇다면 초입방체는 열여섯 개의 꼭짓점을 가져야만 한다. 그리고 차원이 높아질수록 각의 개수는 0개에서

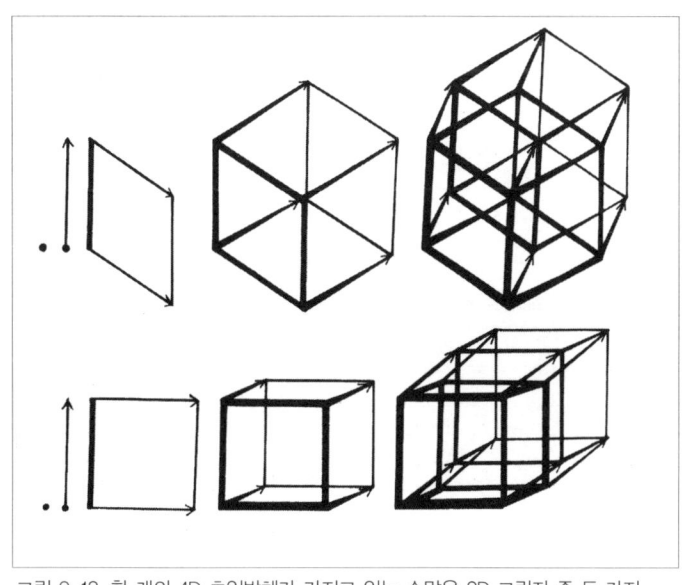

그림 9-13. 한 개의 4D 초입방체가 가지고 있는 수많은 3D 그림자 중 두 가지.

네 개로, 여덟 개로 늘어난다.

이런 식이면 초입방체는 열여섯 개의 각을 가지고 있게 된다. 점보다 낮은 차원의 물체는 없다. 선은 두 개의 0차원적 점에 의해 규정된다. 정사각형은 네 개의 1차원적 선분에 의해 규정된다. 입방체는 여섯 개의 2차원적 면에 의해 규정된다. 그러므로 우리는 초입방체가 여덟 개의 3차원적 입방체에 의해 규정된다는 것을 추정할 수 있다. 만일 우리가 추정을 더 진전시킨다면 우리는 심지어 5차원 혹은 6차원 입방체를 상상으로 그려내지 않고도 그 특성을 설명할 수 있다. 바로 이런 것이 '차원적 상상력'의 힘이다.

SPARK OF GENIUS
생각도구 10 모형 만들기

군사작전의 모형이 되는 전쟁게임
모형은 본질을 구현한다
완성된 그림의 모형이 된 쇠라의 스케치
중국의 귀부인들은 벌거벗은 인형으로 진료받았다
전염병 확산을 막은 공중위생 모형
모형의 수학화로 순수한 모형을 얻을 수 있다
세계를 이해하려면 모형을 만들라

왼쪽부터: 이고르 스트라빈스키, 조지 웰스, 아서 클라크, 조르주 쇠라.

▶ 모형으로 새로운 발상을 떠올린 사람들

"나는 가끔 곡을 만들 때 선대 음악가들의 작품에서 나타나는 흥미로운 리듬장치들을 차용한다."
-음악가 이고르 스트라빈스키

"오늘날 사람들은 컴퓨터 화면을 들여다보는 일에만 익숙해질 뿐, 진짜 금속을 만져볼 생각도 하지 않는다. 이런 식의 태도는 미래에 재앙을 몰고 올 것이다."
-소설가 아서 클라크

"나는 스케치를 그려봄으로써 전체 그림의 구도를 가늠한다. 캔버스에 수십만 개의 색점을 찍는 고통스러운 작업에 들어가기에 앞서 예상되는 문제들을 점검했다."
-화가 조르주 쇠라

모형이 지닌 가장 큰 가치는
새로운 생각의 탄생 과정에 기여한다는 것이다.
―생화학자 리누스 파울링

MODELING MODELING MODELING MODELING MODELING MODELING MODELING

▪▪

모형은 보는 사람이 즉각 인식할 수 있도록 실제를 축약하고 차원을 달리 표현해야 한다. 모형은 실제, 혹은 가정적 실제상황을 염두에 두고 필요한 규칙과 자료, 절차를 이용하는 시뮬레이션이다. 우리가 정치학이나 역사, 인류학을 배울 때 전투과정이나 건축양식의 혁신, 전통의술의 효능, 경쟁적인 경제활동의 결과물, 종교의식 등의 목적을 물리적, 기능적, 이론적인 모형으로 만들어 배운다면 매우 효과적일 것이다.

군사작전의 모형이 되는 전쟁게임

피에트 몬드리안은 어린 시절 1차세계대전을 다룬 기록영화 한 편을 보고 모형이 가지고 있는 전달력과 의미에 대해 매우 중요한 깨달음을 얻게 된다. 그는 "침공하는 독일군이 지도 위에 마치 작은 입방체 블록처럼 나타났고, 반대편의 연합군 진영 역시 작은 블록처럼 보였다. 그런 식으로 보면 전 세계의 격변이, 그 속에 품고 있는 무수한 세부사항이나 작은 부분은 무시된 채 그저 플라스틱 블록의 양으로 표시되고 있었다"라고 회고하고 있다. 이 블록들은 투입된 병력뿐만 아니라 전쟁을 위해 동원된 정치적·경제적 힘들을 나타내고 있었다. 이러한 힘들은 너무나 컸기 때문에 모형으로 만들어야만 이해할 수 있었다. 보는 사람이 즉각 인식할 수 있도록 축약되고 차원을 달리한 상태에서 표현되어야 했던 것이다. 그 모형이 가지고 있었던 힘은 몬드리안이 일생을 두고 절대로 잊을 수 없는 것이 되었다.

군대의 움직임을 모델링하는 것은 비교적 근래에 들어 발달했다. 병사들을 본따서 만든 축소인형들이 전 세계의 고대묘지에서도 발견되고 있긴 하지만, 군사모형은 원래 전략과 기동작전 교재로 쓰기 위해 만든 것이다. 그래서 그것이 맨 처음 나타난 시기로 거슬러 올라가면 프랑스의 루이 13세나 루이 14세 시대에 이르게 된다. 우리의 생각만큼 그리 오래되지는 않았다. 이 두 왕들은 엄청난 수의 병사인형과 축소된 요새모형들을 소장하고 있었다고 한다. 두 군대가 전투

"모형은 보는 사람이 즉각 인식할 수 있도록 실물이 축약되고 차원이 달리 표현되어야 한다."

를 벌이는 현대적인 모형은 좀더 근래에 들어서 만들어졌다. 1820년경 폰 라이스비츠von Reiswitz라는 민간인이 프러시아의 포병장교였던 아들과 같이 개발해서 당시 프러시아군 수뇌부에 바친 '전쟁게임'이 바로 그것이다. 프러시아군에서는 이것을 가지고 가상전투를 구성해보거나 작전 가능한 전투계획을 수립하여 그 실효성을 검증해볼 수 있었다.

폰 라이스비츠 게임은 3개의 방 안에 3개의 같은 지도를 펼쳐놓고 이루어진다. 전투에서 각 연대를 나타내는 표지들이 채택되었고 군의 이동과 교전, 전투 하나하나의 결과를 통제하는 수칙이 마련되어 있었다. 중간 방은 심판이 차지하고 있고 양 끝의 두 방에는 각각 맞서 모의전쟁을 벌이는 두 팀이 들어 있다. 이 두 개의 전쟁수행 팀은 상대방이 알지 못하도록 작전을 수행하고 심판은 중간 방에 있는 지도에 그들의 움직임을 표시해나가며 양 팀에 작전개시와 그 결과를 통보해주는 역할을 한다. 인기 있는 배틀게임을 해본 사람이라면 이 폰 라이스비츠의 전쟁게임이 어떤 것인지 잘 알 수 있을 것이다. 프러시아와 독일의 군 수뇌부는 이런 전쟁놀이Kriegspiel*를 응용하여 1871년 보불전쟁과 1914년 프랑스 침공, 1940년의 재침공 전략을 수립했다. 몬드리안이 영화에서 보았던 것은 이 게임에서 사용된 지도와 부대 표지들의 단순화 버전이었던 셈이다.

전쟁게임은 유명한 SF작가인 H. 조지 웰스**가 아니었다면 일반인들에게 크게 알려지지 않았을 것이다. 웰스의 아들은 스프링이 장착된 모형대포를 항상 자랑하곤 했는데, 그는 이걸로 작은 나무토막이나 성냥개비를 10야드 정도 쏘아낼 수 있었다. 하루는 우연히 웰스가 친구인 제롬 K. 제롬Jerome K. Jerome을 집으로 데려와 점심을 대접하게 되었다. 식탁 위에는 양철장난감 병사들이 어지럽게 널브러져 있었다. 제롬은 대포를 장전한 다음 그중 한 병사인형을 겨냥해서

"프러시아군은 전쟁게임을 통해 가상전투를 구성해보거나 작전 가능한 전투계획과 그 실효성을 검증해볼 수 있었다."

*Kriegspiel
독일어로 전쟁놀이라는 뜻.

**H. 조지 웰스
H. George Wells
1866-1946, 영국 소설가이자 문명비평가. 1차세계대전의 발발로 세계의 운명에 주목하게 되어 '단일세계국가'를 구상하였다. 《세계사대계》 등을 남겼다.

쏘아 쓰러뜨렸다. 이를 시작으로 웰스는 제롬과 과녁 맞히기 게임을 벌였고, 게임이 끝날 무렵에 제롬이 이렇게 중얼거렸다. "만일 병사들을 움직일 수 있으면 어떻게 될까?" 그러자 웰스는 "아니 왜 안 되겠나?"라고 말하고 나서 병사들을 배치하고 움직이는 여러 방법에 대해 깊이 생각하기 시작했다(그림 10-1 참조).

나중에 웰스는 다른 친구에게 이때의 경험에 대해 말했다. "바닥에 몇 가지 장애물, 예를 들면 대영백과사전 같은 걸 몇 권 세워놓은 다음 국가를 하나 만드는 거지. 그리고 나서 병사와 대포 따위를 여기저기에 배치해놓으면 놀이가 더 재미있어진다네. 일종의 전쟁게임이 된다구."

전 세계적으로 전략전문가나 군대에서는 이런 것들의 변형게임들을 직접 해본다. 방어시설 내에서 슈퍼컴퓨터를 이용하는 경우도 있고 무선으로 조종되는 탱크모형이나 기타 레이저무기를 장착하고 광전자 센서로 적중을 기록할 수 있는 장비까지 동원하는 경우도 있다. 이런 게임을 하는 목적은 실제상황이 벌어지기 전에 군 조직 정비나 개선을 꾀함은 물론이고 의사결정과 전략수립능력을 시험해봄으로써 실수와 약점을 찾아내고, 안전한 가상상황에서 현실적으로 일어날 가능성 있는 모든 변수를 알아내는 데 있다.

'게임'이란 단어는 이와 같은 중대한 행위를 표현하기에 적합한 말은 아니다. 프로이센 육군참모총장이었던 폰 모이플링von Meuffling 장군은 1824년에 폰 라이스비츠의 게임원본을 두고 이렇게 말했다. "이것은 절대로 게임이 아니다. 이것은 전쟁을 대비하기 위한 훈련이다. 나는 전군에 이것을 강력하게 추천할 것이다." 영국군의 P. 영P. Young 준장과 J. P. 로퍼드J. P. Lawford 중령은 그보다 훨씬 최근인 1970년에 이렇게 말했다. "십대들만 하더라도 전쟁게임을 장난감 취급하면서 우습게 안다. 부모 역시 미심쩍어하지만 자녀의 불평에 동

웰스는 곧 실내 여가용으로 자신만의 전쟁게임을 고안해낸다. 그 게임 안에서 보병은 6인치, 기병은 12인치까지 움직일 수 있다. 병사들이 서로 만나게 되면 교전에 들어가는데 그 결과는 동전 던지기로 결정된다. 매 전투 시 대포를 다룰 병사가 최소 6명만 남아 있으면 대포를 이동하거나 쏠 수 있지만 두 가지를 한꺼번에 할 수는 없다. 포격결과는 모형대포로 얼마나 많은 병사들을 맞혔는지로 결정된다. 이 게임은 나중에 실외로 옮겨져 보다 현실감 있는 지형에서 행해지게 되었다(그림 10-1 참조).

의한다. 그러나 이 모든 게 얼마나 잘못되었는지……. 이제 전쟁게임은 과학적 연구도구 수준으로 격상되어야 한다."

미 국방성은 전쟁게임을 다음과 같이 정의하고 있다. "전쟁게임은 실용적 도구로서 둘 혹은 그 이상이 맞서는 병력들이 군사작전을 흉내 내고 있는 것이다. 실제 혹은 가정적 실제상황을 염두에 두고 필요한 규칙과 자료, 절차를 이용하는 시뮬레이션이다." 이 정의는 조금씩 차이는 있겠지만 모든 분야에서 모형을 정의내릴 때 두루 사용된다.

이 정의를 통해 나타난 모형들을 하나씩 살펴보면, 우선 표상적 혹은 물리적 모형으로서 실제물체의 물리적 특징들을 보여주고 있고, 기능적 모형은 어떤 물체나 기구의 본질적인 작용을 포착하고 있으며, 이론적 모형은 어떤 과정의 실행을 규준하는 기본적 개념을 구현하고 있다. 이 외에 가상적 모형이 있을 수도 있는데 이는 우리가 직접 관찰할 수 없는 대상의 특성을 나타내기 위해 고안된 것이다. 가장 발달된 모형은 이 4가지 모형을 다 합쳐놓은 것이다. 모든 모형은 해당 대상의 구조와 기능에서 가장 중요하고 결정적인 요소만을 추출한 것이다. 그것들은 대부분 추상화와 유추, 차원적 변형을 구현한다.

그림 10-1. 웰스가 자신의 모형병사들을 가지고 놀고 있다. 1912년 경. 웰스와 게임을 같이 하곤 했던 정치가 찰스 마스터맨은 이렇게 쓰고 있다. "양편 모두 이동시간에 제한이 있었고 모든 게 속도에 의해 결정되었다. 그러다 보니 영문 모르는 손님이 차 마시러 왔다가 '앉아서 입 다물고 있으라'는 거친 인사를 받기도 했다."

"모형은 실제 혹은 가정적 실제상황을 염두에 두고 필요한 규칙과 자료, 절차를 만들어내는 시뮬레이션이다."

모형은 본질을 구현한다

모형은 수학적이건 물리적이건, 현실적이건 그렇지 않건 간에 실물보다 작거나, 같거나, 클 수 있는데 이는 오로지 그것의 용도에 달려 있다. 대개의 경우 모형의 용도는 직접 경험하기 어려운 것에 접근할 수 있도록 만드는 데 있다. 예를 들어 하버드대학의 식물박물관은 계절에 관계없이 연구할 수 있도록 세계 각지의 꽃을 유리모형으로 만들어 보관하고 있는데 그 규모는 실로 어마어마하다. 시카고 예술연구소에는 제임스 워드 손 James Ward Thorne 부인의 실내모형 컬렉션이 있는데 방문자들은 서구의 시대별 대표적인 방 200여 개와 가구를 실제크기의 12분의 1로 줄여 만든 모형들을 관람할 수 있다. 이것은 다른 방법으로는 도저히 할 수 없는, 시간과 공간의 응축이라 하겠다.

세포나 원자를 실제크기보다 수백만 배 더 큰 모형으로 만드는 일은 수천 수백 가지 실험결과와 정보를 집대성할 수 있게 하며, 이는 보다 정교한 이론적 구축물을 나타내준다. 심지어 박물관의 방 하나를 가득 채울 정도로 큰 인간의 머리나 심장모형을 만들기도 하는데 그런 것을 보는 관람객들은 마치 자신들의 입 속이나 귀, 피의 순환을 따라 탐사하는 것 같은 느낌을 받게 된다. 엄청난 크기의 모형은 사람들에게 자신이 아주 작고 부속적인 어떤 것들, 이를테면 적혈구라든지, 세균, 분자, 공기가 된 듯한 느낌을 갖게 한다.

빌딩이나 비행기, 배, 탱크, 자동차처럼 크기가 큰 것들의 모형은 대개 일정한 비율로 축소시켜 만든 것들이다. 그래야만 예산과 공간에서 제약을 가지고 있는 개인들이 쉽게 조작하고 다룰 수 있다. 산악인들은 모형을 놓고 등반계획을 수립하며, 군대에서는 침투경로를 짠다. 루카스 필름이 영화 〈스타워즈 Star Wars〉를 찍기 위해 세운 세

> "모형은 해당 대상의 구조와 기능에서 가장 중요하고 결정적인 요소만을 추출한 것이다."

트는 전 우주를 가상의 모형으로 만든 것이었다. 만약 새집을 짓기 전에 완성된 모양을 미리 보고 싶다면 컴퓨터상에서 물리적 모형이나 표상적 모형을 만들어볼 수 있을 것이다.

그 밖의 대형동물들, 이를테면 고래나 공룡 같은 것들도 욕조나 모래통에서 가지고 놀 수 있을 정도로 작게 만들거나 아니면 정반대로 실제크기대로 재현해서 박물관 관람객들이 거대한 동물들의 위용을 감상하도록 할 수 있다. 노예선의 실물모형 안에서 기어가는 체험을 해본다든지, 강제수용소를 재현해놓은 무서운 건물 안으로 들어가보거나 끔찍하게 비좁은 머큐리 스페이스 캡슐Mercury Space Capsule*모형 내부로 몸을 들이밀어본다면 사람들은 인간이라는 존재 영역을 넘어서는 일이 어떤 것인지 생생하게 느낄 것이다.

주지하다시피 모델링 작업은 많은 상상기술을 요구하는 동시에 이것들을 가르쳐주기도 한다. 모형은 대상이 되는 시스템이나 상황을 면밀하게 관찰한 다음에야 만들 수 있는 것이다. 대상의 중요한 특징을 잡아 사람이 다루기 쉽게 크기를 조정하는 등의 단순화과정과 형을 떠내거나 언어적, 수학적, 혹은 예술적 수단을 통해 구체화하는 과정을 거치는 것이다. 실제로 모형을 제작하려면 그 모형이 정신적인 것이건 물질적인 것이건 간에 여러 가지 다양한 제작수단과 소재에 대한 이해와 깊은 분석이 있어야 한다.

모형이 만들어지고 나면 이를 시험적으로 다루어봄으로써 그 특성이 실제상황이나 시스템의 본질을 제대로 갖추고 있는지 판단하게 된다. 감각기관으로 지각할 수 없는 현상을 인지할 목적으로 모형을 만들 때는 대단히 강력한 형상화 기술이 필요하다. '실재'를 '대리'하는 모형은 유추와 추상화에 의지한다. 거의 모든 모형들이 차원적 사고기술을 활용해 만들어진다. 모형만들기는 우리가 지금까지 이 책에서 다루어온 많은 '생각도구'들보다 상위에 있는 한편, 그것들

"모형의 용도는 직접 경험하기 어려운 것에 접근할 수 있도록 만드는 데 있다."

*머큐리 스페이스 캡슐
Mercury Space Capsule
1950년대 소련의 스푸트닉 1호가 발사된 후 미국에서 인간을 지구궤도로 올려보내는 계획이 수립되었는데 이것이 머큐리 계획이다. 스페이스 캡슐이란 생물이나 인간이 우주공간을 비행할 때 필요한 기간 동안 생존할 수 있도록 갖가지 장비를 갖춘 최소한의 용기를 말한다.

에 의존하고 있는 생각도구다.

모형을 만드는 작업에서 가장 중요한 점은 그것을 만드는 사람이 어떤 상황이나 대상, 혹은 생각을 완전히 제어할 수 있게 한다는 것이고, 이를 통해 이해가 부족한 지점이 어디인지를 깨닫게 해준다는 것이다.

자동차회사에서 차의 모형을 만드는 엔지니어나 제약회사에서 약품모형을 만드는 생화학자, 인간 행태의 이론모형을 만드는 사회학자, 미니어처 집을 만드는 애호가들은 모두 상당히 깊이 있는 관련 지식을 습득하게 되는데 이는 세부에 대해 오래도록 주의를 집중한 결과라고 할 수 있을 것이다.

만일 이 모형들이 제 기능을 한다면 그것은 새로운 예술적 아이디어, 새로운 자동차, 새로운 약, 인간 행태에 대한 새로운 예측, 건축 스타일과 디자인에 대한 새로운 이해를 가능하게 할 것이며, 모형제작자들은 그러한 것들을 완전히 익히게 될 것이다. 설사 모형이 제기능을 하지 못한다 하더라도 제작과정을 통해 예상치 못했던 문제점을 발견하게 될 것이고, 이를 통해 모델링 작업의 원래 목적을 보다 잘 이해할 수 있는 기회를 갖게 될 것이다.

피카소의 말대로 어떤 대상의 모형을 만드는 일은 그것을 소유하는 일이기도 하다. 오귀스트 로댕 역시 예전 시대 조각품들의 모형을 곧잘 만들곤 했는데, 그것들의 본질을 '빠른 시간 안에 파악'하기 위해서였다고 한다. 심리학자인 칼 구스타프 융도 우울한 십대 시절에 모형 성곽을 즐겨 만들었다. 그는 그것을 통해 다른 시간과 다른 세계를 창조함으로써 그 안에서 성장하고 스스로 원하는 삶을 이루어나가고자 했다고 말한다.

조각가인 헨리 무어는 모형 만들기가 자신에게 전능한 힘을 부여한다고 말한다. "나는 손바닥 크기의 모형을 즐겨 만들었는데 이것을 돌리고 다듬다 보면 마치 내가 신이라도 된 것 같았다."

이들 모두는 모형 만들기가 어떤 기예나 학문에 대한 크나큰 이해를 가능하게 한다는 것을 잘 알고 있었다.

완성된 그림의 모형이 된 쇠라의 스케치

이와 같은 사례에서 볼 수 있는 것처럼 각 분야에서 다양한 종류의 모형들이 쓰이고 있다. 작가들은 허구적 인물과 사건을 가공해내기 위해 지인들과 직·간접적으로 경험한 상황들 속에서 표상적이고 때로는 기능적인 모형들을 찾아낸다. 그들은 또한 작품구조를 세우기 위해 앞선 작가들의 작품에서 이론적 모형을 구하기도 한다.

소설가인 크리스토퍼 이셔우드Christopher Isherwood*는 이고르 스트라빈스키에게 소설을 쓸 때 따르는 기술적 문제를 해결하는 데 어려움을 겪고 있다고 털어놓은 적이 있다. 이때 스트라빈스키는 그에게 '모형'을 찾아보라는 충고를 해주었다. 그 얘기를 듣고 음악평론가 로버트 크래프트Robert Craft가 스트라빈스키에게 물었다. "당신은 음악에서 어떻게 모형을 취합니까?" 그러자 스트라빈스키가 즉석에서 대답하기를, 가끔 선대 음악가들의 작품에서 나타나는 흥미로운 리듬장치들을 차용해서 곡을 만드는 데 참고한다는 것이었다. "그렇게 함으로써 일정한 작곡풍을 일구어낼 수 있었습니다. 저는 18세기 고전음악 위에서 새로운 음악을 창작하려고 했어요. 바로 고전주의의 구성원리를 이용해서 말이죠. 어떤 면에서 저는 그것(고전주의)을 현대풍으로 다시 불러냈다고 할 수도 있죠."

스트라빈스키가 이셔우드에게 글쓰기상의 문제를 해결하는 방법으로 모형을 찾아보라고 권유한 것은 그도 자신의 방식대로 해보기를 바랐기 때문이었다. 그가 겪고 있는 소설 집필의 문제를 이미 해결한 전 시대의 작가를 찾아서 자신의 목적에 맞게 그 해법을 변형해보라는 것이었다.

작곡가 로저 세션스는 작곡에 있어서도 이론적이고 기능적인 모형을 활용한 훌륭한 선례가 있다고 말한다. 그는 이렇게 쓰고 있다. "나는 베토벤이 쓴 〈해머클라비어 소나타Hammerklavier Sonata〉의 마지막 악장 초고 몇 장을 복사해서 가지고 있다. 이 초고를 보면 그가 세심하게 모형을 만든 다음 이를 체계적이고 냉철하게 검증하고 있음을 알 수 있다. 특히 푸가의 주제부분이 그렇다." 그러나 세션스는 이런 식으로 계속 음악작업을 한다면 영감이라는 것이 과연 필요한가라는 질문을 던지고 있다. 그 답은 오래된 모형, 예를 들어 푸가 같

야니스 제나키스는 음악가 역시 작가와 마찬가지로 표상적 모형을 활용한다는 점을 분명히 하고 있다. 그는 곧잘 현악연주자들에게 손을 최대한 벌려야 하는 코드집기나 하나의 현 영역 전체를 아우르는 아주 어려운 글리산도 주법을 요구한다. 처음 그의 악보를 본 연주자들은 연주가 불가능하다는 말을 자주 한다. 그러나 그는 이미 자신이 만든 악기모형을 가지고 손의 위치, 운지법 등을 따져보았기 때문에 연주자들을 설득할 수 있었다. 그는 이렇게 말한다. "모든 것은 손가락을 어디에 놓아야 하는지, 어떻게 특별한 음을 생성해내야 하는지에 달렸다."

*크리스토퍼 이셔우드
Christopher Isherwood 1904-1986, 영국 태생의 미국 작가. 1920년대 영국 중류계급의 고뇌와 불안을 묘사한 《공모자들》을 발표함으로써 작가로 인정받았다.

은 것을 새로운 용도로 바꾸어쓰는 바로 그 과정에서 영감이 필요하다고 해야 할 것이다.

작곡가 필립 글래스Philip Glass*의 경우도 그러한데, 그는 인도나 서구의 전통음악, 옛 성가를 자신의 필요에 따라 개작해서 썼다. 실제로 글래스의 전위적인 곡들은 기초저음ground bass**과 교창성가 antiphonal*** 효과, 선율반복, 종결화음, 겹침화음 등 수백 년 이상은 족히 된 음악기법에 근거한 것들이다. 글래스의 음악이 가진 독창성이란 것은 원래부터 그런 것도, 옛 음악을 무시한 데서 온 것도 아니다. 오히려 옛 음악 속에서 그만의 소리를 찾아낸 데서 비롯했다고 봐야 할 것이다.

해럴드 샤피로는 "작곡가가 모델로 설정한 작품을 모방하며 곡을 써나갈 때, 그는 그것으로부터 수천 가지의 미묘한 기법을 뽑아내는 한편, 그 속에서 자신만의 음악을 위한 지극히 개인적인 소재까지도 발견하고 매우 놀란다"라고 말한다.

화가들도 유사한 표상적 모형을 활용한다. 시각예술에서 가장 흔한 모델링의 형태는 사전 스케치이다. 극소수의 화가만이 캔버스에 직접 그린다. 대부분은 스케치를 먼저 한다. 시카고 미술연구소는 조르주 쇠라Georges Seurat****의 명작 〈그랑드자트 섬의 일요일 오후 Sunday Afternoon La Grande Jatte〉를 소장하고 있는데, 가로가 6피트 9인치, 세로는 10피트나 되는 그림 옆에는 쇠라가 사전에 개략적으로 그린 이 그림의 작은 스케치가 걸려 있다.

쇠라가 스케치를 한 목적은 자신의 생각을 '줄여' 일정한 물리적 크기 안에 담아낼 수 있도록 하는 데 있었다. 스케치를 그려봄으로써 그는 전체적인 그림의 구도를 가늠하고, 벽을 채우는 엄청난 크기의 캔버스에 수십만 개의 색점을 찍는 고통스러운 작업에 들어가기에 앞서 예상되는 문제들을 점검해본 것이다.

*필립 글래스
Philip Glass
1937- , 미국 작곡가. 단조롭고 반복적인 미니멀리즘적인 요소가 특징이다.

**기초 저음
ground bass
변화하는 멜로디와 화음에 대비되는, 계속 반복되는 저음부.

***교창성가
그레고리안 성가에서 미사에 참석한 회중이 두 그룹으로 나뉘어서 성가를 주고받으며 노래하는 것.

****조르주 쇠라
Georges Seurat
1859-1891. 프랑스 화가. 신인상주의를 대표하는 화가로 색채학과 광학이론을 연구하여 이를 점묘화법으로 발전시켰다. 인상파의 색채원리를 과학적으로 체계화했다는 평가를 받는다. 주요 작품으로 〈그랑드자트섬의 일요일 오후〉, 〈아니에르에서의 물놀이〉 등이 있다.

그림 10-2, 〈그랑드자트 섬의 일요일 오후〉, 조르주 쇠라 작. 1884-86

조각가나 건축가들도 비슷한 목적으로 '마께뜨maquette'를 이용한다. 마께뜨라는 말은 프랑스어지만 원래 이탈리아어로 스케치를 뜻하는 'macchia'에서 왔다. 그러나 조각가나 건축가는 이 용어를 3차원, 즉 입체모형을 지칭하는 뜻으로 사용한다.

건축가들은 자신의 설계도를 종종 작은 모형으로 만드는데, 그렇게 함으로써 청사진이나 드로잉으로 보는 것보다 완성된 건물에 대한 더 분명한 감을 얻을 수 있고 혹시 공사 중에 봉착하게 될지도 모를 문제들을 미리 파악할 수 있다. 이 모형들은 판지로 만든 꽤나 단순한 것부터 믿을 수 없을 정도로 정교하게 나무와 쇠로 제작한 것에 이르기까지 아주 다양하다.

조각가의 '마께뜨' 역시 매우 다양하다. 루이스 부르주아는 작품을

"스케치는 화가의 생각을 '줄여' 일정한 물리적 크기 안에 담아낸 것이다."

그림 10-3. 노구치 이사무와 그의 작품 〈번개……벤자민 프랭클린에 대한 추모〉.

만들 때 항상 일정한 단계를 밟는데, 그 단계란 스케치에서 시작해서 판지모형, 골판지 모형, 나무모형을 거쳐 마지막에 가서 돌에다 조각을 하는 것이다.

노구치 이사무 역시 먼저 간단한 그림을 그리고 모형을 만드는데, 이 단계에서 주로 종이를 사용한다. 그 다음 금속이나 다른 소재를 이용해서 마께뜨를 만든다. 만년에 헨리 무어는 단계별 모형제작을 위해 3개의 스튜디오에서 작업했다. 마께뜨 스튜디오에서는 손만 한 크기의 모형을 만들었고, 또 다른 임시 스튜디오에서는 작품의 크기를 조정하거나 그 소재를 손보는 작업을 했으며, 커다란 완성품은 세 번째 '정원 스튜디오'에 세워졌다.

그의 작업방식도 이러한 작업장 구획과 잘 어울린다. 그의 말을 들어보자. "나는 10개에서 11개 정도의 작은 모형들을 만들었다. 그중에서 오직 한 개만이 실물크기의 조각작품으로 발전할 수 있었다. 이 작은 모형을 토대로 나는 실물크기만 한 모형을 만들었다. 그리고 이것을 가지고 마음에 들 때까지 이것을 수정하는 작업을 했다. 일단 이 모형은 크기 때문에 작은 모형으로 일할 때와는 다른 시각으로, 접근할 수 있었다. 나에게 있어 조각이란 모형을 만들고, 크기를 키우고, 실제로 돌을 깎는 일들의 혼합이었다."

중국의 귀부인들은 벌거벗은 인형으로 진료받았다

물론 많은 미술가들이 살아 있는 사람이나 무생물을 모델로 쓰기도 한다. 그들은 모델에게 장시간 동안 특정한 자세를 취해보라고 요구하는가 하면, 정물을 배열해놓고 그것을 회화나 조각으로 해석하기도 한다.

조지 시걸George Segal이나 듀안 핸슨Duane Hanson 같은 조각가들은 마치 의사가 골절환자에게 그렇듯이 모델의 몸에 회반죽을 직접 입히기도 했다. 레오나르도 다빈치 역시 이와 비슷한 기법을 사용했는데, 그는 약간의 석고를 모델의 옷에 발라 뻣뻣하게 만든 다음 모델을 앉게 하고 거기서 생겨난 접힌 자국이나 주름을 그대로 묘사했다.

다빈치와 동시대인이었던 루카 캄비아소Luca Cambiaso는 모델의 모형을 만드는 방법을 썼다. 그는 나무인형을 세워놓고 사전 스케치를 했는데, 그 인형들은 사람과 달리 같은 자세를 끝까지 유지할 수 있었기 때문이었다. 이런 용도의 인형들은 오늘날에도 대다수의 미술가 작업실에서 볼 수 있다.

의학분야에서는 인체모형을 활용하는 범위가 더 넓다. 수 세기 전 중국의 상류계급에서는 귀부인들이 진찰을 받으러 갈 때 옷을 입히지 않은 상아인형을 들려보냈다. 문화적인 금기와 정숙성을 나타내기 위해 남자 의사 앞에서 절대 옷을 벗을 수 없었던 그녀들은 벌거벗은 인형을 이용하여 아픈 부위와 증상을 설명했던 것이다. 아시아의 전통의사들은 작은 인형의 몸에다 침을 놓을 자리와 기타 의료정보를 표시했다.

서구에서 사용한 해부모형의 용도는 이와 다소 차이가 있다. 사람의 몸을 절개하는 것이 종교적으로나 세속적으로 허용되지 않았던

'사람 모형'의 역사는 꽤 길고 다채로운 이야기를 가지고 있다. 18세기 프랑스의 패션업계는 의류제품을 유럽 각국에 수출할 때 인형에게 입혀서 보내곤 했다. 오늘날 옷가게의 쇼윈도나 박물관에 있는 마네킹들은 수 주, 수 개월, 심지어는 수 년 동안 미동도 하지 않은 채 이와 비슷한 역할을 수행하고 있다. 재봉인형도 인간의 모습을 본따 만든 것이다. 재봉인형은 사람이라면 도저히 참아낼 수 없을 숱한 바늘과 핀을 몸에 꽂은 채 지루함을 이겨내고 있다. 또한 차량충돌 시험용 인형은 사람이라면 절대로 노출되어서는 안 되는 위험을 감내하며 안전에 관한 정보를 제공하고 있다. 이러한 모형은 매우 제한된 작업영역에서는 그것이 대리하고 있는 인간보다 기능적으로 훨씬 낫다.

르네상스 전후 시기에는 상세한 해부학 정보를 얻기가 매우 어려웠다. 그래서 일부 의사들은 다양한 해부단계를 보여주는 정교한 실물크기의 밀랍인형을 만들어 사용하기 시작했다. 그것들은 마담 터소 Madame Tussaud*의 밀랍작품을 무색하게 할 만큼 정교하고 치밀했다. 그러나 인형들을 놓고 해부실습을 하는 것은 차후에 진짜 시신을 놓고 하는 것만큼 실감을 주지 못했다.

오늘날에는 절개한 개구리에서부터 사람의 해부도까지 컴퓨터로 처리된 모형들이 생물학과 의학교실에서 활용되고 있다. 그러나 예전의 밀랍인형처럼 이런 시각화된 모형들 역시 적절한 집도법이나 순간적으로 엄청난 출혈이 발생하는 동맥파열의 응급봉합술을 실습하는 데에는 그다지 적절하다고 할 수 없다. 대다수의 미술이나 과학분야도 그렇지만 특히 의학분야에서 보기만 하고 만지거나 손으로 다룰 수가 없는 모형은 분명 한계가 있다.

요즘 나오는 의학용 모형은 직접 조작이라는 필요를 충족시키기 위해 고안된 것들이 많다. 그 목록을 들여다보면 표상적이면서도 기능적인 모형들이 놀랄 정도로 다양하게 망라되어 있음을 알게 된다. 어떤 것들은 안에 작은 종양이 있는 유방을 달고 있는데, 그 느낌이 인체의 그것과 똑같아서 수련의들은 환자 없이도 얼마든지 실습을 할 수 있다. 어떤 것들은 환자의 팔다리의 크기와 감촉까지 그대로 재현하고 있어서 주사처치법을 배워야 하는 의대생들이나 당뇨환자들은 실제로 인체에 주사해보기 전에 이 모형을 가지고 적절한 주사절차와 방법을 배울 수 있다. 한편 질 모형은 산부인과 전공의들이 질 검사법을 배우는 데 활용되며, 자궁 내 피임기구 설치법을 배우거나 내방환자에게 설명해주는 데도 쓰인다. 심폐소생술 강의를 듣는 사람은 누구라도 인명구조법을 가르치기 위해 사용되는 어린이 인형이나 성인 인형과 마주하게 된다.

*마담 터소
Madame Tussaud
1761년 프랑스에서 태어난 그녀는 프랑스 혁명 당시 처형당한 귀족들의 데드 마스크를 만들면서 유명해졌다. 런던에 마담 터소 박물관이 있으며, 현재도 세계의 유명 연예인, 스포츠 스타 등의 밀랍인형들을 계속 제작하고 있다.

의학용으로 사용되는 인형들은 진짜 사람일 필요가 없다. 이 말은 마네킹이나 로봇에도 적용될 수 있다. 마네킹이나 로봇이 용도에 부합하는 기능을 갖추고 있다면 굳이 실물과 같은 모양을 할 필요가 없다. 그래서 정도의 차이는 있지만 모든 모형은 '추상'의 형태를 하고 있다.

이것은 오늘날 과학자들이 미생물이나 벌레, 과실파리 등을 가지고 집중적으로 연구를 해서 인간의 유전적 특질들을 알아내는 것과 같다. 유전법칙은 기본적으로 모든 유기체에 동일하게 나타난다. 그렇기 때문에 기능이라는 측면에서 동물들을 통해 인간을 가늠해볼 수 있는 것이다. 이와 비슷하게 시험관 안에 든 세포의 동태가 우리 몸속에서 일어나고 있는 일의 모형이 되기도 한다.

미생물학자 알렉산더 플레밍 Alexander Fleming*은 1차세계대전 동안 복합골절이나 파편으로 생긴 불규칙한 상처가 살균제 치료에 반응을 보이지 않는 이유를 알아내기 위해 징이 박힌 깃 같은 모양의 시험관으로 실험을 했다. 그는 박테리아가 징의 표족한 끝부분에 고립되면서 살균작용으로부터 '피신'한다는 것을 알아냈다. 이 모형 덕분에 플레밍은 아주 심하게 감염된 상처를 효과적으로 치료하려면 몸의 내부에서 치료작용이 이루어져야 한다고 확신하게 된다.

이런 통찰로 그는 1928년 페니실린을 발견할 수 있었다. 플레밍은 신약의 효과를 시험관과 배양접시 안에서 연구해서 그것이 체내에서 어떻게 작용하게 될지 알아냈던 것이다.

오늘날에도 이런 방식으로 신약의 효과와 부작용을 실험한다. 그러나 모든 모형은 추상이기 때문에 한계가 있을 수밖에 없다. 실제로 내장이나 간 같은 곳에서는 약의 효과가 다르게 나타날 수 있다. 어떤 약은 경구용으로 만들어서는 안 되며, 간은 많은 화학물질을 변형시키기 때문에 약의 유익한 성분을 쓸모없게 만들거나 안전한 성분

*알렉산더 플레밍
Alexander Fleming 1881-1955, 영국 미생물학자. 인플루엔자 바이러스를 연구하던 중 페니실린을 발견하여 1945년 노벨생리의학상을 수상했다.

을 유해한 성분으로 만들기도 한다.

기니피그는 페니실린에 알레르기 반응을 보이지만 쥐는 그렇지 않다. 그렇다면 어떤 상황에서 어떤 동물이 인체대리모형으로 더 적합한가? 모형의 한계를 아는 것은 그것의 적절한 용도를 아는 것만큼이나 중요하다.

> "모형의 한계를 아는 것은 그것의 적절한 용도를 아는 것만큼이나 중요하다."

전염병 확산을 막은 공중위생 모형

의학은 또한 이론적 모형에도 의존하고 있다. 진 짐펠Jean Gimpel이 공중위생의 개념을 가르치기 위해 고안해낸 것도 이 이론적 모형에 해당한다. 기술사가인 짐펠은 중세의 기계발명과 사용방식을 재구성해보면서 모형 만들기에 관심을 키우게 된다. 그는 작은 작업용 모형을 만들어 그 당시 촌락사회에 적합한 기술이 무엇이었는가에 대한 연구를 하기 시작한다. 그 기술들이란 대규모로 산업화된 인프라가 아닌 소규모 가용물자와 초보과학을 활용하는 것들이었다.

그 연구를 통해서 짐펠은 교육을 제대로 받지 못했고 상당수가 문맹이었던 중세 사람들이 기술을 배우는 가장 좋은 방법은 작고 기능적인 모형을 만들어 직접 접해보는 것이었음을 깨닫게 되었다. 이 방법은 그 자신이 역사에 등장하는 모형을 만들어 연구하는 방법과 동일한 것이었다. 그렇게 해서 그는 모형을 활용해 공중위생을 가르치는 작은 걸음을 내딛게 된다.

가축들이 우물 옆에서 방뇨나 배설을 하면 왜 안 되는지 지하수나 병균에 대한 이해가 없는 농부가 이해하기는 어려운 일이었다. 그러나 그가 모형을 사용해서 동물의 배설물이 지하수를 어떻게 오염시키고 또 사람이 그것을 마시게 되는지를 보여주자 이는 말로 설명해주는 것보다 훨씬 효과적인 교육이 되었다.

이 모형은 해결책까지 제시했는데, 가축들이 접근하지 못하도록 우물 주위에 울타리를 치라는 것이었다. 촌락공동체 환자들을 치료하는 의사들은 도시 노숙자를 상대하는 의사들과 마찬가지로 폐결핵 같은 병의 전염을 막기 위해 짐펠식 모형을 채택하는 경우가 많다. 실물모형을 만져봄으로써 전염의 복잡한 구조를 직접 경험하는 것이 단순히 말로 설명을 듣는 것보다 훨씬 효과적인 학습수단이 되는 것이다.

이를 간단히 말하면, 모형은 우리가 다른 방식으로 이해하기 어려운 생각이나 개념을 구체화하는 데 도움을 준다는 것이다. 과학에서도 모델링은 새로운 아이디어의 탄생이나 이론의 진전, 실험에 의한 사실이나 오류의 입증 등과 불가분의 관계가 있다.

리누스 파울링Linus Pauling*은 오늘날 가장 위대한 과학적 모형제작자 중 한 사람이다. 그는 모델링을 사고의 독특한 방법으로 정의하고 있다. 그는 "모형이 가지고 있는 가장 큰 가치는 새로운 생각이 태어나는 과정에 기여하는 것이다. 나는 모형이 언어를 구성한다고 말하곤 한다"라고 쓰고 있다. 파울링은 수십 년간 단백질분자를 연구했으며 모형을 이용해 그것들의 구조를 탐구한 결과 노벨화학상을 수상했다. 그의 주장에 따르면 정밀한 모형이 정밀한 사고를 나타낸다는 것이다.

그러나 모델링은 파울링의 연구에서 가장 유명한 실패를 초래하기도 했다. 그가 모형을 세워 제시했던 DNA의 구조가 부정확했던 것이다. 그는 이렇게 쓰고 있다. "모형 덕분에 우리는 어떤 DNA 구조가 가능한지 알 수 있다. 우리가 실재하는 것이라고 착각했을 수많은 구조들을 모형을 통해 검증함으로써 폐기할 수 있었다."

모든 것이 그의 말대로 이루어졌다. 1951년과 52년에 파울링과 몇

"모형은 우리가 다른 방식으로는 이해하기 어려운 생각이나 개념을 구체화하는 데 도움을 준다."

*리누스 파울링
Linus Pauling
1954년에 노벨화학상, 1962년에 핵무기확산 반대운동으로 노벨평화상을 받은 미국의 생화학자.

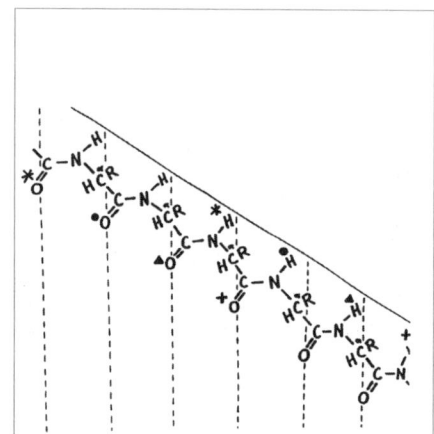

그림 10-4. 리누스 파울링이 그린 알파 헬릭스 나선 모델. "옥스퍼드에서 나는 감기에 걸려 누워 있었다. 지루하던 차에 한 가지 생각이 떠올랐다. 단백질 구조에 대해 전혀 생각해보지 않았다는 것이 그것이었다. 나는 종이 한 장을 꺼내 주의를 기울여 그렸다. 폴리펩티드 사슬, 결합 길이와 각도가 정확하게 표시되었다"라고 그는 말했다.

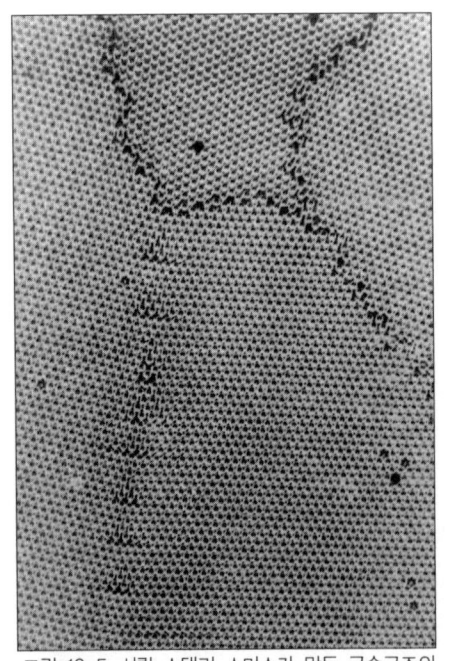

그림 10-5. 시릴 스탠리 스미스가 만든 금속구조의 거품 모델.

명의 과학자들, 그중에는 제임스 왓슨과 프랜시스 크릭도 포함되어 있었는데 그들은 모형을 세워 DNA구조를 밝혀내려 했다. 그들은 그 모형을 가지고 당시로선 충분치 않았던 가용 데이터와 비교했다. 서로 다른 모형들을 가지고 여러 예측치를 만들어 비교한 결과, 파울링의 이론이 가지고 있었던 치명적 약점이 드러났다. 왓슨과 크릭은 처음에 판지를 세밀하게 오려 모형을 만들려고 했으나 실패했다.

그러나 다른 과학적 모형과는 달리 이중나선모형은 너무 작아서 볼 수 없는 것을 눈에 보이는 형태로 나타내는 것이다. 대부분의 과학모형들은 그렇게 받아들여지지 않는다. 그것들은 말하자면 조각가의 마께뜨, 군 지휘관의 전쟁게임과 같다. 어떤 아이디어를 구상하는 데는 유용하지만 문자 그대로 실물을 표상하지 않는 것이다.

과학적 모형의 역할은 큰 건물을 짓는 건축현장에서의 비계와 크레인과 비교할 수 있다. 비계나 크레인이 없으면 건물을 지을 방도가 없다. 그러나 건물이 완성되고 나면 그것들은 필요없어져 이내 해체되는 신세가 된다. 그래서 리처드 파인먼은 고전적인 저서 《물리학법칙의 특징 The Character of Physical Law》에서 이론은 항상 자신이 의지했던 모형으로부터 스스로를 분리시키려 한다고 주장한다. "모형으로부터 가장 위대한 발견을 추출하고 나면 그 모형은 더 이상 쓸모가 없어진다. 전기역학에서 제임스 C. 맥스웰James C. Maxwell이 발견한 것은 그가 허공에 대고 상상한 수많은 가상의 바퀴와 아이들러idler** 모형에 힘입은 바 크다. 그러나 나중에 그것들을 다 치워버렸어도 아무 문제가 없었 다"라고 그는 말한다. 모형은 우리가 개념을 숙지하는 데 도움을 준 다. 그러나 파인먼도 누차 말하고 있다시피 모형과 개념을 혼동해서 는 안 된다.

파울링과 과학자들은 실패 로부터 얻은 교훈을 통해 오 늘날 DNA이중나선구조라 는 교과서적인 모형의 모태 가 된 모형을 만들어냈다. 그들의 모형은 실험으로 밝 혀낸 DNA구조의 세부뿐만 아니라 유전정보의 입력과 다음 세대로 전해지는 방식 까지 담아내고 있다. 그렇게 보면 이중나선모형이야말로 표상적, 기능적, 이론적 요 소들을 우아하게 결합시키 고 있다고 할 수 있다.

모형의 수학화로 순수한 모형을 얻을 수 있다

개념적으로 순수한 모형을 얻기 위해 많은 과학자들은 수학으로 눈을 돌리는 경향이 있다. 전쟁게임과 마찬가지로 모형의 수학화 mathematization는 비교적 최근의 일이다. 갈릴레오가 낙하하는 물체 를 수학적으로 설명했던 시절 이전에는 그런 것이 없다. 모든 방정 식이나 수학적 개념은 눈에 보이는 형태로 표현될 수 있고, 그렇게 표현된 모든 것은 다시 방정식으로 나타낼 수 있다는 생각은 그로부 터 꽤 시간이 흐른 후에 생겨났다. 수학자이며 역사가이고 또한 사진 작가이기도 한 거드 피셔Gerd Fischer는 수학계 내부에서 하나의 개념 적 도구로서 수학적 모형구축에 흥미를 보이기 시작한 때는 1860년 대였다고 말한다. 그 당시 독일의 수학자였던 에른스트 쿠머Ernst Kummer*** 가 복잡한 대수함수를 철사와 석고로 이루어진 일련의 모 형으로 발표했을 때였다.

피셔는 이것을 "모형구축과 대수학분야에서 가장 앞서나가고 있던 연구가 서로 손을 잡았다"라고 적고 있다. 그 결과의 일부가 '쿠머의 면Kummer surfaces' 이라고 알려진 것들이다.

쿠머식 접근법의 효용성에 대해서는 다른 수학자들도 인정했다.

*제임스 C. 맥스웰
James C. Maxwell
1831–1879, 19세기 영국의 물 리학자. 전자기학에서 장(場)의 개념을 집대성하였으며, 빛의 전자기파설의 기초를 세우고, 기체의 분자운동에 관해 연구 했다.

**아이들러
idler
운반용 벨트 컨베이어를 받치 고 있는 롤러.

***에른스트 쿠머
Ernst Kummer
1810–1893, 독일 수학자. 정수 론에서 페르마의 문제에 '이 상수'를 도입한 연구를 인정받 아 아카데미상을 수상했다.

그림 10-6. 쿠머의 4차식 모형.

그림 10-7. 클라인 병. 클라인 병에는 경계가 없고 방향도 없기 때문에 병에 물을 부으면 그와 동시에 물이 줄줄 흐르게 된다.

*매듭이론
부수지 않고는 풀리지 않는 것들에 관한 수학.

**매스매티카
Mathematica
컴퓨터 수학 프로그램.

1850년대에 아우구스트 페르디난드 뫼비우스August Ferdinand Mëbius는 모형을 이용해서 '뫼비우스의 띠'라고 불리는 형태를 만들어냈다. 한 면을 2차원적으로 꼬아만든 이것은 흔히 무한성의 상징으로 언급된다. 펠릭스 클라인Felix Klein은 당대의 가장 위대한 수학자 중 한 사람이었는데 그는 판지, 실, 철사, 석고, 점토 등을 이용해서 다양한 모형들을 만들어냈다. 그중에는 '클라인 병'이라고 불리는 것이 있었다. 클라인 병은 뫼비우스 띠의 3차원적 등가물이라고 할 수 있는데 안과 밖이 구별되지 않으면서 병의 양 끝이 붙어 있다.

오늘날에는 평범한 종이, 철사, 공작점토는 물론이고 심지어는 포장용 포일로 만든 모형도 학생들이 기하학이나 위상수학, 매듭이론*을 이해하는 데 도움을 주기 위해 사용되고 있다.

최근까지 수학모형의 큰 컬렉션은 유럽의 연구소나 1970년경 레이와 찰스 이임스Ray & Charles Eames 부부가 대여섯 군데의 미국 내 과학박물관용으로 기획한 매스매티카Mathematica** 전시회에 있는 것들뿐이었다. 그러나 현재는 컴퓨터를 활용한 디자인 CAD 시스템이나 매스매티카 같은 일반적인 문제해결 프로그램의 개발로 인해 누구나 컴퓨터만 있으면 수학적 모델링 작업이 가능해졌다.

그러나 중요한 것은 컴퓨터로 만든 모형과 형체를 갖춘 모형이 '생각도구'라는 관점에서 보면 동등한 것이 아니라는 점이다. 컴퓨터 그래픽은 2차원이다. 물론 3차원 영상을 '보여줄' 수는 있다. 그러나 3

차원을 단지 머릿속에서 시각적으로 받아들이는 것과 그것을 운동감각적·촉각적으로 경험하는 것은 같지 않다.

컴퓨터그래픽 전문가인 샌디에이고 슈퍼컴퓨터센터의 마이클 베일리Michael Bailey의 말에 따르면 그 차이는 중요하다. 수 년간 그는 컴퓨터야말로 모델링의 모든 것이자 궁극적인 것이라고 강변해왔다. 그러나 신기술이 그의 마음을 바꿔놓았다. 컴퓨터는 단지 3차원 모형을 제작하는 기계에 '연결'될 수 있을 뿐이다. 그 기계는 입체 석판인쇄술이나 주조 등의 방법을 통해 플라스틱이나 종이, 수지, 혹은 금속으로 모형을 만들어낼 것이다.

이러한 기술 중 한 가지는 시각장애인이었던 화학자 윌리엄 스카윈스키William Skawinski가 본인의 필요에 따라 고안해낸 것이다. 이는 시각장애인 학생과 비장애 학생을 동시에 가르칠 수 있는 '화학모형 자료실'로 발전하게 된다. "컴퓨터그래픽은 어떤 것을 손으로 만지고 잡아보는 것만큼 좋지는 않은 것 같습니다"라고 베일리는 시인한다.

베일리가 그래픽 모형을 실물모형만큼 좋지 않다고 말한 한 가지 이유는 추상적인 '지도'가 실제 '지형'과 항상 일치하지 않는다는 사실에 있다. 3차원에서는 실제로 존재하지 않는 것을 2차원적 이미지로 만들어내는 것이 가능하다. 물론 에셔나 로저 펜로즈Roger Penrose는 이 '불가능한 물체'가 가능하다는 것을 알고 있었다. 본인 스스로 설계해서 조립을 해본 사람이라면, 그가 건축가이건 목수이건 모형제작자이건 간에 자신이 만들어 세울 수 없는 어떤 것을 종이 위에 그려본 적이 있을 것이다. 시간과 공간 안에서 일을 한다는 것은 방정식이나 그래프, 혹은 종이를 놓고 일하는 것과 전혀 다르다. 그래서 차원의 문제는 중요한 것이 된다.

스크립스 연구소Scripps Research Institute에서 바이러스 구조를 연구하는 생물학자 존 존슨John Johnson은 그래픽 모형이 정밀하다고 할 수 있을지는 모르지만 더 정직하지는 않다고 생각한다. 수 년 동안 그와 동료들은 그 구조를 들여다보기 위해 비록 완전치는 않지만 컴퓨터그래픽 이미지에 의존해왔다. 그러다 1997년에 존슨은 마이클 베일리에게 폴리머클레이*를 이용해 바이러스 중의 하나를 이루고 있는 단백질 성분을 모형으로 직접 만들도록 했다. 이 실물모형을 넘겨받자마자 존슨은 단백질 간의 접면에 그래픽 이미지로는 식별할 수 없는 구멍이 있다는 것을 알았다.

이것은 대단한 발견이었다. 왜냐하면 약을 그 구멍에 맞춰 주입할 경우 바이러스 합성을 막을 수 있고 그렇게 되면 바이러스가 일으킨 감염을 치료할 수 있기 때문이었다. "나는 미친 사람처럼 날뛰었다. 만나는 사람마다 우리가 얼마나 어리석었는지 얘기해주었다. 이런 식으로 모형을 가지고 서브유닛 subunit** 합성을 들여다볼 수 있다면 앞으로는 꽤나 일반화될 것이라는 생각이 들었다"라고 존슨은 회고한다.

정지궤도위성의 개념을 생각해낸 SF작가 아서 C. 클라크는 "오늘날 사람들이 컴퓨터화면을 들여다보는 교육만 받고 있을 뿐 진짜 금속을 만져볼 생각은 하지 않는다. 이런 식의 태도는 미래에 재앙을 몰고 올 것이다"라고 우려하고 있다. 클라크의 이 견해에 많은 공학자들도 동의하고 있다. 그중에는 유진 퍼거슨이나 새뮤얼 플로먼 Samuel Florman, 헨리 페트로스키 등이 있는데 이들 모두는 과거 20년간의 주요한 공학적 실패(다리, 건물, 로켓, 비행기 등)가 작업모형을 제작하는 직접 경험이 줄고, 대신에 컴퓨터그래픽에 대한 의존도가 계속 늘어난 데서 기인한다고 주장하고 있다.

*폴리머클레이
 화학반응을 일으키는 점토.

**서브유닛
 subunit
 생체입자를 구성하는 기본단위.

세계를 이해하려면 모형을 만들라

우리가 우리를 둘러싼 세계를 이해하려면 유용하면서도 다양한 모형을 만들어봐야 한다. 그런 일을 장려하고 가르침으로써 이 일이 노는 것만큼이나 자연스럽고 쉬운 것이 되도록 해야 한다. 실제로 아이들은 이 책의 유추와 차원적 사고의 장에서 살펴본 대로 장난감을 가지고 놀면서 자발적으로 모형을 만든다.

중요한 것은 아이들이 집 뒷마당에 만들어놓은 요새가 얼마나 튼튼한가에 있지 않다. 지하실에 마련한 장난감 동물원이나 방 안에 지어놓은 인형집이 얼마나 그럴싸한가도 중요한게 아니다. 오직 모형을 만든다는 행위 그 자체가 중요하다. 이 행위를 통해서 이해력과 제어력을 기를 수 있기 때문이다.

많은 창조적 인물들은 어린 시절 모형 만드는 놀이에 몰입했던 적이 있었고, 성인이 되어서도 그 경험이 자신들의 관심사에 영향을 주었다고 말한다. 조지아 오키프는 어렸을 때 얇은 판자 두 장을 가지고 자신이 직접 인형의 집을 만들어 놀았던 일을 기억한다. 그녀는 각 판자에 톱으로 틈을 낸 다음 그것들을 짜 맞추었다. 그렇게 해서 '방' 네 개를 만들었는데 이 방이라는 게 판자 칸막이 말고는 아무것도 없었지만 상당히 만족스러웠다고 그녀는 회고한다. 이때가 아마도 그녀가 처음으로 추상에 대한 이해를 가지게 된 시점일 것이다.

조각가 클레스 올덴버그 또한 손수 책과 신문, 지도, 도표 등을 제작해서 자신만의 사적 세계를 만들어냈다. 청소년기에 그는 모형 비행기 만드는 일에 관심이 있었다. "때때로 디자인만 바꾸어보아도 그것들은 내가 바라는 것 이상으로 훌륭해보였다"라고 그는 말한다. 오키프나 올덴버그가 모형을 만들어본 경험은 자신만의 의도와 방식대로 세계를 재구성하는 예술가로서의 일생을 펼쳐나가는 계기가 되

"우리가 세계를 이해하려면 유용하면서도 다양한 모형을 만들어봐야 한다."

었다.

많은 과학자나 공학자들은 모형 만들기를 통해 무엇인가를 형성해 보는 경험을 할 수 있었다고 말한다. 익명으로 인터뷰에 응한 전미과학아카데미의 한 회원은 과학에 대해 흥미를 갖게 되고 또 이 분야에서 성공할 수 있었던 요인으로 이와 유사한 경험을 들고 있다. "저는 항상 무엇을 만드는 일에 관심이 많아서 비행기 모형이나 그 비슷한 것을 만들어보곤 했습니다. 제가 도서관에 갈 나이가 되었을 때 자주 어린이 공작에 관한 책을 빌려보았습니다. 이 시기는 저의 전 학습과정에서 대단히 중요했죠. 이로 인해 나중에 대학에 가서 강의를 들었을 때 전혀 생소하지 않았기 때문입니다."

역시 익명으로 인터뷰에 참여한 저명한 수학자도 비슷한 사례를 든다. "외견상 수학과 직접적인 관련이 없어보이는 것들이 제 마음 속에서는 관련이 있습니다. 어렸을 때 저는 발사나무로 모형 비행기를 만들었죠. 다섯 살 때 혼자 힘으로 그것을 만들 수 있었습니다. 머릿속에서 완성된 모습과 그에 따른 조립방법을 떠올릴 수 있었고, 외양을 완전히 다른 것으로 바꾸어 볼 수도 있었습니다." 모형 만들기를 통해 창의력이 풍부한 사람들은 일찍부터 '형상화', '추상화', '유추', '차원적 사고' 등 어른이 되었을 때 필요한 연구기술들을 연마할 수 있었다.

연습을 시작하기는 쉽다. 어느 도서관이나 서점에 가도 모형 만들기에 대한 책을 쉽게 빌리거나 구입할 수 있다. 골판지, 발사나무, 철사, 플라스틱, 천과 종이 등 갖가지 공작재료도 쉽게 구할 수 있다. 그러나 이것들이 단순해보인다고 해서 결코 가볍게 보아서는 안 된다. 처음부터 아무것도 없이 시작하기가 엄두가 나지 않는다면 조립 플라스틱이나 나무모형 재료를 사서 원하는 형태로 구성해 볼 수 있다. 공룡부터 집 모형까지, 역마차에서 영화 〈스타워즈〉에 나오는 우

융은 십대 시절의 모형 만들기 취미가 과학 일반에 대한 흥미를 키우게 되었다고 쓰고 있다. 그는 말한다. "나는 진흙을 모르타르 삼아서 작은 돌로 성을 쌓고 포좌를 설치했다. 보방*의 축성도를 보이는 대로 다 사들여서 닥치는 대로 파고들었다. 그리고 얼마 되지 않아 모든 축성기법에 정통해졌다. 나는 보방을 거쳐 보다 현대화된 축성법에 눈을 돌렸다. 내가 쏠 수 있는 수단에는 제약이 많았지만 온갖 형태의 요새 모형을 만들어보려고 노력했다. 이 일은 2년 이상이나 내 여가시간을 빼앗아가버렸지만 그동안 나는 과학공부와 어떤 형체를 지닌 것들에 대해 심하게 경도되어갔다."

*보방
Vauban
17세기 프랑스 군인이자 축성 전문가.

주선 모형까지 모든 것이 다 가능하다. 종이모형으로는 종이인형부터 비행기, 성, 시계까지 다양하다. 많은 모형가게나 카탈로그를 보면 실제로 작동하는 증기기관이나 기차, 경주용 차, 비행기, 로켓 등도 나와 있다.

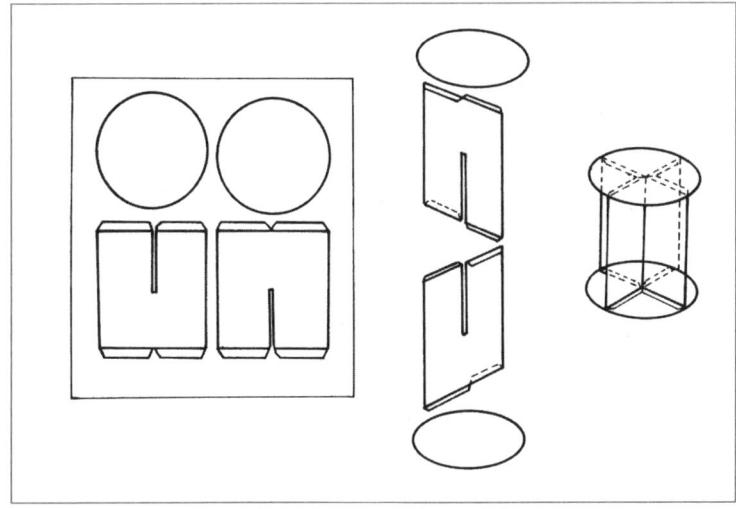

그림 10-8. 앞서 언급한 형상화 퍼즐을 모형으로 만드는 과정.

모형에 있어 가장 중요한 것은 소재가 무엇인가가 아니라 그것이 구현하고 있는 아이디어나 기능이 무엇인가, 그리고 모든 세부를 재구성하기 위해 모형제작자가 어떤 노력을 기울였는가이다. 상상력에 의해 '생명'을 부여받지 못한 모형은 아무것도 아니다.

학교에서 다양한 과목을 학습하는 수단으로 모형 만들기를 권장할 수 있다. 예를 들어 수학시간에 모형을 만들어봄으로써 개념을 구체화할 수 있다. 모든 방정식이 실체가 있는 물리적 형체로 나타날 수 있고, 모든 물리적 현상이 방정식 모형으로 표현될 수 있음을 빨리 알면 알수록 창의력은 높아질 수 있다. 시각형 사고력 역시 모형 만들기를 통해 증진될 수 있다. 운동감각과 형상화능력 사이에는 직접적인 연관이 있기 때문이다. 우리가 형상화를 다룬 장에서 상상해보라고 한 형태들을 모형으로 만들어보는 일은 모든 연령대의 학생들에게 귀중한 경험이 될 것이다.

학교나 집, 혹은 이웃집의 모형을 만들게 하여 공간감각을 키우라. 버크민스터 풀러의 사면체(삼각뿔)를 기초로 한 지오데식 돔이나 스

웰스의 전쟁게임이 책을 가지고 언덕과 건물 등 실제 지형지물을 대신했던 것을 떠올려보라. 파울링의 단백질 구조는 종이에 연필로 표시해서 통 모양으로 접은 것이었다.

생각도구 10 - 모형 만들기 · 319

교사인 브렌다 잭슨은 여러 분야를 동시에 공부하기 좋다는 이유로 다리 모형 만들기를 권장한다. "다리 설계에는 다양한 학문분야가 망라되어 있다. 도면을 그릴 때, 실제적인 장력 문제에 대처할 때, 모형제작에 따르는 계산과 손기술이 필요할 때 등 모든 부분에서 관련 지식이 요구된다. 다리 파괴시험은 다소 시끄럽긴 하지만 그 결과는 매우 장관이라서 쉽게 잊기 어렵다."

"모형은 상상력에 의해 '생명'을 부여받지 못하면 아무것도 아니다."

넬슨의 텐스그리티 조각, 그 밖의 건축형태를 모형으로 만들어보면 공학적·디자인적 기술을 습득할 수 있다.

초등학교, 고등학교, 심지어 대학에서 미술, 디자인, 조각, 공예, 공학, 수학, 과학을 가르치는 교사나 교수들은 학생들에게 통합적 경험을 쌓아주기 위해서라면 협력할 수 있어야 한다. 왜냐하면 그것이야말로 수많은 작업장, 직업에서 필요한 협력 혹은 상호작용의 모델이 될 것이기 때문이다.

정치학이나 역사학, 인류학을 배울 때에도 각 전투과정이나 건축양식의 혁신, 전통의술의 효능, 경쟁적인 경제활동의 결과물, 종교의식의 목적 등을 물리적, 기능적, 이론적인 모형으로 만들어 배운다면 매우 효과적인 학습방법이 될 것이다.

모형을 만들기 위해서는 위의 모든 것들이 어떻게 작동하는지 가늠할 수 있어야 하기 때문에 그런 점에서 모형 만들기는 나이의 많고 적음에 상관없이 훌륭한 배움의 방식이 된다. 모형 만들기를 평생 습관으로 삼는다면 살아가는 내내 배움과 재미를 동시에 맛볼 수 있을 것이다.

SPARK OF GENIUS
생각도구 11 놀이

일 가지고 놀기
흔들리는 접시를 보고 전자궤도를 연구한 리처드 파인먼
콜더의 서커스 놀이와 움직이는 조각
현실을 가지고 놀았던 루이스 캐럴과 모리츠 에셔
젓가락 행진곡은 어떻게 탄생했나
창조적인 통찰은 놀이에서 나온다

왼쪽부터: 알렉산더 플레밍, 리처드 파인먼, 알렉산더 콜더, 알렉산드르 보로딘.

▶ 놀이의 힘으로 세계의 본질을 보여준 사람들

"나는 미생물을 가지고 논다네. 어느 정도 이 놀이에 익숙해지고 나서 그 규칙을 깨뜨려보면 다른 사람들은 생각조차 못한 새로운 것을 알아낼 수 있지."
 ― 생물학자 알렉산더 플레밍

"내가 하려는 일이 핵물리학의 발전에 얼마나 기여하는가는 중요치 않다. 문제는 그 일이 얼마나 즐겁고 재미있느냐다."
 ― 물리학자 리처드 파인먼

"내가 만들다 만 작품들을 치우지 않고 있으면 거기서 뭔가 놀라운 아이디어가 떠오르곤 했어요. 나중에는 그게 아주 만족스러운 작품이 된다는 말이죠."
 ― 조각가 알렉산더 콜더

"피아노도 칠 줄 모르는 딸아이가 양 집게손가락만 가지고 피아노를 치더군. 그애가 연주한 단순한 패턴을 편곡한 게 바로 이 곡이라네."
 ― 작곡가 알렉산드르 보로딘

나의 작업은 예술이 아니라 놀이에 가깝다.
-화가 모리츠 에셔

PLAYING PLAYING PLAYING PLAYING PLAYING PLAYING PLAYING PLAYING PLAYING PLAYING

■ ■

놀이에는 분명한 목적이나 동기가 없다. 놀이는 성패를 따지지 않으며, 결과를 설명해야 할 필요도 없고, 의무적으로 수행해야 할 과제도 아니다. 이것은 우리에게 상징화되기 이전의 내면적이고 본능적인 느낌과 정서, 직관, 쾌락을 선사하는데, 바로 그것들로부터 창조적인 통찰이 나온다. 놀이는 우리 자신만의 세계와 인격, 게임과 규칙, 장난감, 퍼즐을 만들게 하여 지식을 변형시키고 새로운 이해를 가능하게 한다. 그리고 이것들을 통해 새로운 과학과 예술이 가능해진다.

| 일 가지고 놀기

1936년까지 알렉산더 플레밍은 그다지 유명하지 않은 과학자였다. 그러나 그가 런던에서 열린 2차 미생물학 국제총회에서 발표한 두 가지 연구는 과학사에서 매우 중요한 것이었다. 첫 번째 발표에서 그는 페니실리움Penicillium이라는 기이한 곰팡이를 소개했는데, 이것은 각종 감염성 박테리아의 성장을 막는 합성물질을 만들어낸다는 것이었다. 두 번째 발표에서 그는 신기한 미생물 그림에 대해 이야기했다. 다양하게 착색한 박테리아를 철사고리로 조심스럽게 긁어내어 한천 배양기*로 옮겼더니 의미있는 그림이 생겨났다는 것이었다.

그러나 과학계에서는 이 발표내용을 대수롭지 않게 생각했다. 플레밍은 페니실리움에 대해 설득력 있는 근거를 제시하지 않았으며 그것을 가지고 '기적의 치료법'을 선보이지도 않아 당시로서는 별다른 주목을 받지 못했다.

플레밍은 두뇌가 명석한 학생이었을 뿐 아니라 매우 열심히 일하는 과학자이기도 했다. 그는 또한 '마법의 탄환'이라고 불리던, 파울 에를리히Paul Ehrlich**가 만들어낸 최초의 완전한 합성약인 살바르산을 매독치료제로 채택한 사람이었다. 그러나 플레밍은 연구자로 살아가는 한편 온갖 스포츠와 게임을 즐기는 데 시간을 쏟았다. 사격, 골프, 당구, 크로케croquet*** 체커, 브리지, 포커, 퀴즈게임, 탁구, 수구……. 그런데 재미있는 사실은 그가 게임을 할 때는 통상적인 규칙을 적용하지 않았다는 것이다.

*한천 배양기
우뭇가사리에 육즙 등의 영양분을 섞은 다음 굳혀 만든 반투명의 세균 배양기.

**파울 에를리히
Paul Ehrlich
1854-1915, 독일의 세균학자이자 화학자. 디프테리아의 혈청요법을 완성했다. 1908년 메치니코프와 함께 노벨 생리의학상을 수상했다.

***크로케
croquet
야외에서 나무망치와 나무공으로 하는 놀이. 게이트볼이라는 이름으로 변형되어 성행 중이다.

그의 한 친구의 말에 따르면 그는 게임을 어렵게 하는 것에서 기쁨을 찾았고, 그 어려움을 극복하는 데서 더 큰 쾌감을 느꼈다고 한다. 그는 골프를 칠 때 클럽 한 개만으로 한 라운드를 다 치거나, 남들의 시선은 아랑곳하지 않고 땅에 드러눕기도 했으며, 퍼팅을 할 때는 클럽을 당구채처럼 쥐고 사용했다. 또한 그는 어린이 오락용으로 갖가지 실내골프게임을 고안하기도 했다. 한 전기작가의 글에 따르면 그는 원반게임을 하다가 저명한 미생물학자들과의 저녁약속을 어긴 적도 있었다.

플레밍은 자신의 장난꾸러기 기질을 일과 후의 시간에만 발휘하지 않았다. 그는 일하면서 놀았고, 보다 정확하게 표현하면 일을 가지고 놀았다. 그의 상사였던 앨름로스 라이트Almroth Wright는 그에게 "자넨 게임 대하듯이 연구를 대하는구먼. 그러면 엄청나게 재미있겠지?" 하고 말한 적도 있다. 라이트는 플레밍에게 주의를 주려고 그랬을 수도 있고 아니면 질투했었을 수도 있다. 어떤 의도로 말한 것이건 간에 플레밍은 기꺼이 받아들였다. 놀이는 그가 일하는 방식이었다.

그는 과학이라는 게임 안에서 게임을 만들었다. 누군가가 그에게 무엇을 하느냐고 물어올 때마다 그는 "미생물을 가지고 논다네"라고 대답하곤 했다. "물론 이 놀이에는 아주 많은 규칙이 있지. 그런데 어느 정도 이 놀이에 익숙해지면 그 규칙을 깨뜨리는 것이 아주 재미있다네. 그렇게 되면 다른 사람들은 생각조차 못해본 것을 알아낼 수 있게 되지." 플레밍에게 박테리아 놀이는 뜻밖의 귀중한 것을 운좋게 발견해내는 장치였다.

그러나 대부분의 과학자들은 플레밍의 '노는 방식'을 이해하지 못했다. 플레밍의 연구실 동료였던 V. D. 앨리슨 V. D. Allison은 자신이 결벽증 환자처럼 군다고 플레밍이 놀리는 바람에 충격을 받았다고 털어놓았다. "매일 저녁 퇴근할 때마다 나는 내 자리를 치우고 더 이

콘래드 로렌츠의 책 《솔로몬의 반지》를 보면 아주 어처구니없는 이야기들이 자세히 수록되어 있다. 예를 들면 콘래드가 관찰을 하려고 온 집안에 거위와 갈가마귀들을 풀어놓았다는 이야기가 있는데, 이는 어떤 학자도 시도해본 적이 없었을 뿐 아니라 권장하지도 않는 관찰법이었다.

상 필요없는 것들은 모두 버렸어요. 그걸 본 플레밍은 내가 주변정리에 너무 신경을 쓴다고 말하더군요. 그는 물건을 버리기 전에 2, 3주 정도 그대로 놔두는 습관이 있었거든요. 그러면서 예상 밖의 재미있는 현상이 우연히 일어나지 않을까 하면서 아주 면밀하게 관찰하곤 했어요. 결론적으로 말하면 그가 항상 옳았어요."

흔들리는 접시를 보고
전자궤도를 연구한 리처드 파인먼

그 결론이란 물론 페니실린을 말한다. 그리고 그 미생물 그림은 아마 발견의 촉진제가 되었을 것이다. 각각의 그림은 일종의 기술적인 걸작들이었다. 산도, 양분, 기온, 습도, 그리고 그림이 완성되어 가는 시간조절까지 모든 게 맞아떨어져야 했다. 또한 이 그림이 완성되기 위해서는 정상적인 조건 아래서 절대 이루어질 수 없는 이종 미생물들 간의 결합이 필수적이었다. 따라서 이 미생물 그림은 놀이가 아니라 실험이었고, 어떤 일이 일어날지 지켜보기 위한 구실인 셈이었다.

플레밍이 박테리아를 염색한 것은 그가 기묘하고 흥미로운 반응들이 나타나는지 보기 위해 모든 배양액을 뒤죽박죽으로 섞어봐야겠다고 생각했기 때문이었다. 여기서 기묘하고 흥미로운 반응이 나타난다는 것은 새롭고 흥미로운 색 하나가 플레밍의 '미생물 물감 팔레트' 위에 추가되는 것을 의미했다. 그렇게 해서 나타난 것 중의 하나가 푸른빛이 도는 녹색곰팡이 페니실리움 노타툼Penicillium notatum이었는데, 플레밍은 바로 이것에서 최초의 항생물질을 분리해내게 된다.

"놀이라는 것은 그 자체로 족할 뿐, 거기엔 어떤 분명한 목적이나 목적을 설정하는 동기가 없다."

처음에는 아무도, 심지어는 실험을 주관하는 플레밍조차도 이 곰팡이가 어떤 것인지 몰랐다. 놀이라는 것은 그 자체로 족할 뿐, 거기엔 어떤 분명한 목적이나 목적을 설정하는 동기가 없기 때문이었다. 놀이는 단순히 즐기는 것, 즉 어떤 부담이나 책임감을 크게 느끼지 않고 그저 무엇인가 하거나 만드는 즐거움의 추구 아니던가? 그러므로 놀이는 성패를 따질 수 없으며, 결과를 설명해야 할 필요도 없고, 의무적으로 수행해야 할 과제도 아니다.

그러나 놀이에 고유한 목적이 존재하지 않는다고 해서 그 놀이의 결과가 단순히 즐거움을 유발하는 차원을 넘어서 차후에 어떤 좋은 목적에 쓰일 수도 있다는 가능성을 부정하는 것은 아니다.

심리학자인 장 피아제 Jean Piaget*가 시사하듯이 놀이는 유용하게 사용될 수 있다. 그것은 다양한 정신적 기술을 몇 가지 방법으로 강화시킨다.

첫째, 실습놀이는 실습을 통해 기술을 향상시켜 모든 생각도구를 연마하고 발달시킨다. 십대 시절의 리처드 파인먼은 일을 놀이 삼아, 또 연습 삼아 4차원 형상을 머릿속에 그리곤 했는데 이는 어떠한 결과를 얻기 위해서가 아니라 그런 일을 마음대로 할 수 있다는 쾌감을 느끼기 위해서였다. 플레밍도 미생물 그림을 통해 자신의 기술과 지식을 향상시켰다. 화가 에셔는 벽지 안에서 이미지를 찾아내는 연습을 하여 패턴을 읽고 만드는 기술을 숙달시켰다.

둘째, 상징놀이는 어떤 한 가지가 다른 것을 의미하는 가상의 세계에 호소함으로써 유추, 모형 만들기, 연기, 감정이입 같은 생각도구들을 키워낸다. 조지아 오키프는 어린 시절 상징놀이를 즐겨했는데, 판자 두 개가 맞물린 것을 가지고 인형의 집으로 상상하며 놀았다고 한다. 그리고 플레밍은 박테리아를 물감처럼 상징적으로 사용했다.

놀이는 진지한 행동의 규칙을 깨뜨리고 대신 그 자리에 자체적인 규칙을 수립한다. 따라서 놀이는 '시시한' 것이며 호기심과 흥미의 변화에 따라 왔다갔다 하는 것이다. 이것은 섣부르고, 과장되어 있고, 심지어 전복적 행동인 동시에 그 자체적으로는 계산된 복잡성과 행위의 완결성을 꾀한다. 몸동작이나 손에 쥐고 있는 물체, 상징적으로 표현되는 생각, 골프, 미생물 등 그 무엇과도 연루될 수 있다.

"놀이는 성패를 따질 수 없고, 결과를 설명해야 할 필요도 없으며, 의무적으로 수행해야 할 과제도 아니다."

*장 피아제
Jean Piaget
1896-1980, 스위스 심리학자. 어린이의 정신발달, 특히 논리적 사고발달에 관한 연구를 통해 인식론의 제반 문제를 추구하였다.

셋째, 게임놀이는 어떤 상황에서 우리가 의지해 사고하고 행동하는 규칙을 만들거나 그 규칙을 파괴하도록 가르친다. H. 조지 웰스는 축소모형으로 자신이 고안한 전쟁게임을 즐겼다. 플레밍 역시 '세균학게임'의 새로운 규칙을 찾아내고 창안했다. 놀이는 여타의 생각도구들을 가지고 연습하는 것 이상이다. 그것은 도구 자체인 동시에 도구의 도구다. 어떤 소재, 기술, 규칙을 가지고 '장난치며 노는 것'은 기발한 행동과 관찰, 참신한 생각을 낳는다. 특히 플레밍의 경우처럼 위에서 말한 놀이의 세 가지 요소가 모두 작동할 때 더욱 그렇다.

빈둥거리며 노는 일이 가져다주는 기쁨을 생각해보라. 그게 장차 어떤 보답을 주는지는 논외로 하더라도 수많은 과학자들이 자신들의 연구주제를 '가지고 노는 것'을 보는 것은 놀라운 일이 아니다. 리처드 파인먼의 넘쳐나는 장난기는 그의 이름을 보다 친숙한 것으로 만들었다. 그의 과학 이야기(개인적 일화와 마찬가지로)는 물리학을 정말 따분하고 무미건조하게 생각하는 문외한들까지도 매료시키고 있다. 어떻게 그게 가능한가?《파인만 씨, 농담도 잘하시네 Surely You're Joking, Mr. Feynman》라는 제목이 붙은 그의 책에 모든 답이 담겨 있다. 파인먼은 농담을 즐겼을 뿐 아니라 다른 사람에게 장난도 곧잘 걸었다. 그는 취미생활과 일을 모두 하나의 놀이로 생각했다.

플레밍과 마찬가지로, 심각한 연구와 장난스러운 놀이를 뒤섞는 파인먼의 태도는 일종의 전략이었다. 너무 젊은 나이에 큰 명성을 얻은 그에게는 숨막히게 만드는 기대감이 항상 따라 붙었다. 대부분의 사람들이 박사학위를 겨우 마칠 나이에 그는 학계를 떠날 생각을 하고 있었다.

그런데 그 중대한 순간, 그는 한 줄기 빛을 보았다. "그때 다른 생각이 들었어요. 물리학 때문에 머리가 아프긴 하지만 한편으로는 물

대학원을 막 졸업한 리처드 파인먼은 최초로 원자폭탄을 개발한 로스앨러모스 연구소의 연구팀에 합류해서 일을 하게 되었다. 거기서도 그는 동료들에게 장난을 치거나 재미 삼아 그들의 금고를 열기도 했다. 캘리포니아 공대에서 교수생활을 한 그는 댄스클럽에 들락거리면서 여자들에게 추파를 보내기도 했고 거기에 죽치고 앉아 방정식 문제와 씨름하며 시간을 보내기도 했다.

리학연구를 즐기지 않았느냐? 그럼 그것이 즐거운 이유가 뭐였냐? 그것을 가지고 놀 수 있었기 때문이 아닌가? 나는 하고 싶은 일을 했지만 그게 핵물리학의 발전에 중요하냐 아니냐 하는 것과는 무관했다는 얘기죠. 오히려 그게 얼마나 즐겁고 재미있느냐가 문제였을 뿐이죠. 그래서 그 태도를 계속 지켜가자는 생각을 했어요. 나는 내가 원하는 한 언제든지 물리학과 함께 놀 것이다……. 그럼 그게 무엇에 중요하냐…… 이런 것에는 신경 쓰지 않고요."

파인먼은 이런 결정이 자신을 얼마나 빨리 흥미로운 세계로 인도할지 상상하지 못했다. 그는 뒷날 이렇게 회상했다. "그로부터 채 일주일도 지나지 않았을 때였어요. 구내식당에 앉아 있는데 어떤 녀석이 주변에서 어슬렁거리다가 공중에 음식접시를 던지더라고요. 접시가 공중으로 올라가면서 흔들거리는 게 보였죠. 나는 접시 위에 새긴 코넬대학의 붉은색 상징이 빙글빙글 도는 걸 홀린 사람처럼 한참 쳐다보고 있었어요. 한동안 멍하니 있다기 회전히는 접시의 움직임에 대해 생각하기 시작했죠."

재미 삼아 파인먼은 접시 흔들림에 대한 방정식을 만들어냈다. 그러고 나서 상대성이론, 전기역학, 양자 전기역학에 파고들었다. 그는 전자궤도가 어떻게 움직이게 되어 있는지 생각했다.

이 일이 있기 바로 직전까지도 나는 아주 좋아하던 어떤 문제와 '놀고' 있었다. 실제로는 그걸 풀고 있었던 중이라고 말해야 할 것이다. 그런데 어쨌든 이런 문제들과 노는 것은 전혀 어려운 일이 아니었다. 비유하자면 마치 병 따는 것하고 비슷하다. 따기만 하면 모든 게 줄줄 흘러나오니까. 심지어는 그걸 막아볼 생각을 다 했을 정도였다. 처음에는 내가 하고 있는 짓이 쓸데없이 느껴졌지만 결국 그게 중요한 것이 되었다. 내게 노벨상을 안겨준 연구성과라는 것도 알고 보면 춤추는 접시와 함께 놀았던 그 시절에서부터 시작된 거라고 할 수 있다.

콜더의 서커스 놀이와
움직이는 조각

파인먼의 경험은 플레밍의 페니실린 발견과 마찬가지로 창조를 하는 사람에게서 공통적으로 나타나는 것이다. 스미소니언 박물관의 레멀슨 발명혁신 연구센터 소장인 아서 모렐라Arthur Molella는 이렇게 말한다. "놀이감각이란 발명하는 데 있어서 필수적인 것이다. 발명은 머릿속으로 하는 즐겁고도 자유로운 연상에서 시작되는 것이다." 엘머 스페리Elmer Sperry*는 자세제어**를 유지하는 데 사용되는 자이로컴퍼스와 자이로스태빌라이저를 발명한 것으로 유명한데, 그는 교과서가 아니라 아이들 장난감을 가지고 놀면서 발명했다.

처음에 나는 자이로스코프***에 관해서 알아보려고 도서관을 들락거렸다. 그런데 거의 예외없이 관련된 책과 팸플릿에는 고등수학이 넘쳐났다(고등수학을 남용하고 있는 게 아닌가 하는 생각도 들었다). 내게 별로 도움이 되지 않는 것들이었다. 그러나 내게는 고맙게도 세 아이가 있었다. 나는 그때까지 우리 아이들에게 회전운동을 하는 여러 가지 장난감을 사주고 있었는데 정작 그 장난감들을 통해 나는 아이들보다 더 많은 것을 배울 수 있었다. 그것들이 내가 이미 알고 있던 회전운동의 반작용 크기를 계산하는 데 도움을 주었기 때문이다. 회전운동 자체야 나에게는 어느 정도 익숙한 것이었지만 그 크기는 어떤 면에서 나를 놀라게 했다. 만일 내가 그것을 눈으로 직접 확인하지 못했다면 그것이 그렇게 커질 수 있다는 것을 절대로 깨닫지 못했을 것이다.

*엘머 스페리
Elmer Sperry
1860-1930, 미국 전기기술자이자 발명가. 선박이나 항공기에 사용되는 자이로컴퍼스의 발명으로 일약 유명해졌으며, 고광도 아크등, 자이로파일럿 등 많은 발명을 했다.

**자세제어
인공위성 본체의 위치를 지구와 일정하도록 제어하는 일.

***자이로스코프
'회전의'라고도 하며 회전체의 역학적인 운동을 관찰하는 데 쓰인다.

장난감은 발명가 제롬 레멀슨Jerome Lemelson*이 발명가로 성장해 가는 데 중요한 역할을 했다. 레멀슨은 에디슨 이후로 발명을 가장 많이 한 사람으로 꼽힌다. 그의 공책을 보면 발명품에 관한 것은 물론이고 장난감에 대한 그의 천착이 어느 정도인지 잘 알 수 있다. 실제로 그의 초기 특허 두 개는 장난감 특허다. 하나는 프로펠러가 달린 어린이용 챙 없는 모자인데 튜브에 바람을 넣어 움직이도록 되어 있다. 또 하나는 풍선을 추진체로 쓰는 제트 추진식 장난감이다.

이 재미있는 장난감들은 오늘날에도 눈길을 끌 정도니 1950년대에는 특허를 내주기에 이의가 없을 만큼 기발한 것이었다. 게다가 여기서 나온 수익은 레멀슨이 다른 '진지한' 발명품에 매달릴 수 있게 해준 재정적인 안전판이 되었다. 더 중요한 것은 이렇듯 장난감을 가지고 일을 했던 것이, 발명 그 자체의 과정을 즐기고 위험에 구애받지 않는 경험을 미리 맛보게 해주었다는 점이다.

때때로 엔지니어의 장난스러운 접근태도가 아주 특이한 것들을 만들어내는 경우가 있다. 수많은 키네틱kinetic** 조각가들, 즉 조지 리키George Rickey, 진 팅겔리Jean Tinguely부터 MIT의 자동차 마법사라고 불리는 찰스 파예트 테일러Charles Fayette Taylor에 이르기까지 이들 모두 공학을 공부한 경력이 있다.

알렉산더 콜더도 마찬가지다. 엔지니어로서는 변변한 이력을 쌓지 못한 그는 조각가로 전향하여 움직이는 조각mobile sculpture의 선구자가 되었다. 콜더는 플레밍이나 파인먼과 마찬가지로 천진한 유머감각과, 삶과 예술에 대한 장난기 있는 태도로 유명했다. 그는 쉼 없이 그림을 그리고 나무로 조각하고, 코르크, 낡은 양철 캔, 공 등 자신이 다룰 수 있는 것이면 무엇이든지 간에 그것을 가지고 작품을 구성했다. 특히 철사는 그가 가장 좋아하는 소재였다. 그의 말에 의하면 "꼬고, 자르고, 구부리기 좋아서" 항상 주머니 안에 펜치와 철사 한

노벨의학상을 수상한 발터 루돌프 헤스는 가장 많은 의료기구를 발명한 것으로 잘 알려져 있으며, 그 역시 놀이를 할 줄 아는 재능을 가지고 있었다. "시간이 나면 나는 집 안팎에서 눈에 띄는 것들을 가지고 활이나 화살, 범선이나 비행기 모형 등을 만들곤 했다. 이런 일은 내가 손기술뿐만 아니라 실제적인 감각과 창의력을 기르는 데도 도움이 되었다"라고 그는 말한다.

*제롬 레멀슨
Jerome Lemelson
1923–1997, 미국 발명가. 바코드 판독기, 카세트 플레이어 등에 사용하는 핵심기술을 발명하였다. 로봇공학, 컴퓨터 영상, VCR, 캠코더, 팩스, 무선 전화기 등과 관련해서 500개 이상의 특허를 보유하고 있다.

**키네틱
kinetic
일반적으로 키네틱 아트라고 하며, 작품이 움직이거나 움직이는 부분을 넣은 예술작품을 말한다.

두름을 넣고 다녔는데 이것은 "다른 어떤 것보다 생각대로 하기에 좋은 소재"라는 것이었다.

젊은 시절 파리에 머무르고 있을 때 그는 서커스에 매혹되었다. 그래서 나무와 철사를 가지고 그 모형을 만들어보기도 했다. 나중에 이 장난감 서커스는 수백 개의 개별작품들로 확대되었는데 거기에는 각종 동물, 소품, 팔다리가 움직이는 곡예사들, 그물이 깔린 그네, 천막 등 서커스와 관련된 모든 것이 망라되어 있었다.

콜더는 파리 예술계의 내로라할 인사들을 자신의 아파트에 자주 초대해서 장난감 서커스 쇼를 구경시켜주곤 했다. 콜더가 어린애처럼 이 미니 서커스를 가지고 노는 사진을 보면 당시의 분위기를 짐작할 수 있다. 사진을 보면 관객들은 샴페인 상자로 만든 간이의자에 앉아 있고, 콜더는 바닥에 무릎을 꿇고 앉아서 장난감 곡예사들과 동물들을 부리면서 일인 다역을 하고 있다. 그는 출연자가 되어 대화를 꾸며내는가 하면, 진행자가 되어 순서를 알리고, 휘파람을 불고, 분위기를 바꿔줄 광대를 출연시키고, 사고로 그네에서 떨어진 공중곡예사나 칼 던지기를 하다가 다친 곡예사를 병원으로 데려가기 위해 구급요원을 부르는 등 각양각색의 연기를 했다. 노는 것도, 보는 것도 재미있는 장면이었다. 콜더는 이 서커스 놀이에서 놀이 이상의 의미를 찾으려 하지 않았다.

그러나 콜더의 놀이는 플레밍의 박테리아 그림처럼 놀이 이상의 의미가 있었다. 콜더의 서커스는 그 후에 나올 그의 작품들을 태동시킨 '실험실'과도 같았다. 그는 "무엇보다 나는 서커스의 공간을 사랑했다. 그 공간적인 관계와 공간의 방대함을 사랑했다"라고 말한 적도 있다.

그는 놀이를 통해 공간과 그 속에서 물체가 움직이는 방식을 고찰했다. 이것은 그에게 동역학의 개념을 일깨워주었고 훗날 그가 조각

콜더는 재미로 발명을 했을 뿐 누군가를 감동시키기 위해 한 것은 아니었다. 그는 본인이 만든 어떤 것, 심지어 모빌에도 '예술'이라는 꼬리표가 달리는 것을 거부했다. 그는 어린아이들을 위해 장난감을 고안하는 일을 부끄럽게 생각하지 않았고, 성인들을 대상으로 했음에도 불구하고 자신의 철사 조각품을 '장난감'이라고 불렀다. 플레밍처럼 콜더 역시 만든 장난감을 가지고 놀았을 뿐만 아니라 놀면서 그것들을 만들었다.

미술에 혁명을 일으키는 데 큰 힘이 되었다. 그의 스튜디오는 작업을 진행 중인 작품과 도중에 그만둔 작품들로 항상 어질러져 있었다. 마치 플레밍의 정리되지 않은 실험실을 보는 듯했다. 그는 그것들을 치우지 않고 오랫동안 방치해두었다가 뭔가 놀라운 아이디어를 떠올리곤 했다. 그랬기 때문에 콜더는 어느 것 하나 버리지도 부수지도 않았다.

그림 11-1. 알렉산더 콜더와 그의 서커스, 1929.

그는 말한다. "그것들을 계속 놓아두고 있으면 말이죠, 어떤 변화가 여기저기서 일어나는데 나중에 보면 그게 아주 만족스러운 작품이 되거든요."

"콜더는 놀이를 통해 공간과 그 속의 물체가 움직여가는 방식을 고찰했다."

모빌조각에 대한 콜더의 생각이 혁신적으로 변화하게 된 것은 미술을 전공하던 한 학생 때문이었다. 짧게나마 공학도 이력을 가진 그 학생은 바로 케네스 스넬슨이었다. 케네스 스넬슨은 북부캐롤라이나에 있는 블랙마운틴대학에서 바우하우스의 대가인 요제프 알베르스, 버크민스터 풀러와 함께 공부를 하면서 두 해의 여름을 보냈다.

풀러의 조수가 된 스넬슨은 앞서 유추를 다룬 장에서 언급한 텐스그리티의 개념을 발전시켜나갔는데, 그 개념은 생물학, 건축학, 공학, 심지어는 외계공간에까지도 적용할 수 있었다.

물론 당시만 해도 스넬슨의 머릿속에 이런 생각까지 들어 있지는 않았다. "많은 새로운 생각들이 그렇듯이 '텐스그리티'의 발견도 놀이로부터 시작된 거죠. 물론 이 경우는 모빌조각을 제작한다는 목적

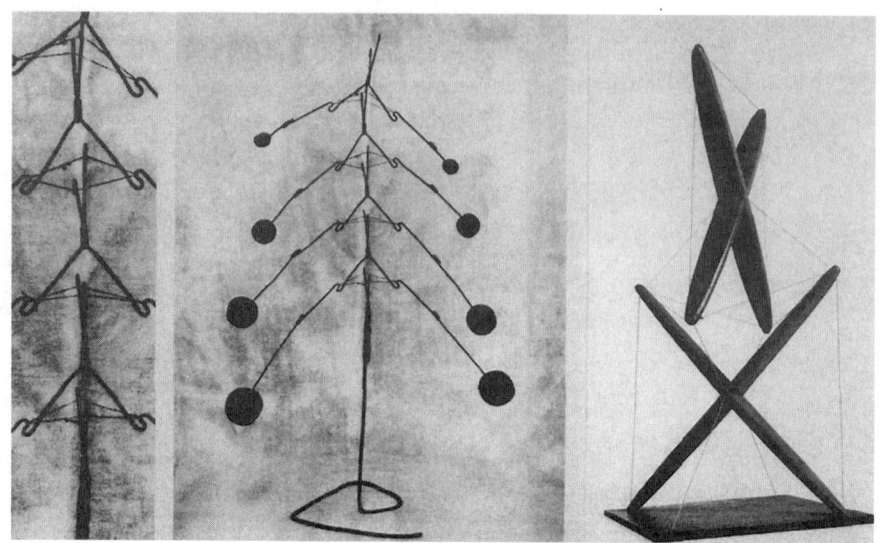

그림 11-2. 케네스 스넬슨이 텐스그리티를 고안해가는 단계. 왼쪽: 버크민스터 풀러의 사면체 구조와 콜더의 모빌 원리를 결합시켜 만든 조각작품의 세부, 가운데: 조각 전체, 오른쪽: 첫 번째 'X' 조각작품, 견고한 두 개의 X가 케이블 장력에 의지해서 힘을 주고 받으며 매달려 있다.

이 분명히 있었습니다." 스넬슨의 첫 번째 궁금증은 '풀러의 사면체적 안정성의 원리와 콜더의 다양한 모빌을 결합하면 어떤 일이 일어날 것인가?'였다.

처음 단계에서 그는 신기하게 흔들거리는 사면체로 이루어진 조각을 만들어냈는데, 이 사면체들은 거의 눈에 보이지 않는 가느다란 철사로 연결되었다. "다음 단계로 한 걸음 더 나아가면서 생각했던 것은 그 흔들림을 서로 엮는다면 더 신기한 구조가 되리라는 것이었어요. 사면체들이 힘의 균형을 이루어 안정화될 수 있도록 점토 덩어리를 달아 추가적인 장력선을 확보했습니다. 말하자면 '움직임을 몰수했다'라고 해야 할까요. 그러다가 더욱더 신기한 것을 만들게 되었습니다. 어떤 고체들을 단 하나의 장력요소(줄)만으로 서로 엮어 공중에 고정시킬 수 있게 된 거죠. 내가 해낸 일이지만 내 눈으로 보아도 꽤나 놀라웠죠."

현실을 가지고 놀았던 루이스 캐럴과 모리츠 에셔

발명의 예술과 예술의 발명은 놀이에서 그 공통기반을 찾을 수 있다. 이 점에 대해서는 진 팅겔리나 루브 골드버그Rube Goldberg*의 매력적이지만 '쓸모없는' 기계들을 재미있게 본 사람이라면 누구나 공감할 것이다.

'카오스시스템'이라는 장난감을 발명한 엔지니어 짐 로스바트Jim Rothbart는 화가인 조지 로즈George Rhoads로부터 영감을 받았다고 말하고 있다. 그러면서 그는 "아이들이 이 카오스시스템 조작법을 배운다면 물리학에 대해 배우는 것이 될 것"이라고 덧붙인다. 콜더, 스넬슨, 로스바트의 발명품들이 보여주는 바와 같이 놀이는 분야 간의 경계를 인정하지 않는다. 놀이 안에서는 그 어떤 것이든 우리가 원하는 대로 될 수 있다.

어떠한 구분, 경계, 난공불락의 진실, 용도의 한계에도 아랑곳하지 않고 '놀이'를 하는 것은 각 분야에서 가장 혁신적인 사람들이 취하고 있는 대표적인 태도다. 문법이 와해되고 논리가 전도되며 인식에 혼란이 오는 순간 우리는 "게임이 시작"되고, 뭔가 재미있는 일이 일어나리라는 것을 안다. 이와 관련해서 에드워드 리어Edward Lear나, 루이스 캐럴Lewis Carroll**, 모리츠 C. 에셔 같은 놀이의 거장들이 보여주는 '뒤죽박죽인 세계'보다 더 좋은 본보기는 없다.

동화작가 루이스 캐럴로 더 잘 알려진 찰스 도지슨Charles Dodgson은 논리적 개념을 가지고 '놀았던' 사람이다. 옥스퍼드대학의 수학 교수였던 도지슨은 전공분야에서는 별로 두각을 나타내지 못했던, 학자연하고 고루한 인물이었다. 마치 버지니아 울프의 아버지 레슬리 스티븐이 그랬듯이 말이다. 그런 그가 파인먼이나 플레밍처럼 직

"놀이는 분야 간의 경계를 인정하지 않는다."

*루브 골드버그
Rube Goldberg
1883-1970, 미국 만화가. 그는 온갖 기계에 치어 사는 현대인을 풍자하기 위해 아주 쉬운 일을 아주 복잡하게 처리하는 기계 장치들을 만화로 그려냈다.

**루이스 캐럴
Lewis Carroll
1832-1898, 영국 동화작가. 《이상한 나라의 앨리스》를 썼다.

업적 일을 가지고 놀았다고 보기는 어렵다. 매우 진지한 학자였던 도지슨은 당시 그의 전공분야였던 수학계에서 세력을 키워가던 비유클리드 기하학을 수용하기에는 지나치게 보수적인 사람이었다.

그러나 연구를 떠나면 그는 완전히 다른 사람이 되었다. 그는 어린이들을 위해 재미있는 시와 기묘한 동화를 썼으며 사진술, 논리게임, 퍼즐을 즐겼다. 이러한 면모는 그의 대표작 《이상한 나라의 앨리스 Alice in Wonderland》에 가장 잘 나타나 있다.

하지만 캐럴이라는 인물로 가장할 때도 도지슨은 내적인 일관성을 엄격하게 고수했다. 이것은 놀이를 창조적으로 발전시키는 사람들에게서 공통적으로 나타나는 특징이다. 그들은 어떤 규칙이 무너지면 새로운 것을 만들어 그것을 대체했다. 이야기를 꾸려가는 데 있어서 자신이 만든 서사규칙을 엄수해야 한다는 생각은 도지슨의 창작능력에 필수적인 요소가 되었다.

험프티 덤프티 Humpty-Dumpty*는 앨리스에게 'slithy'처럼 의미 없는 단어들을 아주 논리적으로 설명해준다. 그것은 한번에 두 가지 의미를 전달하는 단어들로, 'slithy'의 경우는 'lithe(유연한)'와 'slimy(미끈미끈한)'이라는 뜻이 다 들어 있다. 의미와 소리를 개념적으로 묶은 것이다.

동화 속의 등장인물인 매드 해터 Mad Hatter**가 하루 중의 시간을 알려주는 시계가 아닌 한 달 중의 날짜를 알려주는 시계를 갖고 있는 것은 말도 안 되는 듯이 보인다. 그러나 앨리스가 지구 한가운데로 떨어졌을 때, 그곳에서는 태양이 항상 같은 자리에 있고 항상 같은 시간만을 알려준다. 오직 달이 차고 기우는 것으로 시간의 경과를 알 수 있다. 그렇기 때문에 '한 달 중의 날'이 의미가 있는 것이다. 매드 해터의 시계는 놀랍게도 논리적일 뿐만 아니라 논리적인 쇄신을 행하고 있다. 이처럼 앨리스의 모험은 모두 게임이다.

어떤 학자는 이렇게 표현했다. "규칙이 어떤 일을 함에 있어서 제약이 될 수는 있다. 그러나 더 중요한 것은 규칙에 의지해서 즉흥성과 혁신이 일어난다는 것이다."

*험프티 덤프티
Humpty-Dumpty
영미권의 전래동요집 《마더구스》에 나오는 커다란 계란모양의 인물. 《이상한 나라의 앨리스》에도 나온다.

**매드 해터
Mad Hatter
《이상한 나라의 앨리스》에 나오는 등장인물. 모자장수이다.

캐럴처럼 에셔도 '현실'을 뒤섞는 퍼즐게임을 했다.

내가 하는 일은 놀이에 가깝다. 내가 빈둥거리며 소일을 하는 것 같지만, 거기엔 반박할 수 없는 확실성이 있다. 이를테면 고의적으로 2차원과 3차원, 다시 말해 평면과 공간을 뒤섞어보는 일이라든지 중력을 무시하는 일은 크나큰 기쁨이다.

'바닥이자 천장'이 있다는 것을 진정 믿을 수 있는가?

계단을 걸어올라갈 때, 실제로는 올라가면서 내려오고 있다는 것을 깨달을 수 있는가?

절반의 계란이 절반의 빈 껍질이 아니라는 것은 사실인가?

에셔처럼 '현실을 구부리는reality-bending' 게임을 즐겼던 사람 중에는 펜로즈 부자가 있다. 아버지 펜로즈는 생물학자였으며 다양한 게임과 퍼즐을 즐겨 고안해냈다. 아들 로저 펜로즈는 수학자였는데 아버지와 같은 취미를 갖고 있었다. 한번은 암스테르담에서 열린 수학학회에 참석했을 때 그는 에셔의 전시회에 초청을 받게 되었다. 로저 펜로즈는 훗날 이렇게 회고했다. "내가 그의 작품을 본 것은 그때가 처음이었다. 나는 마치 주문에 걸려든 것만 같았다."

영국으로 돌아오는 길에 나는 '불가능'한 어떤 것을 해보기로 마음먹었다. 나는 막대기 도형들을 갖가지 방법으로 배치하면서 다양한 도안을 시도했다. 그리고 결국 '불가능한 삼각형(나중에 불가능한 삼중 막대기로 알려진)'을 만들어냈다. 그것은 가장 순수한 형태 속에서 내가 추구한 어떤 불가능성을 구현해주고 있는 듯 보였다. 나는 아버지께 이 삼각형을 보여드렸다. 아버지는 즉각 몇 가지의 이형異形을 그리기 시작하시더니 끝에 가서 한 그림을 보여주셨다. 그것은 끝없이 내려가

마틴 가드너의 《이상한 나라의 앨리스》 주석본에 의하면 이 게임들은 결코 의미가 없거나 자의적인 것이 아니다. 예를 들어, 앨리스의 크기가 어마어마하게 커지거나 혹은 아주 작아지는 것은 그가 탐색한 인간의 조건을 의미하는 것이다. 이는 조나단 스위프트가 《걸리버 여행기》에서 한 것과 같다. 루이스 캐럴의 재미있는 동화는 실상 매우 정교하게 짜여 있는 놀이이며 논리학과 수학, 물리학법칙이 그 속에 담겨 있다.

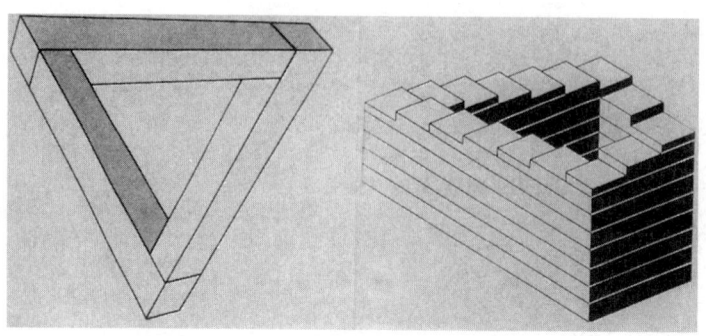

그림 11-3. 왼쪽: 로저 펜로즈가 그린 〈불가능한 삼각형〉, 오른쪽: 아버지 펜로즈가 그린 〈불가능한 계단〉.

기만 하는(혹은 올라가기만 하는) '불가능'한 계단 그림이었다.

펜로즈 부자는 1958년, 이러한 연구결과를 〈영국 심리학 저널British Journal of Psychology〉에 게재했으며 이 사본을 에셔에게 보내 그가 자신들의 연구에 동기를 부여하고 자극을 준 것에 대해 감사를 표했다. 그리고 로저 펜로즈는 얼마 안 있어 에셔와 같은 쪽매붙임기법에 통달하게 되었다. 그는 이를 통해 보다 불규칙적인 도형을 만들겠다는 생각을 하게 된다. 그의 관심사는 규칙적인 모양을 갖춘 타일조각을 붙여서 같은 무늬가 단 한번도 반복되지 않는 불규칙한 문양을 만들어내는 일이었다.

펜로즈가 고안해낸 이 문양은 비반복적 타일 붙이기(그림 11-4 참조)로 분류될 수 있는 것이었다. 그리고 그는 수학자답게 새로운 타일 붙이기의 '법칙'을 만들어냈다. 이것은 마틴 가드너가 〈사이언티픽 아메리칸〉지에 기고한 '수학적 창조'라는 칼럼을 통해 널리 알려졌고 많은 사람들의 '놀이'에 자극을 주었다.

에셔는 로저 펜로즈가 말한 '불가능한 생각'을 가지고 놀 수 있는 새로운 방법을 알아냈다. 그는 판화 회고전에서 이렇게 쓰고 있다.
"무엇보다도 내가 작품활동을 하면서 빚을 지고 있는 수학자들과 연락을 하고 우정을 나누었던 일이 내게는 크나큰 기쁨이었다. 그들은 내게 새로운 생각들을 곧잘 제공해주었다. 그 생각들 사이에서 심지어는 그 생각들과 나 사이에서 상호작용이 생겨났고 이것이 무엇인가로 발전해갔다. 이 생각들이 얼마나 재미있었는지는 뭘 좀 안다 하는 여러분도 잘 모를 것이다."

젓가락 행진곡은 어떻게 탄생했나

우리가 지금까지 말한 캐럴의 논리적 난제, 에셔의 지각 퍼즐, 펜로즈의 비반복적 타일 붙이기는 자연과 현실에 대한 우리의 기존 개념에 도전하는 것들이다. 그러나 가장 창조적인 놀이라는 명칭에 어울리게 그들의 놀이는 거기에서 끝나지 않았다. 그것들은 실질적인 분야에서 응용되었다. 캐럴의 게임도 '이성의 한계'를 알아내려는 작업에 유용하다.

예를 들어 물리학자들은 '캐럴 그룹'이라는 것을 활용했는데, 이는 현재 위치에 머무

그림 11-4. 왼쪽: 로저 펜로즈의 비반복적 병아리 문양 쪽매붙임, 오른쪽: 로저 펜로즈의 마름모를 이용한 타일 붙이기 작품.

르기 위해 계속 달려야 하는 캐럴의 레드 퀸Red Queen*을 모델로 한 가상의 세계를 탐색하기 위한 것이다. 에셔가 말한 '천장이자 바닥'이나 '올라가면서 내려오는 계단' 역시 더 이상 허구에서만 가능한 것이 아니다. 우주의 무중력 공간에서는 그러한 구조물이 가능하다. 그의 '불가능' 시리즈 작품 중 많은 것들은 인지심리학자들의 주된 사용재료가 되었다. 왜냐하면 그것들이 자연 속에서 존재하지 않고 머릿속에서만 존재하는 것이기에 어떤 식으로든 이해되어야 할 필요가 있기 때문이다.

펜로즈의 비반복적 타일 붙이기 작품은 예기치 않게 유사 5중 대칭구조를 띠게 되는데, 이것은 그때까지 설명되지 않던 수많은 합금의 구조가 왜 그런 모양인지 알려주는 단서가 된다.

놀이의 힘이란 세계의 본질을 드러내주며, 새로운 대안을 고안해

*레드 퀸
Red Queen
캐럴의 《거울나라의 앨리스》에 나오는 등장인물.

냄으로써 상투적인 관행의 한계를 시험한다. 이 말은 음악계에서도 통한다. 찰스 아이브스Charles Ives* 부자의 이야기는 그 모범적인 사례를 제공한다. 아버지 조지 아이브스George Ives는 작곡가이자 밴드의 리더였으며 음악교사이기도 했는데, 자신의 아들이 노는 것은 최대한 존중했지만 아들이 '진부한' 음악적 관습에 매달리는 것은 용납하지 못했다. 찰스는 이렇게 기억한다. "내가 동생과 놀고 있을 때 아버지께서는 한번도 우리가 놀면서 경험하는 정신적 과정을 방해한 적이 없으셨습니다. 당신께선 항상 우리들의 놀이에 진지하게 참여하셨지요."

찰스는 천둥과 폭풍우가 심하게 치는 날 아버지가 정원으로 달려나가 그 빗속에서 위급상황임을 알리는 교회 종소리를 듣고는 다시 집 안으로 달려 들어와 피아노로 그 소리를 재현하려고 하던 것을 생생하게 기억한다. 그 소리를 재생하는 작업이 잘되지 않으면 그는 다시 정원으로 몇 번씩 달려나갔다. 그것을 본 찰스의 어머니는 이상한 짓 좀 하지 말라고 소리를 질렀다.

그러나 조지 아이브스의 광적인 행동에는 나름의 성과가 있었다. 그가 자연음을 피아노로 재생하려고 애쓰는 동안 '피아노 건반 사이의 틈', 즉 현대 서구음악의 표준 음표들 사이에 있는 미분음microtone**에 강렬한 흥미를 가지게 되었기 때문이다(이에 대한 자세한 설명은 이 장의 마지막에 있는 부록을 참조하라). 그는 이 미분음에 대한 강한 호기심과 기존의 음계에 대한 심한 불만을 아들 찰스에게 고스란히 물려주었다. 찰스는 다섯 살 무렵부터 북과 피아노를 배우기 시작했다. 아버지는 찰스가 "생각을 갖고 임한다면" 진지하게 해야 할 연습을 놀이처럼 해도 문제 삼지 않았다.

어린 찰스는 정식코드를 다 익히고 난 후 아버지처럼 피아노로 북소리나 종소리를 재현하는 등 새로운 코드를 만들어내는 시도를 했

*찰스 아이브스
Charles Ives
1874-1954, 미국 작곡가. 자유롭고 상상력이 풍부한 양식으로 미국적 주제가 담긴 피아노 작품들을 발표하여 주목받았다.

**미분음
microtone
음악에서 반음보다 좁은 음. 예를 들어 온음의 4분음, 8분음, 16분음 등을 말한다.

다. 또한 집 안에서 찾아낸 물건들, 이를테면 작은 방울이나 호루라기, 막대기, 강판, 상자, 갈대 같은 것을 가지고 연주했다. 그는 코드 대신 미분음이나 음 다발tone cluster를 가지고 놀았다. 결국 그가 나중에 작곡하게 된 음악은 화음보다 타악음에 기반을 두게 된다. 소년 시절 음악 대신 천둥이나 비, 호루라기, 귀뚜라미, 경보 종, 사이렌 소리를 훈련받으며 자란 찰스 아이브스는 원숙하면서도 매우 특이한 음악으로 수많은 현대음악가들에게 영감을 선사하는 음악가가 되었다. 그를 위대한 음악가로 인정하는 것에 대해서는 논란이 있지만 그의 '음악적 자연주의'는 현대음악의 중요한 부분이 되었다.

악기연습을 단지 악보 연주에만 국한시키려는 부모나 교사들에게 가르침이 되는 교훈이 여기에 있다. 피아노나 바이올린을 공부한다는 것은 음을 재생하는 것 이상의 것이고 음악을 창조한다는 것은 음악적 관습이나 당대의 취향을 넘어서는 것이다.

이와 마찬가지로 음악을 가지고 논다는 것은 음악을 연주한다는 것 이상이 된다. 여러 음악패턴을 가지고 노는 것은 작곡과 즉흥연주의 기술을 향상시킨다. 알렉산드르 보로딘Aleksandr Borodin*, 니콜라이 림스키코르사코프Nikolay Rimsky-Korsakov, 아나톨리 리아도프Anatoly Liyadov, 세자르 퀴César Cui, 프란츠 리스트Franz Liszt가 합작해서 만든 한 유명한 피아노곡은 모종의 놀이에서 비롯되었다.

이 패러프레이즈Paraphrases**를 들어본 사람들은 그것이 젓가락 행진곡Chopsticks***처럼 극히 단순한 멜로디에 근거하고 있음을 알 수 있다. 보로딘은 1886년 한 친구에게 보낸 편지에서 이렇게 쓰고 있다. "이 작품은 아주 우습게 만들어졌다네. 어느 날 내 딸 가냐가 나한테 피아노를 듀엣으로 치자고 하지 뭔가. 그래서 '음, 그런데 얘야, 너는 피아노를 칠 줄 모르잖니?'라고 그랬지. 그러니까 아이가 대답하길, '아뇨, 할 수 있어요'라는 게 아닌가." 보로딘의 딸 가냐는

아들들이 기차놀이를 할 때면 조지 아이브스는 바이올린을 들고 나와 기차 바퀴소리를 연주해주었다. 추측컨대 그는 활의 말총부분이 아닌 활등으로 연주를 했거나, 알고 있는 곡을 연주하는 대신에 손가락으로 바이올린의 나무부분을 긁었을 것이다. 왜냐하면 그 자신이 '비음악적'인 소리 만들어내는 것을 즐겼기 때문이다.

*알렉산드르 보로딘
Aleksandr Borodin 1833-1887, 러시아 작곡가. 신러시아 악파인 5인조의 일원으로 러시아 국민음악을 창시했다.

**패러프레이즈
Paraphrases 원래 패러프레이즈는 편곡자의 개성과 의지가 많이 들어간 편곡을 말한다. 여기서는 뒤에 나오는 젓가락행진곡의 변주곡을 의미한다.

***젓가락 행진곡
Chopsticks 연주할 때 손 모양이 젓가락 같다고 해서 붙인 이름.

양손 집게손가락만을 가지고 그림 11-5와 같이 이어지는 음표를 피아노로 쳤다.

가냐가 연주한 음표들은 실상 어떤 숫자 패턴을 나타내고 있다. 4,5; 4,5; 3,6; 3,6; 2,7; 2,7; 1,8; 1,8…… 이런 식으로 진행된다. 양 숫자 사이의 간격은 홀수 순서로 커진다. 1,1; 3,3; 5,5; 7,7…… 하는 식이다.

이것은 상상할 수 있는 가장 단순한 패턴이며 그런 점에서 흥미를 불러일으킨다. 보로딘 역시 흥미가 생겨 이것을 간단한 폴카곡으로 편곡했다. 그리고는 음악가 동료들 앞에서 그것을 연주해보였다. 그러자 동료들 역시 열렬하게 호응하며 직접 연주하기까지 했다. 그렇게 해서 그들은 이 "패러프레이즈"의 공동작곡가가 된다. "우리는 피아노를 칠 줄 모르는 사람들과 곡을 연주하면서 즐거운 시간을 가졌다. 나중에 누군가가 이 작품을 발표하라고 권유했다"라고 보로딘은 회고한다.

이 패턴놀이는 다른 놀이들처럼 분야의 경계를 뛰어넘는다. 모차르트나 바흐 역시 음악을 가지고 언어유희를 흉내 낸 장난을 치곤 했다. 《옥스퍼드 언어유희 지침서 *Oxford Guide to Word Games*》에 따르면 아주 다양한 단어놀이들이 있다. 그중 잘 알려진 것은 역시 애너그램 anagam*을 만드는 놀이일 것이다. 단어 하나를 뽑아서 그 철자를 가지고 얼마나 많은 다른 단어들을 만들 수 있는지 살펴보자. OWN/NOW/WON, ADOBE/ABODE, READ/DEAR/DARE.

애너그램의 일종으로 단어를 거꾸로 읽어서 다른 단어를 만드는 놀이도 있다. TROT/TORT, LIVE/EVIL, NOW/WON, REED/DEER. 몇몇의 단어들은 정자체로 인쇄된 것을 뒤집어 읽으면 다른 단어가 되기도 한다. 예를 들면 mom/wow 같은 단어들이 그렇다. 이 단어 뒤집기 놀이는 1981년, 스콧 킴 Scott Kim이 처음 개발한 것이

"놀이의 힘이란 세계의 본질을 드러내주며 새로운 대안을 고안해낸다."

*애너그램
 anagam
 단어의 철자 순서를 바꾸어 다른 단어를 만드는 놀이.

며 존 랭던John Langdon은 1992년에 《단어놀이 Wordplay》라는 책을 펴내기도 했다. 어떤 단

그림 11-5. 가나 보로딘이 두 손가락으로 만든 패턴. 그것을 그녀의 아버지 알렉산드르 보로딘이 '젓가락 행진곡'의 패러프레이즈로 변형시켰다.

어들은 180도 회전시켜 읽어도 같다. MOW가 그 좋은 보기다(W를 뒤집으면 M자처럼 된다).

뒤집어 읽지만 않으면 제대로 읽든 거꾸로 읽든 같은 단어도 있다. 이것을 회문palindromes이라고 한다. NOON, DAD, TOT, BOB이 그렇다. 애너그램과 마찬가지로 이 회문으로 문장을 만들 수도 있다. "Madam! I'm Adam"이나 "'Tis Ivan on a visit" 같은 문장이 대표적인 예다.

대부분의 단어놀이와 음악 사이에는 분명한 유사성이 있다. 그래서 애너그램은 작곡의 단초를 제공하기도 한다. 예를 들어 바흐의 〈푸가의 예술The Art of the Fugue〉에 나타나는 어떤 음의 배열은 작곡가 본인 이름의 애너그램이다. B, A, C, H, 이런 식으로 곡이 진행된다*. 이 곡은 주제를 가지고 노는 묘기를 보여주는 작품이다.

다른 사례는 모차르트의 〈현악 4중주곡 F, K. V. 590〉의 피날레에서 찾아볼 수 있다. 거기서 모차르트는 세 개의 음 A, G, F#을 가지고 주제를 진행시키고 있다. 그는 매우 영리하게 게임을 진행한다.

우선 이 세 음을 정확히 같은 순서로 계속 반복시키고 있다. 그러나 각 마디마다 4개의 음을 사용해서 4분의 2박자로 진행을 시키기 때문에 듣는 사람들은 3음이 아니라 4음이 다양한 순서로 반복되는 것처럼 듣게 된다. 간단히 말하면 모차르트는 기본적인 3음의 반복 체계를 허물지 않고도 A, G, F#, A라는 애너그램을 만들고 있는 것

보로딘의 친구들은 이 '장난'을 무척 재미있어 했지만 음악평론가들은 난색을 표했다. 진지한 음악가들이 이런 장난을 즐긴다는 것을 그들로서는 생각도 할 수 없었다. 대체로 평론가들은 모든 작곡가들이 단순한 패턴을 가지고 놀 수 있다는 사실을 인정하지 않는 경향이 있다. 그러나 그들도 어떤 곡이든 '변주곡'을 한번 들어본다면 그게 맞는 말임을 알게 될 것이다. 모차르트의 '반짝반짝 작은별' 주제에 의한 피아노 변주곡 C장조나 헨델이 하프시코드용으로 작곡한 〈파사칼리아〉를 요한 할보르센이 바이올린과 첼로를 위한 음악으로 편곡한 것은 이를 뒷받침하는 두 가지의 뛰어난 증거다.

*당시 독일기보법에서는 B가 B플랫을 의미했다. H는 요즘 우리가 생각하는 B에 해당한다.

이다.

모차르트는 또한 자주 역행카논cancrizans*을 쓰곤 했는데, 이는 음의 진행을 역으로 연주하는 것을 일컫는 음악용어다. 일종의 거울 이미지 연주라고 할 수 있을 것이다. 그걸로 보아 모차르트는 여러 단어놀이에서 음악적으로 상당한 영향을 받았을 것으로 추정된다.

패턴놀이는 단어나 음표뿐만 아니라 이미지나 구조를 가지고도 할 수 있다. 그리고 이러한 사실은 이 놀이가 창작이나 자연현상에 널리 적용될 수 있는 일반원칙을 제공해준다는 것을 알려준다.

'MOW'나 'bid' 같이 간단한 단어로 할 수 있는 단어놀이를 생각해보자. 'MOW'는 180도 회전시킨다 해도 같은 모양을 유지하고 있다. 이 단어는 회전 대칭구조를 가지고 있다. 한편 'bid'는 거울에 비추어 읽어도 똑같은 단어로 읽힌다. 이 단어는 거울 이미지 대칭구조의 본보기다.

모든 기하학적 타일 붙이기, 이를테면 에셔가 행한 것 같은 쪽매붙임작업은 회전 혹은 거울 이미지 대칭구조를 수반한다. 그리고 결정학에서는 많은 부분이 이러한 것들을 기초로 하고 있다. 실제로 결정학 강의에서는 무어양식Moorish**이나 에셔의 타일작품이 참고 사례로 활용되고 있다. 많은 자연물이나 인공물에서 이와 같은 대칭구조가 나타나고 있다. 대부분의 꽃 종류, 불가사리, 볼트와 너트 등은 회전시켜도 모양이 변화하지 않는다. 그것들은 단어 'MOW'처럼 회전 대칭구조를 가지고 있다. 거울 이미지 대칭구조를 가진 물체들도 많다. 오른손과 왼손, 오른발과 왼발, 스푼, 인체도, 자동차 등이 그렇다.

거울 이미지 형태로 존재하는 자연물은 좌우상左右像, enantiomorphs이라고 불리는데, 여기에는 우리 몸을 이루는 대부분의 중요한 분자들도 포함된다. 만일 누군가 이 분자들을 실험실에서 합성한다면 그

*역행카논
Cancrizans
뒤따르는 성부가 앞선 성부의 선율을 거꾸로 맨 끝에서 곡의 첫머리를 향하여 모방해가는 형식의 카논. 14-15세기에 '수수께끼 카논'의 일종으로 성행하였다.

**무어양식
Moorish
무어인들의 양식

는 똑같은 비율로 오른손잡이 분자와 왼손잡이 분자*를 나타나게 할 수 있다.

그러나 흥미롭게도 우리 몸세포의 분자는 오로지 한 가지 형태로만 합성된다. 우리

그림 11-6. 모차르트의 음악적 애너그램 작품.

가 가진 모든 당분자는 오른손잡이다. 단백질을 만드는 아미노산은 전부 왼손잡이다. 루이 파스퇴르가 맨 처음 언급하기를, 진화에 있어 가장 큰 미스터리 중 하나는 왜 생물들이 일반적으로 거울 이미지 대칭구조에서 오로지 한쪽만을 취하고 있느냐 하는 것이다. 지금까지 누구도 이를 명쾌하게 설명해주지 못하고 있다. 어쩌면 패턴놀이를 더 해야 해결될 일인지도 모른다.

모차르트는 편지에 이름을 쓸 때 모차르트(Mozart) 대신에 이름의 철자를 재배열한 트라좀(Trazom)이나 로마츠(Romatz)라고 쓰곤 했다고 한다. 빈터니츠는 그런 단어놀이가 모차르트의 장난기를 표현한 것일 뿐만 아니라 그의 작곡기술 자체를 연마시켰다고 보고 있다.

창조적인 통찰은 놀이에서 나온다

의심할 바 없이 단어게임, 보드게임, 음악게임, 시각게임, 퍼즐, 장난감, 그 밖에 상상할 수 있는 거의 모든 지적 오락은 여러 분야에서 활용될 수 있는 기술이나 지식, 개념을 발달시킨다. 단어게임에 관한 지식은 음악과 결정학에 응용될 수 있고, 카드게임은 통계학과 진화론에, 시각게임은 건축과 심리학, 그리고 생화학에 필요한 지식을 제공할 수 있다. 우리가 그저 재미로 해보는 놀이는 의외의 보답을 해준다. 우리는 그것을 가지고 실생활의 문제를 푸는 데 응용하거나 어떤 불가사의한 현상에서 유추를 끌어낼 수 있다. 놀이에 있어서 유일

*오른손잡이 분자와 왼손잡이 분자 나선형 모양을 가진 분자가 오른쪽으로 회전하고 있느냐 왼쪽으로 회전하고 있느냐에 따라 오른손잡이 분자, 왼손잡이 분자라고 부른다.

한 어려움이 있다면, 그것을 할 만큼 충분히 '어린아이'가 되어야 한다는 것이다.

실제로 우리는 놀이로부터 배워야 할 것이다. 하지만 '놀기' 자체가 우리 사회에서 점점 사라져가고 있다. 어떤 이들, 예를 들면 공학자 헨리 페트로스키Henry Petroski나 신경생물학자 아서 유윌러Arthur Yuwiler 같은 사람들은 노는 기술이 실종되고 있다고 우려한다. 이 두 사람 모두 자신의 전문성이 어렸을 적 탁상시계나 손목시계를 분해해보고, 낡은 자전거와 라디오를 수리하고, 그냥 재미로 뭔가를 만들어보았던 경험들에서부터 비롯된 것이라고 말한다.

오늘날 아이들은 더 이상 그렇게 하지 않는다. 어떤 것이 고장 나면 즉각 다른 것으로 바꿔버린다. 낡으면 고칠 생각을 하는 게 아니라 새것을 살 생각부터 한다. 전자제품을 뜯어본다 해도 내부 작동원리를 쉽게 파악할 수 없다.

오늘날 많은 대학에서는 공학이나 과학을 배우는 학생들을 위해 페트로스키가 말하는 '수선놀이 강의'를 개설하고 있다. 거기서 학생들은 난생 처음 자전거나 레이저 프린터, 낚시 릴 등 우리가 흔히 접하는 물건들을 분해하고 재조립하는 법을 배운다. 이런 강의가 필요하다는 사실이야말로 가정과 학교에서 하는 교육이 아이들의 기본적인 호기심을 키우는 데 실패하고 있다는 증거이다.

자, 그렇다면 놀라! 기계나 물건이 고장 나면 일단 분해해서 그것이 그동안 어떻게 움직였는지를 알아내라. 그것을 다시 조립하지 못한다 해도 상관없다. 그리고 그 부품들을 가지고 무슨 다른 일을 할 수 있을지 생각해보라. 좀더 과격해질 용기가 있다면 하지 말라고 '교육받은' 일도 가끔 해보자. 이를테면 음식을 가지고 장난치기, 진흙탕에서 뛰어다니기 같은 것들 말이다. 이 충고는 문자 그대로 해석해도 되고 비유적으로 받아들여도 된다. 그것은 크게 문제 되지 않는

우리가 플레밍이나 파인먼, 혹은 콜더나 모차르트에 매혹되는 이유는 어떤 면에서 그들이 어른으로 성장하지 않았다는 사실 때문이다. T. H. 헉슬리의 말을 빌자면 그들은 어린아이들처럼 자연을 대했다. 이들에게 모든 것은 마치 처음 보는 것처럼 흥분되고 신선한 것이었다. 관습적 태도나 사고, 행동에 대해선 크게 개의치 않았다. 이들 모두는 파인먼식으로 말하면 '창조적 무책임성'을 스스로 키웠고 그것으로부터 모든 것을 배웠다.

"우리는 놀이를 실생활의 문제를 푸는 데 응용하거나, 어떤 불가사의한 현상에서 유추를 끌어낼 수 있다."

다. 어떤 방법을 택하든지 간에 우리는 표준적인 행동과 사고와 지각의 습성을 깨뜨려야 한다.

만일 당신이 야외활동을 좋아한다면, 빗속에서 철벅거리거나 진흙탕에서 장난치면서 원초적 충동과 감각이 마음껏 활개 치도록 내버려두어라. 이게 바로 필로볼러스Pilobolus 현대무용단이 1981년의 어느 후텁지근한 날 벌인 일이다. 그들은 푹푹 찌는 헛간 같은 연습장에서 몇 시간 동안 새 무용작품을 창작하려고 애썼지만 잘되지 않았다. 그런데 갑자기 날씨가 돌변했다. 처음엔 비가 왔다가 다시 해가 나타나면서 몸과 마음이 풀어졌다.

그림 11-7. 몸의 기하학적 마술사라고 불리는 삘로볼러스 무용단. 인체의 자유로운 움직임을 주제로 다양한 작품을 발표했다.

무용수들은 돌연 안무작업을 멈추고 놀기 시작했다. 그중 한 단원의 회상에 따르면, 그들은 밖으로 달려나가서 "진흙탕 속을 철벅거리며 걷기도 하고 지붕에 올라가 구르고 뛰었다"라고 전한다. 그들은 부지불식 간에 태양과 진흙과 비와 천둥의 동작 이미지를 가지고 놀았던 것이다. 그들은 그런 행동을 어린애 같은 짓이었다고 생각하지 않고 그 경험에서 떠오른 영감을 이용했다. 그 다음 그들은 열다섯 시간에 걸쳐 새로운 안무를 창작해냈다. 그 결과 '데이 투Day Two'라는 대표작이 탄생했던 것이다.

놀이는 상징화되기 이전의 내면적이고 본능적인 느낌과 정서, 직관, 쾌락을 선사하는데, 우리는 그것들로부터 창조적인 통찰을 이끌어낼 수 있으며 창안자가 될 수 있다. 규칙에 얽매인 일이 우리가 원

"놀이는 우리에게 본능적인 느낌과 정서, 직관, 쾌락을 선사하여 창조적인 통찰이 나오도록 만든다."

하는 통찰이나 결과를 가져다주지 못할 때, 관습적인 생각이나 행동, 지식이 성취하고자 하는 목표의 장애가 될 때, 놀이는 이 모든 것을 새로운 관점에서 보게 하는 재미있고 위험 없는 수단이 되며, 압박감을 주지 않는 학습과 공포를 유발하지 않는 탐험의 방식이 된다. 놀이는 우리 자신만의 세계와 인격, 게임과 규칙, 장난감, 퍼즐을 만들어내게 함으로써 지식을 변형시키고 새로운 방식으로 이해할 수 있게 돕는다. 그리고 이것들을 통해 새로운 과학과 예술이 가능해진다.

■ 부록

피아노 건반 사이의 틈

 조지 아이브스는 피아노로 연주할 수 있는 음이 알려진 것보다 훨씬 더 많다는 것을 알게 되었다. 피아노가 소리를 만들 때는 물리학 법칙이 적용된다. 만일 진동하는 현의 길이를 반으로 줄이면 그 진동 주파수는 두 배가 되고 음 높이는 한 옥타브 더 올라간다. 만일 현의 길이를 3분의 1로 줄이면 음은 1과 5분의 1 옥타브만큼 높아지고 현의 길이를 5분의 1로 줄이면 음 높이는 1과 3분의 1 옥타브까지 올라간다. 서구음악에서 표준이 되는 장3음(C, G, E)은 이 같은 줄임 방식에 기초하고 있다. 이런 식으로 계속 줄이고 줄이면 엄청난 수의 추가 음을 얻을 수 있을 것이다. 그러나 실제로 피아노는 이 모든 상음을 담아낼 수 없다. 예를 들어 B플랫과 A 사이의 음은 '기능적 필요성'의 이유로 인해 만들어지지 않는다. 표준이 되는 12개의 키(C장조, C단조 등)에서는 현을 줄이는 비율이 제각각 다르다. 어떤 키를 정해놓고 모든 상음을 만들어내는 일은 간단한 일이지만 조바꿈을 하게 되면 얘기가 달라진다.
 누군가 모든 키가 다 동원된 악곡을 연주하면서, 키가 달라질 때마다 악기를 조율하지 않고 조바꿈을 하게 될 경우 한 옥타브 내 12음이 아닌 77개의 음이 필요할 것이다. 이쯤 되면 피아노를 다룰 수 없게 된다. 그래서 일부의 상음들만 악기 안에 수용되고 나머지 상음들은 버려진다는 것이다. 반면에 몇몇의 상음들은 적당히 '다듬어진' 다음에 어느 정도 연주할 수 있는 상태로 변형된다.

여기서 흥미로운 사실은 바이올리니스트나 첼리스트들은 귀로 현이나 활주를 '다듬도록' 훈련받는다는 점이다. 이론적으로 그들은 원한다면 어떤 미분음도 낼 수 있다. 그들은 현의 모든 위치에 손가락을 짚을 수 있고 활을 댈 수 있기 때문이다. 그러나 기묘하게도 야니스 제나키스Iannis Xenakis 같은 오직 소수의 현대작곡가만이 그런 악기가 가진 무단음계를 활용하고 있다. 그들은 그에 따른 새로운 기보법을 창안해내고 있으며 연주가들에게 귀와 손을 다시 훈련하도록 '강요'하는 중이다.

SPARK OF GENIUS
생각도구 12 변형

라에톨리 발자국의 발견과 해석
사고의 변형에서 출발한 스트로브 발명
변형적 사고가 서로 다른 분야를 연결한다
언어로 표현된 문제는 방정식으로 전환될 수 있다
미시건 주립대학에서 행한 '음악적' 소변 분석
바흐의 다성음악을 이미지로 변형한 파울 클레
생각의 변형을 위해 우리가 할 수 있는 것들

왼쪽부터: 메리 리키, 파울 클레, 클레스 올덴버그, 해럴드 에드거튼.

▶ 변형적 사고로 분야 간의 경계를 뛰어넘은 사람들

"우리는 화석이라는 추상을 원인들의 운동감각적이고 시각적인 이미지로 변형시켰다."
- 고생물학자 메리 리키

"나도 작곡가들이 다성음악을 창작하는 것과 똑같은 방법으로 복잡한 패턴을 만들 수 있다는 것을 깨달았다."
- 화가 파울 클레

"드로잉을 작품으로 구현하기 위해 나는 엔지니어, 토양전문가, 조경설계사, 조명전문가에 이르는 모든 국면의 영역을 변형시켰다."
- 조각가 클래스 올덴버그

변형적 사고는 음악, 유전자, 전신, 시, 수학 등
서로 다른 분야를 연결하는 메타패턴을 드러낸다.

TRANSFORMING TRANSFORMING TRANSFORMING TRANSFORMING TRANSFORMING

■ ■

현실세계에서 창조적 작업을 하기 위해서는 문제를 규정할 때, 그 문제를 조사할 때, 그리고 해답을 이해하기 쉬운 형태로 표현할 때 적합한 생각도구들을 동원할 줄 알아야 한다. 우리는 여러 가지 생각도구를 연속적, 혹은 동시에 사용하여 생각도구끼리 영향을 주고받거나 작용하게 하는 것을 가리켜 변형, 혹은 변형적 사고라고 부른다. 변형적 사고는 상이한 분야를 연결해주는 메타패턴을 드러내주어 특정 영역에 치우친 사고보다 더 가치 있는 통찰을 낳는다.

라에톨리 발자국의 발견과 해석

1978년, 탄자니아의 라에톨리사막에서 고인류학자 메리 리키와 동료 학자들은 현대 고생물학계에 길이 남을 놀라운 발견을 하게 된다. 그들이 발견한 것은 60피트 길이까지 이어지는 원인들의 발자국들로, 무려 350만 년 동안이나 화산재 속에서 보존되어온 것이었다. 발자국의 발견과 해석을 통해 결국 인류의 원인原人 조상들이 서서 걸었다는 것이 증명되었다.

이 결과에 도달하기까지는 다양한 상상과 생각도구들이 동원되어 복잡한 창조적 과정을 거쳐야 했다. 리키의 경험은 여러 종류의 생각도구들을 통합적으로 사용하는 것이 어떻게, 그리고 왜 창조적 작업을 가능하게 하는지를 보여준다.

리키는 자서전 《과거 들춰내기 Disclosing the Past》에서 이러한 성과를 두고 상당 부분 운이 작용했기 때문이라고 고백하고 있다. 이런 일은 과학계에서 자주 일어난다. 그녀가 탐사팀을 조직한 목적은 원인들의 흔적을 찾아내려는 것이 아니라 선사시대 동물군과 식물군의 특성을 파악하기 위함이었다. 게다가 팀원 중에서 초기에 동물 발자국을 발견했던 세 명은 당시 탐사에 전념하고 있지도 않았다. 그들은 휴식을 취하며 놀고 있던 중이었다.

1976년 어느 날 캠프로 돌아가던 길에 조나 웨스턴Jonah Weston과 카이에 베렌스마이어Kaye Behrensmayer, 앤드류 힐Andrew Hill은 마른 코끼리 똥을 서로에게 던지면서 장난을 치고 있었다. 그들 주변의 너

그림 12-1. 라에톨리사막의 원인 발자국들.

른 땅에는 코끼리 똥 천지였다. 그러다가 넘어진 힐은 바로 그 자리에서 코뿔소를 포함한 고대동물들의 발자국을 발견했다. 특이한 자국이라면 결코 놓치는 법 없었던 힐의 관찰력에 힘입어 팀원들은 탐사의 방향을 돌리게 되었고, 그 결과 세계에서 가장 잘 보존되고 넓게 분포되어 있는 고대의 동물 발자국층을 찾아내는 개가를 올리게 된다.

그 다음 해인 1977년, 탐사팀은 동물 흔적을 본격적으로 발굴하다가 네 개의 생소한 발자국을 발견하게 된다. 이것들은 사람의 발자국과 흡사했다. 그러나 리키팀의 전문가들은 이 발자국들이 사람 발자국에서 전형적으로 나타나는 패턴과 일치하는지에 대해 의견을 하나로 모을 수가 없었다.

그럼에도 불구하고 수백만 년 전에 라에톨리에 원인들이 살고 있었을 가능성은 팀원들의 기대감을 넘치게 만들었다. 1978년 지구화학자인 폴 I. 아벨Paul I. Abell이 "이 흔적들은 원인 발자국의 뒤꿈치 부분들일 것이고 앞부분은 침식되어 사라진 것"이라는 추정을 조심스럽게 내놓자 이 기대는 어느 정도 현실로 드러났다. 그렇지만 전문가들은 원인들이 이 발자국들의 주인인지 아닌지를 놓고 다시 한번 열띤 논쟁을 벌였다.

그러자 리키는 팀에서 발굴기술이 가장 좋은 케냔 은디보 음부이카Kenyan Ndibo Mbuika에게 그 지점을 더 파보도록 지시했다. 얼마 안 있어 음부이카의 정밀한 작업을 통해 아주 잘 보존된 한 무더기의 원인 발자국들이 드러났다. 소가 뒷걸음질하다 쥐잡은 격이었지만 리키와 그녀의 팀은 잭팟을 터뜨린 것이다.

그러나 탐사팀의 작업은 이제부터가 시작이었다. 그들이 발견한 것은 움직이는 3차원적 몸의 2차원적, 정적, 추상적 투영에 불과한 것이었으며 잭슨 폴록의 그림이나 윌슨이 발견한 '구름상자' 안의 소

그림 12-2. 라에톨리 발자국을 토대로 재구성한 그림. 미국 자연사박물관. 대부분의 과학자들은 이 재구성도가 부정확하다고 생각한다.

립자 흔적(앞서 추상화를 다룬 장 참조)만큼 난해한 것이었다. 이것은 어떤 움직임의 과정을 나타내고 있는가? 350만 년 전, 도대체 여기서 무슨 일이 일어났던 것인가?

보폭이나 발자국의 크기와 깊이로 보건대, 이 발자국들은 두 명의 원인들이 남긴 것이며 그중 하나는 몸집이 작았으리라는 것, 아마도 어린아이였을 테고 나머지 한 명은 몸집이 컸을 거라는 추정이 가능했다. 그리고 그 둘은 큰 화산폭발이 있기 직전에 진흙비 속을 걸었을 것이고, 폭발이 일어나면서 화산재가 그들의 발자국을 덮었으리라는 생각을 해볼 수 있었다.

그런데 이런 식으로 상황을 재구성하는 데 큰 문제가 발생했다. 음부이카는 큰 쪽의 발자국 크기가 무려 30센티미터 이상이 된다는 것을 지적했다. 이는 현대인의 기준으로도 큰 것인데 하물며 그동안 발견된 화석으로 볼 때 체구가 작았을 원시인들의 발자국이 그렇게 크다는 것은 어떤 식으로든 납득하기 어려웠다. 게다가 큰 발자국이 작은 발자국에 비해 윤곽이 더 흐릿했다.

이런 관찰결과 앞에서 난관에 봉착한 그들은 더 이상 탐사를 진전시킬 수 없었다. 그들은 1978년도의 상당기간을 정상 체형의 인간이 초대형 발자국을 남길 수 있는 경우의 수를 찾는 일에 소비했다. 원인들이 걸어갈 때 조금씩 미끄러졌던 게 아닌가 하는 생각으로 직접 걸어보기도 했지만 해답은 여전히 깜깜한 안개 속에 있었다. 그들이 어떻게 움직이든 간에 큰 발자국을 만들어낼 수 없었다. 그 발자국들은 아무것도 알려주지 않았다.

이 수수께끼는 1979년, 사진작가이자 영화제작자인 앨런 루트Alan Root가 발굴 현장에 나타나면서 비로소 풀렸다. 리키의 표현에 따르면 "그때까지 우리에게 나타날 기미조차 보이지 않던 빛나는 통찰이 갑자기 찾아온 것"이었다. 루트는 어린 침팬지가 대장 침팬지를 따라갈 때 앞서 가는 놈의 발자국에 자기 발을 맞춰 집어넣으며 걸어간다는 사실을 환기시켜주었다. 침팬지의 행동과 원인의 행동이 어떤 유사성을 가지고 있다면 이게 리키가 발견한 저 해석 불가능한 발자국들에 대한 해답이 되지 않을까 하는 의견을 조심스럽게 제기했다. 맞는 생각이었다. '대장 따라가기' 놀이의 모델을 만들어 실험한 결과, 윤곽이 분명치 않은 커다란 발자국이 생겨났다.

리키는 그제서야 수백만 년 전에 라에톨리의 진흙탕을 걸어가고 있던 원인의 수가 둘이 아니라 실은 셋이었다는 것을 깨달았다. 그녀는 걸어가는 두 명의 어른을 상상했다. 어쩌면 부부였을 그들은 한 줄로 걸으면서 앞사람의 발자국에 뒷사람이 발을 맞추어 걸었을 것이고 그러다 보니 발자국이 자연히 커졌을 것이다.

이 둘 중의 누군가가 약간 옆으로 붙어 걷고 있는 자식의 손을 잡고 있었던 것이다. 그들은 막 분출을 시작한 화산이 울리는 소리에 겁먹고 달아나던 중이었을까? 혹은 진흙비를 피할 곳을 찾고 있던 중이었을까? 아니면 어떤 다른 원인, 예를 들면 배고픔 같은 것이 그들의 걸음을 재촉했던 것일까? 이런 의문들은 발자국이라는 추상적인 기록만 가지고는 답을 찾아낼 수 없는 것들이었다. 물론 이런 생각들이 나중에 박물관에 전시될 상상도를 그릴 때는 참고가 되긴 했지만 말이다.

　라에톨리 발자국의 발견과 해석의 과정은 창조적 상상의 정수를 고스란히 보여준다. 리키와 그녀의 팀원들은 놀았고, 관찰했고, 패턴을 알아냈다. 그리고 그 패턴에서 이상한 점을 찾아내 차원적 사고를 했으며, 몸의 움직임을 상상했고, 역할을 연기했고, 패턴을 만들고, 유추하고, 모형을 만들었다.

　이러한 생각의 과정은 궁극적으로 그들이 발견한 화석이라는 추상을, 라에톨리에 발자국을 남긴 원인들의 운동감각적, 시각적, 감정이입적인 이미지로 변형시키는 데 이르렀다. 이 수수께끼를 풀어가는 중에도 이러한 상상력 넘치는 통찰들은 사진과 그림, 모형, 단어, 재연 등으로 변환되어 머릿속의 생각을 검증하고 다른 사람들과 의사소통하는 수단으로 활용되었다.

　분명한 것은 이때 한 가지 생각도구로는 충분치 않다는 것이다. 현실세계에서 창조적 작업을 하기 위해서는 우선 문제를 규정할 때, 그 문제를 조사할 때, 해답을 이해하기 쉽게 표현할 때 각각 적합한 생각도구들을 동원할 줄 아는 능력이 필요하다.

"문제를 규정할 때와 그 문제를 조사할 때, 해답을 이해하기 쉽게 표현할 때 각각 적합한 생각도구들을 동원할 줄 알아야 한다."

사고의 변형에서 출발한 스트로브 발명

우리는 하나의 생각도구가 다른 생각도구에 영향을 주거나 작용하는 식으로 여러 가지 생각도구를 연속적, 혹은 동시적으로 사용하는 경우를 일컬어 변형transforming, 혹은 변형적 사고transformational thinking라고 부른다. 라에톨리 탐사의 경우에서처럼 한 문제를 놓고 여러 사람이 각기 다른 방식으로 생각하거나 아니면 한 사람이 한 문제를 가지고 다양한 생각도구들을 사용해 자신만의 방식으로 사고할 수 있다. 누군가가 어떤 것에 대해 생각할 때 자신의 깨달음을 다른 사람이 이해할 수 있는 형태로 변형할 필요가 있다.

이 책의 맨 첫장에서 우리는 과학자 바버라 매클린턱과 알베르트 아인슈타인, 리처드 파인먼이 그들의 운동감각적 이미지와 감정이입적 느낌들을 언어와 방정식으로 변환시키는 과정을 언급한 바 있고, 작가 이사벨 아옌데의 경우 영감이 뭐라고 딱히 규정할 수 없는 몸의 느낌과 정서와 심상의 형태로 발아해서 내면에서의 분투 끝에 언어적 생명체로 자라나는 과정을 이야기했다.

화가인 파블로 피카소와 브리짓 라일리에게는 감정에서부터 수학적 패턴에 이르는 모든 것들이 그들의 표현매체(그림, 혹은 그림 그리기)에 내재한 운동감각적이고 시각적인 요구에 의해 회화로 옮겨진다는 것을 알아보았다.

어떤 종류의 창조적 노력이든 간에 그 과정을 자세히 들여다보면 항상 어떤 구상이나 통찰이 다수의 생각도구들을 거쳐 변형되고 하나 혹은 그 이상의 표현매체로 변환되는 것을 발견할 수 있다. 리키와 그녀의 동료들이 보여준 변형적 사고는 모든 분야의 창조적 작업에서 전형적으로 나타나는 것이다.

"자신의 깨달음을 다른 사람이 이해할 수 있는 형태로 변형할 필요가 있다."

*스트로브
strobe
보통은 플래시라고 하는 사진 촬영용 발광장치.

MIT대학 교수인 해럴드 에드거튼Harold Edgerton의 초고속 사진촬영용 스트로브 strobe* 발명과정을 한번 살펴보자. 그는 육안으로는 미처 볼 수 없을 정도로 빨리 일어나고 진행되는 일들을 사진으로 남기고 싶어 했다. 당시의 일반사진술로는 흐릿하게 뭉개진 움직임의 흔적밖에는 포착할 수 없었다. 그러나 에드거튼은 아주 짧은 시간 안에 여러 번 발광하는 아주 밝은 빛을 낼 수 있다면 움직이는 물체의 뭉개진 상을 식별가능한 여러 개의 상들로 나눌 수 있다고 생

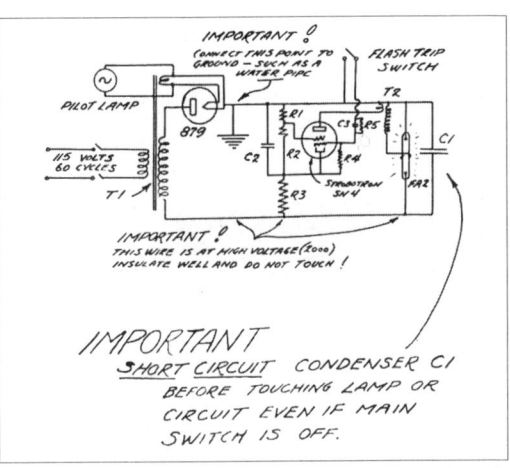

그림 12-3. 해럴드 에드거튼이 그린 스트로브 플래시의 도면, 1940년 경.

각했다. 머리나 머이브리지처럼 그 역시 인간의 관찰범위와 표상화 능력을 확장시키기를 원했다. 자신이 가진 시각능력의 제약을 극복하고자 하는 욕구가 발명의 계기가 되었던 것이다.

해답은 전자공학에 있었다. 에드거튼은 원하는 기능을 수행할 수 있는 전자장비의 상을 떠올렸다. 그런 다음 상상해낸 장비의 핵심원리를 도면으로 간결하게 그렸다. 도면에는 세부적인 부속물과 그것들 간의 연결망을 그려넣었다. 그러고 나서 그는 도면을 가지고 반복적으로 발광할 수 있는 작업모형으로 변형시켰다. 이것은 뒤에 스트로브의 원형이 된다.

에드거튼은 이 전자장비를 가지고 다양한 촬영상황과 조건들을 고려하면서 거기에 맞는 수백 가지 버전의

그림 12-4. 자신이 만든 스트로브 세트와 함께 있는 에드거튼, 1944.

생각도구 12 — 변형 · 361

그림 12-5. 에드거튼과 바비 존스가 MIT에 있는 실험실에서 골프 치는 모습을 스트로브를 써서 촬영할 준비를 하고 있다. 1948.

그림 12-6. MIT에서 바비 존스를 스트로브로 촬영한 사진. 1948.

스트로브를 고안해냈다. 이것들을 개발할 때마다 그는 사진촬영에서 관련 있는 모든 부분들, 즉 필름, 카메라, 스트로브, 피사체가 어떻게 상호작용하도록 해야 할 것인지를 생각했다. 그는 미적으로 가장 마음에 드는 결과를 얻기 위해 수 주간에 걸친 실험을 한 끝에 기념비적인 사진을 만들어내게 된다.

에드거튼의 발명과정은 예술가들의 창작과정과 다르지 않다. 네브라스카대학에 있는 거대한 야외조각인 〈찢어진 공책 Torn Notebook〉을 제작하기 위해 조각가 클래스 올덴버그와 작가 쿠시에 반 브뤼겐Coosje van Bruggen이 벌인 공동작업을 예로 들어보자. 이 조각의 아이디어는 올덴버그와 반 브뤼겐이 모두 용수철로 묶은 작은 공책에 메모하기를 좋아했다는 사실에서 그 기원을 찾을 수 있다. 무언가를 적고 나서 공책을 두고 갈 필요가 있으면 그들은 낱장을 절반으로 찢어내고 나머지 절반은 꼬인 철사용수철에 붙어 있는 채 그대로 두었다.

올덴버그와 반 브뤼겐에게 찢어진 낱장은 공동작업에서 그들 각자가 맡고 있는 부분을 시각적 이미지로 표현한 듯 보였으며, 철사 용수철은 그들의 작업을 한데 묶고 있는 협동심과 예술성에 대한 비유로 느껴졌다. 또한 이 나선형 용수철은 네브라스카 평원을 휩쓸고 간 토네이도와 이미지, 언어, 그리고 작업과정까지 아우르는 창작행위의 '회오리바람'을 상징하는 것처럼 보였으니 은유의 울림은 더욱 커졌다.

드로잉으로 시작한 그들은 수채물감으로 스케치를 하고 종이와 천으로 모형을 만든 다음, 마지막 단계에서 머릿속에 있는 모습을 금속 축소모형으로 제작해 구체화했다. 이 금속모형을 몇 가지 형태로 바꿔보며 궁리에 궁리를 거듭하던 그들은 최종버전을 자신들의 오랜 협력자였던 엔지니어 밥 제닝스 Bob Jennings에게 넘긴다. 제닝스는 이 모형을 다시 한번 드로잉으로 '추상'화하는데, 이것은 실제 도면이 되었다.

그리고 나서 이 도면은 수학적 계산이라는 또 한번의 추상화과정을 거친다. 이 과정에서 하중 압력 계산이나 제작작업에 필요한 세부정보, 소재에 대한 고려가 이루어졌다. 제닝스의 도면은 뉴욕주에 있는 주물공장으로 넘어갔다. 여기서

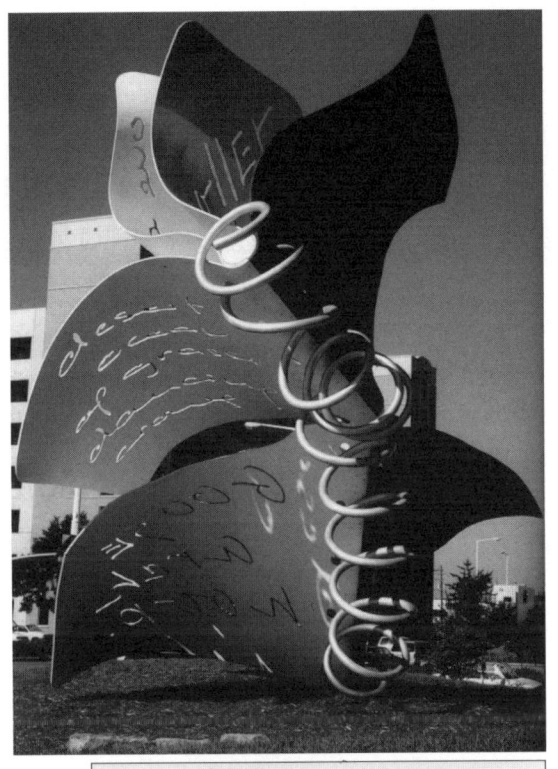

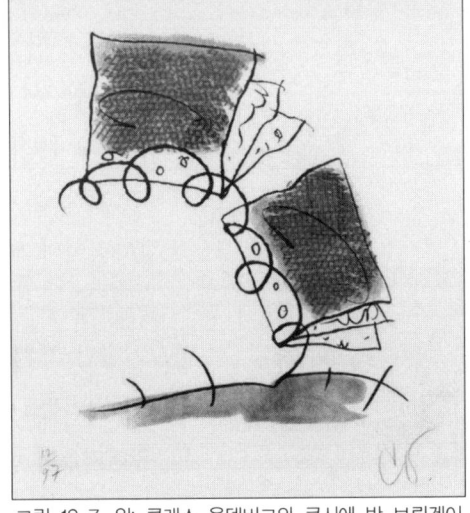

그림 12-7. 위: 클래스 올덴버그와 쿠시에 반 브뤼겐이 공동작업한 야외조각 〈찢어진 공책〉, 1996. 아래: 작업에 들어가기 전 올덴버그가 남긴 스케치.

"어떤 구상이나 통찰이 많은 생각도구들을 거쳐 변형되거나 하나 이상의 표현매체로 변환되는 것을 발견할 수 있다."

전문가들은 이 도면으로 작은 크기의 새로운 모형세트를 제작했는데 그 소재는 완성품에 쓰일 것과 같은 것이었다. 그래야만 원래 도안대로 각 부분들을 제작할 수 있고, 조립이 별 문제없이 진행될 수 있다고 제작팀이 안심할 수 있었기 때문이다. 컴퓨터가 도면을 실물크기로 확대하고, 이에 따라 제작기계가 형을 뜨고 깎고 접합하는 과정을 거쳐 각 부분들이 만들어졌다. 이러한 부분들이 조립되면 조각품이 완성되는데, 반 브뤼겐은 이 조각품의 보호도색을 위해 필요한 페인트에 대해 조사하고 미적 완성도를 높이기 위한 기타 마무리작업을 감독했다.

그러나 조각이 완성되고 난 뒤에도 할 일이 많이 남아 있었다. 조각을 놓을 부지를 선정하기 위해 토양전문가가 참여해야 했고, 조경설계사가 조각을 어디에 어떻게 놓아야 좋을지 결정했으며, 적절한 야간조명대를 설치하기 위해 조명전문가를 초빙했다. 또 여러 명의 건설인부들이 설치에 필요한 사전작업을 해야만 했다. 모호한 생각에서 출발하여 유추, 표상화, 모형화, 놀이, 추상화(도면과 공학적 계산의 형태로), 차원적 사고라는 여러 단계를 거쳐 마침내 완성된 조각품이 탄생한 것이다.

올덴버그나 반 브뤼겐 둘 다 이 모든 단계를 혼자 감당할 수는 없었지만 제작 전 과정에서 일어나는 변형을 파악하고 제어했다. 리키의 탐사팀이나 해럴드 에드거튼도 그랬지만 그들의 경험 역시 다른 분야에서의 창작작업에 좋은 본보기가 될 수 있다. 어떤 한 가지의 사고기술만 가지고는 충분치 않다. 그 작업이 과학적인 것이든, 기술적인 것이든, 미술적인 것이든 상관없다. 실제로 리키와 에드거튼, 올덴버그와 반 브뤼겐의 작업은 각 분야에서 필요한 생각도구들을 모두 동원한 것이었다. 이 부분이 바로 우리가 되돌아봐야 할 지점이다.

변형적 사고가
서로 다른 분야를 연결한다

창조적인 사람들은 복잡한 사고의 변형과정을 쉽게 다룬다. 그러나 이 생각도구는 지금까지 우리가 논해왔던 다른 도구들보다 더 복잡하지는 않다. 대부분의 사람들은 일상생활에서 작은 변형적 사고를 하게 된다.

만일 한번이라도 기억법mnemonic device을 써본 사람이라면 이미 변형을 해본 것이다. 화학과 학생들이라면 모두 알고 있는 두문자頭文字 OIL RIG는 "Oxidation Is Loss (of electrons), Reduction Is Gain"의 줄임말로 "산화는 전자를 잃는 것이고 환원은 얻는 것이다"라는 뜻이다. 19세기 프랑스 학생들은 파이값 3.14159……를 기억하기 위해 보다 복잡한 운문을 만들어냈다. 각 단어의 글자 수는 파이값의 수를 나타낸다. "Que(3) j(1)' aime(4) a (1) faire(5) apprendre(9) un(2) nombre(6) utile(5) aux(3) sages(5)!……"

기억법이란 어떤 추상적인 것에 '몸'을 입힘으로써 구체적인 것으로 만드는 것이다. 어떤 사람들은 일년 열두 달이 며칠인지 말할 때 위에서 말한 운문을 쓰지 않고 운동감각적인 기억보조수단을 사용한다. 양손의 주먹을 쥐고 앞으로 내민 다음 양 엄지손가락이 서로 닿게 주먹을 붙이면 양손 검지손가락의 맨 아랫마디가 나란해진다. 그 상태에서 어느 손이든 새끼손가락 아랫마디를 보면서 "1월"이라고 말한다. 1월은 날 수가 많은 달인데 그 마디가 솟아 있는 것이 긴 달(31일까지 있는 달)이라는 표시가 된다.

자, 이제 다음으로 가보자. 새끼손가락 마디와 약지손가락 사이의 골을 보면서 "2월"이라고 말한다. 2월은 짧은 달이니만큼 마디 사이의 움푹 들어간 골로 표현된다. 다음 약지손가락 아랫마디는 3월이 된다. 긴 달이니까. 4월은 그 다음의 골이고, 계속 이런 식으로 나간다. 그런데 가다 보면 출발한 손의 검지손가락 마디와 다른 손의 검지손가락 마디 사이에는 골이 없다. 7월과 8월은 그래서 긴 달이다.

이쯤 되면 손가락을 일러 달을 긴 달과 짧은 달로 나누어 보관하고 있는 저장고라고 할 만하다. 11세기 수도사였던 구이도 다레초Guido d'Arezzo*는 합창단원들에게 음계를 가르치기 위해 이와 비슷한 손가락 체계를 고안했다. 그가 고안한 바에 따르면 각 손가락의 관절과 손가락 끝이 음 하나를 나타낸다. 또한 뉴기니에 사는 어떤 원주민들은 손가락이나 발가락으로 수를 떠올리는 것이 아니라 신체의 다른 부위, 이를테면 팔꿈치나 어깨, 귀, 눈, 코 등을 이용한다.

때때로 사람들은 공동으로 기억을 돕기 위한 변형작업을 하는데, 주로 여러 분야의 개념들을 통합할 필요가 있을 때 그렇게 한다. 수세기 동안 인도에서는 음악과 시문을 배우는 학생들이 기초적인 소리 리듬패턴을 익히고 배우기 위해 말도 안 되는 이상한 단어를 암기해야 했다. 그 단어는 yamatarajabhanasalagam로, 발음할 때의 강세는 yaMATARAjaBHAnasalaGAM이다.

작곡가인 조지 펄George Perle은 이것을 다음처럼 설명한다. "이 10음절에 모든 것이 다 들어 있다. 이 단어를 발음해보면 길고 짧은 박자로 이루어진, 모든 셋잇단음을 소리내게 된다. 처음의 3음절인 ya MA TA는 단短, 장長, 장長의 리듬을 가지고 있다. 둘째에서 넷째음절까지는 MA TA RA로, 장, 장, 장 리듬이다. 그 다음은 TA RA ja, 이것들은 장, 장, 단이 된다. 다음에 나오는 RA ja BHA는 장, 단, 장, 이런 식이다." 그래서 이 간단한 단어는 제대로만 발음하면, 많은 예술분야에서 응용될 수 있는 엄청난 양의 패턴정보를 말로 나타내는 것이 된다.

펄의 친구인 수학자 셔먼 스타인Sherman Stein은 변형을 다른 방향

현대 심리학의 창시자인 프랜시스 갤턴은 고전적인 저서 《인간의 재능과 그 발전에 관한 탐구》에서 그런 식의 기억법이 얼마나 흔한 것인지 자세히 기술하고 있다. "상상력이 뛰어난 사람들은 거의 예외 없이 숫자를 시각적 이미지의 형태로 바꾸어 생각한다."

*구이도 다레초
Guido d'Arezzo
992?-1050?. 중세 이탈리아의 음악이론가. 〈요한송가〉에서 딴 6음으로 솔미제이션을 고안하여 악보의 시창을 쉽게 하였다.

으로 끌고 간다. 그는 힌두어에서 나타나는 이 기본적 패턴이 디지털이라고 주장한다. 음절들은 길거나(강세가 있거나) 짧다(강세가 없다). 그러나 셋잇단음에 들어 있는 정보를 보존하기 위해 우리는 이 단어를 구성하는 모든 개별 음이 다 필요한 것은 아니다. 단지 리듬이 필요할 뿐이다.

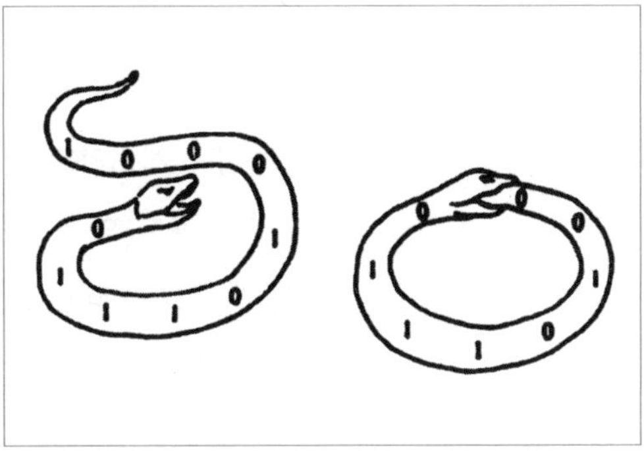

실제로는 단 두 개의 부호만 있으면 된다. 하나는 긴 박자를, 하나는 짧은 박자를 나타내

그림 12-8. 수열 0111010001을 뱀이 꼬리를 물고 있는 모습으로 상상한 것. 그 결과는 기억의 바퀴 모양이다.

는 두 개의 부호 말이다. 이로써 우리는 원래의 음절들에서 어떤 요체만을 뽑아낸(추상화한) 것이다. 모든 짧은 박자에는 0의 값을 주고, 긴 박자에는 1의 값을 준다. 그리고 이 단어를 다시 써보면 ya0 MA1 TA1 RA1 ja0 BHA1 na0 sa0 la0 GAM1이 되고 이것은 다시 0111010001로 적을 수 있다.

이제 011은 '단, 장, 장' 리듬으로, 111은 '장, 장, 장', 이런 식으로 변형되어 이어질 수 있다. 이 수열을 이진 기수법상의 숫자로 본다면, 이를 십진 기수법상의 등가치equivalent로 변환하기는 무척 쉽다.

$$0111010001 = (256+128+64+16+1) = 465$$

예전에 배운 것을 간단히 상기하기만 하면 된다. 만일 기수법이라는 개념을 잊어버렸다면 이 장의 끝에 붙어 있는 부록 1을 참고하라. 그 외에 이 숫자가 모두 10개이기 때문에 양 손가락을 이용해서 기억하는 방법도 있다. 왼손 엄지손가락과 새끼손가락, 오른손의 검지, 중지, 약지손가락을 구부린 다음, 구부린 손가락에 0의 지위를 부여하고 편 손가락을 1로 한다면 0111010001이 된다. 이 모든 기억법은

> "변형적 사고의 힘은 그것이 음악, 유전자, 전신, 시, 수학 등 서로 상이한 분야를 연결해주는 메타패턴을 드러내준다는 데 있다."

원래의 힌두어 단어와 논리적으로 동등한 것이다.

그러나 중요한 것은 이 디지털 수열이 힌두어 단어가 갖지 못한 가능성을 제시하고 있다는 점이다. 스타인은 이 수의 연속에서 뱀이 꼬리를 물고 있는 것 같은 운동감각적인 유추가 가능하다고 말한다. '뱀'의 상을 떠올림으로써, 처음의 01(입에 해당)이 마지막 01(꼬리에 해당)이 겹쳐지면서 숫자들로 된 연속적인 원이 형성된다. 비록 원래 수열에서 두 개의 숫자는 없어졌지만 이 원은 3개가 한 조를 이루는 모든 가능한 조합을 보여준다.

음악의 박자, 단어의 음절을 이루는 액센트, 숫자, 동전을 3개 던질 때의 결과, 여섯 명 중에서 3명씩 묶는 방법, 그 밖에 다른 모든 경우에 다 적용된다. 이 숫자 뱀은 그런 가능한 모든 경우의 수를 가장 간결하게 표현하고 있는 것이다.

특히 이 뱀은 1880년대 이래로 수학자들에게 '기억의 바퀴'로 알려져 온 것과 같은 패턴을 띠고 있다. 기억의 바퀴는 2개 한 조, 3개 한 조, 4개 한 조……. 이렇게 계속되는 조 엮음에서 나타날 수 있는 모든 경우의 수를 가장 축약된 형태로 저장하고 있다. 이것을 통해 전보내용에서부터 서보기구*의 지시값까지 암호화할 수 있으며, 부호매김**에서부터 유전자 순서에 이르는 모든 것을 해독할 수 있다. 변형적 사고의 힘이란 그것이 음악, 유전자, 전신, 시, 수학 등 서로 상이한 분야를 연결해주는 메타패턴을 드러내준다는 데 있다.

*서보기구
　제어대상이 되는 장치의 입력이 변화하더라도 출력을 미리 설정한 목표값에 이르도록 자동적으로 제어하는 기구.

**부호매김
　컴퓨터의 정보해독 불능상태에 대비해 만들어 놓은 수학적으로 기술된 법칙의 모음.

언어로 표현된 문제는 방정식으로 전환될 수 있다

변형적 사고는 학문분야 간의 경계를 허무는데, 이 사고체계 안에서는 수학과 미술 사이의 구분도 흐릿해진다.

화가인 막스 빌은 이렇게 쓰고 있다. "이성적 사고야말로 인간 고유의 특질이다. 이성적 사고라는 수단을 통해 우리는 감각적인 가치들의 순서를 정할 수 있으며 그것에 따라 예술작품을 창작해낸다.

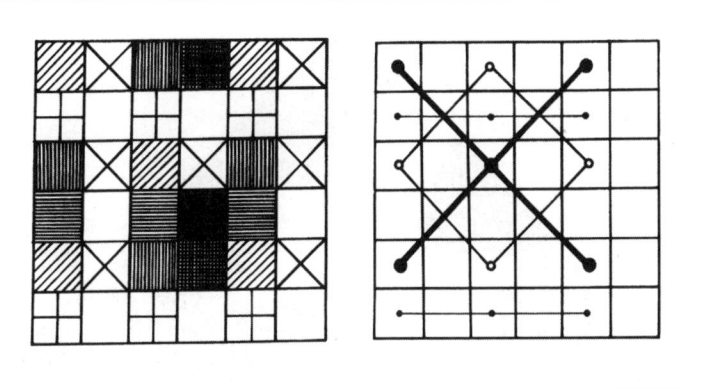

그림 12-9. 왼쪽: 막스 빌의 작품 〈1-8〉의 구조적 도식, 1955. 오른쪽: 이 그림에서는 유사한 요소들이 항상 대칭적으로 배열되어 있음을 주목하라. 그 밖에 다른 대칭을 찾을 수 있겠는가?

그런 점에선 수학도 마찬가지다. 왜냐하면 그것이 물체와 물체, 군집과 군집, 움직임과 움직임 간의 관계에 대한 과학이기 때문이다. 이런 관계들을 포착해서 그것에 형태를 부여하는 것(미술)은 자연스러운 일이다." 막스 빌이 행한 '변형' 중에서 가장 이해하기 쉬운 것은 1+2+3+4+5+6+7+8=36이나 6×6 같은 산수와 관련된 것이다.

수학자이자 조각가인 헬라먼 퍼거슨은 방정식을 돌과 청동작품으로 표현해냈다. 한편 역시 조각가인 브렌트 콜린스와 카를로 세퀸은 나무와 금속으로 된 자신들의 작품 속에 위상 수학적 직관을 풀어놓았다.

그는 이 숫자패턴을 각 변에 6개씩 모두 36개의 눈이 있는 체커판으로 변형시켰다. 눈들의 색을 보면 하나는 빨간색, 두 개는 진분홍색, 세 개는 자주색이 들어간 옅은 연분홍색, 파란색 넷, 옅은 파랑색 다섯, 연녹색 여섯 개, 파스텔톤 녹색 일곱 개, 노랑색이 들어간 연녹색 여덟이었다. 빌은 아주 면밀한 사전 고려를 거쳐 이 색들을 세심하게 배치했다. 네 개의 파란색 눈으로 큰 정사각형을 만들고, 다섯 개의 옅은 파란색 눈으로는 십자가형을 만들었으며 여섯 개의 연녹색 눈으로는 한 쌍의 평행선 모양을 만들었다. 모든 색의 군群들은 대칭적으로 되었다.

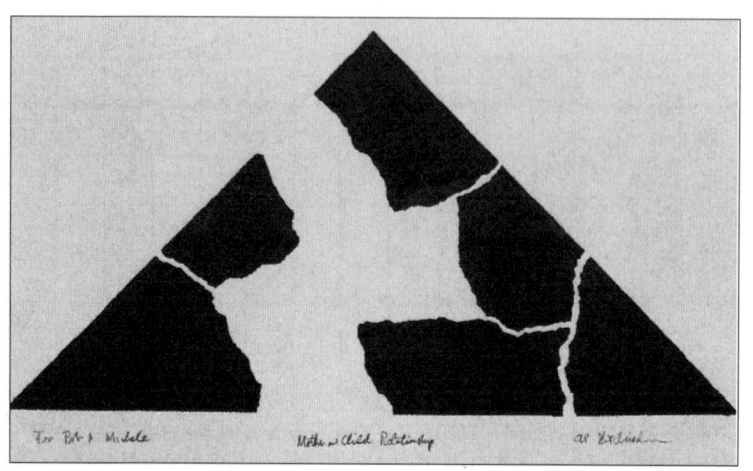

그림 12-10. 〈모자상〉, 너대니얼 프리드먼 작, 1993. 깨어진 대리석 조각으로 찍어낸 작품으로 깨어진 가장자리의 프랙털적인 자연성과 자른 가장자리의 기하학적 완결성이 대비된다.

나움 가보Naum Gabo*는 조각가이면서 공학을 공부하기도 했는데, 이러한 그의 경험은 그가 수학과 미술의 경계를 허무는 데 중요한 역할을 했다. 그는 "필수적으로 수학적 접근을 해야만 미술이 발전할 가능성이 있다고 확신한다"라고 말했다. 그의 조각작품 중에서 수학적 기초를 깔고 있는 작품으로는 1937년에 만든 연작 〈우주건축Construction in Space〉이 있다.

수학자인 너대니얼 프리드먼Nathaniel Fried-man은 여러 다양한 소재를 가지고 작업을 했다. 그는 대리석을 이용한 일련의 프린팅 작품 속에서 매끈하게 다듬어진 가장자리의 유한한 길이와 거칠게 깨어진 가장자리의 무한한 프랙털 차원을 대비시키고 있다.

변형은 상호전환이 가능하다. 만일 A가 B로 변형될 수 있다면 B도 다시 A로 변형될 수 있다는 말이다. 언어로 표현한 문제는 방정식으로 전환될 수 있다. 예를 들어 "존이 집을 페인트칠하는 데 4일이 걸리고 짐은 5일이 걸린다고 할 때, 두 사람이 힘을 합쳐 페인트칠을 하면 며칠이 걸릴까?"라는 문제는 다음의 방정식으로 나타낼 수 있다.

$$dx/dt = k(d^2x/d^2y)$$

이런 방정식은 "술술 풀리면서" 멋진 풀이과정으로 다시 변환된

*나움 가보
Naum Gabo
1890–1977, 러시아 태생의 미국 조각가. 모스크바에서 구성주의 운동에 참가했고 금속판, 플라스틱, 나일론 등의 새로운 소재로 다이내믹한 공간을 구성했다.

다. 우리가 모형화에서 살펴본 바와 같이 모든 수학공식에는 시각적이거나 물리적인 대응물이 있다.

그래서 리처드 파인먼은 수학문제를 풀기 위해 자신이 시각적 모형을 동원해 개발한 '도식'에 대해 설명하고 있다. "나는 계속해서 어떤 모형들을 만든다. 예를 들면 한 무리의 수학자들이 대단한 정리를 들고 온다. 그들은 모두 흥분해 있다. 그들이 내게 그 정리의 조건들을 설명하는 대로 나는 그 모든 조건을 만족시키는 어떤 것을 머릿속에서 만들어낸다. 자, 그것을 한 개의 집합이라고 하자(한 개의 공이기도 하다). 그들이 조건을 말함에 따라 내 머릿속의 공에 색깔이 칠해지고 털이 나기 시작하는 등 변화가 일어난다. 그리고 마지막에 가서 그들이 정리에 대해 말할 때 그 말이 내 공, 내 머릿속에 생긴 털난 녹색 공과 어울리지 않거나 그 공에 관한 진실이 아니라고 생각하면 나는 가차없이 '거짓말이야!'라고 말한다."

NASA 고다드 우주비행센터에서 우주 데이터와 컴퓨터 업무를 총괄한 밀턴 할렘Milton Halem은 이런 식의 '변형'에서 한걸음 더 나아간 사람이다. 그는 코코란 미술학교의 세라 트위드Sara Tweedie 같은 전문미술가를 채용해서, 위성측정 데이터를 지도와 이미지로 옮길 때 정보를 최대한 전달하기 위한 최적의 시각적 수단은 무엇인지 분석하는 일을 맡겼다. 전미슈퍼컴퓨터 응용연구소에서는 수학자 조지 프랜시스George Francis가 이와 비슷한 접근법을 취하고 있다. 그는 수학자와 미술가, 프로그래머 집단들을 지휘해서 그들이 공동으로 복잡한 방정식을 하나의 상으로 만들어내고, 그 과정에 대해 연구하게 한다.

이제 이런 변형작업은 흔한 일이 되어가고 있다. 모든 분야의 자료들은 그래프나 여타의 시각적 이미지들로 전환되고 있다. 신문, 잡지나 TV뉴스는 이런 '변형'된 자료들로 넘쳐난다. 예일대학 교수인 에드워드 R. 터프트Edward R. Tufte의 책 《양적 정보의 시각적 표시The Visual Display of Quantitative Information》는 그런 변형작업들을 성공적으로 수행할 수 있는 원리들을 조명하고 있다.

미시건 주립대학에서 행한 '음악적' 소변 분석

변형은 수학이나 언어, 이미지에 한정되지 않는다. 파인먼은 많은 방정식을 소리로 변환시켰다. 등차수열(1, 2, 3, 4, 5…)은 꾸준히 연속적으로 상승하는 음계가 되었다. 등비수열(1, 2, 4, 8, 16…)은 점차 빨라지는 '외침whoops'이 되었다. 그는 콧노래를 부르고, 손으로 두드리기도 하고, 여기저기 돌아다니면서 자신이 지각하는 육체적 감각과 물리적 세계의 개념을 서로 결부시킨다. 물리학연구를 위해 파인먼이 개인적으로 해온 다양한 변형작업을 다른 전문가들은 공동으로 수행하고 있다.

그중에서 가장 흥미를 끄는 것은 소변분석능력을 높이고자 미시건 주립대학에서 진행했던 작업이었다. 이 작업은 일군의 생화학자, 음악가, 컴퓨터 프로그래머들이 공동으로 자료를 소리로 변형하는 것이었다. 애초에 계획한 소변분석절차는 기계를 가지고 소변을 통과하는, 각각 양이 다른 빛의 파장들을 측정하는 것이었다. 이 빛의 양을 통해 소변 속에 얼마나 많은 화학성분들이 각각 들어 있는지 알 수 있는 것이다.

그러나 여기에는 문제가 있었다. 연구팀은 수많은 소변샘플들을 이런 식으로 조사했지만 거기서 나오는 도표자료는 거의 비슷비슷해서 육안으로 차이를 구별하기 어려웠다. 연구팀은 차라리 귀를 활용

"파인먼은 콧노래를 부르고, 손으로 두드리고, 여기저기 돌아다니면서 자신이 지각하는 육체적 감각과 물리적 세계를 서로 결부시켰다."

하는 것이 낫겠다 싶어 이 색층분석 결과를 도표기록기가 아닌 컴퓨터에 입력시켰다. 컴퓨터는 신호의 강도, 시간, 기타 여러 매개변수들

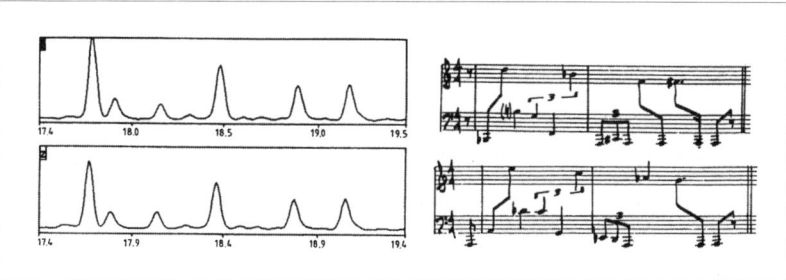

그림 12-11. 시각적으로 두 가지 소변의 색층 분석표(왼쪽)는 별 차이가 없어보인다. 그러나 이것을 음악(오른쪽)으로 전환하면 그 차이가 뚜렷하게 나타난다.

을 다양하게 측정해서 이 자료를 소리합성장치가 판독할 수 있는 형태로 변형시켰다. 뿐만 아니라 컴퓨터는 이 소리신호에 기보법을 적용시켜 악보로 만들기도 했다.

이 결과는 참으로 의미심장한 것이었다. 연구팀은 눈으로 확인할 수 없었던 소변분석치들 간의 차이를 소리로 구분하게 되었다. 수치자료를 청각정보로 변형시켰다는 것은 패턴식별능력에 있어 대단히 중요하고 유용한 진전이었다.

일리노이대학의 베커맨연구소에 근무하는 스스모 오노Susumo Ohno나 스키드모어대학의 필 오티즈Phil Ortiz 같은 연구자들은 유전자 배열을 음악으로 변형시켜봄으로써 눈으로 들여다보는 것보다 빠르게 이 배열을 '들을' 수 있음을 알아냈다. 게다가 눈으로 인지할 수 없는 복잡한 것을 귀로는 파악할 수 있었다. 눈은 한번에 하나의 패턴, 단일한 진행line만을 쫓아간다.

그러나 음악의 경우, 가령 합주를 들을 때 우리는 악기들이 어울려 내는 화음을 듣는 동시에 그 개별적인 소리도 들을 수 있다. 때문에 오티즈의 DNA음악에는 유전자배열뿐만 아니라 이것에서 비롯되는 단백질 특성까지 들어 있다. 시각정보와 달리 청각정보는 이 모든 것을 동시에 들을 수 있게 한다.

음악적 소변분석은 왠지 우스꽝스럽게 느껴지지만, 적어도 두 가지 점에서 결코 가볍게볼 수 없다. 첫째, 이런 류의 기법은 시각장애가 있는 사람들이 엄두도 낼 수 없있던 다양한 연구작업에 참여할 수 있도록 해주었다. 그리고 청각적 관찰이 시각적 관찰 못지않게 중요할 뿐 아니라 상당한 영역에서 좀더 정밀한 것임을 증명해주었다.

이러한 의미수준의 복합성으로 인해 '귀 사이의 컴퓨터(뇌)'가 '눈 뒤의 컴퓨터(뇌)'보다 훨씬 우수한 것이 되는 것이다. 그래서인지 제록스나 루슨트 테크놀로지 같은 주요 기업과 다수의 대학에서는 경제지표 같은 복잡한 데이터베이스를 음악으로 변형하는 실험을 하고 있다. 이렇게 하면 애널리스트들이 개별적인 트렌드를 추적하는 동시에 통합적인 패턴을 들을 수 있기 때문이다.

여기서 말하려는 요점은 한 가지 생각이나 자료를 다르게 변형시킴으로써 다른 특성과 용도를 얻게 된다는 것이다. 그 변형작업이 독특할수록 놀라운 통찰을 얻을 가능성이 더 커진다. 신경학이나 물리학 같이 경계가 분명한 분야의 학자들도 자료를 무용이나 무보법(무용악보)으로 변형시킬 경우 아주 아름답고 유용한 결과를 얻을 수 있다.

무용의 스텝을 그림으로 나타내게 된 기원을 알아보려면 유사 이전까지 거슬러 올라가지만, 복잡한 몸동작을 기호로 묘사하는 무보법의 발명은 비교적 최근의 일이다. 오늘날 가장 많이 쓰이는 세 가지 무보법은 1928년, 루돌프 라반Rudolf Laban이 고안한 라반 무보법Labanotation이 있고, 수학자이자 발명가, 그리고 화가였던 루돌프 베네시Rudolf Benesh와 발레 무용수였던 그의 아내 조안이 만든 베네시 무보법Benesh Movement Notation, 1958년에 나온 에시콜 바흐만 무보법Eshkol-Wachmann notaion이다.

1979년에 두 명의 신경학자, 이스라엘 와이즈먼 연구소의 일란 골라니Ilan Golani와 그의 미국인 동료 필립 타이텔바움Philip Teitelbaum은 에시콜 바흐만 무보법을 동물과 환자에게 적용함으로써 신경장애로 나타나는 몸동작의 이상을 기록하고 분석하는 데 큰 진전을 이루었다. 이 분석결과로 인해 신경학적 손상을 몸동작이 만회하려 한다는 것을 알게 되었다. 그들은 이것을 '자연적 기하학'이라고 불렀다. 그 후에 물리치료사들과 운동생리학자들은 환자관리를 하면서 새로운 증상을 이해하고 분류하고 그에 관한 정보를 교환하는 데 베네시 무보법과 라반 무보법을 활용하고 있다.

버클리에 있는 캘리포니아대학 물리학 교수 마빈 코헨Marvin Cohen은 과학연구에 무용을 도입한 선구자 중 한 사람이다. 그는 전류가 극단적으로 차가운 합금을 타면 저항 없이 흐른다는 초전도 이론의 전문가다. 1980년대 후반, 코헨은 안무가인 데이비드 우드David Wood에게 공동연구를 제안했다. 그들은 무용수들에게 전자의 움직임을 동작으로 표현할 것을 지시했다.

우드와 코헨은 이를 통해 짝이 있을 때와 없을 때, 대칭을 이룰 때와 비대칭일 때 등 전자가 원자 내에서 움직일 때 취할 수 있는 다양한 상태들을 고찰했다. 코헨은 이 춤을 '전류'라고 불렀다. 이는 수학이론을 일반인들도 쉽게 이해할 수 있는 운동감각적 모형으로 변형시킨 탁월한 사례가 되었다. 그는 이 춤을 일종의 물리학연구로 생각했다. "나는 무용수가 어떤 새로운 동작, 새로운 묘사를 제안한다면 그것을 기쁘게 들어줄 것이라고 데이비드 우드에게 말했다. 우리는 어쩌면 그들이 새로운 아이디어를 줄 수 있을 것이라는 희망을 품었다"라고 그는 회고했다. 방정식을 무용이나 조각, 문장으로 표현하는 것은 그래프로 나타내는 것만큼 자연스럽다. 그러한 작업을 통해 물리학자는 스스로의 물리학적 직관력을 더 크게 키워낼 수 있다.

물리학자들이 자신을 전자라고 상상한다면 그것들처럼 움직이는 법을 배울 필요가 있다. 1990년 경, 한 프랑스 물리학자들은 연구작업의 일환으로 춤꾼이 되어 '초전도 무용'을 안무했다.

바흐의 다성음악을
이미지로 변형한 파울 클레

한 형태를 다른 형태로 변형하는 일은 어떤 분야에서의 발견으로

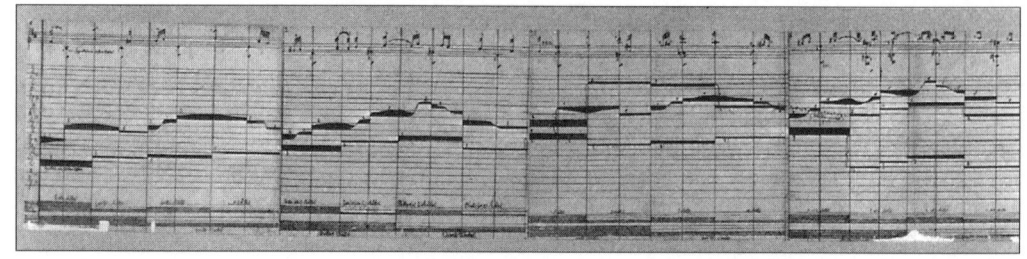

그림 12-12. 파울 클레는 바우하우스에서 강의하면서 바흐 음악을 신기한 시각적 형태로 변형시켰다.

우리의 두뇌는 색과 소리를 매우 다르게 받아들인다. 앞서 말했지만, 우리는 동시에 연주되는 개별악기들의 소리를 감지할 수 있다. 그러면서도 그 음들이 합쳐 내는 전체음을 들을 수 있다. 부분과 전체를 동시에 지각하는 이런 능력은 대부분의 시각예술, 특히 색채에 기반을 둔 예술에서는 발휘될 수 없다. 색채가 혼합되기 때문이다. 만일 우리가 노란색과 파란색의 점들을 나란히 늘어놓아 그림을 그린 다음 누군가에게 보여주면 그는 녹색의 그림을 보게 된다. 비록 이 녹색이 다른 색을 띤 낱개의 점이나 화소로 환원될 수 있다 해도 그렇다. 이것이 컬러인쇄, 컬러 TV, 쇠라의 그림과 같은 점묘주의 미술의 기본이 되는 것이다.

이어진다. 많은 사람들이 음악과 미술 간의 상호변환 가능성에 대해 언급하고 있다. 화가인 파울 클레는 음악을 이미지로 변형시켰다.

클레는 음악을 듣는 청중처럼 관람객들이 부분과 전체를 동시에 지각할 수 있는 시각적 형태를 만들어내고자 했다. 클레는 바우하우스에서 강의를 하기 위해 자신의 실험과정을 공책에 기록했다. 그는 처음에는 음표를 간단한 그래프 모양으로 표시했다. 이는 음의 강도와 지속시간을 보여주었다. 그런 다음 한 단계 더 추상화시켜 음표를 음들의 연속에 따른 선형 이미지로 만들어냈다. 이 단계까지는 실제로 나타내지는 않았지만 음자리표가 있는 것으로 상정되어 있는 만큼 연주악보로서의 기능을 아직 가지고 있는 상태였다.

그러나 그럼에도 불구하고 음표는 음의 지시기호가 아닌 이미지의 성격이 더 강해졌다고 볼 수 있다. 마지막 단계에서 클레는 선형 음표를 다시 순수한 선으로 추상화했는데, 이때에 이르면 음악악보와 관련된 어떤 것도 찾아볼 수 없게 된다.

클레는 작곡가들이 다성음악을 창작하는 것과 똑같은 방법으로 작품의 시각적 요소들을 '혼합'해서 복잡한 패턴을 만들어낼 수 있다는 것을 깨달았다. 예를 들면, 작품〈5성부 다성음악Five-Part Polyphony〉에서 그는 각기 다른 각도에서 다섯 종류의 선을 그렸다. 이는 다섯 개의 '성부'를 나타낸다(그림 12-14 참조). 이 선들은 각자 가진 고유한 특질을 훼손하지 않은 상태로 서로 가로지르며 일정한 패턴을 형성한다. 우리는 패턴 전체를 조망하면서 동시에 각 부분도 볼 수 있다. 클레의 음악 이

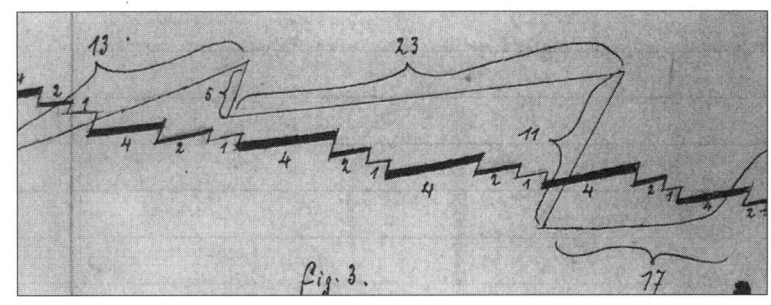

그림 12-13. 클레에 의한 음악 이미지 변형작업에서 그림 12-12보다 더 추상화된 단계.

미지 변형기법에서 특히 놀라운 것은 이 이미지가 원래 음악에서 발견할 수 없는 새로운 특성을 획득하게 된 점이다. 음악은 오로지 시간을 따라 한 방향으로 가면서 들을 수 있다. 그러나 시각적인 다성음악은 어떤 방향에서든, 또는 방향들의 조합을 통해서도 '볼' 수 있다. 그럼으로써 음악에는 존재하지 않는 관계성이 만들어진다.

어떤 정서나 생각, 자료를 변형하는 일은 결코 동일해질 수 없기 때문에 변형과정은 클레의 경우처럼 예기치 않은 발견을 낳을 수 있다. 그 결과 변형적 사고는 숱한 창조적 인물들이 의식적으로 채택하는 전략이 되고 있다.

유기화학자 로버트 B. 우드워드Robert B. Woodward*는 자신의 공책에 이와 비슷한 말을 적어놓고 있다. "가능한 한 다양한 방법으로 공식을 써라. 각각의 공식은 각기 다른 가능성을 제시한다."

리누스 파울링은 '생각들의 발생The Genesis of Ideas'이라는 제목으로 한 강연에서 이러한 변형적 사고를 옹호하고 있다. 그는 "대부분의 사람들이 이러저러한 실험과 관찰의 결과로서 마침내 인정받아야 하는 결론이 무엇인가?"라고 질문을 한다고 지적하면서 그보다는 이런 물음을 자신에게 던져야 한다고 조언한다.

"어떤 '생각들(복수형임을 주의하라)', 가능한 한 일반적이고 미학적

"가능한 한 다양한 방법으로 공식을 써라. 각각의 공식은 각기 다른 가능성을 보여준다."

*로버트 B. 우드워드
Robert B. Woodward 1917-1979, 미국 유기화학자. 우드워드 규칙을 발견하여 후에 전자궤도의 대칭성 보존의 법칙으로 발전시켰다. 1965년 노벨화학상을 수상했다.

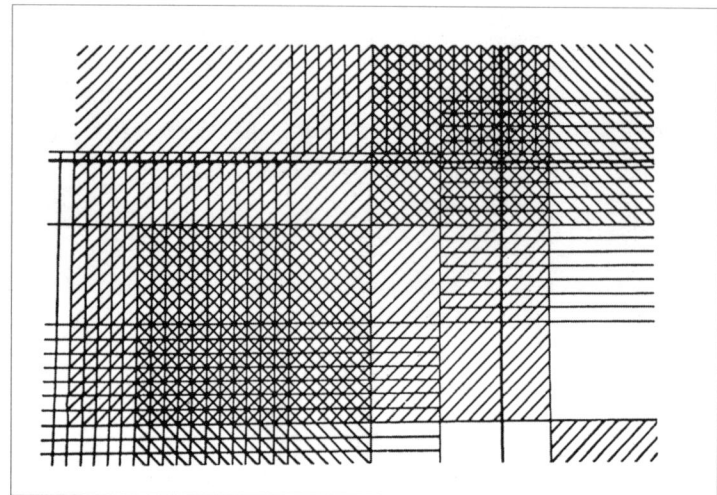

그림 12-14. 클레의 〈5성부 다성음악〉. 음악을 순수한 선으로 변형시키고 있다.

으로도 만족스러운, 실험이나 관찰의 결과에 의해 배제되지 않는 그런 생각들을 우리는 가질 수 있을 것인가?" 가장 뛰어난 과학자들은 단 하나의 '해답'이 아니라 클레처럼 복수의 '해답들'을 찾으려고 한다.

이 장의 부록 2에 복수의 해답을 구하는 방법에 대하여 간단한 수학적인 보기를 수록했으니 참고하라.

변형적 사고를 하면 또 다른 혜택이 주어진다. 지난 한 세기 동안 이루어진 교육법 연구를 통해 우리가 알게 된 것은 다양한 방식으로 배운 기술과 개념이 특정한 문제를 중심으로 학습해서 얻은 생각보다 폭넓게 응용될 수 있다는 것이다. 따라서 변형적 사고는 특정 영역에 치우친 사고보다 더 가치 있는 통찰을 낳는다. 사람들의 재주와 능력이 저마다 다르기 때문에 한 가지 단일한 생각을 다양하게 변형시킬 때 단 한 가지 공식으로만 만드는 것보다 더 많은 사람들과 의미 있는 연관을 맺게 된다.

로버트 W. 우드Robert W. Wood*는 수학적으로 훈련받은 물리학자였지만 그림을 가지고 작업하는 것을 더 좋아했다. 그의 전기에는 "자신이나 다른 사람들이 수학방정식보다 그림을 더 잘 이해한다는 것을 느꼈다"고 적혀 있다.

이와 비슷한 경우로 물리학자 제임스 C. 맥스웰을 들 수 있다. 그

*로버트 W. 우드
 Robert W. Wood
 1868-1955. 미국 물리학자. 광학, 분광학, 원자 스펙트럼 연구로 유명하다.

는 전자기법칙을 발견하여 19세기 물리학에 혁명을 일으켰는데, "유형이 다른 사람들을 위해 과학적 진리가 다른 형태로 소개되어야 한다. 그것이 단단한 형태로 나타나건, 생생하게 채색된 그림 또는 다소 모호한 상징적 표현으로 제시되건 간에 모두 동일하게 과학적인 것으로 간주되어야 한다"라며 변형적 사고를 강조했다.

> "첫 번째 방법론과 첫 번째 해답은 이해의 시작일 뿐 결코 끝이 아니다."

생각의 변형을 위해 우리가 할 수 있는 것들

우리가 이런 걸출한 '사색가thinker'의 말과 행동을 실제 교육현장에서 진지하게 받아들인다면 분명히 좋은 결과를 거둘 수 있다. 오늘날 우리는 지나치게 한 가지 방법론과 접근법만을 고집하며 문제에 대한 단 하나의 해답만을 기대하도록 가르치고 있다. 그러나 첫 번째 방법론과 첫 번째 해답은 이해의 시작일 뿐 끝이 아니다.

이것은 이 책의 두 번째 장에 나오는 우리의 친구 존에게 누구도 가르쳐주지 않았던 교훈이다. 그에게 토크방정식은 토크방정식이고 문은 문일 뿐이지 않았던가? 한편 이것은 버지니아 울프의 아버지 레슬리 스티븐이 알려주는 진실이기도 하다. 그는 감정과 경험과 말에 대해 결코 제대로 배우지 못한 사람이었다. 우리는 변형적 사고를 통하지 않고서는 진정한 이해에 도달할 수 없다. 변형적 사고는 앎의 많은 방법들을 가능한 한 많은 의사전달의 형태들에 연결해준다.

공립학교의 정식과목에는 많은 변형적 행동이 포함될 수 있다. 연극을 하거나 비디오 영상물을 제작하는 것은 다양한 상상도구들과 많은 변형적 사고를 필요로 한다. 종이 위에 쓰인 대본을 정서적, 운동감각적, 감정이입적으로 해석해야 하며, 의상은 구상, 도안, 재봉

물리학자이자 소설가인 앨런 라이트먼은 리처드 파인먼의 책 《물리학법칙의 특징》에 대한 서평에서 이렇게 쓰고 있다. "저자는 동일한 물리학법칙을 다르게 공식화하는 일에 큰 가치를 부여하고 있다. 비록 그것들이 수학적으로는 똑같은 것이라 하더라도 버전이 다르면 머릿속에 다른 그림을 그리게 해줄 수 있고 그로 인해 새로운 발견을 가능하게 하기 때문이다."

> "변형적 사고는 앎의 많은 방법들을 가능한 한 많은 의사전달의 형태들로 연결해준다."

해야 한다. 연극의 등장인물들은 추상적이고 다차원적으로 상상해낸 무대장치 속에 배치해야 한다. 이 무대장치는 실제 혹은 가상세계의 작업모형인 셈이다. 무대효과를 높이기 위해 빛과 음향을 면밀히 계산해야 하고 연극적 상상과 각종 기술적인 조작도 필요하다. 그러고 나면 이 모든 것들— 사람, 소품, 세트, 조명, 음향, 기록장비—을 기능적이고 미학적으로 통합해야 한다. 하나의 대본에서 그 모든 것을 찾아내고 그것을 실제 연극작품으로 옮기기 위해서는 실로 마술 같은 변형적 사고가 필요하다.

또 한편 컴퓨터 프로그래밍은 변형기술을 발전시킬 수 있는 아주 훌륭한 방법을 제공해줄 수 있다. 프로그래머의 역할이 새 컴퓨터게임을 개발하는 일이든, 그림이나 소리를 만드는 일이든, 아니면 과학 프로젝트를 수행하며 복잡한 계산과 기록을 하는 일이든 간에, 프로그래밍 과정은 이 모든 것을 추상언어로, 그리고 그 언어를 또다시 변형시키는 작업을 수행한다.

다양한 종류의 조립실습도 변형적 사고를 강화하는 데 기여할 수 있다. 예루살렘에 있는 이스라엘 예술과학 아카데미에서는 학생들이 연을 디자인하고 조립하고 날리는 실습을 시킨다. 학생들은 이 실습을 통해 기초적인 공학을 학습하는 한편, 연 날리기에 적용되는 공기역학 이론을 배운다.

그런데 연을 실제로 만드는 일은 광범위하게 이루어지는 협동과 예술성을 요구한다. 어떤 연을 만들 것인가 하는 아이디어를 떠올리고, 스케치하고, 그려낸 디자인을 가지고 부품을 만들어 조립하고, 연 날리기에 직결되는 고유수용감각적 기술을 숙지하고, 그것을 머릿속의 '화판'에 옮기는 이 모든 과정은 생각도구들을 연속적으로 사용하는 실습과정이라 할 수 있다.

또 여기에는 도전해야 할 몇 가지 문제가 있다. 당신이 디자인할 수 있는 가장 큰 연은 크기가 어느 정도인가? 반대로 가장 작은 연은? 얼마나 무거운 연을 띄울 수 있나? 비행접시 모양이나 그레이엄 벨처럼 삼각뿔 구조로 된 연을 디자인할 수 있나? 야곱의 사다리 연*은 어떤가? 등이 그것이다. 톰 반 산트는 일렬로 쭉 이은 연을 고안했는데 연 하나하나가 나머지 연들의 부양력을 증가시킴으로써 이 연들의 '계단'은 이론적으로 수 마일 높이까지 날 수 있다. 연을 조립하고 날리는 일은 오늘날 모든 학년대의 학생들이 반드시 익혀야 하는 지식의 많은 영역과 닿아 있고 또 그 지식들을 변형시킨다.

학교와 가정에서 하는 간단한 변형실습은 주로 다음과 같은 질문에 답하는 방식으로 이루어질 수 있다. 나는 어떤 것을 들을 때 무엇을 보는가, 나는 어떤 것을 볼 때 무엇을 듣는가, 광학예술op-art은 어떤 소리를 내는가, 입체파나 점묘파는 어떤 음악인가 등이다.

하지만 실습이 질문에 답하는 것으로 끝나거나 단순히 시각이나 청각만을 이용하는 것에서 그쳐서는 안 된다. 우리는 어렸을 적 향신료로 '그림 그리기'를 즐겨 했다. 종이 위에 조심스럽게 풀을 짜서 그림본을 떠놓고 그 위에 향신료를 뿌리거나 눌러 붙이는 것이다. 각기 다른 향신료들은 각기 다른 색과 질감을 가지고 있어서 그것들로 이루어진 팔레트는 아주 풍성했다.

그러나 뭐니 뭐니 해도 가장 큰 즐거움은 후각에 있었다. 향신료 그림은 향의 실험이다. 향신료 그림을 그리는 사람은 특정 문화권을 대표하는 미술 스타일을 재현해낼 수 있지만, 동시에 그 문화권의 향신료를 골라 그림 재료로 씀으로써 그 음식 전통에 깃들어 있는 후각을 되살려낼 수도 있는 것이다. 아니면 마른 식물이나 꽃으로 콜라주를 해보라. 그러면서 그 이름이나, 서식지, 냄새, 질감, 만개한 모습을 알아맞혀볼 수도 있다.

끝으로 어떻게 하면 한 언어로 된 생각을 다른 언어로 변형할 수

*야곱의 사다리 연
여러 개의 연이 사다리처럼 이어져 있는 연.

있을까에 대해 생각해보라. 말을 이미지로 바꾸는 식의, 예를 들어 구체시concrete poetry*는 단어나 음표를 배열하여 시각적인 이미지를 만들어낸다.

```
      H    H   L                  S   S   E
      E      A                      N     K
    H   X  N   H                  S   O   A   S
        A O                           W L
    H E X A G O N A L             S N O W F L A K E
        A O                           W L
      H   X  N   H                S   O   A   S
      E      A                      N     K
      H    H   L                  S   S   E
```

물론 이 모든 실습의 목적은 행위 자체와 상상력 풍부한 사고와의 유사성을 파악하는 데 있다. 우리가 생각에서 일어나는 변형을 의식한다는 것은 사고과정으로서의 '창조적 상상'에 제대로 개입하고 있다는 말이다.

*구체시
concrete poetry
글자의 의미는 무시하고 글자를 가지고 도안이나 그림 효과를 낼 수 있다는 생각에서 글자를 그림처럼 활용한 시.

■ 부록 1

기수基數

대부분의 셈은 십진 기수법 체계 안에서 이루어진다. 이 말은 우리가 셈을 할 때 0부터 9까지 열 개의 숫자를 가지고 한다는 말이다. 세로로 열을 만들어 숫자를 써보자. 1의 열(1, 2, 3, 4⋯), 10의 열(10, 20, 30, 40⋯), 100의 열(100, 200, 300, 400⋯), 이런 식으로 숫자의 열을 오른쪽에서 왼쪽으로 만들어나간다. 왼쪽 열에 있는 수의 값은 바로 오른쪽 열에 있는 수의 값보다 10배가 크다. 따라서 111이라는 수는 한 개의 1과 한 개의 10, 한 개의 100으로 이루어져 있는 것이다. 이것을 십진 기수법이라고 할 수 있다.

그런데 셈은 어떤 기수법에서도 가능하다. 이진 기수법은 컴퓨터에서 사용되는데 그 안에는 오직 0과 1, 두 개의 숫자밖에 없다. 숫자들을 십진 기수법에서와 같은 방식으로 열을 세워 써보자. 숫자열의 값이 달라진다. 각 열의 값은 2배씩 커진다. 첫째 열은 여전히 1의 열이다. 그렇지만 단 2개의 숫자 0과 1밖에는 없으므로 가능한 값은 0과 1이다. 두 번째 열의 값은 2다. 다음에 나오는 세 번째 열의 값은 2의 제곱인 4이고 네 번째 열은 2의 세제곱인 8이다. 그러므로 111이란 수는 십진 기수법에서는 한 개의 1과 한 개의 2, 한 개의 4, 즉 7이 된다. 어떤 기수법으로 하는 셈이든 간에 다른 기수법의 셈으로 변환될 수 있다. 때로 특정한 용도에서는 특정한 기수법이 다른 것보다 더 유용할 수 있다. 그래서 기수법을 변환시켜가며 사고하는 것은 통찰력을 높일 수 있다.

■ 부록 2

한 가지 문제를 여러 가지로 변형해보기

수학자 필립 데이비스와 로이벤 허시는 1981년에 쓴《수학적 경험 *The Mathematical Experience*》이라는 책에서 다중변형의 사례를 제시하며 중요성을 역설하고 있다. 여기서 그 문제를 단순화시켜 보았다.

자, 다음 문장을 따라가보자. 바깥 O에서 문 A을 통해 어떤 집 안으로 들어간다. 문 A는 두 개의 홀 B와 C로 통해 있다. 이 B와 C는 또 다른 문간 D를 공유하고 있는데 이 문간은 다시 다른 두 개의 홀 E와 F의 입구가 된다. 이 E와 F는 또 다른 문간 G에서 합류하고, 문간 G는 이 집 가장 안쪽에 있는 방 I의 입구다. 그렇다면 이 집의 내부는 어떤 모양인가? 그리고 이 집 안에서 가장 깊숙한 곳에 있는 방 I까지 가장 빨리 갈 수 있는 길은 무엇인가?

이 언어적 묘사를 시각적 이미지로 바꾸기만 한다면 이것이 간단한 미로에 불과하다는 것을 금방 알 수 있다(그림 12-15a 참조). 이 미로는 내가 입구로 들어서서 왼쪽이나 오른쪽으로 돌자마자 즉각 가장 깊숙한 방을 찾아갈 수 있음을 알아챌 만큼 아주 단순하다. 그러나 미로가 좀더 복잡해지면 얘기가 달라진다. 그렇게 되면 최적의 해결책을 찾기 위해 시행착오를 반복하며 머릿속에 상을 그려야 한다. 여기서 컴퓨터를 동원한다면 미로 찾기가 쉬워질 수도 있다. 그러나 컴퓨터는 상상속의 미로나 말로 묘사된 미로를 처리하지 못한다. 이와는 조금 다른 변형이 필요하다.

이 경우, 각 문간을 어떤 결정이 이루어지는 한 지점으로 생각할

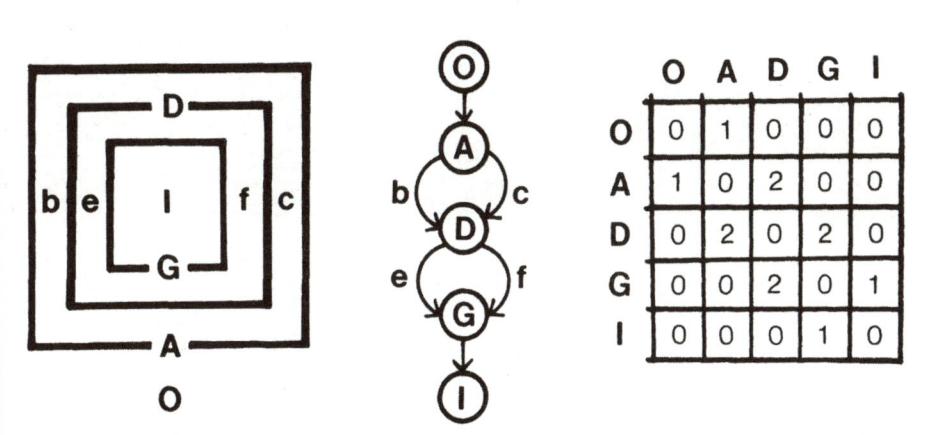

그림 12-15. 본문에 기술된 미로에 대한 3개의 동등한 표현. 왼쪽에서 오른쪽으로 a: 도형, b: 지시그래프, c: 푸앵카레의 표 혹은 행렬.

수 있다. 그리고 홀은 한 결정지점에서 다음 지점으로 이어지는 선으로 본다. 그렇게 하면 이 미로를 특정한 지시그래프 형태로 다시 그릴 수 있다(그림 12-15b 참조). 지시그래프는 컴퓨터 프로그램을 짤 때 쓰는 순서도flow chart와 논리적·시각적 관련성이 있다. 그렇기 때문에 이 '의사결정나무'는 산업적, 군사적 모형제작 때 쓰이는 크리티컬 패스 분석법critical-path method*에 자주 사용된다. 도형과 지시그래프 외에 연속적인 선택을 표현할 수 있는 제3의 방법은 행렬대수학이라고 부르는 또 하나의 수학유형이다. 이른바 '푸앵카레의 표'라는 것인데, 각 지점에서 가능한 선택의 수를 행렬로 표시한 것이다(그림 12-15c 참조). 이러한 표는 가장 빠른 길을 찾아내기 위해 반드시 탐색해야 하는 모든 경로의 수를 결정하는 데 쓰인다.

이 서로 다른 표현들, 즉 언어, 상상, 도표, 행렬들은 논리적으로 동등하다. 그러나 변형방법이 다양하다는 사실은 어떤 문제를 해결하는 데 여러 가지 방법이 있다는 것을 알려주며, 특정한 생각도구를 쓰는 사람에게 잘 어울리는 방법이 따로 있음을 보여준다.

*크리티컬 패스 분석법
critical-path method
컴퓨터로 복잡한 작업단계를 도식화해서 사전에 계획·관리하는 분석법.

SPARK OF GENIUS
생각도구 13 통합

감각과 의식이 교차하는 '우주적 동시성'의 세계
파란색은 첼로, 검은색은 베이스
생각의 본질은 감각의 지평을 넓히는 것
듣지 못하는 연주자 이블린 글레니의 공감각적 사고
상상하면서 분석하고, 화가인 동시에 과학자가 되라
느끼는 것과 아는 것이 하나로
'모든 것'이 되지 않으면 '아무것'도 되지 못한다

왼쪽부터: 블라디미르 나보코프, 데이비드 호크니, 이블린 글레니, 마르셀 프루스트.

▶ 감각과 의식이 서로 맞물리는 '우주적 동시성'을 이해한 사람들

"과학자는 우주의 한 점에서 일어나는 모든 것을 보고, 시인은 시간의 한 점에서 일어나는 모든 것을 느낀다."
−소설가 블라디미르 나보코프

"스트라빈스키 음악에서 느껴지는 그 푸르름과 투명함은 아주 세련되고 아름다운 17세기 중국을 생각나게 한다."
−화가 데이비드 호크니

"누군가 연필 같은 것을 바닥에 떨어뜨렸다고 상상해보세요. 그걸 보면서 나는 '아, 소리가 나겠구나' 하고 생각하죠. 이건 전적으로 상상에 의한 것이죠."
−타악기 연주자 이블린 글레니

통합적 이해는 감각적 인상과 느낌, 지식과 기억이
다양하면서도 통합적인 방법으로 결합되는 것이다.

SYNTHESIZING SYNTHESIZING SYNTHESIZING SYNTHESIZING SYNTHESIZING
. . . .

생각이라는 행위는 본질적으로 공감각적이다. 종합지는 이러한 공감각의 지적 확장이 되는데, 공감각이 미적 감수성의 가장 고급한 형태라면 종합지는 궁극적인 이해의 형태를 만들기 위해 다양한 방식의 앎과 느낌을 가장 높은 수준에서 통합한 것을 말한다. 상상하면서 분석하고, 화가인 동시에 과학자가 되는 것, 이것이 바로 최고의 상태에 이른 종합지적인 사고의 모습이다.

감각과 의식이 교차하는 '우주적 동시성'의 세계

변형적 사고는 필연적으로 종합적 이해라는 결과를 낳는다. 이는 감각적 인상과 느낌, 지식과 기억이 다양하면서도 통합적인 방법으로 결합되는 것을 말한다.

블라디미르 나보코프는 자서전 《말하라, 기억이여 Speak, Memory》에서 어린 시절 숲길에서 학교 선생님과 마주쳤을 때의 느낌에 대해 적고 있다. 그는 선생님과 기분 좋은 인사를 나누면서 선생님이 손에 들었던 꽃과 매고 있던 넥타이, 상기된 표정, 새의 지저귐, 길 위로 펄럭이며 날아가는 나비, 학교에 걸려 있던 그림의 인상, 자신이 씹고 있던 풀 줄기의 맛을 "동시적으로, 그리고 생생한 명징함으로" 느꼈다. 그는 이렇게 회상했다. "나는 내내 강렬하고도 평온하게 나 자신 속에 있는 여러 겹의 의식을 '의식'하고 있었다."

과학과 미술과 시의 훈련을 제대로 받은 나보코프에게 한번에 여러 가지를 생각하는 능력, 즉 그의 말을 빌자면 '여러 겹의 의식'은 없어서는 안 되는 것이었다. 그의 기억과 사고는 항상 다중감각적이었으며 감정적인 동시에 지적이었다. 체험에 대한 이러한 통합적인 접근태도는 그가 썼던 글에 고스란히 녹아 있다.

과학자들 또한 감각과 이성이 통합된 방식으로 세계를 경험한다. 응용수학자이자 런던의 유니버시티 칼리지 학장이었던 제임스 라이트힐 James Lighthill은 이에 대한 훌륭한 사례가 된다. 본인의 말에 따

나보코프는 자신이 가진 여러 겹의 의식을 '우주적 동시성'이라는 말로 표현하고 있다. 그의 감각과 의식이 서로 맞물릴 때 내면은 우주와 교감하고 있다는 느낌으로 흘러넘쳤다. 그 순간 그는 "과학자는 우주의 한 점에서 일어나는 모든 것을 보고, 시인은 시간의 한 점에서 일어나는 모든 것을 느낀다"라고 믿게 되었다. 모든 감각과 모든 의식은 모든 앎이 되었으며 이 감각과 의식과 앎은 합쳐져서 그의 상상력으로 가득 찬 작품들의 원천이 되었다.

르면 그는 60여 가지의 분야를 섭렵했다. 물리학과 공학, 역사학, 심리학과 수많은 언어들이 그의 학문적 영역에 들어 있었다고 한다. 그는 특히 '유체'에 대해 각별한 호감을 가지고 있었다고 고백하고 있다. "나는 유동적인 것이면 무엇이든 좋아한다. 물론 비행에도 흥미가 있긴 하지만 가장 좋아하는 취미는 수영이다. 나는 바다에 대해 커다란 관심을 갖고 있다. 파도, 해류, 조수 이 모든 것이 나를 잡아끈다. 나는 수영을 할 때마다 바다를 보는 일이 너무 좋다. 그것 때문에 일주일에 3마일씩 수영을 하는 것이다." 그는 자신이 '모험수영'이라고 이름 붙인 장거리 수영을 자주 즐겼다. 궂은 날씨에도 섬 주위와 섬 사이의 넓은 바다까지 대단히 먼 거리를 수영하곤 했다.

"종합적 이해는 감각적 인상과 느낌, 지식과 기억이 통합적인 방법으로 결합되는 것이다."

그가 수영을 즐기는 이유는 자연을 직접 체험하고 바다표범이나 물고기들과 교감하는 목적 외에도, 스스로 유체물리학과 수학을 이해하고 있음을 증명하고 싶었기 때문이었다. 그는 학생시절에 공기역학을 공부하면서 "조종사들이 과학의 정확성을 믿고 자신의 생명을 건다"라는 생각을 하게 되었다.

실제로 라이트힐은 수영이야말로 자신이 항공역학과 유체역학을 얼마나 잘 알고 있는지 몸소 시험하는 일이라고 믿었다. 그는 말하자면 자신의 실험과 거기서 추출해낸 이론적 확신을 근거로 조종사들과 그 자신의 안전을 담보하려고 했다. "나는 대양의 파도와 조수와 해류에 대해 많은 연구를 했고 내가 그것들을 충분히 이해한다고 믿기 때문에 수영을 할 수 있는 것이다. 어떠한 상황에서도 감행했던 엄청난 횟수의 수영경험으로 풍부해진 이론적 지식 덕분에 나는 안전하게 수영을 할 수 있는 것이며 이 과정이 주는 짜릿한 모험을 즐길 수 있는 것이다. 나는 수영을 하기 위해 파도와 조류에 대해 내가 알고 있는 모든 것을 실제로 활용한다. 수영을 하는 동안에도 끊임없이 헤엄치는 속도와 해류의 속도, 파도의 동향을 종합적으로 계산해내지 않으면 안 된다."

라이트힐에게 있어 그가 세운 방정식, 그 방정식이 모델링하고 있는 유체, 바다에서의 육체적인 경험과 감각적인 관찰, 다른 해양동물과 나누었던 교감, 이 모든 것들이 나보코프가 말한 '우주적 동시성' 속으로 융합되어 들어갔던 것이다.

나보코프와 라이트힐이 보여주고 있는 통합적 사고의 세계는 분명히 경험의 일반적인 범주(아는 것을 느끼고 느끼는 것을 안다)를 넘어서는 것이었다. 이러한 이해는 생각도구들을 통합적으로 사용할 때 가능한 것이다. 그것은 첫째, 감각적인 인상과 느낌을 종합한다는 것이고, 둘째, 감각적으로 종합된 것을 패턴이나 모형, 유추 등 고차원적 형태로 구축하여 기억 속에 저장하고 있는 추상적 지식과 함께 아우르는 것을 말한다. 실제로 많은 수재들은 이 통합적 이해를 위해 세계에 대한 다중감각능력을 계획적으로 배양하려고 노력한다.

어떤 사람들은 라이트힐처럼 특정한 경험에 적극적으로 뛰어든다. 그리고 경험에서 알아낸 것을, 교육을 통해 습득한 지식과 연결짓는 법을 배운다. 반면에 어떤 사람들, 예를 들면 나보코프 같은 사람들은 이러한 다중감각적 성향을 타고났거나 아주 어린 시절에 배울 기회가 있었다. 또한 나보코프는 현실에서 하나의 감각이 다른 감각을 무차별적으로 불러내는 경험을 하곤 했다. 그는 소리를 듣는 동시에 본 적이 많았다고 회고한다. 어떤 알파벳을 입 밖에 내거나 상을 떠올릴 때면 동시에 어떤 색채를 느끼기도 했다. 그는 알파벳에서 느낀 색채감을 다음과 같이 표현하고 있다. "영어 알파벳 중에서 길게 소리내는 a는 비바람에 탈색된 나무의 색을 연상시키고 프랑스어 a는 윤을 낸 상아를 떠오르게 한다. 또 e나 i로 끝나는 말은 노란색을, d는 크림색을, y와 u는 밝은 황금색을 띠고 있다. 이런 글자들이 지니고 있는 가치에 대해 말하라면 나는 '올리브색으로 빛나는 놋쇠'라는 말로밖에 표현할 길이 없다."

창조성이 뛰어난 다른 사람들 또한 이처럼 제어할 수 없는 감각교차현상을 경험했다. 리처드 파인먼은 글자들이 다양한 색을 띤 수학 기호처럼 보인다고도 말했다. 그는 "방정식을 볼 때면 그 글자들이 색깔 있는 것으로 보인다. 왜 그런지는 나도 모른다. 말을 할 때마다 얀케Jahnke나 엠데Emde의 책에서 본 베셀함수Bessel function*가 희미한 그림으로 나타나는 것을 본다. j는 밝은 황갈색, n은 엷은 자청색, x는 흑갈색을 띤 채 내 주위를 날아다니는 것이다. 나는 그것들이 학생들에게는 대체 어떻게 보일지 궁금하다"라고 말한 적도 있다.

분자생물학자인 프랑수아 자코브François Jacob 역시 특정 단어들에 대해 시각과 소리, 운동이 합쳐진 반응이 생겨나는 것을 경험했다고 한다. 그는 이렇게 쓰고 있다. "porc(돼지)와 port(항구) 사이에는 깊은 간극이 있다. porc는 c가 그 단어 전체를 둥근 모양으로 구부리면서 늘어지고, port는 t가 선착장의 크레인처럼 불쑥 일어서면서 수축이 된다. 누군가가 'perroquet(앵무새)'라고 말하면 나는 곧바로 글자들의 행렬을 본다. p는 불쑥 튀어나가고, 두 개의 r은 구르고, q는 짤가닥거리며 움직인다. 그 다음에야 앵무새가 비로소 내 머리에 떠오른다."

시인 아르투르 랭보도 '모음들'이라는 시에서 색과 글자간의 연계성에 대해 묘사한 바 있다.
"검은 A, 하얀 E, 붉은 I, 녹색의 U, 파란 O- 모음들/ 나는 언젠가 너희들의 비밀스러운 기원에 대해 말하리라."

"감수성이 뛰어난 사람들에게는 시각과 소리, 그 밖의 다른 모든 감각들이 서로 뒤섞인다."

파란색은 첼로, 검은색은 베이스

감수성이 뛰어난 사람들에게는 시각과 소리, 그 밖의 다른 모든 감각들이 서로 뒤섞인다. 칸딘스키에게 있어서도 색채는 소리와 운동감각적 느낌, 숱하게 이입되는 감정들을 불러일으킨다.

*베셀함수
Bessel function
베셀의 미분방정식을 만족시키는 함수. 전자기파, 열전도 등 고전물리학의 문제뿐 아니라 양자역학의 문제해결에도 이용된다.

내가 열서너 살쯤 되었을 무렵 그동안 꾸준히 모은 돈을 가지고 유화그림 물감을 한 상자 산 적이 있다. 그때 내가 느꼈던 느낌, 어쩌면 튜브를 짤 때 나오는 물감의 경험이라고 해야 더 알맞은 표현일 것이다. 어쨌든 그 느낌은 오늘날까지도 나와 함께 하고 있다. 손가락에 전해지던 압력, 환희와 기쁨, 사념, 몽환, 자기 몰두…. 이런 것들이 우리가 색이라고 부르는, 오직 저 혼자만을 위해 살아 있는 그것들에 딸려 나왔던 것이다. 가끔 뻣뻣한 붓이 살아 있는 색들로 이루어진 작품을 찢게 될 때가 있다. 그럴 때면 그 찢겨나가는 소리가 내게는 음악소리로 들린다. 그리고 때때로 색을 배합할 때마다 그것들이 내는 불만의 소리도 듣곤 한다.

독일의 화가인 에른스트 바를라흐 역시 감각들이 교차하는 경험을 겪었다.
"나는 거리를 걷듯이 그림을 그린다. 색을 냄새 맡고, 보고, 느낀다."

이 외에도 그는 특정한 색에서 연상되는 음의 종류에 대해 추가적으로 언급하고 있다. 남색은 플룻, 파란색은 첼로, 검은색은 베이스, 하는 식으로 말이다.

조지아 오키프 또한 색의 맛을 보고 느낄 수 있었다. 자서전에서 그녀는 소녀 시절을 다음과 같이 회상했다.

집으로 가는 큰 길가에 이르렀을 때 커다란 기쁨에 휩싸였던 것을 기억한다. 먼지가 띠고 있는 색채는 햇빛 속에서 밝게 빛났다. 너무나 폭신해보여 얼른 그 속에 뛰어들고 싶었다. 먼지는 따뜻했고 마차가 지나가며 만들어낸 공기의 일렁임으로 가볍게 동요하고 있었다. 나는 먼지 속에 주저앉아서 그것을 만끽했다. 어쩌면 그것을 먹었는지도 모른다. 이러한 느낌은 훗날 내가 튜브에서 갓 짜낸 물감을 맛보고자 할 때 느꼈던 것과 같은 것이었다.

바이올린 연주에 소질이 있었던 조지아 오키프는 한 친구에게 보낸 편지에서 본 것을 통해 음악을 들었노라고 쓰고 있다. "난 말이지, 바이올린으로 내가 바라는 소리를 낼 수만 있다면 오늘밤 하늘에 대해 너에게 들려줄 수 있을 거라고 상상해……. 난 너에게 들려줄 거야— 밤에 대해—다른 방식으로— 밤의 음악에 대해 너에게 들려줄거야— 목탄을 가지고— 참 초라한 재료이긴 하지만— 살아서 노래하는 어떤 것을 그리기엔."

흥미롭게도 시인이자 소설가 메이 사턴May Sarton은 자신이 쓴 시와 소설에 맞는 '음조key'를 찾고 있다. 또 극작가 해럴드 핀터Harold Pinter는 "나는 글을 쓰면서 계속 음악을 느낀다"라고 말한다. 수학자 필립 데이비스와 로이벤 허시는 심지어 한 방정식에 딸려나온 '음악의 주제'를 들은 적이 있다고 털어놓기도 했다.

이보다 흔한 현상은 음악이 색과 연결되어 있거나 색을 '자극'한다는 것이다. 화가인 데이비드 호크니David Hockney*는 음악을 들을 때마다 색을 지각한다고 한다. 이 능력은 음악공연용 세트디자인을 할 때 무척 유용하다고 그는 말한다. "라벨 작품의 경우 어떤 악절은 온통 파란색과 녹색으로 나에게 다가온다." 그런가 하면 호크니는 스트라빈스키의 음악에서 투명한 색을 보기도 했다. "스트라빈스키 음악의 푸르름과 투명함은 나에게 아주 세련되고 아름다운 17세기 중국을 생각나게 한다."

시각 혹은 소리가 촉발하는 연상과 더불어, 지각의 융합은 촉각이나 미각 같은 다른 감각에서도 일어날 수 있다. 화가 캐럴 J. 스틴Carol J. Steen은 "나는 무언가를 평상시와 다른 방법으로 만졌을 때 색들을 본다. 그 색들은 대체로 밝고 빛난다. 벨벳만큼 깊고 어두운 검은색을 배경으로 해서 남색, 녹색, 파란색들이 광채를 내는 것이다"라고 말한다.

《모양을 맛본 사람The Man Who Tasted Shapes》이라는 책에서 리처드

프란츠 리스트 역시 색을 통해 음악을 들었다. 그는 자신의 오케스트라에게 이렇게 말한 것으로 알려져 있다. "여러분, 괜찮다면 조금만 더 푸르게 연주해주시오. 이 키에는 그게 맞아요."

*데이비드 호크니
David Hockey
1937- , 영국 화가이자 사진작가. 팝아트와 사진에서 유래한, 사실성을 추구하는 작품을 주로 제작했다.

사이토윅Richard Cytowic은 자신의 친구가 요리한 고깃국물을 한 숟가락 떠먹어보고는 실망해서 "닭고기 맛에 '뾰족한 데'가 없어!"라고 소리친 얘기를 적고 있다. 그 친구에게 미각이란 촉각을 동반하는 감각이었다. "무슨 음식설명이 그러냐구? 맛에도 모양이 있다네. 난 이 닭고기 맛이 뭔가 '뾰족한 모양'이길 바랐거든. 근데 이건 온통 둥글둥글해. 뭐랄까, 거의 공모양에 가까워. 이 닭고기에 '뾰족한' 맛이 없으면 손님들 앞에 내어놓을 수가 없단 말일세." 이 말에 흥미가 생긴 사이토윅은 다른 신기한 감각융합현상에 대해서도 연구하기 시작했다. 그 결과 어떤 소년은 듣는 말소리에 따라서 자세와 동작이 달라졌으며, 어떤 사람은 맛을 색으로 느꼈고, 어떤 사람은 보는 것마다 각기 다른 냄새를 맡는다는 것을 알아낼 수 있었다.

나보코프는 어렸을 때, 어느 오후 티타임에서 긴 테이블 위에 누워 있었던 기억을 이렇게 떠올린다. "그때 갑자기 색과 윤곽선이 생겨나고, 문손잡이가 움직이는 것 같더니 소리의 급류가 쏟아져 들어왔다."
버지니아 울프 역시 어린 시절 아름다웠던 날의 기억을 감각의 융합을 통해 떠올린다. "아직도 나는 포근함을 느낀다. 잘 익은 과일들과 꿀벌의 윙윙거리는 소리, 밝은 햇빛, 한꺼번에 풍겨오던 각종 냄새들. 이 모든 것들이 현재의 내 발걸음까지 멈추게 하고, 황홀경에 빠져 냄새 맡게 하며, 어딘가를 보게 만든다."

생각의 본질은
감각의 지평을 넓히는 것

이 모든 다양하고도 특이한 감각융합현상들은 공감각synesthesia의 형태를 띤다. 공감각이란 말은 그리스어에 어근을 두고 있는데 융합, 결합, 다 같이를 뜻하는 'syn'과 감각을 뜻하는 'aisthesis'가 합쳐진 말로, '한꺼번에 느낀다', 혹은 '감각의 융합'을 의미한다. 의식적인 감각의 융합과 그것의 강도는 사람마다 제각각 다르다. 감각을 융합시키는 힘이나 강도를 제어하지 못하는 사람은 드물다. 사이토윅을 비롯한 많은 신경학자들은 이렇게 비자발적이고 항상 일어나는 감각 융합이 '진정한 공감각'이라고 부르는 일종의 신경의학적 질환이라고 생각한다. 게다가 이것은 유전처럼 보이며 10만 명당 1명 꼴도 안 되는 사람만이 그 특질을 나타낸다는 것이다. 하지만 연상학습된 공감각의 경우에는 많은 사람들이 감각적 느낌의 동시발생, 그것들 간의 일치, 종국에 가서 일어나는 융합현상을 '의식'하게 된다. 생각보다 흔히 일어나는 현상인 것이다.

차에 적신 마들렌느 과자를 한 입 베어 문 것에 관한 돌연하고도 강렬한 기억을 묘사한 마르셀 프루스트Marcel Proust*의 소설《잃어버린 시간을 찾아서 La Recherche du Temps Perdu》에 나타난 묘사는 연상적 공감각의 원형이라고 할 만하다. 주인공에게 차에 적신 과자의 냄새와 맛은 오랫동안 잊고 있었던 시간과 경험의 모든 부분에 연결된 생생한 감각적 세부들을 일깨워준다**.

누구에게나 특정한 소리, 냄새, 맛 또는 행동은 특별히 유쾌하거나 불쾌한 공감각적 기억을 환기시킨다. 이것이 자연스러운 것은, 이미 앞의 장들에서도 논한 바 있지만 우리가 기억과 생각을 운동감각적, 시각적, 청각적, 그리고 기타의 감각적인 형태나 패턴으로 저장하고 있기 때문이다. 우리가 그 기억이나 생각들을 다시 끄집어낼 때 그것들은 애초에 우리가 경험한 방식이나 감각적 형태로 되돌아간다.

연상적인 공감각현상은 약 절반 정도의 어린이들과 성인 인구의 5내지 15퍼센트의 사람들에게서 일어난다. 공감각을 체험한 성인과 어린아이의 숫자가 이렇게 많은 차이가 나는 것은 기초교육이 단일감각적인 경험과 표현에만 집중되어 있어서 어린 시절의 자연스러운 연상능력이 위축되는 방향으로 가고 있음을 시사한다. 프랑스의 철학자 모리스 메를로퐁티Maurice Merleau-Ponty***는 사람들이 어떻게 보고, 듣고, 말하고, 느껴야 하는지를 배우지 않는다는 사실에 분노하면서 "통합적 지각은 법칙과 같아야 한다"라고 쓰고 있다. 심리학자인 로렌스 막스Lawrence Marks와 동료학자들은 보다 긍정적인 입장을 취하고 있다. 그들은 상당수의 어린이들이 공감각현상을 경험하고 있다는 것은 누구에게나 공감각 능력이 잠재해 있다는 증거가 된

*마르셀 프루스트
Marcel Proust
1871-1922, 프랑스 소설가. 20세기 최고의 소설로 꼽히는 《잃어버린 시간을 찾아서》의 작가이다. 공쿠르상을 수상하기도 했다.

**프루스트의 소설 《잃어버린 시간을 찾아서》의 1권 〈스완의 집을 향하여〉에 나오는 장면.

***모리스 메를로퐁티
Maurice Merleau-Ponty
1908-1961. 프랑스 철학자. 후설에게 많은 영향을 받았지만 신체행위와 지각에 대한 자신의 이론을 바탕으로 독자적인 현상학적 철학을 전개하였다.

다고 주장한다.

만일 '생각하기'가 본질적으로 공감각적이라면, 연습을 통해 연상적인 공감각능력을 유지·발전시키는 일이 가능해야 한다. 비서구권 예술과 의식을 살펴보면 그것이 가능하다는 것을 알 수 있다. 철학자인 스티브 오딘Steve Odin은 일본의 문화를 주목한다. 일본에서는 오랫동안 화가와 철학자들이 공감각을 가장 고급한 형태의 미적 체험으로 여겨왔으며 이를 다양한 방법으로 배양해왔다. 다도 같은 전통의식은 음식과 도자기예술, 실내장식, 조경, 동작법이 결합되어 있다. 이 의식은 특정한 의도를 가지고 미각, 촉각, 후각, 시각, 청각, 고유수용감각을 고양시키고 있다. 오딘의 말을 빌면 "감각들 간의 경계가 무너지고 색, 소리, 맛, 향, 감촉, 온도감각 등 모든 감각들이 섞이면서 느낌의 연속체로 융합된다"라는 것이다. 그는 일본식 다도를 처음 접했을 때의 느낌을 다음과 같이 설명하고 있다. "다정茶亭은 자연을 연상할 수 있도록 설계되어 있다. 여기서 조경은 단순히 자연을 축소한 것이 아니고 추상화한 것인데, 이는 명상력을 높이기 위한 것이다. 그리고 찻주전자에서 나는 소리는 노래처럼 들린다. 차를 따를 때 아름다운 소리를 내기 위해 주전자 바닥에 작은 쇳조각들을 가지런히 깔아놓았기 때문인데, 마치 구름에 감싸인 폭포소리의 메아리를, 바다로부터 해안 바위틈으로 부서져 들어오는 파도소리와 대나무 숲을 휩쓰는 비바람소리, 그리고 먼 산 위에서 소나무가 우는 소리를 듣는 것 같다." 녹차는 자연의 생명을 상징하며 이를 마신다는 것은 이 자연의 향, 맛, 색, 느낌을 사람에게 주입한다는 것이다. 모든 감각은 '하나oneness'로 통합된다. 일본의 한 다도 명인은 "다도를 행함으로써 모든 감각이 동시에 조화롭게 기능할 수 있다"고 말하고 있다.

인류학자인 마거릿 미드Margaret Mead* 역시 현재와 과거의 문화에

신경생물학자 사이토윅은 이렇게 말한다. "나는 공감각이 누구에게나 일어나는 정상적인 뇌기능이라고 생각한다. 그러나 그것을 의식하는 사람은 극소수에 불과하다. 우리는 우리가 안다고 생각하는 것보다 더 많은 것을 알고 있다."

**마거릿 미드
Margaret Mead
1901-1979, 미국 인류학자. 인류학의 어머니라고 불리며 인간의 본성과 문화의 다양성을 탐구하기 위해 오지에서 평생을 바쳤다.

서 나타나는 예술의 공감각적 본질에 대해 같은 주장을 펴고 있다. 인도네시아나 아프리카의 제의를 가리켜 미드는 이렇게 말한다. "의식의 전 과정은 사람의 모든 감각에 호소한다. 마치 중세의 미사가 모든 감각을 끌어들이는 것과 같다. 눈과 귀로 보고 들으면서 향내를 맡는다. 무릎을 꿇고 있을 때나 행렬이 지나갈 때 그쪽으로 쏠리는 몸의 운동감, 이마에 성수를 찍을 때 느껴지는 찬 기운 등 모든 감각이 의식에 동원되었던 것이다." 미드는 그런 제의와 의식을 오늘날 서구의 다양한 예술양식과 대비시키고 있다.

"감각들 간의 경계가 무너지고 색, 소리, 맛, 향, 감촉, 온도감각 등 모든 감각들이 섞이면서 느낌의 연속체로 융합된다."

서구사회가 구성원들에게 공감각적 경험을 제공하는 경우는 흔치 않지만 예술가들 중에는 이러한 공감각적인 자각을 가진 이들이 많다. 가령 스트라빈스키는 음악을 창작할 때의 육체적 감각은 음악을 듣는 경험의 일부분이라고 생각했다. 그는 바흐의 작품을 높이 평가했는데, 그 이유가 "그의 바이올린 파트에서 송진냄새를 맡을 수 있고 오보에 파트에서는 갈대(목관악기에 들어가는 리드)를 맛볼 수 있기 때문"이라는 것이다. 이와 비슷한 예로 메를로퐁티는 "세잔 Cezanne의 그림은 그 내부에 풍경의 냄새를 품고 있다. 사람들은 어떤 물체의 모양이나 색뿐만 아니라 그것의 매끄러움, 단단함, 부드러움, 심지어는 냄새마저도 볼 수 있다"라고 주장하고 있다. 메를로퐁티는 지각에 대해 이렇게 말한다. "나에게 지각이란 입력된 시각, 촉각, 청각정보의 단순한 결합이 아니다. 나는 나의 모든 감각에게 말을 거는 나의 전 존재와 더불어 전체적이고 통합적인 방법으로 지각한다."

그러한 감각적 통합을 이뤄내기 위해 많은 예술가들은 의도적으로 다양한 표현형식들을 결합시킨다. 시인이자 화가인 에드워드 E. 커밍스는 예술장르 간의 유사성에 대한 많은 기록을 남기고 있다. 그는 한 감각의 고유한 이미지를 다른 감각의 창을 통해 보고 있다. 그의 사진작가 안셀 애덤스와 작가 낸시 뉴홀은 1955년 글과 이미지를 섞어 〈이것이 미국 땅이다〉라는 전시회를 열고 시에라 클럽을 위한 사진집을 발간했다. 애덤스는 이 프로젝트를 진행하며 느낀 소회를 자서전에서 이렇게 밝혔다. "사진과 글은 상호 의존적인 관계를 유지하고 있다. 사진은 단지 글의 삽화가 아니고 글은 사진을 묘사하기 위해 써놓은 것이 아니다. 나는 '공감각'이라는 말을 좋아한다. 두 개의 창작요소가 결합되어 제3의 전달형태를 만들어내기 때문이다."

*알렉산드르 스크랴빈
Alexandr Skryabin
1872–1915, 러시아의 작곡가이자 피아니스트. '신비화음'으로 명명한 화음을 곁들여 창작의 원천으로 삼았다.

시 〈내가 가보지 못한 어딘가에 Somewhere I Have Never Travelled〉의 마지막 행을 보자. "그대 눈의 목소리는 어느 장미보다도 깊구려 / 누구도, 심지어 비조차도 그렇게 작은 손을 가질 수 없으리."

마사 그레이엄은 비슷한 이유로 콜더의 모빌조각을 자신의 작품 〈지평선 Horizons〉에 차용하고 있다. 그녀는 이를 다음처럼 설명하고 있다. "춤은 '모빌'을 해석하지 않고 '모빌'은 춤을 해석하지 않는다. 그것들은 감각의 지평을 확장하는 일에 쓰인 것이다. 공간을 새로 의식하며 사용하는 일에."

덧붙여 말하면, 음악과 색의 공감각적 연계가 흔해지기 시작하면서 이것은 표현형식의 융합으로 이어졌다. 알렉산드르 스크랴빈 Alexandr Skryabin*은 1922년에 작곡한 〈프로메테우스, 불의 시 Prometheus, the Poem of Fire〉에서 자신의 공감각적 경험을 전달하고자 색다른 시도를 했다. 이 작품에서는 화려하게 연출된 빛줄기와 함께 오케스트라와 합창단, 오르간 소리가 어우러지고 있다. 1925년 경, 사진작가 나즐로 모홀리나기 Lasló Moholy-Nagy는 작품 〈기계적인 기괴함을 위한 악보 Score for a Mechanical Eccentric〉에서 색과 소리뿐만 아니라 배우들의 동작, 심지어 냄새까지 한데 어울릴 수 있는 기계무대를 고안해냈다. 이런 다형식 multi-modal적인 창작물의 뒤를 잇는 작품으로 1983년 작곡가 필립 글래스와 가드프리 레지오 Godfrey Reggio가 공동으로 제작한 예술비디오 작품인 〈코야니스카치 Koyaanisqatsi〉와 1998년 연작 다큐멘터리 〈바흐의 영감 Inspired by Bach〉이다. 이 다큐멘터리에서 요요마 Yo-Yo Ma는 다른 예술, 예를 들면 안무가 마크 모리스의 춤이나 제인 토빌 Jayne Torvill, 크리스토퍼 딘 Christopher Dean의 아이스 댄스, 타마사부로 반도 Tamasaburo Bando의 가부키 등과 조응하면서 바흐의 첼로조곡을 재해석해내고 있다.

아마도 종합예술분야에서 가장 뚜렷한 족적을 남긴 혁신가는 영화

감독 세르게이 에이젠슈테인 Sergei Eizenshtein*일 것이다. 그는 전통적인 일본의 미美이론을 깊이 있게 공부했으며 특히 가부키극에서 영감을 얻었다. 유명한 가부키극 중 하나인 〈주신구라忠臣藏〉에 대해 그는 이렇게 말하고 있다. "가부키를 보게 되면 청신경과 시신경이 바뀐 남자가 나오는 미국소설을 떠올리게 된다. 그는 빛의 진동을 소리로 듣고 공기의 떨림을 색깔로 지각한다. 말하자면 그는 빛을 듣고 소리를 본다. 이런 것들은 가부키에서도 일어난다. 소리, 동작, 공간, 목소리의 관계는 어떤 것이 다른 것에 복속되지 않고 동등한 비중을 가진 요소로서 기능한다. 다 같이 모여 하나를 만드는 것이다." 에이젠슈테인의 말은 영화나 연극에도 똑같이 적용될 수 있다. 우리는 어떤 체험이 공감각적으로 이루어지는 순간에 비로소 진정 자신을 잊고 그것(체험)과 일체가 된다. 그리고 이러한 사실은 연극이나 오페라, 예술영화가 어떻게 변함없는 가치를 지니고 있는지 말해줄 뿐 아니라 록 콘서트나 MTV, 상업영화가 전 세계적으로 인기를 끌고 있는 이유에 대해서도 설명해준다.

"감각의 통합을 이루기 위해 많은 예술가들은 의도적으로 다양한 표현형식들을 결합시킨다."

듣지 못하는 연주자
이블린 글레니의 공감각적 사고

그러나 '통합'이라는 말에는 감각적이거나 미학적인 것 이상의 큰 의미가 담겨 있다. 나보코프와 라이트힐 모두 공감각은 사물을 한가지의 지각양식으로 받아들이는 것보다 훨씬 높은 수준에서의 경험과 이해를 가능하게 하는 열쇠와 같다고 말하고 있다. '이해'라는 말을 사용하면서 우리는 올더스 헉슬리 Aldous Huxley**의 정의를 차용할 수 있다. 그는 "아는 것은 수동적인 것이며, 이해한다는 것은 앎에

*세르게이 에이젠슈테인
Sergei Eizenshtein
1898-1948, 라트비아 영화감독. 초기에는 미술방면에서 활동하다 내전 후 연출가로 활약했다. 《전함 포템킨》 등을 발표하며 소련영화의 황금기를 구축했다.

**올더스 헉슬리
Aldous Huxley
1894-1963, 영국 소설가. 1920년대 지식인을 풍자적으로 묘사한 《연애대위법》으로 20세기를 대표하는 작가 중 한 사람이 되었다.

따라 행동할 수 있는 것이다"라고 쓰고 있다. 우리의 친구 존은 물리학을 알았지만 이해하지 못했고, 레슬리 스티븐 역시 문학을 알았지만 이해하지 못했다. '이해'에 도달하기 위해서 우리는 지적으로 알고 있는 것과 감각적으로 경험한 것을 능동적으로 통합해야 한다.

타악기 연주자인 이블린 글레니 Evelyn Glennie*는 확신에 찬 어조로 같은 주장을 편다. 글레니는 공감각이 뛰어난 사람이다. 그녀는 고유수용감각적이고 촉각적인 용어로 소리를 묘사한다. "나는 높고 딸랑거리는 소리를 상대할 때도 있고, 단단하고 날카롭고 짧은 소리를 상대할 때도 있으며 낮고 대담한 소리, 살찐 소리, 쿠션에 앉아 있는 듯한 감미로운 소리를 상대할 때도 있다." 심지어 그녀는 콘서트홀의 음향이 "공기가 얼마나 두껍게 느껴지는가"에 따라 달라진다고 말한다. 글레니에게 있어서 공감각은 그녀가 세계를 이해하는 방식이었던 것이다. 청력을 완전히 상실한 뒤에도 글레니는 다른 감각을 이용해서 음악을 듣고 이해하는 법을 배웠다.

그녀와 그녀의 남편은 "아무것도 들을 수 없는 완전한 청각장애인이라 할지라도 소리를 듣고 느낄 수 있다"라고 말한다. 글레니의 경우에는 소리의 고유수용감각적 효과에 대해 대단히 민감하다. 그녀는 낮은 음의 경우 주로 다리나 발을 이용해서 느끼고 높은 음은 얼굴의 특정 부위나 목, 가슴으로 느낀다. 록 콘서트 현장에 가보거나 서브우퍼를 장착한 스테레오 시스템으로 음악을 들어보면 이 느낌을 잘 알 수 있을 것이다. 글레니는 느끼는 소리와 듣는 소리에 차이가 전혀 없다고 생각할 뿐 아니라 입술의 움직임을 읽는 것과 말을 듣는 것과도 차이가 없다고 본다.

"일반적으로 '듣는다'라고 표현하지만 제 경우엔 보는 게 곧 듣는 거죠. 만일 누군가가 연필을 바닥에 떨어뜨렸다고 생각해보세요. 그걸 보면서 저는 '아, 소리가 나겠구나' 하고 추측합니다. 상상력을

"아는 것은 수동적인 것이며, 이해한다는 것은 자신의 앎에 따라 행동할 수 있는 것을 말한다."

*이블린 글레니
Evelyn Glennie
1973- , 영국의 타악기 연주자. 12세에 청각을 완전히 잃었지만 소리의 진동과 뺨의 떨림으로 소리를 감지하며 타악기의 한계를 넓히는 데 기여하고 있다.

발동시키는 거죠. 그러면서 저는 '듣는' 겁니다. 이게 제 소리세계를 이루고 있는 기본원리라고 할 수 있어요. 전적으로 상상과 감촉과 느낌에 의한 것이죠. 보는 것에 의한 것이기도 하고요. 제가 가진 모든 감각을 다 사용하는 겁니다." 이 타악기 연주자는 머릿속으로 지각의 세계를 창조해내고 있는 것이다. 글레니처럼 감각과 사고를 융합하는 것은 창조력이 뛰어난 사람들 사이에서 연상적 공감각만큼이나 흔한 일이다.

헬렌 켈러 역시 촉감과 냄새를 통해 보고 듣는다고 말하며 다음의 시를 썼다.

> 내 손은 감촉으로 모습과 소리를 불러내지.
> 감각들은 끝없이 자리를 서로 바꿔가며
> 동작과 모습을, 향기와 소리를 연결해주는구나.

헬렌 켈러는 자신의 말을 믿지 않는 사람들과도 맞서야 했다. 그녀는 상상의 감각에 대해 이렇게 말한다. "만일 시각장애인의 마음이 다른 사람들과 완전히 다르다면 그는 다른 사람들의 생각을 상상해낼 수단을 전혀 갖지 못할 것입니다. 그러나 장애인의 마음은 상실된 육체적 감각에 해당하는 것을 제공해줍니다. 그것을 통해 외면적인 것과 내면적인 것의 유사성, 보이는 것과 보이지 않는 것의 일치를 지각할 수 있는 거지요."

사람들이 의식적으로 감각융합능력을 키우건 안 키우건 간에 생각이라는 것은 감각과 지식 사이에 만들어지는 결합에 의존하고 있다. 우리는 감각기관들이 따로따로 지각작용을 수행하고 있다고 생각하지만, 실제로 그것들을 합리적으로 생각하고 행동할 수 있도록 통합하고 조정해야 한다.

아리스토텔레스는 저서 《영혼에 관하여》를 쓰면서 감각의 융합을 이해했다. 그는 단맛과 짠맛, 흰색과 붉은색을 구분하는 능력은 해당 감각 안에 내재되어 있긴 하지만 흰색과 단맛, 짠맛과 붉은색의 차이를 파악하는 능력은 이 모든 감각이 통합되는 경우에만 가질 수 있다고 말했다.

"사과맛을 정확하게 이해하려면 혀 못지않게 눈, 코, 손의 감각도 중요하다."

이와 비슷하게, 사과의 붉은색을 단맛과 연결시키는 능력 역시 감각이 통합적으로 기능할 때 가능하다. '사과'라는 단어를 들으면 우리 대부분은 공감각적 연상작용에 따라 마음의 눈으로 사과 한 알을 동시에 보게 된다. 그 다음 마음의 손으로 그것을 집어 그 매끈한 껍질과 촉촉한 질감을 느끼고, 마음의 입으로 달콤한 맛을 보며, 마음의 코로 독특한 향을 맡고 마음의 귀로 "와삭" 한 입 베어 무는 소리를 듣는 것이다.

일반적인 믿음과는 달리 사람들은 온 두뇌를 써서 사고한다. 사과 맛을 정확하게 이해하려면 혀 못지않게 눈, 코, 손의 감각도 중요하다. 맛 테스트를 할 때 참가자들 앞에 사과와 토마토 조각을 먹으라고 내놓으며 보지도, 냄새 맡지도, 만지지도 못하게 한다면 대부분의 사람들은 이 둘을 쉽게 구분하지 못할 것이다. 일상생활 속에서 우리의 모든 감각은 마음과 협력한다. 그것은 마음과 육체가 협력해서 동작의 균형을 취하게 하는 것과 똑같다. 토마토와 사과의 실험이나 뇌졸중, 내이감염에서 일어나는 것처럼 감각기관과 그 정보들이 서로 차단되면 지능에 혼란이 초래된다. 반대로 피자의 이미지와 초콜릿의 냄새를 억지로 결합시키면 마음의 감각이 교란된다. 마음과 몸은 별개의 것이 아닌 하나다. 감각sense과 감성sensibility은 분리될 수 없다.

이제 우리는 세계를 복합적이면서 동시적으로, 그리고 교차감각적으로 지각하고 이해한다는 것을 당연한 사실로 받아들일 수 있게 되었다. 그러나 여기서 멈춰서는 안 된다. 우리는 '사과'라는 단어를 쓸 수도 있고 소리 내어 발음할 수도 있으며 그림으로 그려볼 수도 있다. 만일 우리가 식물학자라면 사과의 학명을 술술 말할 수 있거나 진화계통상의 친척(들장미 같은) 목록을 쭉 꿸 수 있을 것이며, 농부라면 어떤 해충에 취약하고, 어떤 양분이 필요하고, 그것이 좋아하는 환경은 무엇이고, 파운드당 얼마에 팔리는지 등 사과와 관련된 수만 가지의 것들을 말할 수 있을 것이다. 이는 모두 한 단어 혹은 우리 혀가 알고 있는 맛에서 연상된 결과다. 이것은 단순히 감각의 결합 이상의 것으로, 공감각적 앎이라 할 수 있다. 즉 감각, 느낌, 기억, 그리고 합리적 사고가 결합된 것이다. 모든 창조적인 작업은 이것에 기초하고 있다.

상상하면서 분석하고, 화가인 동시에 과학자가 되라

창조적 이해가 갖고 있는 '통합'적 성격을 인지하는 일은 너무 드물기 때문에 이에 해당하는 단어가 마땅히 없다. 그래서 우리(저자들)는 'synosia'라는 단어를 만들어냈다. 이 말은 결합이나 합성을 뜻하는 그리스어의 'syn'과 지식을 뜻하는 'gnosis', 혹은 이성이나 인식의 작용을 뜻하는 'noesis'에서 파생시켜 만들었다. 이 신조어는 영어 발음으로 들으면 다른 형태의 지식이 결합된 것, 혹은 종합적인 앎이라는 의미를 품고 있는 것처럼 들리지만 실은 그 이상의 것이다. 앞 장에서 우리는 느끼는 것은 생각하는 것이고 생각하는 것은 느끼는 것임을 줄기차게 언급해왔다.

듣고 보는 것은 수동적인 경험이 아니다. 그것들은 능동적인 지성을 요구한다. 우리가 시각장애인(혹은 청각장애인)이냐 아니냐는 별 문제가 되지 않는다. 사과를 먹는 일은 감각적인 체험만이 아니다. 그것은 사과가 우리 손에 들어오기까지의 모든 농학적, 식물학적, 화학적, 물리학적, 경제학적 과정에 대한 이해를 육체적으로 구현하고 있는 것이다. 따라서 종합지綜合知, Synosia는 공감각의 지적 확장이

생물학자인 아그네스 아버는 이렇게 쓰고 있다. "새로운 가설이 머릿속에 떠오르는 순간이란, 두서없는 주관을 애써 한 끝에 드디어 어떤 느낌, 감정과 확고한 연합체를 형성했을 때다. 이성과 직관이 이러한 협력 수준에 도달하고 나면, 각각으로는 가질 수 없는 창조적인 힘을 소유하게 된다." 이를 보다 단순하게 표현한 문장은 칸트가 《순수이성비판》에 쓴 다음의 글에 들어 있다. "지성은 아무것도 직관하지 못한다. 감각은 아무것도 사유하지 못한다. 오직 양자의 결합을 통해서만 지식이 태어난다."

유기화학자인 로버트 우드워드는 자신이 화학에 끌리게 된 데는 감각적인 요인이 가장 큰 역할을 했다고 말한다. "나는 수정을 사랑한다. 형태의 아름다움과 그 형성을 사랑한다. 유동상태에 있다가 움직임이 정지되고, 정수만 남아 액상이 되고, 그것이 소용돌이 치고 가스를 내뿜는다. 물론 냄새도 풍긴다. 수정에는 좋은 냄새와 나쁜 냄새가 다 들어 있다. 무지개처럼 갖가지 색깔을 과시하며 다양한 크기, 모양으로 빛난다. 내가 화학에 대해 생각하는 한 물질적이고 시각적이며 감각적인, 분명히 형체를 갖춘 이런 것들을 같이 떠올리지 않기란 불가능하다."

"마음과 몸은 별개의 것이 아닌 하나다. 감각과 감성은 분리될 수 없다."

된다. 공감각이 미적 감수성의 가장 고급한 형태라면 종합지는 궁극적인 이해의 형태를 만들어내기 위해 다양한 방식의 앎과 느낌을 가장 높은 수준에서 통합한 것을 말한다. 그렇기 때문에 synosia라는 단어는 synesthesia와 gnosis, 혹은 noesis를 결합한 것이라고 볼 수 있다.

synosia는 형상화, 유추, 모형 만들기, 놀이, 그리고 변형의 자연스럽고도 필연적인 결과다. 비록 어떤 개인이나 집단이 새로운 것을 규정하거나 만들어내기 위해 일련의 변형작업을 단계적으로 행했다 해도, 그 개인이나 집단은 변형이 끝난 것을 하나의 전체로서 이해한다. 게다가 창작자들은 창작이 진행되는 도중에 일어났던 모든 일, 최초의 고안단계에서부터 흥분상태에서 느낀 감정적이고 고유수용감각적인 느낌, 좌절, 마지막에는 객관적으로 인정받는 단계에 이르기까지의 모든 과정을 기억하게 된다.

분명히 synosia라는 용어가 생소함에도 불구하고 그 개념에 관해서는 새로운 것이 없다. 창의성이 뛰어난 사람들은 항상 여러 가지 방식을 동원해서 감각과 인식을 동시에 결합한다. 그래서 그들은 자주 '다도' 의식을 세밀하게 묘사하면서 이를 '감각과 지성의 융합'으로 표현한다.

동물학자 데스몬드 모리스는 통합적으로 이해한다는 일이 어떤 것인지 완벽하게 기술하고 있다. 감정이입을 다룬 장에서 말한 대로, 그는 동물을 연구할 때 동물이 되었다. "나는 내가 연구하는 동물처럼 사고한다. 그것이 어떤 종種이든 구애받지 않는다. 도마뱀을 관찰할 때는 도마뱀이 되고, 물고기를 주시할 때는 물고기가 된다." 그는 또 과학자와 화가의 시각에서 동시에 동물의 특징을 연구하고 시각적으로 분석했으며 감응했다.

어떤 새의 부리에 있는 붉은 반점을 보면 나는 그것이 중요한 표시라는 것을 안다. 그런 것들이 어떤 자극을 위한 표시로 작용한다는 것을 배웠기 때문이다. 나는 그것을 연구하고 기능을 분석한다. 이런 작업을 하면서 동시에 나는 '붉다'와 '점이 있다'라는 현상이 지닌 극적인 특질에 대한 주관적인 느낌도 함께 키워간다. 그것은 무의식적인 모호성과 같은 것이다. 불, 위험, 피, 극적임, 고착, 눈에 띔, 주목지점, 눈, 태양, 함몰부, 구멍, 점, 완전 정지 등. 그때 시각적인 잔상은 물론 그에 대한 기호적인 등가물이나 대체물들이 들어오기 시작한다. 그러나 나는 그림을 완전히 끝낼 때까지 무슨 일이 일어났는지 결코 의식할 수 없다. 마치 꿈속에 있는 것처럼, 환각에 빠진 것처럼 그림을 그린다. 실제창작의 순간은 꿈이 전개되는 것을 보는 것과 같다.

"창의성이 뛰어난 사람들은 항상 여러 가지 방식을 동원해서 동시적으로 감각과 인식을 결합한다."

비록 모리스가 초현실주의 화가처럼 마음속에 있는 이미지를 자동기술석으로 그러내고 있지만 그의 미적활동은 생물학에 대한 그의 지식과 동떨어진 것이 아니다. "내 그림에서 어떤 종의 특질이라고 생각되는 것들을 찾아볼 수는 없지만 그 속에는 형태에 대한 지식이나 이해가 깔려 있다. 세팔리제이션cephalization*, 세그먼테이션segmentation**, 상대성장***, 세포분화, 분기, 다형태성 등, 생물학적으로 일어나는 모든 과정에 대해 나는 잘 알고 있다." 모리스는 미술이라는 자신만의 가상세계에서 이러한 과정들을 탐구했는데, 이를 통해 그는 실제세계의 몇 가지 표본만을 놓고 연구하는 것보다 훨씬 더 완벽하고 다각적인 이해를 할 수 있었다.

또 다른 방식으로, 모리스는 자신이 생체표현biomorphs라고 부른, 상상의 신체기관을 가지고 일종의 '사고실험'을 했는데, 많은 사람들은 그런 식의 상상이 무슨 소용이 있겠냐며 의문을 표시했다. 이 부분에 대해서는 프랑수아 자코브의 말을 상기해보자. 그는 "과학이

*세팔리제이션
cephalization
어떤 신체기관의 말단이 분화되어 머리에 모여드는 것

**세그먼테이션
segmentation
몸이 여러 단위로 세분화되는 것을 말한다.

***상대성장
유기체의 성장이 어느 한 부분만 크지 않고 비율에 맞춰 성장하는 것

란 가상세계나 가상세계의 조각들을 끊임없이 고안해내고, 그것을 실제세계와 맞춰보는 놀이라고 할 수 있다"라고 말했다. 화가로서의 모리스는 가상세계를 그려냈고, 과학자로서의 모리스는 그것을 실제세계와 대조했다. 그 결과로 나온 것은, 모리스의 말을 인용하면 '특정한 학문분야를 뛰어 넘는 지식'의 형태였다. "상상하면서 분석하고, 화가이면서 동시에 과학자가 되는 것", 이것이 바로 최고의 경지에 이른 종합지적인 사고의 모습이다.

> "완전한 인간이란 자신의 모든 감각과 정신적 능력과 지적 장비로 무장한 사람이다."

느끼는 것과 아는 것이 하나로

실제로 이 통합적인 앎의 방식은 모든 창조적인 사람들이 자신의 일에서 추구하는 것인 동시에 다른 사람의 일에서 찾아내려고 하는 것이다. 음악가 이고르 스트라빈스키는 synosia의 개념을 분명히 이해하고 있었다. 그는 인간이 통합에 이르러야만 완전해진다고 믿었다. "나는 지금껏 완전한 인간이 만들어낸 음악이 아니면 관심도 갖지 않았다. 완전한 인간이란 자신의 전 감각과 정신적 능력과 지적 장비로 무장한 사람을 지칭한다." 그는 심지어 녹음된 음악도 듣지 않았는데, 음악이 운동감각적으로 연주되는 것을 보는 것이야말로 듣는 것만큼 중요하다고 생각했기 때문이다.

화가인 오토 피에네Otto Piene 역시 그와 비슷한 확신을 가지고 말했다. "마음은 몸이고, 몸은 마음속에 존재하는 것이므로 이 둘을 별개로 취급해서는 안 된다. 마음을 담기 위해 몸을 사용하고 몸을 고양하기 위해 마음을 사용하는 사람은 시간을 초월해서 살아가게 된다. 그러면 일종의 '천상적 현실'을 갖게 되며 공간을 자유롭게 활보하게 된다. 그렇게 함으로써 내면에 천국을 지니게 되는 것이다."

창조성이 뛰어난 사람들이 예술이나 과학에서 이뤄낸 최고의 성과는 이러한 생각을 발전시킨 결과다. 안무가 로이 풀러Loie Fuller*는 "춤은 빛이고 색이며, 동작이고 음악이다. 또한 그것은 관찰이고 직관이며 최종적으로는 이해다"라고 썼다. 애런 코플랜드는 음악을 작곡하거나 감상할 때 세 가지 수준을 동시에 의식해야 한다고 말한다. "첫째는 감각 수준, 둘째는 표현(정서) 수준, 셋째는 순전히 음악(지식) 수준이다." 케임브리지대학 교수인 시인 T. R. 헨T. R. Henn은 문학작품을 이해하거나 창작하는 데도 이 세 가지가 필요하다고 한다. 그는 "모든 문학과 시는 대개는 의식의 주변부 아니면 그 너머에 있는 생각과 정서의 특별한 융합을 표현하고자 하는 것"이라고 말한다. 리처드 파인먼 같은 경우 물리학을 얘기하면서도 특유의 시적 어조를 잃지 않는다. 그는 세계를 전체로 받아들이지 못하는 사람들(특히 시인들)을 힐난한다.

"마음은 몸이고, 몸은 마음 속에 존재하는 것이므로 이 둘을 별개로 취급해서는 안 된다."

시인들은 과학이 별의 아름다움과 거리가 멀다고 말을 한다. 별을 단지 가스원자 덩어리로 본다는 것이다. 그러나 나 역시 밤의 사막에서 별을 볼 수 있고, 또 느낄 수 있다. 나라고 해서 뭔가를 덜 보거나 더 보겠는가? 하늘의 광대함은 나의 상상력을 확장시킨다. 회전목마 위에 앉아서 이 작은 눈으로 백만 년이나 된 별빛을 본다. 별이 만들어내는 저 방대한 무늬, 나는 그 일부가 된다. 저 무늬는 무엇인가? 어떤 의미를 가지고 있는가? 왜 저렇게 보이는가? 별들에 대해 과학적 지식이 있다 한들 그것은 저 신비로움을 조금도 손상시키지 않는다. 진리야말로 과거의 어떤 예술가들이 상상한 그 어떤 것보다 훨씬 더 경이롭기 때문이다. 왜 오늘날의 시인들은 그런 것들을 말하지 않는가? 목성이 마치 인간인 것처럼 말하는 시인들은 대체 어떤 사람들인가? 그게 메탄과 암모니아로 이루어진 거대한 자전체라면 그들은 침묵해야 하는가?

*로이 풀러
Loie Fuller
1862-1928, 미국 무용가. 전기조명을 이용해 넓고 긴 스커트를 펼쳐 흔드는, '스커트 댄스'라는 아름다운 색채무용을 펼쳤다.

파인먼에게 있어 우주의 신비를 꿰뚫고 이해하려는 욕망은 우리가 감각하고 느끼는 모든 것과 아는 모든 것이 하나로 될 때만 충족될 수 있는 것이었다. 다재다능한 건축가, 공학자, 교육자였던 발터 그로피우스Walter Gropius는 이러한 통합의 정신을 가지고 바우하우스 이념의 터를 닦았다. 그는 이렇게 쓰고 있다. "미술작품들은 물질적 세계, 지적 세계, 정신적 세계의 법칙들을 동시에 구현한다." 그가 믿는 바에 따르면 진정한 학습이란 통합을 목표로 지성과 육체와 정신을 연마하는 것이다.

현대생활과 교육에 남겨진 과제는 시와 물리학, 미술과 화학, 음악과 생물학, 무용과 사회학, 그리고 기타 가능한 모든 미학적 지식과 분석적 지식을 재통합해서 사람들이 알고자 하는 것을 느끼게 하고, 느끼고자 하는 것을 알도록 하는 것이다.

파인먼은 진정한 과학자라면 세계에 관해 단지 생각만 하지 않고 느낀다고 믿었으며, 그로피우스는 뛰어난 화가라면 세계를 단지 느끼기만 하는 데서 그치지 않고 그것을 알고자 할 것이라고 생각했다. 이들 모두가 추구하는 것은 능동적인 이해이며 그것은 창조의 중심에 있는 것이다. 과학이나 미술을 이해하고 가르치는 사람들은 그러한 전체성을 항상 염두에 두어야 한다.

"진정한 과학자는 세계에 관해 생각만 하지 않고 느끼기도 하며, 뛰어난 화가는 세계를 느낄 뿐 아니라 이해하려고 할 것이다."

'모든 것'이 되지 않으면 '아무 것'도 되지 못한다

우리는 공감각적이고 종합지적인 교육에 필요한 것들을 그림 13-1에 축약해놓았다. 이 그림은 현대의 '우주적 동시성'에 관해 많은 것을 말해주는 예술작품처럼 보이지만 결코 그렇지 않다. 아니 예술작품이라고 쳐도 아무런 의도가 들어 있지 않다. 그림은 하나의 패턴으로, 일련의 논리적 관계와 수학적 계산을 시각적으로 디자인한 것이다. 그것은 바로 컴퓨터칩 그림이다.

그것이 예술작품의 형태를 띠게 된 것은 우연이 아니다. 우리가 지금껏 이 책에서 살펴본 것처럼, 모든 논리적 관계는 그것에 대한 시각적 등가물을 가지고 있으며, 모든 위상수학적 물체나 퍼즐은 전자적이거나 논리적인 것으로 전환될 수 있다. 그렇지만 이 경우에는 예기치 않았던 연관관계가 나타난다. 전자칩 제작과정은 동판부식법이

그림 13-1. 예술인가 논리인가? 아니면 둘 다인가? 컴퓨터칩의 디자인.

나 공판날염기법에서 따온 것이다. 이렇게 만들어진 칩은 구리와 금으로 코팅한 실리콘 소자로 전환된다. 칩들은 문자 그대로 큰 종이조각 위에 도안을 한 패턴인데, 이를 사진으로 찍어 축소한 다음 본을 뜬다. 이것을 가지고 실리콘 기판 위에 약품을 써서 식각하거나 입히는 것이다.

이것이 문명화다. 논리는 미술판화처럼 찍혀나온 이미지다. 물론 그 목적과 재료는 다르다. 그러나 예술과 과학과 기술 간의 연계성은 르네상스시대만큼이나 오늘날에도 강력하다. 20세기가 이룩한 진보를 이해하려면 먼저 수학적 계산과 논리적 구축, 패턴, 시각 이미지, 예술용 소재를 써서 전자적인 발명을 하는 기술적인 과정 간의 연계성을 이해해야 하며 다양한 생각도구들을 엮어서 의외의 (사고의) 연쇄사슬을 형성할 줄 알아야 한다. 이것에 흥분을 느끼는 사람들만이 다음 단계의 통합을 꿈꿀 수 있다.

"새로운 인간은 지각과 분석의 대상이 되는 외부세계와, 느낌과 정서를 담고 있는 내부세계를 융합해낼 수 있다."

우리에게는 통합적인 마인드가 절실하게 필요하다. 오늘날 세계가 안고 있는 문제 중에서 단일한 학문분야에만 국한되는 것은 아무것도 없다. 그것이 분석적이건, 정서적이건, 아니면 전통적이건 한 가지 접근법으로 해결할 수 있는 것은 하나도 없다. 혁신의 기법이란 항상 모든 분야에 걸쳐 있으며 다양한 방법론을 가진다. 따라서 미래는 우리가 앎의 방법 모두를 통합해서 통합적 이해를 창출할 수 있느냐에 달려 있다.

생물학자, 철학자, 화가인 동시에 미술사가인 C. H. 워딩턴은 예술이나 의학에 적용되는 것은 모든 사람의 일상에도 적용될 수 있다고 주장한다. 그는 1972년에 쓴 《미래의 생물학과 역사학 Biology and the History of the Future》이라는 책에서 다음과 같은 선견지명을 내보이고 있다. "세계가 안고 있는 심각한 문제들은 오직 '전인 whole men'만이 해결할 수 있다. 그는 기술자, 순수과학자, 예술가 중 하나만 되는 것을 드러내놓고 거부하는 사람이다. 오늘날의 세계에서는 '모든 것'이 되어야 한다. 그렇지 않으면 '아무것'도 되지 못한다."

그 필요성은 분야의 수많은 저명인사들이 주장하고 있는 것이다. 우리는 그 말에 귀기울여야 한다. 종합지는 이상이나 꿈이 아니다. 그것은 당위이며 필수다.

〈비상상태에 처한 인간성〉이라는 에세이에서 버크민스터 풀러는 진화과정에서 과도한 전문화와 분화에 대해 경고하고 있다. 그는 "우리에게 필요한 것은 철학자이면서 과학자인 사람, 즉 종합적 이해력을 갖춘 사람이지 세분화된 고급기술만을 구사하는 기술자는 아니다"라고 말한다.

SPARK OF GENIUS

전인을 길러내는 통합교육

통합교육이 지향하는 8가지 기본목표
창조적인 인물은 일과 취미를 조화시킨다
전문가가 아니라 전인이 되라
교육의 목적은 전인을 길러내는 것

왼쪽부터: 앙리 파브르, 소피아 코발레프스카야, 바실리 칸딘스키, 로베르트 슈만.

▶ 일과 취미를 조화시킨 창조적인 사람들

"내가 글을 쓸 수 있었던 것은 기하학 덕분이다. 기하학은 인간의 사고능력을 이끌어주는 놀라운 스승과 같다."
 −곤충학자 앙리 파브르

"수학이야말로 최대한의 상상력을 요구하는 과학이다. 영혼의 시인이 되지 않고서는 수학자가 될 수 없다."
 −수학자 소피아 코발레프스카야

"그림은 다른 세계들 간의 충돌을 통해 신세계를 창조한다. 이 충돌로부터 탄생하는 신세계가 바로 작품이 된다."
 −화가 바실리 칸딘스키

"음악가라면 라파엘로의 그림을 연구해야 하며, 화가라면 모차르트의 교향곡을 공부해야 한다. 화가는 시를 그림으로 바꾸고 음악가는 그림에 음악성을 부여한다."
 −작곡가 로베르트 슈만

우리는 어린아이들을 전문음악가로 키우지 않는다.
재능교육이란 평생교육이기 때문이다.
—음악교육가 스즈키 신이치

SYNTHESIZING EDUCATION SYNTHESIZING EDUCATION SYNTHESIZING EDUCATION

■■■

통합교육에는 여덟 개의 기본목표가 있다. 첫째, 학생들에게 보편적인 창조의 과정을 가르치는 데 중점을 두어야 한다. 둘째, 창조과정에 필요한 직관적인 상상의 기술을 가르쳐야 한다. 셋째, 예술과목과 과학과목을 동등한 위치에 놓는 다학문적 교육을 수행해야 한다. 넷째, 혁신을 위해 공통의 언어를 사용함으로써 교과목을 통합해야 한다. 다섯째, 한 과목에서 배운 것을 여러 분야에 응용할 수 있어야 한다. 여섯째, 과목 간의 경계를 성공적으로 허문 사람들의 경험을 활용해야 한다. 일곱째, 모든 과목에서 해당 개념들을 다양한 형태로 발표하는 법을 가르쳐야 한다. 여덟째, 상상력이 풍부한 만능인을 양성해야 한다.

| 통합교육이 지향하는
| 8가지 기본목표

　우리는 지금까지 '창조적 사고'라는 실뭉치를 곱게 빗어서 '통합적 이해'라는 혁신적인 직물로 다시 짜는 데 주력했다. 그리고 이제 그것은 새로운 종류의 전초 분야이고 통합적인 교육을 요구하고 있다.

　창조적인 사람들의 감정과 이성을 들여다본 결과, 우리는 상상력이 생각도구의 숙달과 종합지적인 이해에 도달하고자 하는 욕구에 의해 길러지고 연마될 수 있음을 알게 되었다. 그런데 분명한 것은 이러한 요소들이 현재의 교육에서 결여되어 있다는 점이다. 교실에서 생각도구들을 사용하고 종합지적인 교육을 하는 일은 현행의 교과목을 크게 바꾸지 않고도 할 수 있다. 통합교육은 단지 가르치는 방법의 변화를 말하며, 거기에는 염두에 두어야 할 여덟 가지 기본목표가 있다.

　첫째, 우리는 학생들이 각 과목의 지식을 획득하도록 하는 일 외에, 보편적인 창조의 과정을 가르치는 일에 중점을 두어야 한다. 교육의 목표는 이해에 있지, 단순한 지식의 습득에 있는 것이 아니다. 사실의 수동적 습득보다는 능동적인 배움과 창조의 과정에 초점을 맞춰야 한다. 우리가 두 번째 장에서 주장한 대로, 문학이나 물리학의 원칙은 직접 글을 써보거나 응용해보지 않고도 알 수 있다. 그러나 그것들이 자연과 인간의 삶 속에서 어떻게 작용하는지에 대한 이해 없이는 실행을 하기가 불가능하다. 능동적 이해는 수동적 지식을 포섭해서 그 위에 스스로를 세우는 것이다. 학생들은 창조적 사고의 결과물, 이를테면 소설, 시, 실험, 이론, 그림, 무용, 노래 등을 분석해야 함은 물론, 그것들을 베끼고 모방해야만 한다. 그럼으로써 그것들을 창조하는 감각적이고 종합지적인 과정을 배울 수 있다.

"능동적 이해는 수동적 지식을 포섭해서 그 위에 스스로를 세우는 것이다."

둘째, 이러한 창조과정에 필요한 직관적이고 상상적인 기술을 가르쳐야 한다. 우리가 지금껏 말해온 바와 같이 모든 분야에서의 창조적 사고는 논리나 언어가 아닌 형태로 출발한다. 생각하는 것은 느끼는 것이고, 느끼는 것은 생각하는 것이다. 누구나 자신이 받아들인 시각적, 청각적, 기타 감각적인 자극을 상상력을 동원해서 공감각 이미지로 만들어내는 법을 배워야 한다. 누구나 이 통합적인 이미지를 섞고 융합하는 법을 학습해야 하며, 육체적인 느낌과 감정을 들여다보는 법을 배워야 한다. 그리고 추상화, 유추, 감정이입을 배워야 하고 어떤 것을 다른 것으로 변형하는 방법도 터득해야 한다. 직관적 앎의 형식을 말이나 수, 조형, 동작, 소리 등의 형시으로 변환시키는 법을 배워야 하는 것이다. 물론 지각하고 느낀 것이 자연스럽게 시각적, 문학적, 음악적 표현으로 전달되는 경우도 있다. 교양과목 중에서 예술은 중요한 위치를 차지하고 있는데, 그것은 상상하고 표현하는 데 있어 다양한 생각도구들을 연마하는 최선의, 때로는 유일한 연습법이기 때문이다.

셋째, 우리는 예술과목을 과학과목과 동등한 위치에 놓는 다학문적 multidisciplinary 교육을 수행해야 한다. 예술과 과학이 대단히 유용한 방식으로 상호작용하고 있다는 사실은 간과되기 쉽다. 유치원생부터 대학생까지 모든 학생들은 과학이나 인문학, 수학을 공부하는 것만큼이나 철저하게 예술을 공부해야 한다. 이는 대학과 중등교육 과정에서 예술이 차지하고 있는 주변적 위치를 원래의 자리로 되돌리는 것을 의미한다. 예술이란 단순한 자기 표출이나 도락이 아니다.

예술은 의학이나 수학만큼이나 엄격한 과목이며 그 나름의 지식, 기법, 도구, 기술, 철학을 가지고 있다. 게다가 예술에서 활용하는 상상의 도구들은 인문학과 과학에서도 매우 중요하기 때문에 그 과목 자체를 위해서가 아니라 교육 전체를 위해서도 예술은 옹호되어야 한다. 과거를 돌아보면 예술이 융성하던 시절에 수학이나 과학, 기술도 꽃을 활짝 피웠다. 미래에도 그것들은 흥망을 같이 할 것이다.

"자신의 분야 밖에서 소통할 수 없는 전문가를 양성하는 교양과목과 과학과목은 아무 의미가 없다."

넷째, 우리는 혁신을 위해 공통의 언어를 사용함으로써 교과목을 통합해야 한다. 지식을 파편화시키고 자신의 분야 밖에서는 소통할 수 없는 전문가만 양성하는 교양과목과 과학과목을 가르치는 일은 아무 의미가 없다. 지식을 나무에 비유한다면 교육은 그 줄기부분에 중점을 두어야 한다. 그 공통의 핵심으로부터 큰 가지, 잔가지, 잎사귀들이 뻗어나오기 때문이다. 사고하기 위한 도구들도 이 핵심에서부터 나오며 서로 다른 분야의 전문가들에게 공통의 언어를 제공해서 혁신과정에 대한 그들의 경험을 공유하게 하고, 그들 각자의 창조적 작업들을 연결해준다. 같은 언어, 용어가 과목들 간에 공유될 때 학생들은 다른 과목과 수업들을 연결 지을 수 있다. 만일 그들이 글쓰기 수업을 하면서 어떤 글을 요약(추상)해본다면, 회화나 드로잉수업에서 추상화작업을 해본다면, 만일 그들이 역사기록이나 생물실험에서 어떤 의미 있는 정보를 추출(추상)해낸다면 이 모든 것을 추상화라고 통칭할 수 있을 것이다. 그때야 비로소 과목 간의 경계를 넘는 사고방법에 대해 이해하기 시작할 것이다. 그들은 어떻게 해야 자신들의 생각을 개념과 표현의 한 형식에서 다른 형식으로 변형시킬 수 있을 것인지 알게 될 것이다. 과목은 자연스럽게 연결되고 말과 생각도구들은 보다 광범위한 상상의 일부가 될 것이다.

다섯째, 한 과목에서 배운 것을 여러 분야에 응용할 수 있도록 해야 한다. 창작과정에서 언어를 공유하는 것만으로는 충분치 않다. 지난 한 세기 동안의 교육연구를 통해 우리는 학생들이 특정한 문제에 대한 특정한 해법만을 배우는 것보다, 좀더 일반적인 견지에서 유용한 정보나 기술을 배울 때 더 잘 기억하고 응용할 수 있음을 알게 되었다. 교사들은 지식을 한 과목에만 고립시키는 '예술', '음악', '과학' 같은 명칭을 무시해야 한다. 대신에 어떻게 하면 한 가지 교육재료를 많은 과목에서 폭넓게 사용할 수 있느냐에 초점을 맞추어야 한다. 그 목적은 모든 학생들이 화가이자 과학자로서, 음악가이자 수학자로서, 무용수이자 공학자로서 사고하도록 도와주는 데 있다. 교육은 어느 한 분야에서 이성을 훈련시켜 창조적으로 상상할 수 있도록 도와주면서 한편으로 이를 다른 분야에서 창조적으로 응용할 수 있도록 해주어야 한다. 응용할 수 있는 지식과 마찬가지로 생각도구들도 이전이 가능하기 때문이다.

여섯째, 우리는 과목 간의 경계를 성공적으로 허문 사람들의 경험을 창조성의 본보기로 활용해야 한다. 최선의 수업방식은 다른 사람들을 관찰하고 그들의 기법과 통찰, 창조과정을 모방하는 것이다. 이 책은 새로운 방식으로 지식을 통합한 수많은 사람들의 사례로 채워져 있으며 그들이 어떻게 상상하는 기술을 배우고 또 창조작업을 했는지 묘사하고 있다. 학생들은 모든 정신적 창작물 뒤에 육체를 가진 '인간'이 있음을 알아야 한다. 그래야만 자신들도 창조행위를 할 수 있다고 믿게 될 것이다. 모든 교과목에서 수많은 혁신가들이 혁신적일 수 있었던 이유는 바로 그들이 다양한 분야의 개념과 도구들을 융합할 수 있었기 때문이었다. 바로 그 사실을 학생들이 알게 될 때, 그들은 종합교육을 이해하고 원하게 될 것이다.

일곱째, 정신의 영역을 최대한 확장시키기 위해서는 모든 과목에서 해당 개념들을 여러 형태로 발표하는 법을 가르쳐야 한다. 한 가지 상상기술이나 창조기법만으로는 사고에 필요한 모든 것을 충족시

"교육의 목적은 모든 학생들이 화가이자 과학자로서, 음악가이자 수학자로서, 무용수와 공학자로서 사고하도록 도와주는 데 있다."

켜줄 수 없다. 직관적인 접근법은 논리적인 접근법만큼 가치가 있고 분석적, 대수학적 마인드가 기하학적, 시각적, 운동감각적, 감정이입적 마인드보다 더 나을 것도 없다. 모든 개념은 저마다의 표현형식을 갖고 있으며 각기 다른 생각도구들을 채용한 여러 개의 등가적 형태로 변형될 수 있고, 또 그래야 한다. 학생들이 한 가지 개념을 놓고 더 많은 방법으로 생각할수록 더 나은 통찰을 얻을 가능성도 높아진다. 또한 그 통찰을 표현할 방법이 많으면 많을수록 다른 사람들이 더 잘 이해하고 높이 평가할 수 있는 가능성도 높아진다.

마지막으로, 우리는 개척자적인 교육방법을 만들어내야 한다. 그리고 그 목적은 상상력 풍부한 만능인generalist들을 양성하는 데 있다. 그들이 우리를 미지의 미래로 인도해줄 수 있기 때문이다. 모든 기발한 생각은 우리를 새로운 영역으로 이끌고 간다. 그런 점에서 보면 창조적인 사람들은 개척자라고 할 수 있다. 개척자들이 서부변경으로 갈 때 가져갔던 도구와 기술은 그리 전문적이지 않았으며 활용 폭이 좁지도 않았다. 그것들은 모두 어떤 용도든 쉽게 변용할 수 있는 아주 기본적이고 다목적인 것들이었다.

창조적 상상을 하는 개척자들은 융통성이 뛰어난 마음과 만능 생각도구들을 가지고 있어야 한다. 그래야만 그것을 가지고 새로운 지식을 창출해낼 수 있다.

"한 가지 상상기술이나 창조기법만으로는 사고에 필요한 모든 것을 충족시켜줄 수 없다."

창조적인 인물은 일과 취미를 조화시킨다

이 새로운 지식이 무엇일지 우리로서는 추측만 할 수 있을 뿐이다. 소설가 올더스 헉슬리는 사망하기 얼마 전, 우리가 지금 알고 있는 것은 미래에 알 수 있고, 또 알게 될 것의 작은 부분에 지나지 않는다는 글을 남겼다. 그는 "정제된 과학언어, 심지어는 더 선명하게 정제된 문학언어는 결코 '실존하는 세계givenness of the world'에 적합지 않다"라고 주장했다. 이 '실존성'에 따라 개념을 확장하기 위해서는 다양한 창조적 상상행위가 필요하다.

생물학자인 존 레이더 플랫John Rader Platt이 던진 다음의 질문은 우리에게 매우 호소력 있게 다가온다. "우리들이 가지고 있는 언어적, 음악적 기호들은 소리의 세계를 다 표현하지 못한다. 그림이나 조각, 건축은 눈에 보이는 세계를 다 그려낼 수 없다. 마찬가지로 수학기호들이 모든 형태의 생물학적 논리를 나타낼 수 있다고도 확신할 수 없다. 그렇다면 생물의 기관을 다루고 규정하기 위해 어떤 새로운 종류의 기호가 필요한가? 어떤 새로운 인재를 찾아야 하며, 어떤 유형의 젊은 천재를 육성해야 하는가?" 실제로 우리에게 어떤 것이 필요한가? 한 가지는 분명하다. 새로운 기호는 전혀 의외의 것이며 놀라우리라는 것, 그리고 헉슬리가 본 것처럼 과학과 예술과 기술이 '다 같이 앞으로 나아갈 때' 그것이 나타나리라는 점이다.

다음에 소개하는 네 사람의 사례는, 어린 시절에 특정한 분야에서 뛰어난 재능을 보인다 하더라도 너무 일찍 전문화교육을 받아 흥미가 저하되고 활동이 위축된다면 성인이 되었을 때 지지부진한 성취결과를 보일 수도 있음을 반증하고 있다.

1894년, 한 젊은이가 스코틀랜드에서 가장 높은 벤 네비스 산 정상에 올랐다. 안개가 낀 약간 흐린 날이었고 무지개가 태양 주위로 완벽한 원을 그리면서 그림자를 던지고 있었다. 그 젊은이는 이 광경이야말로 자신이 본 것 중에서 가장 아름답다고 생각했다. 그는 나중에 이날의 기억을 이렇게 쓰고 있다. "태양이 산꼭대기를 에워싼 구름 위에서 빛날 때 풍경은 참으로 멋졌다. 특히 태양을 둘러싼 찬란

생물학자 챈들러 M. 브룩스는 이렇게 말한 바 있다. "우리의 교육내용을 보면 전문화라는 것이 학생들의 세세한 특성까지 고려하는 전문화가 아니라 교과를 정해놓고 그 안에서만 이루어지는 전문화라는 생각이 든다." 이제부터라도 우리는 다른 재능과 적성을 가진 학생을 칸막이에 몰아넣는 교육방식을 지양해야 한다. 우리는 학생들이 가진 다양한 관심과 활동을 너무 일찍 전문회리는 좁은 영역에 가두려고 해서는 안 된다. 우리는 활발한 활동을 벌이고 있는 화가나 과학자, 발명가들의 성장기를 주의 깊게 관찰해보면 그들이 어린 시절에 가졌던 강한 열의가 앞으로 살아갈 삶의 윤곽을 그리는 데 어느 정도 도움을 주었지만 교과목의 틀 안에 갇히면서 결과적으로 자신들이 꿈꾸었던 모습에 이르지 못했음을 발견하게 된다.

한 환環, corona, 산꼭대기 위로 드리운 무지개 그림자, 안개 속에 있는 나와 구름 주위를 둘러싼 빛(후광)은 나를 엄청나게 흥분시켰다. 그리고 나는 언젠가 이 모습을 그대로 모사해보고 싶다는 생각을 했다." 먼 훗날 그는 실제로 그렇게 한다.

그 무렵 감수성이 예민한 한 소녀가 창조를 향한 열망을 토로하고 있다. 그녀는 말한다. "아주 어렸을 때부터 나는 열정적으로 시를 사랑했습니다. 시의 형식과 리듬은 나를 설레게 했지요. 나는 내 마음을 빼앗아간 러시아 시인들의 시구를 게걸스럽게 삼켰습니다. 고백하자면, 시가 높이 날수록 더 좋았어요. 시어의 운율에 너무도 깊이 매혹되었기 때문에 나는 다섯 살부터 시를 쓰기 시작했습니다. 열두 살이 되면서는 장차 내가 시인이 될 거라는 것을 추호도 의심하지 않게 되었답니다." 실로 시적인 상상력으로 새로운 세계를 창조하는 일보다 그녀에게 신성한 것은 없는 듯했다.

이들과 거의 비슷한 시기에 또 다른 젊은이는 기하학이 '우리 앞에 진리를 차려놓는 과정'임을 알아냈다. "우리는 밝게 빛나는 점에서 출발해서 점점 더 깊고 깊은 암흑 속으로 들어갑니다. 그리고 나서 다시 높은 곳으로 올라가기 위해 새로운 불을 붙여 스스로 빛을 내는 존재가 되지요. 이것은 확실히 대단한 모험이고 사람이 가질 수 있는 크나큰 야망에 값하는 것일 테지요. 우주를 하나의 공식이라는 주형에 쏟아붓고자 하는 것, 그리고 모든 현실을 이성이라는 표준에 맞춰 재단하는 일 말입니다. 참으로 멋진 일입니다. 마치 세상이 창조되는 것을 목격하는 듯한 느낌이죠."

마지막으로 이 젊은이들과 동시대에 살았던 한 사람의 말을 들어보자. 그가 사랑한 대상은 사회과학이었다. 그는 다음과 같이 쓰고 있다. "다른 공부를 하는 것은 '추상적' 사고의 연습이 된다. 근본적인 의문을 파고드는 법을 알려주기 때문이다. 정작 내가 선택한 공부

> "한 가지 개념을 놓고 더 많은 방법으로 생각할수록 더 나은 통찰을 얻을 가능성이 높아진다."

(경제학)는 제쳐놓고 어떤 때는 순차적으로, 어떤 때는 동시적으로 다른 분야에 강하게 끌린다. 내 마음을 사로잡고 있는 로마법, 형법, 러시아법과 농민법의 역사, 인종학, 이 모든 것들이 내가 추상적으로 사고하는 데 도움이 된다." 이 젊은이의 목표는 인류가 처해 있는 조건을 근본적으로 바꾸는 것이었다.

이 사람들은 누구인가? 벤 네비스 산정에서 본 햇무리를 그림으로 포착하고자 했던 젊은이는 화가가 되었을 것이라고 추측할 수 있다. 시를 연모한 소녀는 시인이 되었을 것이고, 기하학에 몰두한 학생은 수학자가 되었을 것이다. 사회과학을 사랑한 청년은 경제학자나 정치가가 되었으리라. 학교가 요즘과 같았다면 이들은 누구나 예상할 수 있는 한 방향으로만 공부했을 것이고, 그랬다면 이들이 누구였는지 아무도 모르게 되었을 것이다. 이들 네 사람은 누구도 예상치 못한 방법으로 각자가 가진 재능과 열정과 훈련을 한데 아울러 자신들 나름의 혼합물을 만들어냈다.

콘래드 로렌츠는 이렇게 말한 적이 있다. "자연의 심오한 아름다움을 한번이라도 목격한 사람은 틀림없이 시인이나 박물학자가 될 것이다. 만일 그의 눈이 좋고 관찰력이 충분히 예리하다면 그는 둘 다 될 수 있다."

스코틀랜드의 산 정상에서 햇무리를 보고 깊은 감명을 받았던 이 젊은 남자는 바로 찰스 토머슨 R. 윌슨이었다. 그는 케임브리지대학 연구실로 돌아가서 마음속에 있는 '물리학의 시詩'를 가지고 '구름상자'를 발명했다. 추상화를 다룬 장에서 살펴본 것처럼 구름상자는 사상 최초로 과학자들 앞에 소립자의 존재를 드러내보인 장치다. 발명을 한 지 수 년 후에 윌슨은 노벨상 수상 강연에서 자신의 첫 번째 관심사가 순전히 정서적이고 심미적인 것이었다고 밝혔다. 그의 구름상자는 미술과 과학 모두를 구현한 것이며 그 자신은 물론 미래 세대를 위한 것이었다.

자신이 시인이 될 거라고 확신했던 그 소녀는 소피아 코발레프스카야Sophia Kowalewskaja*였다. 그녀는 자서전에서 이렇게 쓰고 있다. "사람들은 내가 문학과 수학을 동시에 연구한 것을 보면 놀랄 것이

*소피아 코발레프스카야
Sophia Kowalewskaja
1850-1891, 러시아 수학자. 유럽에서 여성으로는 최초로 대학 교수가 되었으며, 편미분방정식, 대수함수에 관한 논문 등 많은 연구논문을 발표했다.

다. 수학을 제대로 배울 기회가 없었던 많은 사람들은 수학을 산수와 혼동해서 그것을 아주 무미건조하고 재미없는 과학으로 치부해버린다. 그러나 실제로 수학이야말로 최대한의 상상력을 요구하는 과학이다. 어느 위대한 수학자는 영혼의 시인이 되지 않고서 수학자가 될 수 없다고 말했다. 시인은 다른 사람들이 보지 못하는 것을 보아야 하며 다른 사람들보다 더 깊이 보아야 한다. 그것은 수학자도 마찬가지다."

기하학을 사랑했던 학생은 수학자도, 물리학자도, 공학자도 되지 않았다. 그 학생은 '곤충세계의 시인이자 예언자', 또는 '장수말벌과 거미에 관한 산문의 호머'라고 불리는 앙리 파브르Henri Fabre*였다. 그의 저작물은 20세기 초반에 수천 명의 젊은이들에게 감명을 주어 곤충학자의 길을 걷도록 하였으며 수백만 명의 독자들에게 즐거움을 선사했다. 그러나 그렇다고 해서 그의 창조적 상상의 세계가 기하학으로부터 멀어진 것은 아니었다. 그의 말을 들어보자. "내 글을 읽으면서 독자들이 피곤해하지 않았다면, 그것은 전적으로 기하학 덕분이다. 기하학은 누군가의 사고를 이끌어주는 놀라운 스승과 같다. 뭔가 얽혀 있는 것을 풀어주고, 중요치 않은 것들을 제거해 핵심만을 추출해주며, 동요하는 것을 진정시켜주고, 혼잡한 것을 걸러내어 명료하게 만들어주는, 모든 수사법을 능가하는 어떤 것이다." 파브르에게 기하학은 곧 아름다움 그 자체였다. 마찬가지로 시나 소설도 거기에 쓰인 단어들과 리듬과 구조가 어떤 밝은 빛으로 향해 간다고 느낄 때 그는 아름다움을 느꼈다.

마지막으로, 젊은 사회과학도는 바실리 칸딘스키였다. 그는 비구상적 그림을 그린 최초의 화가로 알려져 있다. 추상적 개념에 대한 그의 사랑과 인류의 조건을 개선시려는 열망은 그를 경제학자로 만들지 않고 화가의 길로 들어서게 했다. 그는 그림을 통해 지각과 표

*앙리 파브르
Henri Fabre
1823-1915, 프랑스의 곤충학자이자 박물학자. 1855년 노래기벌의 연구를 발표했고, 1886년에는 레지옹 도뇌르 훈장을 받았다. 주요 저서로 《곤충기》가 있다.

상의 개념을 재정립했다. 그러나 칸딘스키가 진로를 바꾸었다는 표현은 정확하지 않다. 그는 "그림은 다른 세계들 간에 부딪히는 천둥 같은 충돌을 통해 신세계를 창조하려고 한다. 이 충돌로부터 탄생하는 신세계가 바로 작품이다. 누구도 새 가지가 돋아난 것을 두고 나무줄기에 불필요한 잉여가 발생했다고 생각하지 않는다. 나무줄기가 가지를 가능하게 했을 뿐이다"라고 썼다.

이런 창조적인 인물들은 어린 시절의 열망과 성인이 되어서의 관심을 조화시킬 줄 알았고, 일과 취미를 한데 엮어낼 줄 알았다. 이런 태도가 그들 상상력의 원천이 되었고 혁신가로서의 자세를 잃지 않도록 해주었다.

전문가가 아니라 전인이 되라

이 사례들의 요지는 간단하다. 이들은 전문가가 아니고 '전인全人'이었다. 그들은 자신들의 방대한 관심사에도 '불구하고'가 아니라 바로 그것 '때문에' 자신의 분야에 공헌할 수 있었다. 그들은 개척자요, 보편주의자였다. 그들은 전문가의 영역들 사이에 다리를 놓았으며 제각각 떨어져 있는 지식의 제반 분야를 통합했다. 그들은 자신들이 속한 시간과 공간을 뛰어넘으려 했으며 박식가가 됨으로써 인간의 상상력을 확장했다.

우리가 통합교육이라는 문제를 해결하는 데 있어서 앞으로 의지해야 할 사람들이 있다면 바로 그들 같은 박식가이다. 박식가polymath라는 말은 "많이 알다" 혹은 "정말 아는"을 뜻하는 그리스어에서 나온 말이다. 이 단어는 흔히 백과사전적으로 많이 아는 사람을 지칭하는 데 쓰인다. 여기서 박식가를 도락주의자와 혼동해서는 안 된다.

도락주의자들은 그저 오락이나 즐거움만을 위해 새로운 지식을 취하기 때문이다.

박식가는 중요한 단계에서 지식활동을 제어할 줄 알고 지식들 간의 근본적인 연관성을 인지할 수 있는 사람이다. 역사상 가장 위대한 박식가로 알려진 '르네상스인'들, 레오나르도 다빈치나 베르살리우스Vesalius, 미켈란젤로Michelangelo 같은 사람들은 알려진 모든 것을 포괄할 수 있었다. 물론 그들 중 누구도 백과사전적 지식을 보유하지는 않았다. 그것은 이 책에서 추구하는 바도 아니다.

그러나 심리학자들의 오랜 관찰결과를 보면, 혁신적인 사람들은 다른 사람들에 비해 보다 광범위한 지식활동에 참여하는 경향을 보였으며 활동에 필요한 더 높은 수준의 기술을 가지고 있음을 알 수 있다. 확실한 것은 이런 경향이 여태까지 우리가 살펴본 모든 화가, 과학자, 발명가, 인문학자들에 해당한다는 것이고 그런 점에서 이들을 박식가라고 부를 수 있다는 것이다.

박식가가 되기 위해 꼭 천재가 되어야 하는 것은 아니다. 누구나 취미를 계발하고, 여가시간에 그림을 그리거나, 공예를 하거나, 관심 있는 분야의 공부를 할 수 있다. 누구나 아마추어적인 취미생활과 직업적인 일을 연결해볼 수 있다. 여기서 얻을 수 있는 대가는 상상을 뛰어넘는다. 최근의 연구결과들을 보면 직업에서의 성공 여부를 알려주는 지표는 IQ나 시험점수 같은 것이 아니고 한두 가지의 강도 높은 지적인 취미나 여가활동 여부였다. 그 취미활동이란 그림 그리기, 작곡하기, 시 쓰기 등에서 컴퓨터 프로그래밍, 비디오작품 제작, 수학문제 풀기 등에 이르기까지 아주 다양하다. 이는 전문직 종사자들, 기업가, CEO, 화가, 학자, 연예인 등 모든 사람들에게 해당된다.

어떤 사람들은 단순히 취미와 관심사에 따른 지식을 다소 변용하여 다양한 방식으로 자신들의 업무에 활용하기도 한다.

작곡가인 슈만은 이렇게 말하고 있다. "교양 있는 음악가라면 라파엘로Raffaello의 마돈나 그림을 연구해야 하며, 화가라면 모차르트의 교향곡을 공부해야 한다. 그럼으로써 서로 똑같은 이점을 얻게 된다. 더 나아가서 배우가 조각을 공부하면 동작의 틀이 잡힐 것이고 조각가가 연극에 대해 탐구하다 보면 그의 작품은 배우와 같은 생명을 갖게 될 것이다. 화가는 시를 그림으로 바꾸고 음악가는 그림에 음악성을 부여한다."

어떤 사람들은 이런 전 분야적이고 분야를 넘나드는 소양을 키우는 일을 아주 극단적인 지점까지 밀어붙이기도 한다. 시인 게리 스나이더Gary Snyder*의 예를 들자면, 그는 아주 뛰어난 정비공이나 요리사는 시의 대가 못지않게 시작詩作에 대해 가르칠 수 있다는 주장을 편다. "부품이나 재료를 다루고 작업을 하려면 머리 쓰는 법을 배워야겠죠. 여러 가지 것들을 조합하거나 조립하는 법도 알아야 할 테고요. 이게 바로 진짜 유추라는 겁니다. 대가는 어디서나 대가입니다. 시인이 되고 싶다면 정비나 요리의 대가라고 생각하는 사람들을 찾아가봐야 합니다. 그런 사람들 밑에서 공부하는 게 대가가 아닌 시인 밑에서 공부하는 것보다 시인이 되는 데 훨씬 유리할 테니까요."

어떤 박식가들은 자신들의 다양한 관심사와 취미활동을 본격적으로 발전시켜 복수의 직업을 갖기도 했다. 수학자이자 시인인 코발레프스카야가 그렇고, 작곡가이며 화학자였던 보로딘도 이 경우에 속한다. 시인이며 물리학자인 카를로스 윌리엄스나 화가 겸 생물학자인 데스몬드 모리스 역시 이 범주에 들어간다.

교육의 목적은 전인을 길러내는 것

박식과 상상력은 서로 동반한다. 경험을 변형할 줄 알고 지식을 통합할 줄 아는 전인들만이 우리를 종합지의 세계로 이끌 수 있다. 생리학자 클로드 베르나르의 말을 빌면 종합지의 세계는 "자연 속의 모든 것이 서로 연결되어 있는" 진정한 이해의 영역이다. 일정한 범위에서 이런 종합지적인 이해는 누구에게나 가능하다. 최고의 미술,

*게리 스나이더
Gery Snyder
1930– , 미국 시인. 비트 제너레이션의 대표자 중 한 사람으로 불교철학에 조예가 깊었다. 주요 시집으로 《잡석》, 《신화와 텍스트》 등이 있다.

최고의 문학, 최고의 과학을 이룩한 그 힘은 최고의 교육을 위해 사용될 수 있다. 지난 수 세기 동안 숱한 혁신가들과 그들의 스승이 그래왔기 때문이다. 스즈키 신이치는 자신의 재능교육 프로그램에 이와 유사한 철학을 도입했는데 이는 아인슈타인이나 그 밖에 음악훈련을 받은 과학자 친구들을 개인적으로 관찰해서 얻어낸 것이다. "나는 음악과 미술에 대한 감수성과 애정이 정치인, 과학자, 사업가, 노동자를 막론하고 모든 사람들에게 아주 중요하다고 믿는다. 우리는 어린아이들을 전문음악가로 만들려고 가르치지는 않는다. 재능교육이란 평생교육이다."

수많은 서구의 교사들 역시 감각과 이성, 감정과 분석, 가장 광범위한 지식과 이해력을 통합하기 위해 애써왔다. 페스탈로치나 마리아 몬테소리 Maria Montessori 같은 교육자들은 분석자료를 놓고 가르칠 때에도 시각적이고 고유수용감각적인 사고방법을 채택해야 한다고 목소리를 높여왔다.

1930년대 바우하우스의 교사들은 일상생활과 미술, 그리고 그 밖에 많은 과목을 통합해서 수업을 진행하려고 노력했다. 사람 모습을 그리는 수업 하나만 놓고 보더라도 오스카 슐레머의 경우 누드나 인물소묘는 물론이고 생물학과 윤리학, 인류학, 연극까지 두루 가르쳤다. 그의 동료교사였던 파울 클레는 수업을 하면서 미술과 관련되는 과목목록을 학생들에게 보여주었는데, 거기엔 자연사, 문헌학, 문학, 철학, 수학까지 포함되어 있었다.

그 밖에 시애틀의 코니시 예술대학에서 머스 커닝햄에게 춤과 안무를 가르쳤던 넬리 코니시 Nellie Cornish 역시 제자들에게 모든 예술과목을 공부하도록 시켰다. 작곡가이자 건축가이며 공학자인 야니스 제나키스는 이렇게 말한다. "예술가, 다시 말해 창조하는 사람은 수학, 논리학, 물리학, 화학, 생물학, 유전학, 고생물학(형태진화를 알려면), 인문과학, 역사학을 망라한 다양한 분야의 식견과 창의성을 갖추고 있어야 한다. 이는 곧 만능이 되어야 한다는 뜻이다. 하지만 명심해야 할 것은 이 모든 것은 '형태와 구조'를 기반으로 두어야 하고 그것들을 지향해야 한다는 점이다."

찰스 스타인메츠는 유니온대학 공대생들에게 그리스어와 라틴어, 역사, 철학 등 교양학부에서 내걸고 있는 모든 과목을 공부할 것을 권하며, "기능적인 훈련 하나만 받아서는 재미있고 유익한 삶을 살아갈 수 없다"라고 역설했다.

이 충고는 스타인메츠가 살았던 시대에만 국한되는 것이 아니라 오늘날에도 여전히 유효하다. 우리에게는 박식가와 개척자가 필요하다. 그들은 상상력이 발흥하는 때가 언제인지 아는 사람들이다. 감각적 체험이 이성과 결합하고, 환상이 실재와 연결되며, 직관이 지성과 짝을 이루고, 가슴속의 열정이 머릿속의 열정과 연합하고, 한 과목에서 획득된 지식이 다른 모든 과목으로 가는 문을 열어젓히는, 그런 때를 아는 사람들인 것이다.

그러므로 교육의 목적은 '전인'을 길러내는 데 있어야 한다. 전인이야말로 축적된 인간의 경험을 한데 집약하여 '전인성 wholeness'을 통해 한 조각 광휘로 타오르게 할 수 있는 사람들인 것이다. 통합교육이 이루고자 하는 바는 오로지 그것 하나이다.

참고문헌

Abbott, Edwin A. 1952. *Flatland: A Romance of Many Dimensions*. New York: Dover

Adams, Ansel, with Mary Street Alinder. 1985. *Ansel Adams: An Autobiography*. Boston: Little, Brown.

Agnew, Neville, and Martha Demas. 1998. "Preserving the Laetoli Footprints." *Scientific American* 279 (Sept.): 44-57.

Alfvèn, Hannes. 1988. "Memoirs of a Dissident Scientist." *American Scientist* 76: 250.

American Heritage. 1985. *A Sense of History: The Best Writing from the Pages of American Heritage*. New York: American Heritage.

Anfam, David A., et al. 1986. *Techniques of the Great Masters of Art*. London: QED.

Anna, Noel. 1984. *Leslie Stephen: The Godless Victorian*. New York: Random House.

Anonymous, eds. 1956. *Art and Artist*. Berkely: University of California Press.

―――. 1966. *The Way of the Scientist*. New York: Simon and Schuster.

―――. 1989. "David Hockney's Melodic Palette." *U.S. News and World Report*, 13 Nov.: 70-71

―――. 1997. "Scientists at Play." *Discover*, Dec.: 78-81.

―――. 1998. "There's the Rub." *Discover*, June: 21

―――. 1999. "Greek Warfare Comes to Campus." *Princeton Alumni Weekly*, 19 May: 11.

Antheil, George. 1945. *Bad Boy of Music*. Garden City, N.Y.: Doubleday, Doran.

Arias, Enrique Alberto. 1989. "Music as Projection of the Kinetic Sense." *Music Review* 50: 1-33.

Arber, Agnes. 1964. *The Mind and the Eye*. Cambridge: Cambridge University Press.

Arnheim, Rudolf. 1969. *Visual Thinking*. Berkeley: University of California Press.

Arom, Simha. 1991. *African PolyPhony and Polyrhythm*. Trans. Martin Thom, Barbara Tuckett, and Raymond boyd. Cambridge: Cambridge University Press.

Ashton, Dore, ed. 1972. *Picasso on Art: A Selection of Views*. New York: DaCapo

Augarde, Tony. 1984. *The Oxford Guide to Word Games*. New York: Oxford University Press.

Auping, Michael, ed. 1989. *Abstraction Geometry Painting: Selected Geometric Abstract Painting in America Since 1945*. New York: Harry N. Abrams.

Bamberger, Jeanne. 1991. "The Laboratory for Making Things." In D.Schon, ed., *The Reflective Turn: Case Studies in and on Educational Practice*. New York: Teachers College Press.

Barlow, Horace, C. Blakemore, and M. Weston-Smith, eds. 1990. *Images and Understanding: Thought about Images, Ideas and Understanding*. Cambridge: Cambridge University Press.

Baum, Harold. 1982. *The Biochemists's Songbook*. Oxford: Pergamon Press.

Benyus, Janine M. 1997. *Biomimicry: Innovation Inspired by Nature*. New York: William Morrow.

Berg, Geri, ed. 1983. *The Visual Arts and Medical Education*. Carbondale, Ill.: Southern Illinois University Press.

Bernard, Claude. 1927. *An Introduction to*

Experimental Medicine. Trans. H. C. Greene. New York: Macmillan.

Bernstein, Leonard. 1976. *The Unanswered Question: Six Talks at Harvard*. Cambridge, Mass.: Harvard University Press.

Beveridge, W. I. B. 1950. *The Art of Scientific Investigation*. New York: W. W. Norton/Vintage Books.

Blackmore, Colin. 1977. *Mechanics of the Mind*. Cambridge: Cambridge University Press.

Bois, Mario, ed. 1967. *Iannis Xenakis: The Man and His Music*. London: Boosey & Hawkes.

Boleslavsky, Richard. 1939. *Acting: The First Six Lessons*. New York: Theatre Arts.

Bower, Bruce. 1998. "Seeing Through Expert Eyes." *Science News* 154, no. 3: 44-46.

Boxer, S. 1987. "Play the Right Bases and You'll Hear Bach." *Discover*, Mar.: 10-12.

Branscomb, Lewis M. 1986. "The Unity of Science." *American Scientist* 74: 4.

Braun, Marta. 1992. *Picturing Time: The Work of Etienne-Jules Marey(1830-1904)*. Chicago: University of Chicago Press.

Brewer, S., and T. Shubik. 1979. *The War Game: A Critique of Military Problem Solving*. Cambridge, Mass.: Harvard University Press.

Broad, William J. 1984. "Tracing the Skeins of Matter" (interview with Peter A. Carruthers). *New York Times Magazine*, 6 May: 54-62.

Bronowiski, Jacob. 1956. *Science and Human Values*. New York: Harper and Row.

———. 1978. *The Origins of Knowledge and Imagination*. New Haven: Yale University Press.

Brooks, Chandler M. 1966. "Trends in Physiological Thought." In C. M. Brooks, ed., *The Future of Biology*. New York: New York University Press.

Brooks, Geraldine. 1998. " The Quarter-Acre Universe." *New York Times Magazine*, 27 Sept.: 108.

Brosterman, Norman. 1997. *Inventing Kindergarten*. New York: Abrams.

Brown, Jean Morrison, ed. 1979. *The Vision of Modern Dance*. Princeton: Princeton Book Co.

Brown, Maurice, and Diana Korzenik. 1993. *Art Making and Education*. Urbana: University of Illinois Press.

Brown, Phillida. 1993. "A Model Approach to TB." *New Scientist*, 4 Sept.: 47-48.

Bryant, Adam. 1998. "Duffers Need Not Apply." *New York Times*, 31 May, sec. 3:1, 9.

Buber, Martin. 1920. *Die Rede, die Lehre, und das Lied*. Leipzig: Vieweg.

Burkholder, J. Peter. 1985. *Charles Ives: The Ideas Behind the Music*. New Haven: Yale University Press.

Byrom, Thomas. 1977. *Nonsense and Wonder: The Poem and Cartoons of Edward Lear*. New York: E. P. Dutton.

Cannon, Walter. 1945. *The Way of the Investigator*. New York: Hafner.

Cassidy, John, Paul Doherty, and Pat Murphy. 1997. *Zap Science*. Palo Alto, Calif.: Klutz Books.

Cather, Willa. 1920. *On Writing: Critical Studies on Writing as an Art*. Reprint, 1968: New York: Alfred A. Knopf.

Chandrasekhar, Subrahmanyan. 1987. *Truth and Beauty: Aesthetic and Motivations in Science*. Chicago: University of Chicago Press.

Chaplin, Charles. 1964. *My Autobiography*. New York: Simon and Schuster.

Cheney, Margaret. 1981. *Tesla: Man Out of Time*. New York: Dorset.

Cipra, Barry. 1992. "Cross-Disciplinary Artists Know Good Math When They See It." *Science* 257: 748-49.

———. 1997. "How to Play Platonic Billiards." *Science* 275: 1070.

———. 1998. "Proving a Link between Logic and Origami." *Science* 279: 804-5.

Clark, Ronald W. 1971. *Einstein: The Life and Times*. New York: World.

Clarke, Arthur C., and Gentry Lee. 1989. *RAMA II*. New York: Bantam.

Cohen, Milton A. 1987. *PoetandPainter: The Aesthetics of E. E. Cummings's Early Work*. Detroit:

Wayne State University Press.

Cohen, Morton N., ed. 1989. *Lewis Carroll: Interviews and Recollections*. London: Macmillan.

Cole, Allison. 1993. *Color: An Eyewitness Book*. London: Dorling Kindersley.

Cole, K. C. 1985. *Sympathetic Vibrations: Reflections on Physics as a Way of Life*. New York: Bantam.

Colebrook, Leonard. 1954. *Almroth Wright: Provocative Doctor and Thinker*. London: Heinemann.

Collin, Brent. 1991. "Wood Sculpture and Topological Allegories." Exhibit brochure, AAAS Art of Science and Technology Program, Washington, D.C., 9 Apr.-7 June.

Connelly, Robert, and Allen Back. 1998. "Mathematics and Tensegrity." *American Scientist* 86: 142-51.

Copland, Aaron. 1957. *What to listen for in Music*. New York: McGraw-Hill.

Coulehan, Jack. 1933. "Physician as Poet, Poem as Patient." *Poets & Writers Magazine*, Mar./Apr.: 57-59.

Cow, Meki. 1999. "Researchers Have Nose for Diagnosis." *Lansing State Journal*, 8 June: 2A.

Critchell, Samantha. 1998. "Dessert Master Shares." *Lansing State Journal*, 21 Dec.: 8D.

———. 1999. "Chicago Restaurateur Maestro in the Kitchen." *Lansing State Journal*, 11 Jan.: 5D.

Critchley, Macdonald. 1953. "Tactile Thought, with Special Reference to the Blind." *Brain* 76: 19-35.

Cummings, E. E. 1925. "The Adult, the Artist and the Circus." *Vanity Fair*, Oct.: 57, 98.

———. 1962. *73 poems*. New York: Harcourt, Brace Jovanovich.

Cunningham, Merce. 1968. *Changes: Notes on Choreography*. New York: Something Else Press.

Curtin, Deane, ed. 1982. *The Aesthetic Dimension of Science*. The Sixteenth Nobel Conference, 1980. New York: Philosophical Library.

Cytowic, Richard E. 1989. *Synesthesia: A Union of the Senses*. New York: Springer-Verlag.

———. 1993. *The Man Who Tasted Shapes*. New York: G. P. Putnam's Sons.

Dale, Alzina Stone. 1985. *The Art of G. K. Chesterton*. Chicago: Loyola University Press.

Damasio, Antonio R. 1994. *Descartes's Error: Emotion, Reason, and the Human Brain*. New York: G. P. Putnam's Sons.

Davies, Graham, Haydn Ellis, and John Shepherd, eds. 1981. *Perceiving and Remembering Face*. New York: Academic Press.

Davis, Philip J., and Reuben Hersh. 1981. *The Mathematical Experience*. Boston: Houghton Mifflin.

Davy, Humphry. 1840. "Parallels Between Art and Science." *The Collected Works of Sir Humphry Davy*. Vol. 8. Ed. John Davy. London: Smith and Cornhill.

De Mille, Agnes. 1951. *Dance to the Piper*. London: Hamilton.

———. 1973. *Speak to Me, Dance with Me*. Boston: Little, Brown.

———. 1978. *Where the Wings Grow*. Garden City, N. Y.: Doubleday.

Deregowski, J. B. 1980. *Illusions, Patterns and Pictures: A Cross-Cultural Perspective*. New York: Academic Press.

Dewey, John. 1934. *Art as Experience*. New York: Minton, Balch.

Diderot, Denis. 1966. "Conversation Between D'Alembert and Diderot." *In Rameau's Nephew and D'Alembert's Dream*. Trans. L. W. Tancock. Pp. 149-64. London: Penguin.

Digby, Joan, and Bob Brier, eds. 1977. *Permutations: Reading in Science and Literature*. New York: William Morrow.

Dodwell, P. C. 1970. *Visual Pattern Recognition*. New York: Holt, Rinehart and Winston.

Dos Passos, John. 1966. *Best Times: An Informal Memoir*. New York: New American Library.

Droste, Magdelena. 1990. *Bauhaus: 1919-1933*. Berlin: Taschen.

Dubal, David. 1984. *Reflections from the Keyboard: The World of The Concert Pianist*. New York: Summit Books.

Duke, Charles R., and Sally A. Jacobsen, eds. 1983. *Reading and Writing Poetry*. Phoenix, Ariz.: Oryx Press.

Du Maurier, Daphne. 1977. *Myself When Young: The Shaping of a Writer*. Garden City, N. Y.: Doubleday.

Dyson, Freeman. 1979. "The World of the Scientist-Part II." *The New Yorker*, 13 Aug.: 64-88.

Eber, Dorothy. 1982. *Genius at Work: Images of Alexander Graham Bell*. New York: Viking.

Edelglass, Stephen, Georg Maier, Hans Gebert, and John Davy. 1997. *The Marriage of Sense and Thought: Imaginative Participation in Science*. Hudson, N. Y.: Lindisfarne Books.

Edwards, John. 1990. "Rediscovering Ignorance." *Research in Science Education* 20: 1-7.

Eisenstein, Sergei. 1949. *Film Form: Essays in Film Theory*. Trans. Jay Leyda. New York: Harcourt, Brace and World.

Eisner, Thomas, et al. 1988. "Seventy-Five Reasons to Become a Scientist." *American Scientist* 76: 451.

Eliot, George. 1885. *George Eliot's Life*. 3 vols. Boston: Dana Estes.

Ennion, E. A. R., and N. Tinbergon. 1967. *Tracks*. Oxford: Clarendon Press.

Epel, Naomi, ed. 1993. *Writes Dreaming*. New York: Vintage Press.

Ernst, Bruno. 1992. *Optical Illusions*. Cologne: Taschen.

Escher, M. C. 1989. *Escher on Escher: Exploring the Infinite*. Trans. Karin Ford. New York: Harry N. Abrams.

Evans, Myfanwy. 1939. *The Painter's Object*. London: Gerald Howe.

Featherstone, Donald F. 1962. *War Games*. London: Stanley Paul.

Fenzl, Christine. 1997. "Journey to the Center of the Egg"(on Christiane Nüsslein-Volhard). *New York Times Magazine*, 12 Oct.: 42-45.

Ferguson, Claire. 1994. *Helaman Ferguson: Mathematics in Stone and Bronze*. Erie, Pa: Meridian Creative Group.

Ferguson, Eugene S. 1992. *Engineering and the Mind's Eye*. Cambridge, Mass.: MIT Press.

Feynman, Richard. 1985a. *The Character of Physical Law*. Cambridge, Mass.: MIT Press.

_____. 1985b. *Surely You're Joking, Mr. Feynman!* New York: W. W. Norton.

_____. 1988. *What Do You Care What Other People Think?* New York: W. W. Norton.

Fischer, Gerd. 1986. *Mathematische Modelle. Mathematical Models*. 2. vols. Braunschweig/Wiesbaden, Germany: Vieweg und Sohn.

Flam, Faye. 1991. "Move Over, Mendeleyev." *Science* 252: 648-50.

Flam, Jack D. 1973. *Matisse on Art*. Reprint, 1978: New York: Dutton.

Fleischman, Paul. 1988. *Joyful Noise: Poems for Two Voices*. New York: Harper and Row.

Florman, Samuel C. 1982. *Blaming Technology*. New York: St. Martin's Press.

Frayling, Christopher, Helen Fraylng, and Ron Van der Meer. 1992. *The Art Pack*. New York: Alfred A. Knopf.

Freudenthal, Hans, ed. 1961. *The Concept and the Role of the Model in Mathematics and Natural and Social Sciences*. Dordrecht, Netherlands: Reidel.

Frost, Robert. 1969. *The Poetry of Robert Frost*. Ed. Edward C. Lathem. New York: Henry Holt.

Fuller, Loie. 1913. *Fifteen Years of a Dancer's Life*. London: Herbert Jenkins.

Fuller, R. Buckminster. 1979. *R. Buckminster Fuller on Education*. Ed. P. H. Wagschall and R. D. Kahn. Amherst: University of Massachusetts Press.

Fusell, Paul, Jr. 1965. *Poetic Meter and Poetic Form*. New York: Random House.

Galton, Francis. 1874. *English Men of Science: Their Nature and Nurture*. London: Macmillan.

_____. 1883. *Inquiries into Human Faculty and Its Development*. Reprint, 1928: New York: E. P. Dutton.

_____. 1892. *Hereditary Genius*. Reprint, 1972: Gloucester, Mass.: Peter Smith.

Gamow, George. 1966. *Thirty Years That Shook*

Physics: The Story of Quantum Theory. Garden City, N. Y.: Doubleday.

Gardiner, Martin F., Alan Fox, Faith Knowles, and Donna Jeffrey. 1996. "Learning Improved by Arts Training." *Nature* 381:284.

Gardner, Howard. 1983. *Frames of Mind: The Theory of Multiple Intelligences*. New York: Basic Books.

———. 1993. *Creating Minds: An Anatomy of Creativity*. New York: Basic Books.

Gardner, Martin. 1963. "on 'Rep-tiles,' Polygons That Can Make Larger and Smaller Copies of Themselves." *Scientific American* 208 (May): 154-64.

———. 1974. "The Curious Magic of Anamorphic Art." *Scientific American* 232: 110-16.

———. 1977. "Extraordinary Nonperiodic Tiling That Enriches the Theory of Tiles." *Scientific American* 233:110-14.

———. 1978. *Aha! Insight*. San Francisco: W. H. Freeman.

George, William Herbert. 1936. *The Scientist in Action: A Scientific Study of His Methods*. London: Williams and Norgate.

Gettings, Frank. 1976. *E. E. Cummings: The Poet and Artist*. Exhibition Catalogue, Hirshhorn Museum and Sculpture Garden, Smithsonian Institution, Washington, D. C.

Ghiselin, Brewster, ed. 1952. *The Creative Process*. Berkeley: University of California Press.

Gilbert, G. Nigel, and Michael Mulkay. 1984. *Opening Pandora's Box: A Sociological Analysis of Scientists' Discourse*. Cambridge: Cambridge University Press.

Girard, François. 1995. *Thirty-Two Short Films about Glenn Gould*. Columbia Tristar Home Video.

Gleick, James. 1984. "Solving the Mathematical Riddle of Chaos." *New York Times Magazine*, 10 June: 31-71.

———. 1987. *Chaos: Making a New Science*. New York: Viking.

———. 1992. *Genius: The Life and Science of Richard Feynman*. New York: Pantheon.

Golani, I., D. L. Wolgin, and p. Teitelbaum. 1979. "A Proposed Natural Geometry of Recovery from Akinesia in the Lateral Hypothalamic Rat." *Brain Research* 164: 237-67.

Goodall, Jane. 1986. *The Chimpanzees of Gombe: Patterns of Behavior*. Cambridge, Mass.: Belknap Press of Harvard University Press.

Goodman, Micheal E. 1994. *Edwin Arlington Robinson*. Mankato, Minn.: Creative Education.

Goossen, E. C. 1973. *Ellsworth Kelly*. New York: Museum of Modern Art.

Gordon, William J. J. 1961. *Synectics: The Development of Creative Capacity*. New York: Harper and Row.

Graham, Martha. 1991. *Blood Memory*. New York: Doubleday.

Grandin, Temple. 1995. *Thinking in Pictures and Other Reports from My Life with Autism*. New York: Doubleday.

Greenburg, Jan. and Sandra Jordan. 1993. *The Sculptor's Eye: Looking at Contemporary American Art*. New York: Delacorte Press.

Gregory, Richard, and E. H. Gombrich, eds. 1980. *Illusion in Nature and Art*. New York: Charles Scribner's Sons.

Griffin, Donald. 1984. *Animal Thinking*. Cambridge, Mass.: Harvard University Press.

Griss, Susan. 1994. "Creative Movement: A Language for Learning." *Educational Leadership* 51, no. 5:78-80.

Grosskurth, Phyllis. 1968. *Leslie Stephen*. London: Longmans, Green.

Gruber, Howard E. 1984. *Darwin on Man: A Psychological Study of Scientific Creativity*. 2nd ed. Chicago: University of Chicago Press.

———. 1988. "The Evolving Systems Approach to Cre-ative Work." *Creativity Research Journal* 1: 27-51. Also in D. B. Wallace and H. E. Gruber, eds. 1989. Creative People at Work. Pp. 3-24. New York: Oxford University Press.

Gucwa, David, and James Ehmann. 1985. *To Whom It May Concern: An Investigation of the Art of Elephants*. New York: W. W. Norton.

Gustin, W. 1985. "The Development of Exceptional Research Mathematicians." In Benjamin Bloom, ed. *Developing Talent in Young People*. New York: Ballantine Books.

Hadamard, Jacques. 1945. *The Psychology of Invention in the Mathematical Field*. Princeton: Princeton University Press.

Halberg, Franz, and Julia, Francine, and Erna Halberg. 1973. "Reading, 'Riting', 'Rithmetic', and Rhythms: A New 'Relevant' 'R' in the Educative Process." *Perspectives in Biology and Medicine* 17: 128-41.

Haldane, J. B. S. 1928. *Possible Worlds*. New York: Harper.

_____. 1976. *The Man with Two Memories*. London: Merlin Press.

Hale, Cabot Nathan. 1972. *Abstraction in Art and Nature: A Program of Study for Artist, Teachers, and Students*. New York: Watson-Guptill.

Hall, Donald, ed. 1985. *The Oxford Book of Children's Verse in America*. New York: Oxford University Press.

Hammond, Wayne G., and Christina Scull. 1995. *J. R. R. Tolkine, Artist and Illustrator*. Boston: Houghton Mifflin.

Harding, Rosamond E. M. 1967. *An Anatomy of Inspiration*. 2nd ed. London: Frank Cass.

Hark, Ina Rae. 1982. *Edward Lear*. Boston: Twayne.

Harrison, Charles, and Paul Wood, eds. 1992. *Art in Theory, 1900-1990*. Oxford: Blackwell.

Harrison, J., and S. Baron-Cohen. 1995. "Synaesthesia: Reconciling the Subjective with the Objective." *Endeavour 19*, no. 4: 157-60.

Hasseler, M., N. Birbaumer, and A. Feil. 1985. "Musical Talent and Visual-Spatial Abilities: A Longitudinal Study." *Psychology of Music* 14: 99-113.

Hayashi, K., and N. Munakata. 1984. "Basically Musical." *Nature* 310: 96.

Hayes, Brian. 1995. "Pleasures of Plication." *American Scientist* 83: 504-8.

Hearst, Eliot. 1991. "Psychology and Nothing." *American Scientist* 79: 432-43.

Hearth, A. E. 1947. "Analogy as a Scientific Tool." *Rationalist Annual*: 51-58.

Heidemann, Steven R. 1993. "A New Twist on Integrins and the Cytoskelecton." *Science* 260: 1080-81.

Heisenberg, Werner. 1974. *Across the Frontiers*. Trans. Peter Heath. New York: Harper and Row.

Herbert, Robert L., ed. 1964. *Modern Artists on Art: Ten Unabridged Essays*. Englewood Cliffs, N. J.: Prentice-Hall.

Hermann, Evelyn. 1981. *Shinichi Suzuki: The Man and His Philosophy*. Athens, Ohio: Senzay.

Higginson, William J., with Penny Harter. 1985. *The Haiku Handbook: How to Write, Share, and Teach Haiku*. New York: Kodansha International.

Highfield, Robert, and Paul Carter. 1994. *The Private Lives of Albert Einstein*. New York: St. Martin's Press.

Highwater, Jamake. 1978. *Dance: Rituals of Experience*. New York: Alfred van der Marck.

Hindle, Brook. 1981. *Emulation and Invention*. New York: New York University Press.

Hjerter, Kathleen. 1986. *Doubly Gifted: The Author as Visual Artist*. New York: Harry N. Abrams.

Hobbs, Christine. 1985. "A Comparison of the Music Aptitude, Scholastic Aptitude, and Academic Achievement of Young Children." *Psychology of Music* 14: 93-98.

Hoffmann, Roald. 1988. "How I Work As Poet and Scientist." *The Scientist*, 21 Mar.: 10.

_____. 1988. *The Metamict State*. Orlando: University of Florida Press.

Holden, Constance. 1998. "Leveling the Playing Field for Scientists with Disabilities." *Science* 282: 36-37.

Holton, Gerald. 1972. *On Trying to Understand Scientific Genius*. New York: Cooper Union School of Art and Architecture. Reprinted in Holton. 1978. *The Scientific Imagination: Case Studies*. Cambridge, Mass.: Harvard University Press.

Holyoak, Keith J., and Thagard, Paul. 1995. *Mental Leaps: Analogy in Creative Thought*. Cambridge,

Mass.: MIT Press.

Hong, E., R. M. Milgram, and S. C. Whiston. 1993. "Leisure Activities in Adolescence as a Predictor of Occupational Choice in Young Adults: A Longitudinal Study." *Journal of Career Development* 19: 221-29.

Horgan, John. 1991. "Profile: Thomas Eisner." *Scientific American*, Dec.: 60-61.

Horgan, Paul. 1964. *Things As They Are*. New York: Farrar, Straus and Giroux.

———. 1973. *Approaches to Writing*. New York: Farrar, Straus and Giroux.

Horosko, Marian, ed. 1991. *Martha Graham: The Evolution of Her Dance Theory and Training, 1926-1991*. Chicago: a cappella books (Chicago Review Press).

Humphry, Doris. 1959. *The Art of Making Dances*. Ed. Barbara Pollock. New York: Grove Press.

Hutchinson, Eliot Dole. 1959. *How to Think Creatively*. New York: Abington-Cokes-bury Press.

Huxley, Aldous. 1963. *Literature and Science*. New York: Harper and Row.

Huxley, Julian. 1932. *Problems of Relative Growth*. New York: Dial Press.

Ifrah, Georges. 1985. *From One to Zero: A Universal History of Numbers*. New York: Viking.

Infeld, Leopold. 1941. *Albert Einstein: His Work and Its Influence on the World*. New York: Charles Scribner's Sons.

Ingber, Donald E. 1998. "The Architecture of Life." *Scientific American* 278(Jan.): 48-57.

Ives, Charles. 1962. *Essays Before a Sonata, the Majority, and Other Writings*. New York: W. W. Norton.

Jackson, Brenda. 1972. *Model Making in Schools*. New York: Van Nostrand Reinhold

Jacob, François. 1988. *The Statue Withing: An Autobiography*. New York: Basic Books.

Jaki, Stanley L. 1988. *The Physicist as Artist: The Landscapes of Pierre Duhem*. Edinburgh: Schottish Academic Press.

Jana, Reena. 1998. "Toying with Science." *New York Times Magazine*. Pt. 2: Home Design. Fall: 22, 24, 50, 56.

Jefferson, Margo. 1995. "A Journey to a Mysterious Country: The Mind." *New York Times*, 26 Mar.: Pt. H: 7.

Jennerod, M. 1994. "The Representing Brain: Neural Correlates of Motor Intention and Imagery." *Behavioral and Brain Sciences* 17: 187-245.

Johnson, Samuel. 1899. *Rasselas*. Oxford: Clarendon Press.

John-Steiner, Vera. 1985. *Notebooks of the Mind: Explorations of Thinking*. Albuqurque: University of New Mexico Press.

Jones, Caroline A., and Peter Galison, eds. 1998. *Picturing Science, Producing Art*. New York: Routledge.

Jourdain, Robert. 1997. *Music, The Brain, and Ecstasy: How Music Captures Our Imagination*. New York: William Morrow.

Judson, H. F. 1980. *The Search for Solutions*. New York: Hot, Rinehart, and Winston.

Jung, C. G. 1963. *Memories, Dreams, Reflections*. Ed. Aniela Jaffe, trans. Richard and Clara Winston. New York: Pantheon Books.

———. 1979. *Word and Image*. Ed. Aniela Jaffe. Princeton: Princeton University Press.

Kagan, Andrew. 1983. *Paul Klee/ Art and Music*. Ithaca, N.Y.: Cornell University Press.

Kandinsky, Wassily. 1913. *Reminiscences*. In Herbert, Robert L. 1964. *Modern Artists on Art*. Englewood Cliffs, N.J.: Prentice-Hall.

Keller, Evelyn Fox. 1983. *A Feeling for the Organism: The Life and Work of Barbara McClintock*. San Francisco: W. H. Freeman.

Keller, Helen. 1902. *The Story of My Life, with Her Letters(1887-1901) and a Supplementary Account of Her Education··· by John Ablert Macy*. New York: Grosset and Dunlap.

———. 1920. *The World I Live In*. New York: Century.

Kelly, Richard. 1996. *The Art of George Du Maurier*. Aldershot, Eng.: Scholar Press.

Kemp, Martin. 1990. *The Science of Art*. New Haven: Yale University Press.

Kennedy, X. J. 1978. *An Introduction to Poetry*. 4th ed. Boston: Little, Brown.

Kepes, Gyorgy, ed. 1965. *Education of Vision*. New York: George Braziller.

_____. 1965. *Structure in Art and in Science*. New York: George Braziller.

_____. 1965. *The Nature and Art of Motion*. New York: George Braziller.

_____. 1965. *The Man-Made Object*. New York: George Braziller.

_____. 1965. *Module, Proportion, Symmetry, Rhythm*. New York: George Braziller.

_____. 1965. *Sign, Image, and Symbol*. New York: George Braziller.

Khayyam, Omar. 1941. *The Rubaiyat of Omar Khayyam*. Trans. E. Fitzgerald. New York: Pocket Books.

Kim, Scott. 1981. *Inversions*. Cambridge, Mass: MIT Press.

King, James Roy. 1996. *Remaking the World: Modeling in Human Experience*. Chicago: University of Illinois Press.

Kirkland, Gelsey, with Greg Lawrence. 1987. *Dancing on My Grave*. New York: Jove Books.

Kisselgoff, Anna. 1999. "Ceaseless Novelty in a Lifetime of Dance." *New York Times*, 18 July, sec. 2: 1, 7.

Kleinfeld, Sonny. 1985. *A Machine Called Indomitable*. New York: Times Books.

Klosty, James, ed. 1975. *Merce Cunningham*. New York: E. P. Dutton.

Kneller, George F. 1978. *Science as a Human Endeavor*. New York: Columbia University Press.

Knudtson, P. M. S. 1985. "Ramón y Cajal: Painter of Neurons." *Discover* 85: 66-72.

Koch, Kenneth, and Kate Farrell, eds. 1985. *Talking to the Sun*. New York: Metropolitan Museum of Art and Henry Holt.

Kock, Winston. 1978. *The Creative Engineer: The Art of Inventing*. New York: Plenum Press.

Koestler, Arthur. 1976. *The Act of Creation*. London: Hutchinson.

Kostalenetz, Richard, and Robert Flemming, eds. 1997. *Writings on Glass: Essays, Interviews, Criticism*. New York: Schirmer Books.

Kowalevskaja, Sophia. 1978. *A Russian Childhood*. Trans. B. Stillman. New York: Springer-Verlag.

Krebs, Hans A., and Julian H. Shelley, eds. 1975. *The Creative Process in Science and Medicine*. Amsterdam: Excerpta Medica/ American Elsevier.

Kuhn, Thomas. 1979. *Black Body Theory*. Chicago: University of Chicago Press.

Langdon, John. 1992. *Wordplay*. New York: Harcourt Brace Jovanovich.

Leakey, Mary. 1984. *Disclosing the Past: An Autobiography*. Garden City, N. Y.: Doubleday.

L'Echevin, Patrick. 1981. *Musique et Médecine*. Paris: Stock-Musique.

Lee, Hermione. 1996. *Virginia Woolf*. London: Chatto and Windus.

Leeman, Fred, Joost Elffers, and Mike Schuyt. 1976. *Hidden Images: Games of Perception, Anamorphic Art, Illusion*. New York: Harry N. Abrams.

LeGuin, Ursula. 1976. *Introduction to The Left Hand of Darkness*. New York: Ace Books.

Lehman, Arnold, and Brenda Richardson, eds. 1986. *Oskar Schlemmer*. Baltimore: Baltimore Museum of Art.

Lejmann, John F. 1972. *Lewis Carroll and the Spirit of Nonsense*. Nottingham: University of Nottingham.

Lehto, Olli. 1980. "Rolf Nevanlinna." *Suomalainen Tiedeakatemia Vuosikiria*/ Finnish Academy of Sciences Yearbooks: 108-12.

Lester, James. 1994. *Too Marvelous for Words: The Life and Genius of Art Tatum*. New York: Oxford University Press.

Levarie, S. 1980. "Music as a Structural Model." *Journal of Social and Biological Structures* 3: 237-45.

Levi, Primo, and Tullio Regge. 1989. *Dialogo*. Trans. Raymond Rosenthal. Princeton University Press.

Levi-Montalcini, Rita. 1988. *In Praise of Imperfection:*

My Life and Work. Trans. L. Attardi. New York: Basic Books.

Levine, Sigmund A. 1960. *Kettering: Master Inventor.* New York: Dodd, Mead.

Lightman, Alan. 1992. "The One and Only." *New York Times Book Review*, 17 Dec.: 34-36.

Lightman, Alan, and Roberta Brawer. 1990. *Origins: The Lives and Worlds of Modern Cosmologists.* Cambridge, Mass.: Harvard University Press.

Lorenz, Konrad. 1952. *King Solomon's Ring.* New York: Thomas Crowell.

Lowell, Amy. 1930. *Poetry and Poets: Essays.* Boston: Houghton Mifflin.

Loyd, Sam. 1912. *Sam Loyd's Puzzles.* Philadelphia: David McKay.

Lyons, Albert S., and R. Joseph Petrucelli. 1978. *Medicine: An Illustrated History.* New York: Harry N. Abrams.

Macfarlane, Gwyn. 1984. *Alexander Fleming: The Man and the Myth.* Cambridge, Mass.: Harvard University Press.

Mach, Elyse. 1980. *Great Pianists Speaks for Themselves.* New York: Dodd, Mead.

Mach, Ernst. 1926. *Knowledge and Error: Sketches on the Psychology of Enquiry.* Ed. T. J. McCormack and P. Foulkes. Reprint, 1976: Dordrecht, Netherlands: Reidel.

MacKenzie, Norman, and Jeanne MacKenzie. 1973. *H. G. Wells.* New York: Simon and Schuster.

MacLean, Norman. 1992. *A River Runs Through It and Other Stories.* New York: Simon and Schuster.

Macmillan, Bill. 1989. *Remodelling Geography: Model Building as a Method of Geographical Enquiry.* London: Blackwell.

Mancewicz, Bernice Winslow. 1969. *Alexander Calder: A Pictorial Essay.* Grand Rapids, Mich.: William B. Eerdman.

Mandelbrojt, Jacques. 1994. "In Search of the Specificity of Art." *Leonardo* 27:185-88.

Marey, Etienne-Jules. 1895. *Movement.* New York: D. Appleton.

Margulies, Alfred. 1989. *The Empathic Imagination.* New York: W. W. Norton.

Marks, Lawrence E., Robin J. Hammeal, and Marc H. Bornstein. 1987. "Perceiving Similarity and Comprehending Metaphor." *Monographs of the Society for Research in Child Development* 52, no. 1: 1-102.

Marter, Joan M. 1991. *Alexander Calder.* Cambridge: Cambridge University Press.

Martin, John. 1939. *Introduction to the Dance.* New York: W. W. Norton.

Maurois, André. 1959. *The Life of Sir Alexander Fleming, Discover of Penicillin.* Trans. Gerard Hopkins. London: Jonathan Cape.

Mays, Patricia J. 1999. "Rocket Scientist Invents Squirt Gun." *Lansing State Journal*, 24 Jan.: 5A.

Mazurs, E. G., 1974. *Graphic Representations of the Periodic System During One Hundred Years.* Tuscaloosa: University of Alabama Press.

Mead, Margaret. 1974. "What I Think I Have Learned about Education." *Education* 94, no. 4(Apr.-May): 291-406.

Meeker, J. W. 1978. "The Imminent Alliance: New Connections among Arts, Science, and Technology." *Technology and Cultures* 19: 187-98.

Menuhin, Yehudi. 1972. *Theme and Variations.* New York: Stein and Day.

———. 1997. *Unfinished Journey: Twenty Years Later.* New York: Fromm International.

Mercier, Ann M. 1990. "NASA's Halem Illustrates Need for Info Visualization." *Federal Computer Weekly*, 8 Oct.: 28, 35.

Messiaen, Olivier. 1986. *Musique et Couleur: Nouveaux entretiens avec Claude Samuel.* Paris: Pierre Belfond.

Milgram, Roberta, and E. Hong. 1993. "Creative Thinking and Creative Performance in Adolescents as Predictors of Creative Attainments in Adults: A Follow-up Study after 18 Years." IN R. Subotnik and K. Arnold, eds. *Beyond Terman: Longitudinal Studies in Contemporary Gifted Education.* Norwood, N. J.: Ablex.

Miller, Arthur I. 1984. *Imagery in Scientific Thought.*

Boston: Birkhauser.

Miller, Stephen. 1973. "End, Means, and Galumphing: Some Leitmotifs of Play." *America Anthropologist* 75: 87-98.

Mitchell, Alice L., ed. and Trans. 1983. *Carl Czerny: A Systematic Introduction to Improvisation on the Pianoforte*. New York: Longman.

Moholy-Nagy, L. 1947. *Vision in Motion*. Chicago: Paul Theo Bald.

Molella, Arthur. 1998. "From the Director." *Lemelson Center News* 3, no. 2.

Mondrian, Piet. 1995. *Natural Reality and Abstract Reality*. Trans. Martin S. James. New York: George Braziller.

Monod, Jacques. 1970. *Le Hasard et la necessité*. Paris: Le Seuil.

Moore, Henry. 1934. "The Sculptor's Aims." In Robert L. Herbert, ed. 1964. *Modern Artists on Arts*. Englewood Cliffes, N. J.: Prentice-Hall.

Morgan, Louise. 1931. *Writers at Work*. London: Chatto and Windus.

Morgenstern, Sam, ed. 1956. *Composers on Music: An Anthology of Composers' Writings*. London: Faber and Faber.

Morris, Desmond. 1971. "The Naked Artist." *Observer Magazine*, 10 Oct.: 22-25.

_____. 1980. *Animal Days*. New York: Williams Morrow.

_____. 1987. *The Secret Surrealist: The Painting of Desmond Morris*. Oxford: Phaidon.

Morrison, jim. 1993. "Bedside Matters." *American Way Magazine*, 1 Oct.: 48-51.

Morrison, Philip, Phylis Morrison, and the Office of Charles and Ray Eames. 1982. *Powers of Ten*. New York: Scientific American Library.

Moulton, F. R. and J. J. Schifferes, eds. 1960. *The Autobiography of Science*. 2nd ed. Garden City, N. Y.: Doubleday.

Muckand, Jon. 1990. *Vital Lines: Contemporary Fiction about Medicine*. New York: St. Martin's Press.

Munthe, Nellie. 1983. *Meet Mattse*. Boston: Little, Brown.

Nabokov, Vladimir. 1947. *Speak, Memory: An Autobiography Revisited*. Reprint, 1966: New York: G. P. Putnam's Sons.

_____. 1980. *Lectures on Literature*. Ed. Fredsom Browers. New York: Harcourt Brace Javanovich.

Nachmanovitch, Stephen. 1990. *Free Play: Improvisaton in Life and Art*. Los Angeles: Jeremy Tarcher.

Nash, S. A. And J. Merkert, eds. 1985. *Naum Gabo: Sixty Years of Constructivism*. New York: Prestel Verlag.

Nelson, David R., and Bertrand I. Halperin. 1985. "Pentagonal and Icosahedral Order In Rapidly Coolde Metals." *Scinece* 229: 233-36.

Noguchi, Isamu. 1994. *Isamu Noguchi: Essays and Conversations*. Ed. Diane Apostolos-Cappadona and Bruce Altschuler. New York: Harry N. Abrams and Isamu Noguchi Foundation.

Nyman Michael. 1974. *Experimental Music: Cage and Beyond*. London: Studio Vista.

Oddleifson, Eric. 1998. *Public Educatnion Rooted in the Arts: Moving from Concept to Practice*. Hingham, Mass.: Center for the Arts in Basic Curriculum.

Odin, Steve. 1986. "Blossom Scents Take Up the Ringing: Synaesthesia in Japanese and Western Aesthetics." *Soundings* 69, no. 3: 256-81.

Ohno, Susumi. 1993. "A Song in Praise of Peptide Palindromes." *Leukemia 7*, suppl. 2: S157-59.

Ohno, Susumi. and Midori Ohno. 1986. "The All Pervasive Principle of Pepetitious man Endeavor in Musical composition." *Immunogenetics* 24: 71-78.

O'keeffe, Georgia. 1976. *Georgia O'Keeffe*. New York: Viking Penguin.

Oster, Gerald, and Yasunori Nakashima. 1963. "Moiré Patterns." *Scinetific American* 208 (May): 54-63.

Packer, William, and Gemma Levine. 1985. *Henry Moore: An Illustrated Biography*. New York: Grove Press.

Padgett, Ron, ed. 1987. *The Teacher and Writers Handbook of Poetic Forms*. New York: Teachers and Writers Collaborative.

Parkinson, S. E., and J. H. Edwards. 1997. "Innovative Visual-Spatial Powers of Dyslexics: A New Perspective?" Internet Service Dyslexia Pater Archive.

Parola, René. 1996. *Optical Art: Theory and Practice*. New York: Dover Press.

Pasteur, Louis. 1939. *Oeuvres de Pasteur*. 7 vols. Paris: Masson.

Pasztor, Louis. 1993. "The Role of Humanities and Arts in Medical Education with Special Reference to Neurosurgery." *Acta Neurochirurgica* 124: 176-78.

Pauling, linus. 1963. "The Genesis of Ideas," in *Proceeding of the Third World Congress of Psychiatry, 1961*. Vol. 1. Tronto: University of Toronto Press.

Pavarotti, Luciano. 1999. Interview, *Morning Editino*, National Public Radio, 7 Jan.

Pearce, Peter. 1978. *Structure in Nature Is a Strategy for Design*. Cambridge, Mass.: MIT Press.

Peterson, Ivars. 1985a. "The Fivefold Way for Crystals." *Science News* 127: 188-89.

———. 1985b. "The Sound of Data." *Science News* 127: 348-50.

———. 1987. "Twists of Space." *Science News* 131: 264-66.

———. 1994. "Bach to Chaos. Chaotic Variations on a Classical Theme." *Science News* 146: 428-29.

———. 1998. "Twists Through Space." *Science News* 154: 143.

———. 1999. "A Quasicrystal Construction Kit." *Science News* 155: 60-61.

Petroski, Henry. 1985. *To Engineer Is Human: The Role of Failure in Successful Design*. New York: St. Martin's Press.

———. 1996. *Invension by Design: How Engineers Get from Thought to Thing*. Cambridge, Mass.: Harvard University Press.

———. 1997. "Design Competition." *America Scientist* 85 : 511-15.

———. 1999. "Work and Play." *American Scientist* 87: 208 -12.

Pfeiffer, John E. 1982. *The Creative Explosion: An Inqury into the Origine of Art and Religion*. New York: Harper and Row.

Piaget, Jean. 1951. *Play, Dreams and Imitaion in Childhood*. New York: W. W. Norton.

Pinet, Helene. 1992. *Rodin: The Hands of Genius*. Trans. Caroline Palmer. New York: Harry N. Abrams.

Planck, Max. 1949. *Scientific Autobiography*. Trans. Frank Gaynor. New York: Philosophical Library.

Paltt, John Rader. 1962. *The Excitement of Science*. Boston: Houghton Mifflin.

Poincaré, Henri. 1913. *The Foundations of Science: Science and Hypothesis: The Value of Science; Science and Method*. 3 vols. Trans. G. B. Halsted. Reprint, 1946: Lancaster, Pa.: Science Press.

Polanyi, Michael. 1958. *Personal Knowledge: Towards a Post-Critical Philosophy*. Chicago: Universitiy or Chicago Press.

Poling, Clark V. 1975. *Bauhaus Color*. Atlanta, Ga.: High Museum of Art.

Pollock, M., ed. 1983. *Common Denominators in Art and Science*. Aberdeen, Scotland: Aberdeen University Press.

Prescott, Frederick C. 1922. *The Poetic Mind*. Ithaca, N. Y.: Great Seal Books.

Quennell, Peter, ed. 1980. *Vladimir Nabokov: His Life, His Works, His World: A Tribute*. New York: William Morrow.

Ramón y Cajal, Santiago. 1937. *Recollections of My Life*. Trans. E. H. Craigie and J. Cano. Cambridge, Mass.: MIT Press.

———. 1951. *Precepts and Counsels on Scientific Investigation: Stimulations of the Spirit*. Trans. J. M. Sanchez-Perez. Mountain View, Calif.: Pacific Press.

Ratliff, Floyd. 1974. "Georg von Békésy: His Life, His Work, and His 'Friends.'" In J. Wirgin, ed. *The Georg von Békéy Collection*. Pp. 15-16. Malmo, Sweden: Allhems Folag.

Rauscher, Fances H., Gordon L. Shaw, and Katherine N. Ky. 1993. "Music and Spatial Task Performance." *Nature* 365: 611.

Rayleigh, Lord. 1942. *The Life of Sir. J. J. Thomson*, O. M. Cambridge: Cambridge University Press.

Read, Herbert. 1943. *Education Through Art*. Peprint, 1957: New York: Pantheon Books.

Reid, Constance. 1973. *A Long Way from Euclid*. New York: T. Y. Crowell.

Remy, Michael. 1991. *The Surrealist World of Desmond Morris*. Trans. Leon Sagaru. London: Jonathan Cape.

Richer, Paul. 1895. *Physiologie artistique l'homme en mouvement*. Paris: Hachette.

Riley, Bridget. 1995. *Bridget Riley: Dialogues on Art*. Ed. Robert Kudielka. London: Zwemmer.

Ritter, Malcolm. 1998. "Doctors from a Distance." *Lansing State Journal*, 8 Apr.: 6D.

Ritterbush, P. C. 1968. *The Art of Organic Forms*. Washington, D. C.: Smithsonian Institution Press.

Robin, Harry. 1992. *The Scientific Image: From Cave to Computer*. New York: Harry N. Abrams.

Robinson, Roxana. 1989. *Georgia O'keeffe: A Life*. New York: Harper and Row.

Roe, Ann. 1953. *The Making of a Scientist*. New York: Dodd, Mead.

Root-Bernstein, M. M. 1997. "Arts Are the 4th 'R' in Education." *Lansing State Journal*, 2 Dec.: 7A.

Root-Bernstein, R. S. 1984A. "Creative Process as a Unifying Theme of Human Cultures." *Daedalus* 113:197-219.

_____. 1984b. "On Paradigms and Revolutions in Science and Art." *Art Journal* 43: 109-18.

_____. 1985. "Visual Thinking: The Art of Imagining Reality." *Transactions of the American Philosophical Society* 75: 50-67.

_____. 1987a. "Tools of Thought: Designing an Intergrated Curriculum for Lifelong Learners." *Roeper Review* 10: 17-21.

_____. 1987b. "Harmony and Beauty in Biomedical Research." *Journal of Molecular and Cellular Cardiology* 19: 1-9.

_____. 1989a. "How Do Scientists Really Think?" *Perspectives in Biology and Medicine* 32: 472-88.

_____. 1989b. *Discovering*. Cambridge, Mass.: Harvard University Press. Reprint, 1999: Replica Press.

_____. 1989c. "Beauty, Truth, and Imagination: A Perspective on the Science and Art of Modeling Atoms." In J. Burroughs, ed. *Snelson's Atom*. Catalogue for Novo Presents: Art at the Academy Exhibit, New York Academy of Science. Pp. 15-20.

_____. 1990. "Sensual Science." *The Sciences,* Sept.-Oct.: 12-14.

_____. 1991. "Exercises for Teaching 'Tools of Thought' in a Multi-disciplinary Setting. I. Abstracting." *Roeper Review* 13: 85-90.

_____. 1996a. "The Sciences and Arts Share a Common Creative Aesthetic." In A. I. Tauber, ed. *The Elusive Synthesis: Aesthetics and Science*. Pp. 49-82. Amsterdam: Kluwer.

_____. 1996b. "Do We Have the Structure of DNA Right? Aesthetic Assumptions, Visual Conventions, and Unsolved Problems." *Art Journal* 55: 47-55.

_____. 1997a. "Art, Imagination and the Scientist." *American Scientist* 85: 6-9.

_____. 1997b. "For the Sake of Science, the Arts Deserve Support." *Chronicle of Higher Education* 43 (11 July): 15.

_____. 1997c. "Hobbled Arts Limit Our Future." Commentary. *Los Angerles Times*, 2 Sept.: B7.

Root-Bernsterin, R. S. and M. M. Root-Bernstein. 1997. *Honey, Mud, Maggots and Other Medical Marvels*. Boston: Houghton Mifflin.

Root-Bernstein, R. S., M. Bernstein, and H. Garnier. 1995. "Correlations Between Avocations, Scientific Style, Work Habits, and Professional Impact of Scientists." *Creativity Research Journal* 8: 115-37.

Rosen, Randy. 1978. *Prints: The Facts and Fun of Collecting*. New York: E. P. Dutton.

Ross, Ronald. 1928. "Ambitions." *In Poems*. London: Elkin, Mattehews, and Marrot.

Rothstein, Edward. 1995. *Emblems of Mind: The Inner Life of Music and Mathematics*. New York: Times Books.

Rouvray, Dennis. 1994. "Elementary, My Dear Mendeleyev." *New Scientist*, 12 Feb.: 36-39.

Rowley, Gill, ed. 1978. *The Book of Music*. Englewood Cliffs, N. J.: Prentice-Hall.

Rukeyser, Muriel. 1942. *Willard Gibbs*. Garden City, N. Y.: Doubleday, Doran.

Sacks, Oliver. 1967. *Awakenings*. New York: E. P. Dutton. Reprint, 1983: New York: Summit.

———. 1987. *The Man Who Mistook His Wife for a Hat*. New York: Harper and Row.

———. 1989. *Seeing Voices: A Journey into the World of the Deaf*. Berkeley: University of California Press.

———. 1995. *An Anthropologist on Mars*. New York: Random House.

Salem, Lionel, Frédéric Testard, and Coralie Salem. 1992. *The Most Beautiful Mathematical Formulas*. New York: John Wiley.

Salmon, André, 1961. *Modigliani: A Memoir*. Trans. D. And. R. Weaver. New York: Putnam.

Sarton, May. 1968. *Plant Dreaming Deep*. New York: Crown.

Sayen, Jamie. 1985. *Einstein in America*. New York: Crown.

Schaer, Barbara, L. Trentham, E. Miller, and S. Isom. 1985. "Logical Development Levels and Visual Perception: Relationships in Undergraduate Engineering Graphic Communications." Paper Presented at the Mid-South Educational Research Association, 6 Nov. 1985, Biloxi, Miss.

Schattschneider, Doris, and Wallace Walker. 1977. *M. C. Escher Kaleidocycles*. Reprint, 1987: Corte Madera, Calif.: Pomegranate Press.

Schillinger, Frances. 1949. *Joseph Schillinger: A Memoir*. New York: Greenberg.

Schillinger, Joseph. 1948. *The Mathematical Basis of The Arts*. New York: Philosophical Library.

Schilpp, Paul A. 1949. *Albert Einstein: Philosopher-Scientist*. 2 vols. New York: Harper Brothers.

Schlemmer, Tut, ed. 1972. *The Letters and Diaries of Oskar Schlemmer*. Trans. Krishna Winston. Middletown, Conn.: Wesleyan University Press.

Schwartz, Paul Waldo. 1969. *The Hand and Eye of the Sculptor*. New York: Praeger.

Seabrook, William. 1941. *Doctor Wood: Modern Wizard of the Laboratory*. New York: Harcourt, Brace.

Service, R. F. 1998. "Breathalyzer Device Sniffs for Disease." *Science* 281: 1431.

Seymour, Alta. 1966. *Charles Steinmetz*. Chicago: Follett.

Shindell, Steve M. 1986. "History and Frequency of Reported Synesthesia." In Milton Wolpin, Joseph E. Shorr, and Lisa Krueger, eds. *Imagery*. Vol. 4, Recent Practice and Theory. New York: Plenum Press.

Shreeve, James. 1993. "Touching the Phantom." *Discover* 14, no. 6: 35-42.

Siler, Todd. 1990. *Breaking the Mind Barrier*. New York: Simon and Schuster.

———. 1996. *Think Like a Genius*. Reprint, 1997: New York: Bantam.

Silverman, Debora L. 1989. *Art Nouveau in Fin-de-Siècle France*. Berkeley: University of California Press.

Simons, Lao Genevra. 1939. *Fabre and Mathematics*. New York: Scripta Mathematica.

Simonton, Dean Keith. 1984. *Genius, Creativity and Leadership*. Cambridge, Mass.: Harvard University Press.

Smith, Cyril S. 1981. *A Search for Structure: Selected Essays on Science, Art, and History*. Cambridge, Mass.: MIT Press.

Smith, David Eugene. 1934. *The Poetry of Mathematics and Other Essays*. New York: Scripta Mathematica.

Snyder, Gary. 1980. *The Real Work: Interviews and Talks 1964-1979*. Ed. W. Scott McLean. New York: New Directions.

———. 1992. *No Nature: New and Selected Poems*. New York: Pantheon.

Soderqvist, Thomas. 1996. "Partners in Physiology." Book review. *Science* 271: 1681-82.

Spender, Stephen. 1955. *The Making of a Poem*. London: Hamish Hamilton.

Stanislavsky, Konstantin. 1925. *My Life in Art*. Trans. G. Ivanov-Mumjiew. Moscow: Foreign Languages

Publishing House.

———. 1936. *An Actor Prepares*. Trans. Elizabeth Reynolds Hapgood. Reprint, 1958: New York: Hill and Wang.

———. 1961. *Stanisla Sky on the Art of the Stage*. Trans. David magarshack. New York: Hill and Wang.

Stein, Dorothy. 1985. *Ada: A Life and a Legacy*. Cambridge, Mass.: MIT Press.

Stein, Sherman. 1963. *Mathematics: The Man-Made Universe*. San Francisco: W. H. Freeman.

Steinibeck, John, and Edward F. Ricketts. 1941. *Sea of cortez*. Mamaroneck, N. Y.: Paul P. Appel.

Stephen, Leslie. 1968. *Some Early Impressions*. New York: Burt Franklin.

———. 1977. *Sir Leslie Stephen's Mausoleum Book*. Oxford: Clarendon Press.

Stephenson, E. M., and C. S. Stewart. 1955. *Animal Camouflage*. 2nd ed. London: Adam and Chales Black.

Stewart, Doug. 1985. "Teachers Aim at Turning Loose the Mind's Eyes." *Smithsonian*, Aug.: 44-55.

Stiles, Kristine, and Peter Selz. 1996. *Theory and Documents of Contemporary Art: A Sourcebook of Artists' Writings*. Berkely: University of California Press.

Stone, John. 1988. "Listening to the Patient." *New York Times Magazine*, 12 June, 108-9.

Strachey, Constance, ed. 1907. *Letters of Edward Lear*. London T. Fisher Unwin.

Stravinsky, Igor. 1936. *Igor Stravinsky: An Autobiography*. Reprint 1975: London: Calder and Boyars.

———. 1970. *The Poetics of Music*. Trans. Arthur Knodel and Ingolf Dahl. Cambridge, Mass.: Harvard University Press.

Stravinsky, Igor, and Robert Craft. 1959. *Conversations with Igor Stravinsky*. Garden City, N. Y.: Doubleday.

Strum, Shirley. 1987. *Almost Human: A Journey into the World of Baboons*. New York: Random House.

Suhr, Jim. 1998. "Underground Houdini' Finishes His Journey." *Lansing State Journal*, 30 Nov., 5B.

Suzuki, Daisetz T. 1962. *The Essentials of Zen Buddhism*. New York: E. P. Dutton.

Suzuki, Shinichi. 1969. *Nurtured by Love: A New Approach to Education*. Trans. Waltraud Suzuki. New York: Exposition Press.

Svitil, Kathy A. 1998. "A Touch of Science." *Discover* 19 (June): 81-84.

Swafford, Jan. 1996. *Charles Ives: A Life with Music*. New York: W. W. Norton.

Sweeley, C. C., J. F. Holland, D. S. Towson, and B. A. Chamberlin. 1987. "Interactive and Multi-Sensory Analysis of Complex Mixtures by and Automated Gas Chromatography System." *Journal of Chromatography* 399: 173-81.

Sweeney, James Johnson. 1963. "Alexander Calder: Work and Play." *Art in America* 51: 93-96.

Sykes, Christopher. 1994. *No Ordinary Genius: The Illustrated Richard Feynman*. New York: W. W. Norton.

Sylverster, David. 1968. *Henry Moore*. London: Arts Council of Great Britain

Szent-Györgyi, Albert. 1957. *Bioenergetics*. New York: Academic Press.

———. 1966. "In Search of Simplicity and Gerneralizations (50 Years of Poaching in Science)." In N. O. Kaplan and E. P. Kennedy, eds. *Current Aspects of Biochemical Energetics*. Pp. 63-76. New York: Academic Press.

———. 1971. "Looking Back." *Perspectives in Biology and Medicine* 15: 1-6.

Szladits, Lola. L., and Harvey Simmonds. 1969. *Pen and Brush: The Author as Artist*. New York: New York Public Library.

Tauber, Peter. 1997. "The Cynic Who Never Sourned." *New York Times Magazine*, 2 Nov.: 50.

Tesla, Nikola. 1977. *My Inventions*. Zagreb, Yugoslavia: Skolska Knjiga.

Thackeray, William. 1901. *Pendennis*. London: Macmillan.

Thackeray, Gerald. 1909. *Concealing-Coloration in the Animal Kindom: An Exposition of The Laws of*

Disguise Though Color and Pattern: Being a Summary of Abbott H. Thayer's Discoveries. New York: Macmillan.

Thomas, Ann. 1997. *Beauty of Another Order: Photography in Science. New Haven, Conn.*: Yale University Press with the National Gallery of Canada, Ottawa.

Thomsen, D. E. 1987. "A Periodic Table for Molecules." *Science News* 131: 87.

Thomson, G. P. 1961. *The Inspiration of Science*. Oxford University Press.

Trachtman, J. J. 1937. *Recollections and Reflections*. New York: Macmillan.

Trachtman, Paul. 1998. "The Hores Whisperer." *Smithsonian* 29 (May): 56-66.

Truesdell, Clifford. 1984. *An Idiots Fugitive Essays on Science*. New York: Springer-Verlag.

Tufte, Edward R. 1983. *The Visual Display of Quantitative Information*. Cheshire, Conn.: Graphics Press.

———. 1990. *Envisioning Information*. Cheshire, Conn.: Graphics Press.

Ulam, Stanislaw. 1976. *Adventures of a Mathematician*. New York: Chales Scribner's Sons.

Van Briessen, Fritz. 1962. *The Way of the Brush: Painting Techniques of China and Japan*. Rutland, Vt.: Chales E. Tuttle.

Van der Wolk, Johannes, Ronald Pickvance, and E. B. F. Pey. 1990. *Vincent Van Gogh: Drawings*. Otterlo, Netherlands: Rijksmueum Kröller-Müller.

Van't Hoff, J. H. 1878. "Imagination in Sciece." Inaugural lecture. Trans. G. F. Springer. Reprint, 1967, in *Molecular Biology, Biochemisty, and Biophysics*, vol. 1. New York: Springer-Verlag.

Varga, Balint A. 1996. *Conversations with Iannis Xenkis*. London: Faber and Faber.

Vasari, Giorgio. 1978. *Artists of the Renaissance*. Trans. George Bull. New York: Viking.

Vermeij, Geerat. 1997. *Privileged Hands: A Remarkable Scientific Life*. San Francisco: W. H. Freeman.

Vitz, Paul C., and Arnold B. Glimcher. 1984. *Modern Art and Modern Science: The Parallel Analysis of Vision*. New York: Praeger.

Von Frisch, Karl. 1967. *A Biologist Remembers*. Trans. Lisbeth Combrich. New York: Oxford University Press.

Vroon, Piet, with Anton van Amerongen and Hans de Vries. 1997. *Smell: The Secret Seducer*. New York: Farrar, Straus and Giroux.

Vygotsky, Lev. 1971. *The Psychology of Art*. Cambridge, Mass.: MIT Press.

Waddington, C. H. 1969. *Behind Appearance: A Study of the Relations between Painting and the Natural Sciences in This Century*. Cambrige, Mass.: MIT Press.

———. 1972. *Biology and the History of the Future*. Edinburgh: Edinburgh University Press.

———. 1977. *Tools for Thought*. London: Jonathan Cape.

Wall, Donald, ed. 1975. *Gene Davis*. New York Praeger.

Watkins, Floyd C., and Karl F. Knight, eds. 1966. *Writer to Writer: Reading on the Craft of Writing*. Boston: Houghton Mifflin.

Watson, James. 1968. *The Double Helix*. New York: Atheneum.

Weaver, Warren. 1956. "Lewis Carroll: Mathematician." *Scientific American* 194: 116-28.

Wechsler, Judith, ed. 1978. *On Aesthetics in Science*. Cambridge, Mass.: MIT Press.

Wechter, Dixon. 1985. "How to Write History." *In A Sense of History: The Best Writing from the Pages of American Heritage*. Pp. 38-45. New York: American Heritage.

Weisgall, Deborah. 1997-98. "Bridging Two Cultures." *Guest Informant Boston/Cambridge*.

Weiskranz, L. ed. 1988. *Thought Without Langeuage*. Oxford: Clarendon Press.

Weiss, Peter. 1998. "Atom-Viewing 101: Make STMs at Home." *Science News* 154: 269.

Wells, H. G. 1913. *Little Wars*. London: Macmillan.

Wertheimer, Max. 1959. *Productive Thinking*. Enlarged ed. New York: Harper and Brothers.

White, R. K. 1931. "The Versatility of Genius." *Journal of Social Psychology* 2: 460-89.

Whitford, Frank, ed. 1993. *The Bauhaus: Masters and Students by Themselves*. Woodstock, N. Y.: Overlook Press.

Wiener, Norbert. 1953. *Ex-Prodigy: My Childhood and Youth*. New York Simon and Schuster.

———. 1956. *I Am a Mathematician*. London: Gollancz.

Wilson, Frank R. 1998. *The Hand: How Its Use Shapes the Brain, Language, and Human Culture*. New York: Pantheon.

Wilson, J. F. 1948. "Adjustments to Blindness." *British Journal of Psychology*, General Section 39, no. 4: 218-26.

Wilson, Mitchell. 1949. *Live with Lightning*. Boston: Little, Brown.

———. 1972. *Passion to Know*. Garden City, N. Y.: Doubleday.

Wintervitz, Emanuel. 1958. "Gnagflow Trazom: An Essay on Mozart's Script, Pastimes, and Nonsense Letters." *Journal of the American Musicological Society* 9: 200-216.

———. 1982. *Leonardo da Vinci as a Musicina*. New Haven: Yale University Press.

Witte, Marlys H., A. Kerwin, and C. L. Witte. 1988. "On Ignorance." *Perspectives in Biology and Medicine* 31: 514-25.

Witte, Marlys H., A. Kerwin, C. L. Witte, and A. Scadron. 1989. "A Curriculum on Medical Ignorande." *Medical Education* 23: 24-29.

Wolkomir, Joyce, and Richard Wolkomir. 1990. "Uncovering the Chemistry of Love and War." *National Wildlife*, Aug.-Sept.: 44-51.

Wolpert, Louis, and Allison Richards. 1997. *Passionate Minds*. Oxford: Oxford University Press.

Wolpin, Milton, J. E. Schorr, and Lisa Krouger, 1986. *Imagery*. Vol. 4: *Recent Practice and Theory*. New York: Plenum.

Wood, Bernard, and Mark Collard. 1999. "The Human Genus." *Science* 284: 65-71.

Woodward, C. E. 1989. "Art and Elegance in the Synthesis of Organic Compounds: Robert Burns Woodward." In D. B. Wallace and H. E. Gruber, eds. *Creative People at Work*. New York: Oxford University Press.

Woolf, Virginia. 1927. *To the Lighthouse*. Reprint, 1977: Harcourt Brace.

———. 1976. *Moment fo Being. Unpublished Autobiographical Writings*. New York: Harcourt Brace Jovanovich.

Woolsey, Thomas A. 1978. "C. N. Woolsey-Scientist and Artist." *Brain Behavior and Evolution* 15: 307-24.

Wordsworth, William. 1800. *Lyrical Ballads*, vol. 6. 2nd ed. London: Macmillan.

Writers at Work: The Paris Review Interviews, 1963-1984. Series 1-6. New York: Viking Press.

Wenakis, Iannis. 1985. *Arts/Sciences: Alloys*. New York: Pendragon Press.

———. 1992. *Formalized Music: Thought and Mathematics in Composition*. Harmonologia Series, No. 6. New York: Pendragon Press.

Zigrosser, C., ed. 1976 *Ars Medica: A Collection of Medical Prints*. Pp. 14-15. Philadelphia: Philadelphia Museum of Art.

■ 찾아보기

ㄱ

가드너, 마틴 158, 337
가드너, 하워드 23, 26, 220
가믈란 음악 206, 207
가보, 나움 370
가우스, 칼 프리드리히 22, 147
〈가지 않은 길〉 203
갈릴레오, 갈릴레이 121
감정이입 8, 34, 35, 48~51, 242~249, 251, 254~260, 262~263, 327, 359, 360, 379, 417, 420
갤턴, 프랜시스 52, 284, 366
《거울 나라의 앨리스》 339
게임 50, 151, 158, 159, 211, 212, 268, 297, 298, 324, 325, 328, 335, 336, 337, 339, 343, 345, 348
겔러, 마거릿 88, 89, 100, 285, 286, 299
《경험으로의 예술》 42
〈계단을 내려오는 누드〉 124, 126, 127, 128
〈계단을 내려오는 사람〉 126
고유수용감각 217, 222, 223, 224, 226, 227, 229, 230, 232, 235~237, 248, 380, 398, 402, 406, 428
골드바흐의 추정 148
골드바흐, 크리스티안 148
골드버그, 루브 335
《과거 들춰내기》 354
관찰 29, 35, 61~75, 78~80, 92, 100, 115, 122, 123, 129, 130, 132, 138, 141, 145, 150, 190, 191, 196, 197, 198, 205, 210, 229, 256, 259, 262, 282, 283, 299, 301, 326, 328, 330, 356, 358, 359, 361, 377, 378, 373, 392, 406, 409, 419, 426, 428
《광학예술: 이론과 실천》 182
교과목 통합 31
《교사와 작가를 위한 시 형식 핸드북》 143
교육시스템 19, 53, 54
구달, 제인 256
구름상자 114
구체시 382
굴드, 글렌 225
굿맨, 베니 170
〈그랑드자트 섬의 일요일 오후〉 304, 305
그라타주 141
그레이엄, 마사 67, 71, 82, 89, 117, 218, 219, 223, 224
그로피우스, 발터 221
글래스, 필립 283
글레니, 이블린 402, 403
길버트, 스콧 206

ㄴ

나보코프, 블라디미르 92, 101, 160, 228, 396
〈나의 왼발〉 243
난독증 227
내적 주의력 262, 263

노구치, 이사무 203, 204, 222, 278, 284
논리 23, 29, 32, 50, 194, 198, 208, 227, 219, 228, 278
논리수학적 사고 23, 26, 27
놀이 35, 87, 100, 154, 156, 158, 159, 209, 235, 246, 247, 289, 290, 325~328, 330, 332, 333, 335~345
뉴턴, 아이작 121, 199, 200
니시지마, 야스노리 173
니진스키, 바슬라프 219
니콜라이, 얼윈 67, 232
니콜, 샤를 31

ㄷ

다레초, 구이도 366
다빈치, 레오나르도 141, 210, 274, 275
다마지오, 안토니오 26
다이슨, 프리먼 30, 97
다이아몬드, 저레드 64, 65, 77
다윈, 찰스 121, 200
단순화 48, 117, 119, 121, 123
단테, 알리기에리 202
던컨, 이사도라 243
데이루이스, 대니얼 243
데이비스, 필립 118
《데카르트의 오류》 25
《데카메론》 202
데칼코마니 141
도데, 알퐁소 242
도법 273
도스 파소스, 존 61
도약 22, 31, 107, 191, 219, 268, 283
도일, 아서 코난 75
도지슨, 찰스 335~337
《돈키호테》 202
동굴 그림 252

〈두발 동물〉 127
뒤러, 알브레히트 275
뒤 모리에, 다프네 62, 63
뒤 모리에, 조지 76, 90
뒤샹, 마르셀 72, 73, 124, 126, 127
듀이, 존 42
드 라로사, 알리시아 93
드라이든, 존 89
드래블, 마거릿 103
드 밀, 아그네스 130
드 브롤리, 루이 193, 194, 195, 197, 198, 211
들라크루아, 외젠 61, 64
디랙, 폴 118
디킨스, 찰스 89
디포, 대니얼 202
디히터, 미샤 144

ㄹ

라몬이카할, 산티아고 76, 130, 131, 259
라발, 폴 170
라벨, 모리스 145, 147, 224
〈라스트 모히컨〉 243
라에톨리 발자국 354, 359
라이트먼, 앨런 87
라이트, 프랭크 로이드 289
라이트힐, 제임스 390~392, 401
라일리, 브리짓 26, 122, 274
라투르, 이라 271
래넥, 르네 199
러셀, 버트런드 228
레르몬토프, 미하일 76
레멀슨, 제롬 330, 331
레비몬탈치니, 리타 259
레비, 프리모 263

레이드, 콘스탄스 291
로댕, 오귀스트 222, 223
로렌스, D. H. 90
로렌스, 윌리엄 77
로렌츠, 콘래드 63, 77
로르샤흐 형 얼룩 141
로빈슨, 에드윈 A. 121
로스바트, 짐 335
로웰, 로버트 76
로웰, 에이미 101
로즈, 조지 335
〈루바이야트〉 211
루비아, 카를로 281
루빅, 에르노 158
루빅 큐브 159
르귄, 어슐라 18, 28, 46
리더버그, 조슈아 260
리셰, 폴 125, 126
리, 소푸스 98
리스터, 조지프 77
리키, 메리 77, 354, 356, 358, 360, 364

ㅁ

마그리트, 르네 71, 72
마레, E. J. 125~127
마음의 틀 23, 220
마이컬슨, 앨버트 77
마임 229, 230, 236
마티스, 앙리 61, 64, 123, 124, 131
마틴, 메리 애덤스 246
마틴, 존 229
마흐, 에른스트 140, 141, 255
《말하라, 기억이여》 390
매클린턱, 바버라 18, 21, 22, 24~27, 258~260

맥콜, 데브라 231
맥클린, 노먼 253
머이브리지, 이드웨어드 126~128, 283
메뉴힌, 예후디 224, 232
메소드 배우 262
메시앙, 올리비에 65
메타패턴 144, 145, 159
멘델, 그레고르 121
모넬 화학감각센터 68
모르강, 루이 75
모리스, 데스몬드 77, 257
모빌 44, 284, 288
모아레 패턴 172~174, 182
모차르트, 볼프강 아마데우스 218
모형 만들기 35, 48, 50, 52, 289, 310, 318~320
몬드리안, 피에트 285, 286, 296, 297
몸, 서머싯 62, 79
몸의 연장 232
몸환각 233
몽주, 가스파르 276
뫼겔린, 엘제 289
무어, 메리앤 79, 90
무어, 헨리 119, 204, 205, 223
무지의 패턴 152
문트, 에르네스트 271
문학 31, 42, 43, 45, 49, 103, 118, 130, 177, 202, 203, 247, 263, 402, 416, 417, 423, 428
〈물에 침식된 돌의 관찰〉 129
미드, 마거릿 398, 399
미들마치 247
《미래의 생물학과 역사학》 412
미분음 340
미생물 68
미요, 다리우스 66
밀러, 헨리 74, 76, 90

ㅂ

바르부르크, 오토 128
바스티안, E. A. 245, 247
바우하우스 221, 231, 288, 289
바흐, C. P. E. 242
〈바흐의 영감〉 400
바흐, J. S. 207, 208, 210, 242
바흐라이트너, 안톤 232
박식가 425~427, 429
박테리아 68, 260, 261
반 고흐, 빈센트 61, 64
반도, 타마사부로 400
반 브뤼겐, 쿠시에 362~364
반 산트, 톰 279
《반지의 제왕》 28
발레리, 폴 203
〈밤으로의 긴 여로〉 246
밴팅, 프레더릭 77, 220
뱀버거, 지앤 34, 43, 44
버메이, 제라트 56, 65, 66
번개와 함께 살다 226
번스타인, 레너드 224
털 없는 원숭이 257
베게너, 알프레드 150
베렌스마이어, 카이에 354
베르그송, 앙리 248
베르나르, 클로드 255
베르트하이머, 막스 24
베멜먼스, 루드비히 76
베스트, 찰스 77
베이컨, 프랜시스 149
베토벤, 루드비히 판 94, 282, 283
벤슬리, 실비아 229
벨, 알렉산더 그레이엄 84, 261

변형 35, 48, 50~52, 93, 107, 143, 211, 223, 270, 273, 277, 278, 359~361, 364, 365, 367
보로딘, 알렉산드르 341, 342
보르, 닐스 190, 191
보르헤스, 호르헤 루이스 202, 247
보카치오, 지오바니 202
보트비닉, 매튜 233
본도 167
볼레슬라브스키, 리처드 68, 79
부르주아, 루이스 18, 27
부버, 마르틴 248
분리된 두 문화 54
분수차원 277
브라운, 모리스 75
브래그, W. 헨리 77
브래너맨, 벅 254, 255
브로어, 로버타 97
브론테 자매들 76, 90
브룩스, 제럴딘 209
브리스토우, 캐서린 264
블랙모어, 콜린 91
블레이크, 윌리엄 75
비반복적 타일 붙이기 338
비비원숭이 256, 257
비유클리드 기하학 156
〈빅토리아 레지나〉 246
빌, 막스 27

ㅅ

사고실험 23, 99, 100
사방치기 154, 156, 216
사이먼, 허브 26
사이언티픽 아메리칸 173, 276
사이토윅, 리처드 396, 398

4차원 273, 282, 290
3차원 49, 66, 86, 100, 146, 155, 158, 184, 231, 268~275, 277~279, 283~292
상대성이론 38, 96, 106
상드라르, 블레즈 242
새커리, 윌리엄 M. 76, 90
색스, 올리버 214, 217
생각도구 30, 31, 54, 91, 199, 209, 249, 301, 302, 314, 327, 328, 354, 359, 360, 364, 380, 385, 392, 411
생텍쥐페리 90
샤론, 아리 289
샤피로, 해럴드 101
샷슈나이더, 도리스 157
설리번, 애니 196, 219
《성장과 형태에 대해》 276
세르반테스, 미구엘 데 202
세션스, 로저 101
세속적인 것의 장엄함 65, 69, 71, 75, 79
셀프, 콜린 272
셰링턴, C. S. 217
셰이엄, 제이콥 263
셰익스피어, 윌리엄 41, 120, 262
셰일러, 너대니얼 63
〈소리로 관찰하는 새〉 77
소립자 113, 114, 116, 227, 256, 281
소콜로우, 애너 89, 117
손, 제임스 워드 300
쇠라, 조르주 304, 305
쇤베르크, 아놀드 146
수수께끼 160, 190,
수학 23~25, 31, 32, 38, 39, 41, 70, 88, 97~104, 147, 148, 158, 159, 191~194, 199, 200, 210, 226, 263, 268, 276~278, 291
쉴링어, 조지프 170
슈만, 로베르트 66
슐레머, 오스카 231, 232, 236, 268

슐츠, 브르노 76
스나이더, 게리 27, 427
스노우, 존 149
스미스, 시릴 스탠리 38, 53
스넬슨, 케네스 206
스젠트 기요르기, 앨버트 128
스즈키, 신이치 96, 247, 428
스크랴빈, 알렉산드르 400
스타니슬라브스키, 콘스탄틴 68, 79, 229, 230, 244, 262, 263
스타인메츠, 찰스 84
스타인벡, 존 73
스타인하우스, 휴고 263
스텀프 170, 172
스톤, 존 247
스트라빈스키, 이고르 22, 67, 71, 94, 145, 283, 282, 283, 395
스트럼, 셜리 256
스트로브 361, 362
스티븐, 레슬리 39, 40, 41, 43, 45, 46, 335, 402
스펜더, 스티븐 29, 98, 203
시각적 다성음악 376, 377
시각적 사고 89, 98, 100, 101
시몬스, 엘윈 64
시몬스, 찰스 222
시어핀스키 카펫 175, 277
시의 발견 142, 143
시카고 미술연구소 300
신곡 202
신서사이저 175
실러, 토드 210

ㅇ

아다마르, 자크 23

아라우, 클라우디오 243
아롬, 심하 167
아르침볼도, 주세페 138, 139
아르키메데스 70
아른하임, 루돌프 73
아버, 아그네스 199, 405
아이브스, 조지 340, 341, 349
아이브스, 찰스 340
아이스너, 토머스 258
〈아이스맨의 내습〉 246
아인슈타인, 알베르트 18, 23~27, 29, 38, 41, 43, 44, 46, 96, 99, 107, 156, 192, 193, 226, 260, 282, 428
아카리 203, 204
아카 피그미 167, 168, 170, 173
아폴로13 243
아프리카 부족음악 174, 177
알베르스 요제프 27, 289
알베르티, 레온 바티스타 274
알프벤, 한네스 260
애덤스, 안셀 144
애벗, 에드윈 271
앤틸, 조지 224, 225
양자론 30, 190, 192
양전자방사 단층촬영술 26, 273
에너모픽 렌즈 276
에드거튼, 해럴드 127, 361, 362, 364
에이젠슈타인, 세르게이 401
에셔, 모리츠 C. 44, 141, 157, 205, 207, 208, 211, 335, 338
에셔, 조지 288
에코, 움베르토 202
《엔지니어링과 마음의 눈》 226
엘리어트, 조지 242, 247
여보, 애들이 줄었어요 270
〈여치〉 117
역학 97, 98, 149, 194, 200

《열정과 기질》 23, 26
《영화광》 247
영화촬영술 283
《예술을 통한 교육》 75
《예술창작과 교육》 75
오닐, 유진 246
《오디세이》 202
오리가미 278, 288
오스터, 제럴드 173
오자와, 세이지 224
오키프, 조지아 27, 59~61, 63, 259, 280
올덴버그, 클래스 72, 222, 362~364
와이드 스크린 영화 277
왓슨, 제임스 75, 121
왜상 275~277, 283
외적 주의력 263
음베 168
〈우리 시대 1,000개의 무상한 것들에 대한 서곡〉 272
우무직 동시시 382, 410
운동감각 94, 96, 101, 144, 154, 159, 220, 225, 226, 232, 234~237, 284
울람, 스타니슬라브 29, 199
울프, 버지니아 39~42, 261, 396
〈움직이는 선들〉 164, 165
워딩턴, C. H. 412
워즈워스, 윌리엄 143, 202
워커, 윌리스 157
원격조종 233
원근법 274, 275, 277
원자 스펙트럼 192
웨스턴, 조나 354
웰러, 토머스 152
웰스, H. 조지 297~299, 319, 328
위너, 노버트 103
위장 40, 255
윌리엄스, 윌리엄 카를로스 245

윌리엄스, 테네시 89
윌슨, 미첼 226
윌슨, 찰스 토머슨 R. 113~117
윌슨, 프랭크 232
유령감각 230
유령사지 230, 231, 233
유령요금소 96
은유 132, 198, 202
음악적 소변분석 372, 373
의인화 257, 258
《이미지와 이해》 91
《이반 일리치의 죽음》 247
《이상한 나라의 앨리스》 335~337
이텐, 요하네스 288
《인간의 재능과 그 발전에 관한 탐구》 284
인공 손 230, 231
인체 모형 50
인체분할 사진 273
《잃어버린 시간을 찾아서》 397
입방체 269, 288, 290
입체파 미술 275

〈정원사〉 139
제나키스, 야니스 428
제논의 역설 277
제닝스, 밥 363
조각 맞추기 149, 150, 151, 158
존스, 재스퍼 59, 72, 75
존슨, 새뮤얼 110, 118
종이 접기 278, 279
종합지 51, 405, 406, 408, 410, 412
《주기율표》 263
〈주술사〉 251, 252
《죽지 않는 사람들》 247
〈지구에서 달까지〉 243
지그호프 부셔, 알마 289
지도제작 273
지오데식 돔 319
직감 18, 21, 25, 253
직관 24~26, 29~32, 44, 45, 96, 97, 107, 248, 256, 278
진화 179, 200, 205, 206, 242, 248
쪽매붙임 44, 139, 207, 208
〈찢어진 공책〉 362, 363

ㅈ

자기공명영상장치 194
자리바꿈기법 170
재능교육 247
재연 235, 237, 250
저드슨 호레이쇼 138
저스터, 노튼 96
전문화 412, 421
전인 412, 425, 427, 429
전쟁게임 297~299, 312, 313, 319, 328
전쟁놀이 297
정보혁명 54

ㅊ

차원적 사고 270, 272, 285, 286, 288, 289
창조성 47, 53, 54, 98
《창조의 행위》 138, 201
창조적 사고 22, 23, 26, 199, 262
천남성 59, 60, 259
청각적 형상화 92~94, 101
체스터튼, G. K. 76, 90, 91
초논리 29, 32
초서, 조프리 202
초입방체 290, 291, 292
촉각적 복화술 233

촉감 79, 103, 113, 218, 220, 221, 227
촘스키, 노엄 26
추상미술 112
추상화 112, 113, 115, 116, 118~124, 126~128, 131~133, 286
취미 45, 328, 337, 391, 414, 425, 426
칠리다, 에두아르도 205
침팬지 216, 240, 263, 256

ㅋ

카뮈, 알베르 247
카얌, 오마르 211
칸딘스키, 바실리 424, 425
캐럴 그룹 339
캐럴, 루이스 335~339
《캔터베리 이야기》 202
커닝햄, 머스 71, 127, 178, 219,
커밍스, 에드워드 E. 61, 114~117, 120
컬라이도사이클 288
컴퓨터 체축 단층촬영 273
컴퓨터칩 209, 411
컴퓨터 프로그래밍 184
케이즈, 존 68
케이터, 윌라 110, 119, 242, 244, 247
켈러, 헬렌 195~198, 211, 218~220
코니시, 넬리 428
코르제닉, 다이애너 75
코발레프스카야, 소피아 98
코야니스카치 400
코울즈, 로버트 247
코웰, 헨리 95
코플랜드, 애런 66
코헨, 앤터니 마이클 249
코흐곡선 175

코흐, 헬게 폰 175
콕토, 장 219
콜더, 알렉산더 283, 288
콜러, 볼프강 216, 217
쾨슬러, 아서 138
쿠머 313
쿠머의 4차식 모형 314
쿤, 토머스 155, 251
크기조정 279
크느그와레예, 에밀리 카메 162, 164, 167
클라크, 아서 C. 24
클레, 파울 376~378
키네토그래프 276
키네틱 284

ㅌ

타원 223
타일 붙이기 139, 208, 288
탱그램 182
테니슨, 앨프레드 76
테슬라, 니콜라 82, 85, 86, 100, 104
텐스그리티 206
토빌, 제인 400
토스니, 캐시 206 .
톨스토이, 레프 247
톨킨, J. R. R. 76, 90, 203
톰슨, 다르시 276, 277
톰슨, J. J. 38
《톰 존스》 65 , 202
통찰력 22, 29, 118
통합 25, 31, 36, 175, 223, 226, 246, 285, 390~392, 397~399, 401~404, 406, 408, 410
통합교육 425, 429
통합적 이해 392, 412, 416

투영법 273, 274, 276, 277, 287
트루소, 아르망 19, 31
트웨인, 마크 120, 203

ㅍ

파롤라, 르네 182
파바로티, 루치아노 82, 95
파브르, 앙리 414, 424
파스퇴르, 루이 46, 77, 121
파울리, 볼프강 38
파울링, 리누스 377
《파인만 씨, 농담도 잘하시네》 328
파인먼, 리처드 25, 26, 38, 98, 107, 121, 226, 260, 312, 313, 327, 328, 329, 330, 331, 335, 360, 371, 372, 379, 393, 409, 410
파크먼, 프랜시스 250
판게아 150, 151
팝업북 289
패턴인식 48, 50, 141
패턴형성 48, 50
퍼거슨, 유진 S. 226
퍼시, 워커 247
퍼즐 150, 154, 179, 182, 183, 269, 270, 287
페니실리움 324
페니실린 326, 330
페스탈로치, 요한 99
《페스트》 247
페트루슈카 94
페퍼, 베벌리 74
펜로즈, 로저 337, 338
펠드, 엘리어트 219
폰 라이스비츠 297, 298
폰 모이플링 298
폰 크라이비히, 아만다 231, 232

폴록, 잭슨 214, 221, 224
폴리페놀 70
푸리에 분석 174, 175
푸리에, 조지프 174, 175
푸앵카레, 앙리 29, 90
풀러, 로이 409
풀러, 버크민스터 156, 206, 274, 289, 412
프랙털 176, 277, 278
〈프로메테우스, 불의 시〉 400
프로스트, 로버트 202
프로타주 141
프뢰벨 블록 289
프뢰벨, 프리드리히 289
프루스트, 마르셀 397
프리드먼, 너대니얼 205
프리시, 칼 폰 63
플라이케이션 278
플랑크, 막스 30, 190~195, 197
《플랫랜드》 271, 272, 273, 286, 290
플레밍, 알렉산더 324~326
피셔, 도로시 캔필드 28
피아제, 장 327
피카소, 파블로 22, 46, 48, 61, 110, 113~117, 120~123, 132, 234
피타고라스 70
필딩, 존 202
필딩, 헨리 65
필로볼러스 무용단 347

ㅎ

하디, 토머스 76
하버드 식물박물관 300
하우스먼, 로렌스 246
하이드먼, 스티븐 206

하이에르달, 토르 249
《한때 그리고 미래의 왕》 263
할데인, J. B. S. 236, 281, 284
할프린, 애너 71
합리적 사고 26
《해법 찾기》 138
해픈댄스 현대무용단 235
행크스, 톰 243
허들슨, 매튜 269
허시, 로이벤 118
《허클베리 핀》 203
헉슬리, 올더스 420, 421
험프리, 도리스 67, 234, 244
헤이든, 프랜시스 세이모어 76
헤이워드, 로저 269
헤이즈, 브라이언 278
혁신 41, 54, 127, 128, 166, 169, 181, 201, 205, 219, 283
형상화 28, 48, 51, 52, 96, 117, 226, 248
형태맹 285, 286, 288
호건, 폴 45
호네거, 아서 93
호머 202
〈호스 위스퍼러〉 254
호일, 프레드 98
호크니, 데이비드 395
호프먼, 더스틴 243
홈즈, 셜록 75
〈화가와 모델〉 113, 115
화이트, 시어도어 H. 76
화합물 70, 273
〈황소〉 123, 132
회문 343
〈흐르는 강물처럼〉 253, 254
히스, A. E. 199
힌셀우드, 시릴 130
힐, 앤드류 354, 356

A~Z

CAT 273
DNA 179, 184, 264
MIT 117, 183, 225
MRI 272
NASA 279
Philistine 40
synesthesia 51
Tripose 40

옮긴이_박종성
연세대학교 정치외교학과를 졸업하고 KBS1 라디오 프로듀서로 재직 중이다.
현재 시사 토론 프로그램인 〈KBS 열린 토론〉을 제작, 연출하고 있다.

에코의서재

생각의 탄생
다빈치에서 파이먼까지 창조성을 빛낸 사람들의 13가지 생각도구

1판 1쇄 펴낸날 2007년 5월 2일
2판 2쇄 펴낸날 2018년 10월 1일

지은이 | 로버트 루트번스타인·미셸 루트번스타인
옮긴이 | 박종성

펴낸이 | 조영희
기획편집 | 정소연 최지아
경영지원 | 홍은경

펴낸곳 | 에코의서재
출판등록 | 2005년 1월 20일 제300-2005-62호
주소 | 서울시 마포구 서교동 335-16 201호(121-836)
대표전화 | 02-6365-6969
팩시밀리 | 02-6365-6924
블로그 | blog.naver.com/ecolib

ISBN 978-89-956889-9-1 03180

* 책값은 뒤표지에 있습니다